dtv
Reihe Hanser

Die Aktualität Goethes liegt auf der Hand: Nicht nur sein ganzheitliches Bildungskonzept klingt modern, beinhaltet es doch Sozialkompetenz, lebenslanges Lernen, Perspektiven- und Berufswechsel. Goethe zeigt auch, wie man mit Erfolg und Scheitern umgehen kann, Erfahrungen, die auch vielen Menschen im 21. Jahrhundert nicht fremd sein dürften. Seine Risikobereitschaft und seine Strategien zur Überwindung von Ängsten und nicht zuletzt seine große Neugierde auf fremde Kulturen machen die Schriften Goethes zu einer zeitgemäßen Lektüre für junge Leser.

Christiana Engelmann studierte Germanistik und Anglistik in München und Manchester. Sie arbeitet als Literaturkritikerin für den Hörfunk und für Zeitungen und Zeitschriften, ist in der Erwachsenenbildung tätig und lebt in München.

Cornelia Gyárfás, geboren 1955, studierte Geschichte, Germanistik und Kunstgeschichte. Nach ihrer Promotion arbeitete sie in der Erwachsenenbildung. Sie lebt heute als freischaffende Künstlerin in Bonn.

Claudia Kaiser, geboren 1957, studierte in Paris, Wien und München Germanistik, Kunstgeschichte und Philosophie. Nach ihrer Promotion schrieb sie für Fachzeitschriften und ist Mitautorin einer französischen Literaturgeschichte. Sie lebt mit ihrer Familie in München.

Christiana Engelmann · Cornelia Gyárfás
Claudia Kaiser

Möglichst Goethe

Ein Lesebuch

Deutscher Taschenbuch Verlag

In der *Reihe Hanser* bereits erschienen:

Christiana Engelmann · Claudia Kaiser:
›Möglichst Schiller. Ein Lesebuch‹ (62196)

Zur Rechtschreibung in diesem Buch:
Die Autorinnen halten sich an die Regeln der neuen Rechtschreibung.
Die Texte Goethes und Sonstiger werden nach den verwendeten
Ausgaben zitiert.

Das gesamte lieferbare Programm der *Reihe Hanser*
und viele andere Informationen finden Sie unter
www.reihehanser.de

Originalausgabe
November 2007
© 2007 Deutscher Taschenbuch Verlag GmbH & Co. KG, München
Umschlagbild und Gestaltung der Kapitelvignetten: Peter Schössow
Gesetzt aus der Bembo 11/13·
Gesamtherstellung: Druckerei C. H. Beck, Nördlingen
Gedruckt auf säurefreiem, chlorfrei gebleichtem Papier
Printed in Germany · ISBN 978-3-423-62331-5

Für meine Mutter
Christiana Engelmann

Für Felix
Cornelia Gyárfás

Für meine Mutter
Claudia Kaiser

Inhalt

I. **Goethe – Ein Zwischenfall *mit* Folgen** 13

II. **Kein Kind von schlechten Eltern** *(Christiana Engelmann)* 21
Totgeboren – eine lebendige Kindheit 23 · Ein Stadtkind 25 · Triebfeder Vater 27 · »Zwischen ein doppeltes Furchtbare eingeklemmt« 30 · »Frau Rätin und Herr Rat« 32 · »Ich kann nicht anders werden« 33 ·»Wie Göthe Göthe ward« 38

III. **»Aus einem Extreme in das andere« – Der Dichter wird Anwalt** *(Claudia Kaiser)* 43
»Ich lasse mich hängen« – Goethe in Leipzig 45 · Am Rande des Todes 51 · Ein »neues Paradies« – Goethe in Straßburg 55 · Die »Bombe« – Goethe liebt Friederike 61 ·»Es lebe die Freiheit« – »Götz von Berlichingen« 68

IV. **»Gott verhüte Thauwetter« – Woran leidet der junge Werther?** *(Cornelia Gyárfás)* 77
»Allerhand neues hab ich gemacht« oder Wie man die Nummer eins der Bestsellerliste wird 79 · »Aus einem stürmischen Element gerettet« – Die Werthertherapie 81 · »Werthers Echte« – Hintergründe 82 · »Die fatalen bürgerlichen Verhältnisse« – Funktionieren unter Zwang 86 · »Ich kehre in mich selbst zurück und finde eine Welt« – Gefühl, Natur, Genie 89 · »Knabenmorgenblütenträume« – Gesinnungsgenosse Prome-

theus 91 · »Wie ich mich selbst anbete, seitdem sie mich liebt« – Werthers Frauenbild 95 · »Und dies Herz ist jetzt tot« – Zerfallserfahrungen 98 · »Ein Herz mit einem Hodensack« – Werther-Kritik 100 · Der moralische Schneeball – Männlichkeitsentwürfe im 18. Jahrhundert 102

V. **Erotik der Berge – Die Schweiz in drei Anläufen** *(Christiana Engelmann)* 111
»O wenn ich jetzt nicht Dramas schriebe, ich ging zu Grund« – Die erste Reise in die Schweiz 113 · »Noch besser als schön« – Verlobung mit Lili Schönemann 116 · »Gatte! Vater! Geliebter! Diese dreifache unsägliche Wonne« 119 · »Könnt ich nur recht tief in die Welt« 123 · »Nackte Körper leuchten weit« 127 · »Ich bin wieder scheissig gestrandet« 130 · »Scheitern oder Landen« – Italien oder Weimar? 132 · »Der Mensch ist niemals ganz Herr von sich selbst« – Die zweite Reise in die Schweiz 135 · »Für Naturen wie die meine ist eine Reise unschätzbar« – Die dritte Reise in die Schweiz 141 · »Und frei sollen die Schweizer sein?« 144

VI. **»Wo mich Götter und Menschen nicht gesucht hätten« – Vom Zauber des Brocken** *(Christiana Engelmann)* 147
»Ich wünschte den Brocken zu besteigen« 149 · Harzreise im Winter 150 · »Welchen Körper sich ein so wunderlicher Geist gebildet habe« 159 · »Eine starke Wurzel abgehauen« 161 · »Da vom Schicksal beschädigt, wo ich begünstigt bin« 163 · »Mein Zerebralsystem müßte ganz umorganisiert werden« 166

VII. »Der Druck der Geschäfte« – Goethe als Staatsmann *(Cornelia Gyárfás)* 171
»Ein gar hübscher Reiseplan« – Ziel offen 173 · »Regieren!!« – Entscheidung für Weimar 174 · »Wie ein wilder Pursche« – Genieunwesen in Weimar 179 · »Der Vorwitz lockt ihn« – Goethe und sein Herzog 182 · »Überall der erste Acteur« – Allrounder Goethe 185 · »Die Welt erschien mir blutrünstiger als jemals« – Kriegslust, Ekel und arme Bauern 186 · »Und harre eben so meiner Erlösung« – Eigenmächtiges Sabbatjahr in Italien 189 · »Nie Schuld des Volkes« – »Hermann und Dorothea« 193 · »Mitten in Regen und Koth« – Krieg gegen Frankreich 197 · »Qu' en dit Monsieur Göt?« – Goethe, Napoleon und die Befreiungskriege 200

VIII. Im »Zeichenfieber« – Dichter oder Zeichner? *(Claudia Kaiser)* 203
»Von Kindheit auf zwischen Malern gelebt« 205 · »Selten daß mir etwas mißlang« 209 · »Ich bin jetzt ganz Zeichner« 214 · Ein »pittore tedesco« 222 · »Das Reden ganz abgewöhnen« 230

IX. »Der Schlüssel zu allem« – Goethes Wiedergeburt in Italien und Sizilien *(Christiana Engelmann)* 235
»Mir ist's wie einem Kinde« 237 · »Mir ist jetzt nur um die sinnlichen Eindrücke zu tun« 239 · »Als wenn ich von einer Grönlandfahrt zurückkäme« 241 · »Alle Träume meiner Jugend seh ich nun lebendig« 245 · »Und ich zähle einen zweiten Geburtstag« 249 · »Hier ist mehr als alles« – (Aus)rasten in Neapel 251 · »Italien ohne Sizilien macht gar kein Bild in der Seele« 255 · »Ich bin in

dem, was meines Vaters ist« 258 · »Nur in Rom empfunden, was eigentlich ein Mensch sei« 262 · »Jeden kleinen Katzenschiss bewundert der« 265

X. **Eine ungewöhnliche Kleinfamilie** *(Claudia Kaiser)* 269
»Du bist mein Liebstes auf der Welt« – Goethe und Christiane Vulpius 271 · »Ganz charmirt von ihm« – August von Goethe 280 · »Kämen sie getrost herein« – Goethes Haus am Frauenplan 287 · »Wollten Sie mich nicht besuchen?« – Zu Gast: Friedrich Schiller 291

XI. **»So löset sich der Fluch« – Klassik contra Chaos** *(Claudia Kaiser)* 301
»Die Geister werd' ich nun nicht los« – »Erlkönig« und »Der Zauberlehrling« 303 · »Es ziemt dem edlen Mann der Frauen Wort zu achten« – »Iphigenie auf Tauris« 311

XII. **»Mich selbst, ganz wie ich da bin, auszubilden« – »Wilhelm Meisters Lehrjahre«** *(Claudia Kaiser)* 323
»Daß das alles für mich nur auf dem Theater zu finden ist« 325 · Ein Aussteiger macht Karriere 333 · »Hier oder nirgend ist Amerika« 339 · Zwischen Freiheit und Führung 344

XIII. **»Mit Leib und Seel in Stein« – Der Naturforscher Goethe** *(Cornelia Gyárfás)* 353
Ballonleidenschaft und mehr 355 · »Außerordentliches Weltereignis« – Tsunami am Tejo 361 · »Meine Felsen Spekulationen« – Geologie 362 · »Weder Gold noch Silber, aber ein Knochen« – Von Menschen und Affen 367 · »Alles ist Blatt« –

Botanik 371 · »Ehe der Mensch war, war der Urstier« – Zoologie 376 · »Purpur fordert Grün« – Zur Farbenlehre 378

XIV. **Goethe geht fremd – Eine ernsthafte Affäre im »West-östlichen Divan«** *(Christiana Engelmann)* 383
»Denn freilich mußte der Deutsche stutzen« 385 · »Abends Ostküste von Sumatra« 388 · »Uns in eine grenzenlose Freiheit zu versetzen« 391 · »Zwischen zwei Welten schwebend« 395 · »Bist du Schmetterling verbrannt« – Das »Buch Suleika« 400 · »Kein wirksameres Mittel als das Zusammenarbeiten« – Goethe geht fremd in fremden Texten 405 · »Was will der Großpapa weiter?« 408 · »Ich sehe mich gerne bei fremden Nationen um« 412 · »Alles aber mein Teuerster, ist jetzt ultra« 416 · »Der Duft der Pflaume ist weg« 418

XV. **Letzte »Verjüngung« – Goethe zur Kur »Marienbader Elegie«** *(Claudia Kaiser)* 421
»Ein alter Onkel, der seine junge Nichte allzuheftig liebt« 423 · »Der Kuss, der letzte, grausam süß« 429

XVI. **»Fluch der Geduld« – Faust lebenslänglich** *(Cornelia Gyárfás)* 439
»Wäre nur ein Zaubermantel mein« oder Warum Goethe manchmal auf und davon will 441 · Wetten dass? – Gott, Teufel und Faust 444 · Mephisto lockt mit Jugend, Geld und Sex 448 · »Es farzt die Hexe, es stinkt der Bock« 453 · Kindsmord und Goethe 455 · »Stürzen wir uns in das Rauschen der Zeit« 457 · »Wenn's fieberhaft durchaus im Staate wütet« – Staatsbankrott 459 · »Ein schönes

Weib ist immer schön« – Schönheitsideale 460 · Zeugung in vitro: Homunculus 462 · Drei Luftfahrer auf dem Weg nach Griechenland 464 · Die Schöne aus der Unterwelt: Helena 466 · Mit Siebenmeilenstiefeln zurück nach Deutschland – Faust baut 469 · »Geboten schnell, zu schnell getan« – Eine negative Utopie 473 · Faust stirbt und Goethe auch 476

Zeittafel 479
Verwendete Literatur 486
Abbildungsverzeichnis 494

I.

GOETHE
Ein Zwischenfall *mit* Folgen

Der Schriftsteller Arno Schmidt erzählt in einem seiner Texte von einem ungewöhnlichen Projekt: Jeder Dichter konnte einen verstorbenen Kollegen seiner Wahl aus der Unterwelt hervorzaubern und mit ihm einen Tag unter den Lebenden verbringen. Als die Reihe an Schmidt war, »seinen« Dichter abzuholen, war er erst einmal enttäuscht, dass nur noch einer übrig war. An ihn haben sich die Feiglinge wohl nicht rangetraut, haben sich lieber einen mit einer kreuzunglücklichen Kindheit und einem kleinen Gesamtwerk ausgesucht, vermutete er. Auch heute würden wahrscheinlich einige zögern, mit einem »Liebling der Götter« den Tag zu verbringen. Was fängt man bloß an mit einem Hochbegabten? Das könnte anstrengend oder, schlimmer noch, langweilig werden, stammt der Herr doch aus Zeiten, als sich das souveräne Subjekt feierte im vollen Vertrauen auf die Wohltaten des Verstandes. Faszinierender sind doch noch immer die Gebrochenen und die Pechvögel, die Gescheiterten und die Schrägen. Und sympathischer sind sie meistens auch. Kurz gesagt, viele tun sich schwer mit den Herausragenden und Privilegierten.

Das hat der Philosoph Friedrich Nietzsche sehr bedauert und Goethe einen »Zwischenfall *ohne* Folgen« genannt. Nietzsche war nämlich klar, dass dieses Genie eine prekäre Existenz war, sich die Erfolge mühsam erarbeitet und in zahllose Abgründe geschaut hat, ohne jedoch dabei abzustürzen, und somit zum Vorbild taugt.

Unter anderem aus diesem Grund wählen die Autorinnen Johann Wolfgang von Goethe für den Ausflug in die Jetzt-Zeit. Wir müssen ihm als Erstes versichern, dass wir ihn nicht aus Mitleid einladen, auch wenn er nicht gerade im Trend liegt. Goethe bedauert sehr, dass die Schüler noch immer mit »Faust I« und dem »Werther« traktiert werden, denn besonders Letzterer ist ihm schon zu Lebzeiten auf den Geist gegangen. Es sollten doch endlich die »Wahlverwandtschaften« und »Faust II« von den jungen Leuten gelesen werden. Was seine »Wahlverwandtschaften« betrifft, müssen wir ihn leider aufklären, dass das zentrale Thema »Entsagung« nicht gerade ein Knüller für Jugendliche ist. Wir müssen ihm auch sagen, dass Sätze aus diesem Roman wie: »Niemand wandelt ungestraft unter Palmen« heute ziemlich unpopulär sind. Gerade das wollen schließlich alle, Umweltschützer wie Pauschalreisende, und zwar ungestraft. »Faust II« hingegen, Goethes tragische Bilanz der Neuzeit, treffe den Nerv der Zeit, versichern wir ihm, obwohl das Drama sehr schwer zu lesen ist, verfügen doch heutige Leser nicht über den Bildungsfundus, um die vielen Anspielungen auf Geschichte und Mythologie zu verstehen, von der avantgardistischen Form des Dramas ganz zu schweigen. Goethe erinnert sich, dass er geplant habe, noch Erklärungen nachzuschieben, wie beim »West-östlichen Divan«, aber sein Tod habe dieses Vorhaben vereitelt. Wir beglückwünschen ihn zum »Divan« und würden ihn gern, in einer Zeit ernsthafter Konflikte zwischen der westlichen und der arabischen Welt, zur verbindlichen Lektüre machen. Im »Divan« zeigt Goethe vorbildlich, wie der Osten und der Westen sich gegenseitig respektieren und sogar miteinander harmonieren.

Erstaunt hört Goethe, dass wir auch seinen Lebenslauf für interessant halten. Schon zu seiner Zeit habe sein Leben doch viele abgeschreckt. Mit dem goldenen Löffel geboren zu sein, habe man ihm nachgesagt, rundum privilegiert soll er gewesen sein, dabei habe man oft übersehen, wie gewaltig er sich angestrengt habe, um das Beste aus sich zu machen. Ihm sei es immer darauf angekommen, einen eigenen Weg zu gehen, herauszufinden, was seine ureigensten Fähigkeiten und Interessen seien. So wie er es im Schlittschuhgedicht geschrieben habe. Er ist verblüfft, dass wir es für zu schwer halten und nicht in das Buch aufgenommen haben, und er sagt es sofort – in starkem Hessisch – auf:

EIS-LEBENS-LIED

Sorglos über die Fläche weg,
Wo vom kühnsten Wager die Bahn
Dir nicht vorgegraben du siehst,
Mache dir selber Bahn!
Stille, Liebchen, mein Herz,
Kracht's gleich, bricht's doch nicht!
Bricht's gleich, bricht's nicht mit dir!

Heute seien Teamfähigkeit, Flexibilität und soziale Kompetenzen gefragt, wenden wir gegen sein Lob auf das wagemutige Einzelkämpfertum ein.

Goethe sieht darin keinen Widerspruch. Auch zu seiner Zeit seien Beweglichkeit, Mobilität, die Förderung von Talenten, selbstständiges Denken und intensives Erleben wichtig gewesen, und all das habe ihm aus vielen Sackgassen und tiefen Löchern geholfen. So sei er mit den nicht gerade seltenen Niederlagen einigermaßen fertig geworden. Immer wenn es ihm schlecht gegangen sei, habe er geschrieben oder gezeichnet, sich verliebt oder, wenn's ganz schlimm war, eine Reise gemacht. Ihn habe eben auch alles interessiert. Heute bereist man eher virtuelle Welten zu Hause auf dem Bildschirm, erklären wir ihm. Das ist praktisch und demokratisch, jeder kann es. Goethe findet es unglaublich und möchte es auch versuchen; trotzdem solle jeder alles mit eigenen Augen sehen, um überprüfen zu können, ob man nicht betrogen werde, man müsse die Realität erleben und die Welt mit dem ganzen Körper spüren, meint er. Die überall präsente freizügige Werbung schockiert ihn offensichtlich. Dessous-Models hält er im Vorbeigehen für Blocksberg-Hexen. Aber der Hinweis auf seine »Venezianischen Epigramme« genügt, um ihn zu erinnern, wie freizügig und skandalös offen er einst dichtete.

Nicht schmeicheln wollen wir ihm, wenn wir versichern, dass er als Regierungsberater eine gute Figur machen würde, hat er doch im Kabinett seines Herzogs Carl August genügend Erfahrungen gesammelt. Es ist ihm schließlich gelungen, die Armee zu halbieren und die Uni Jena zu einem echten Exzellenzzentrum für interdisziplinäre Forschung zu machen. Wir erzählen ihm auch, dass sein Name ein Aushängeschild für deutsche Kultur in der ganzen Welt ist. Weil er schon zu seiner Zeit, als alle von »Nation« und »Nationalliteratur« schwadronierten, von »Weltkultur« und »Weltliteratur« sprach und kosmopolitisch dachte. Ja, bekräftigt Goethe, der Austausch der Kulturen sei ihm besonders wichtig gewesen, da er immer Angst vor Provinzialität und Stillstand gehabt habe. Aber gegen die Erschütterungen der Moderne, gegen die Orientierungslosigkeit, da habe damals nur die Antike geholfen. Nur sie sei ein solides Fundament und in der Lektüre der klassischen Dramen zu finden. Die Antike ist out, sagen wir ihm notgedrungen, jedenfalls bei der Jugend. Wer kennt heute schon noch die griechische Mythologie, die Poetik des Aristoteles, die Dramen der Griechen? »Edel sei der Mensch/hilfreich und gut/...«, das stößt auf taube Ohren.

Wir spendieren Goethe eine Fahrt im ICE nach Berlin. Er liebte ja die Bewegung, das Reisen. Berlin sei ihm immer zu hektisch gewesen, gibt er zu bedenken, wie ihm übrigens dieser Zug auch viel zu schnell sei, er sehe nichts von der Landschaft, er rieche nichts, schon bei den schnelleren Kutschen habe er damals den »Duft der Pflaume« vermisst. Das bisschen Zeit, das man gewinne, sei doch lächerlich, findet Goethe. Sie werde doch meist für unsinnige, unvernünftige Dinge genützt; »veloziferisch«, teuflisch, habe er den wachsenden Beschleunigungswahn genannt. Im »Faust II« könnten wir es nachlesen.

Goethe besteht darauf, das Internet kennenzulernen. Das wolle er unbedingt sehen, wie alles Wissen der Welt über eine Suchmaschine zugänglich sei. Im Zug begleiten wir ihn ins Internet-Café, damit er sieht, dass tagelanges Suchen in verstaubten Bibliotheken und Archiven jetzt oft nicht mehr notwendig ist. Er habe Bibliotheken geliebt, sagt er und dichtet, enttäuschend schlapp, aus dem Stegreif ein Liebesgedicht auf das Buch: »Ein Buch in der Hand, bringt uns Verstand«.

Mit dem schüchternen Einwand, dass seine anderen Liebesgedichte viel besser seien, geben wir www.goethezeitportal.de ein. Und Goethe surft, nachdem er, man muss es sagen, sofort begriffen hat, wie es funktioniert. »Goethe, wir müssen aussteigen. Wir sind am Bahnhof Zoo.« – »Ich will nicht mehr zurück in den Orkus. Das ist ja einfach ultra!«

II.

Kein Kind von schlechten Eltern

Christiana Engelmann

»Totgeboren« – eine lebendige Kindheit

Wie war Goethe wohl als Kind? Wahrscheinlich sympathisch, etwas altklug, aber auch sehr wach und eigenwillig. Die Vorstellung von Kindheit als einem besonderen Schutzraum, in dem Kinder um ihrer selbst willen heranwachsen dürfen, war noch neu. Diese Freiheit hat auch der kleine Goethe schon erfahren, wenn er stundenlang allein durch Frankfurts Straßen, Märkte und Hinterhöfe ziehen konnte. Außerdem verbrachten seine Eltern viel Zeit mit ihm, so wurde er unter anderem von ihnen zu Hause unterrichtet, denn den öffentlichen Schulen misstraute der Vater. Was Goethes Kinderjahre jedoch überschattete, war das Sterben in der Familie. Vier jüngere Geschwister verlor er, bevor er zehn Jahre alt war.

Goethe wuchs in einer wohlhabenden Familie auf, in der die Ideen der Aufklärung, Vertrauen auf Bildung und die Zuversicht in die eigenen Fähigkeiten herrschten.

Dabei hat es gar nicht gut angefangen. Goethes erste Reise wäre beinahe seine letzte gewesen: Weil die Hebamme angeblich einen Fehler gemacht hatte, kam das erste Kind von Catharina Elisabeth Goethe und ihrem Mann Johann Caspar »für tot« auf die Welt. Zum Glück wurde der leblose Junge gesund ins Leben zurückgeholt. Der Großvater des Neugeborenen, Johann Wolfgang Textor, Bürgermeister und höchster Beamter der Freien Reichsstadt Frankfurt, pflanzte einen Birnbaum und führte nach der »Ungeschicklichkeit« der Geburtshelferin einen Ausbildungsgang für Hebammen ein.

Dass schon seine Geburt einen Segen für die Allgemeinheit bedeutet hatte, erfüllte noch den alten Goethe mit

Stolz, der dem berühmten Anfang seiner Lebenerinnerungen deutlich abzulesen ist:

> Am 28. August 1749, mittags mit dem Glockenschlage zwölf, kam ich in Frankfurt am Main auf die Welt. Die Konstellation war glücklich; die Sonne stand im Zeichen der Jungfrau, und kulminierte für den Tag; Jupiter und Venus blickten sie freundlich an, Merkur nicht widerwärtig; Saturn und Mars verhielten sich gleichgültig: nur der Mond, der soeben voll ward, übte die Kraft seines Gegenscheins um so mehr, als zugleich seine Planetenstunde eingetreten war. Er widersetzte sich daher meiner Geburt, die nicht eher erfolgen konnte, als bis diese Stunde vorübergegangen.

Dieses Bild seiner Geburt liebte Goethe, der sich mit 63, jetzt eine europäische Berühmtheit, entschließt, sein Leben aufzuschreiben. Unter anderem um sicherzustellen, dass die Nachwelt ihn auch so sehen würde, wie er es wollte, machte er sich 1813 an ein schwieriges Projekt:

> Ich hatte die Entwicklung eines bedeutend gewordenen Kindes, wie sie sich unter gegebenen Umständen hervorgetan, aber doch wie sie im allgemeinen dem Menschenkenner und dessen Einsichten gemäß wäre, darzustellen. In diesem Sinne nannt' ich bescheiden genug ein solches mit sorgfältiger Treue behandeltes Werk: ›Wahrheit und Dichtung‹, innigst überzeugt, daß der Mensch in der Gegenwart, ja vielmehr noch in der Erinnerung die Außenwelt nach seinen Eigenheiten bildend modele.

Einen mustergültigen Lebenslauf will Goethe den Nachkommen hinterlassen, damit sie sich ein Beispiel nehmen. In diesem Sinn rekonstruiert er seine Kindheit und Jugend in vier dicken »Büchern«, von der Geburt bis 1775, als er Frankfurt endgültig verlässt. In »Dichtung und Wahrheit«, wie er seine Autobiographie schließlich nennt, zeigt er, dass sein Charakter und sein Talent zur Selbstverwirklichung ein Produkt seiner Kindheit und Jugend sind. Ausführlich erzählt er von der Bedeutung des Elternhauses, der Heimatstadt, vom Unterricht, den Freundschaften und ersten Reisen, Erschütterungen und Ängsten. Der 63-Jährige erinnert sich an ein vitales Kind, das lebenslustig, sensibel und »sonderlich« zugleich war:

> Im zweiten Stock befand sich ein Zimmer, welches man das Gartenzimmer nannte, weil man sich daselbst durch wenige Gewächse vor dem Fenster den Mangel eines Gartens zu ersetzen gesucht hatte. Dort war, wie ich heranwuchs, mein liebster, zwar nicht trauriger, aber doch sehnsüchtiger Aufenthalt. Über jene Gärten hinaus, über Stadtmauern und Wälle, sah man in eine schöne fruchtbare Ebene; es ist die, welche sich nach Höchst hinzieht. Dort lernte ich Sommerszeit gewöhnlich meine Lektionen, wartete die Gewitter ab und konnte mich an der untergehenden Sonne, gegen welche die Fenster gerade gerichtet waren, nicht satt genug sehen. Da ich aber zu gleicher Zeit die Nachbarn in ihren Gärten wandeln und ihre Blumen besorgen, die Kinder spielen, die Gesellschaften sich ergetzen sah, die Kegelkugeln rollen und Kegel fallen hörte: so erregte dies frühzeitig in mir ein Gefühl von Einsamkeit und einer daraus entspringenden Sehnsucht, das, dem von der Natur in mich gelegten Ernsten und Ahndungsvollen entsprechend, seinen Einfluß gar bald und in der Folge noch deutlicher zeigte.

Ein Kind, das für sich die Natur, das Alleinsein und tiefe Sehnsuchtsgefühle genießt! Nicht vorstellbar, dass es im nächsten Moment am Computer sitzen könnte.

Ein Stadtkind

Der kleine Goethe war ein Stadtkind und Frankfurt für ihn der ideale Kindheitsort. Die mittelalterliche freie Reichsstadt, im Schnittpunkt wichtiger Handelsstraßen gelegen, Krönungsort, Handelszentrum mit einer Messe zweimal im Jahr und einem täglichen Viehmarkt, hatte Mitte des

18. Jahrhunderts etwa 36 000 zum Teil sehr wohlhabende und selbstbewusste Einwohner. Die Stadt bildete eine gelungene Mischung aus Provinzstadt und Metropole, sie war »heimelig und international« zugleich. Von frühestem Alter an konnten die Geschwister allein durch die Stadt ziehen und ihre Entdeckungen machen hinter Mauern und Türen, unter Brücken, in Gräben und in den »vielen kleinen Städten in der Stadt«. Fremde Kaufleute mit fremden Waren in einer »wimmelnden, vielschichtigen Menschenwelt«, die geheimnisvolle Welt des jüdischen Ghettos hat der Junge mit eigenen Augen gesehen:

> So war es eine von unsern liebsten Promenaden (...) inwendig auf dem Gange der Stadtmauer herzuspazieren. Gärten, Höfe, Hintergebäude ziehen sich bis an den Zwinger heran; man sieht mehreren tausend Menschen in ihre häuslichen, kleinen, abgeschlossenen, verborgenen Zustände. Von dem Putz- und Schaugarten des Reichen zu den Obstgärten des für seinen Nutzen besorgten Bürgers, von da zu Fabriken, Bleichplätzen und ähnlichen Anstalten, ja bis zum Gottesacker selbst – denn eine kleine Welt lag innerhalb des Bezirks der Stadt – ging man an dem mannigfaltigsten, wunderlichsten, mit jedem Schritt sich verändernden Schauspiel vorbei, an dem unsere kindische Neugier sich nicht genug ergetzen konnte.

Erst mit 26 Jahren verlässt Goethe, nach seinem Studium in Leipzig und Straßburg, die Stadt für immer. Sie ist ihm mittlerweile zu eng geworden:

»Das Unverhältnis des engen und langsam bewegten bürgerlichen Kreises zu der Weite und Geschwindigkeit meines Wesens hätte mich rasend gemacht«, schreibt er seiner Mutter Jahre später. Er wäre »gewiß zu Grunde gegangen«, wenn er nicht aus Frankfurt geflohen wäre – um die lebensnotwendige Weite in Weimar zu finden, der ärmlichen Residenzstadt des kleinen Herzogtums Sachsen-Weimar-Eisenach mit 6000 Einwohnern.

Triebfeder Vater

Ein Amt in der Frankfurter Stadtverwaltung war dem Juristen und Kaiserlichen Rat Johann Caspar Goethe aus formalen Gründen verwehrt, und so machte er das Beste aus der beruflichen Sackgasse. Er legte alle Energie in die Bildung seiner beiden Kinder Cornelia und Wolfgang, verwaltete den Besitz, ging seiner Sammelleidenschaft nach und schrieb zwei Bücher: einen Bericht über seine Italienreise und ein Haushaltsbuch auf Lateinisch, in das er akribisch jahrzehntelang alle Ausgaben und deren Zweck notierte und so einen einmaligen Einblick in den Alltag der Familie überlieferte. Wolfgang Goethe hatte Glück mit seinen Eltern. Sie waren gebildet, nie knapp bei Kasse und jederzeit für ihn da.

Die Goethes waren »wohlhabende Außenseiter«, schreibt der Goethe-Biograph Nicholas Boyle, denn sie gehörten nicht zum tonangebenden Frankfurter Establishment der alteingesessenen Patrizierfamilien. Johann Caspar war ein erfolgreicher Aufsteiger, der beim entscheidenden Schritt gescheitert war. Über den Grund ist viel spekuliert worden. Goethes Vater plante, ein hohes Amt in seiner Heimatstadt zu übernehmen. Dies war ihm deshalb »verwehrt, weil zunächst ein Vetter und später dann der Schwiegervater J. W. Textor Ratsmitglieder waren, was ihre Verwandten von politischen Ämtern grundsätzlich ausschloß«, erklärt ein Biograph. Deshalb entschied er sich für das »Privatisieren«. Fast genüsslich berichtet der Sohn über das berufliche Missgeschick des Vaters. Der 15-Jährige schimpft ihn einen »Müßiggänger«. Heute verlaufen Vater-Sohn-Konflikte meist genau andersherum. Das »tätige Leben« im Dienst der Allgemeinheit wird Goethe sein Leben lang für eminent wichtig halten, und seine Helden werden diesem Ziel hinterherjagen. In »Dichtung und Wahrheit« zählt Goethe den Vater zu den stadtbekannten Frankfurter Sonderlingen. »Abstruse einsame Frankfurter« nennt er sie, und vom Vater heißt es: »Solche Männer scheint mein Vater sich überhaupt zum Muster genommen zu haben«, obwohl »ihm keine der Eigenschaften« fehlte, »die zu einem rechtlichen und angesehenen Bürger gehören«.

Genau dieses zwiespältige Bild vom Vater war die Triebfeder für den Sohn. Auf keinen Fall wollte er so werden. Der Vater war es aber, der ihm die Bildung vermittelte, mit deren Hilfe Goethe seine Ziele erreichen konnte.

Nach einem strikten und ganzheitlichen Lehrplan unterrichtete Johann Caspar seine Kinder in Musik, Zeichnen, Griechisch, Latein, Italienisch und Tanzen. Für die Fächer, die er nicht beherrschte, wurden Privatlehrer engagiert. War er als Vater angeblich streng, oft schlechter Laune und selten gelassen, so soll er als Lehrer erst recht unnachgiebig und fordernd gewesen sein. Sein didaktisches Konzept variierte zwischen Drill, Auswendiglernen und Wiederholen. Er legte höchsten Wert auf Disziplin, Ausdauer und Genauigkeit. Nichts durfte abgebrochen werden, auch wenn sich die Kinder noch so langweilten oder quälten. Lust und Lernen hatten für ihn nichts miteinander zu tun.

Trotzdem herrschte in der Familie ein wahres Lernfieber. Mit spürbarem Vergnügen erinnert sich der Dichterfürst an das blitzgescheite Kerlchen, das er einmal war: »Durch schnelles Ergreifen, Verarbeiten und Festhalten entwuchs ich sehr bald dem Unterricht, den mir mein Vater und die übrigen Lehrmeister geben konnten.« Hinter seinem Rücken las die Mutter heimlich mit den Kindern Klopstocks »Messias« – heute eine Herausforderung selbst für erfahrene Leser. Weil der »Messias« ohne regelmäßiges Versmaß und reimlos war, hatte der Vater die Lektüre verboten – offensichtlich eine besonders wirksame Art der Leseförderung. Vor allem aber Fremdsprachen scheinen dem Schüler Goethe zugeflogen zu sein. Binnen Kurzem liest er griechische, lateinische, französische und italienische Literatur im Original. Dann überzeugt er den Vater, dass er unbedingt Hebräisch lernen müsse. Als ein durchreisender Engländer Unterricht anbietet, macht der Vater mit den beiden Kindern einen vierwöchigen Englischkurs, um danach selbstständig weiterzulernen. Dass er seinem Vater einen Großteil seiner Fähigkeiten verdankte, war dem alten Goethe völlig klar. Nur so ist das für heutige Leser haarsträubende Motto zu begreifen, das er dem ersten Buch von »Dichtung und Wahrheit« voranstellt: »Der nicht geschundene Mensch wird nicht erzogen«, heißt es da auf Griechisch. Jedenfalls war Goethe mit 16 Jahren so studierfähig, dass er das vom Vater verordnete Fach Jura nebenbei studieren und die gesamte Energie auf seine eigentlichen Interessen Geschichte, Altertumskunde und Kunst richten konnte. Dazu musste er allerdings den Vater trickreich hinters Licht führen. Alles geschah aus »Notwehr«:

> Mein Vater, in die Angelegenheit der Stadt nur als Privatmann verflochten, äußerte sich im Verdruß über manches Mißlungene sehr lebhaft. Und sah ich ihn nicht, nach so vielen Studien, Bemühungen, Reisen und mannigfaltiger Bildung, endlich zwischen seinen Brandmauern ein einsames Leben führen, wie ich es mir nicht wünschen konnte? Dies zusammen lag als eine entsetzliche Last auf meinem Gemüte, von der ich mich nur zu befreien wußte, indem ich mir einen ganz anderen Lebensplan, als den mir vorgeschriebenen, zu ersinnen trachtete. Ich warf in Gedanken die juristischen Studien weg (...) er bestand darauf, daß ich nach Leipzig gehen müsse. Nun hielt ich den Entschluß, daß ich, gegen seine Gesinnungen und Willen, eine eigne Studien- und Lebensweise ergreifen wollte, erst recht für Notwehr. Die Hartnäckigkeit meines Vaters, der, ohne es zu wissen, sich meinen Plänen entgegensetzte, bestärkte mich in meiner Impietät, daß ich mir gar kein Gewissen daraus machte, ihm Stunden lang zuzuhören, wenn er mir den Kursus der Studien und des Lebens, wie ich ihn auf Akademien und in der Welt zu durchlaufen hätte,

vorerzählte und wiederholte. (...) Ich ersann mir im stillen einen Gegenkursus, oder vielmehr ich baute ein Luftschloß, auf einen ziemlich soliden Grund; und es schien mir sogar romantisch ehrenvoll, sich seine eigne Lebensbahn vorzuzeichnen.

Das in den Augen des Sohnes negative Beispiel des Vaters bildete in ihm den dauerhaften Impuls, einen anderen, eigenen Lebensplan zu entwickeln. Die Frage nach dem richtigen Lebensweg hat Goethe auch anhand seiner Figuren immer wieder thematisiert.

> Ich sollte denselben Weg [wie der Vater] gehen, aber bequemer und weiter. Er schätzte meine angeborenen Gaben um so mehr, als sie ihm mangelten: denn er hatte alles nur durch unsäglichen Fleiß, Anhaltsamkeit und Wiederholung erworben. Er versicherte mir öfters, früher und später, im Ernst und Scherz, daß er mit meinen Anlagen sich ganz anders würde benommen, und nicht so liederlich damit würde gewirtschaftet haben.

»Zwischen ein doppeltes Furchtbare eingeklemmt«

Einer der väterlichen Charakterzüge sollte sich weniger günstig auf den Sohn auswirken. Mit Angst, Unsicherheit und Krankheit konnte Johann Caspar nur schlecht umgehen. Das hat ihm der Sohn noch in hohem Alter so übel genommen, dass er ihn gleich auf den ersten Seiten seiner Lebenserinnerungen als Kinderschreck einführt:

> Die alte, winkelhafte, an vielen Stellen düstere Beschaffenheit des Hauses war übrigens geeignet, Schauer und Furcht in kindlichen Gemütern zu erwecken. Unglücklicherweise hatte man noch die Erziehungsmaxime, den Kindern frühzeitig alle Furcht vor dem

Ahndungsvollen und Unsichtbaren zu benehmen und sie an das Schauderhafte zu gewöhnen. Wir Kinder sollten daher allein schlafen, und wenn uns dieses unmöglich fiel, und wir uns sacht aus den Betten hervormachten und die Gesellschaft der Bedienten und Mägde suchten, so stellte sich, in umgewandtem Schlafrock und also für uns verkleidet genug, der Vater in den Weg und schreckte uns in unsere Ruhestätte zurück. Die daraus entspringende üble Wirkung denkt sich jedermann. Wie soll derjenige die Furcht los werden, den man zwischen ein doppeltes Furchtbare einklemmt?

Nicht viel anders hat sich Goethe selbst später die eigenen Ängste wegtrainiert. Gegen seine übermäßige Geräuschempfindlichkeit ging er, so oft wie möglich, dicht neben Märschen und Musikkapellen her. Um seine extreme Höhenangst zu überwinden, stieg er immer wieder auf das Straßburger Münster und trat dort auf die Plattform, die nur durch eine windige Abgrenzung gesichert war.

Als Wolfgang todkrank und ohne den erwarteten Abschluss aus Leipzig heimkommt, empfängt ihn der Vater zwei Tage lang nicht. Vielleicht leitete ihn auch die Angst, im Sohn könnte sich das eigene Scheitern wiederholen. Schon damals war der berufliche Erfolg für die Biographie eines Mannes entscheidend. Was vorher Schicksal oder gottgegeben war, liegt jetzt ausschließlich im Vermögen des Einzelnen. Schulden etwa bedeuteten Schuld, Krankheit war Schwäche und Misserfolg Anlass zu tiefer Scham.

Als der Vater Jahre später schwer krank wird und nur noch ein »wahres Pflanzenleben« führt, kommt der Sohn nicht ans Krankenbett. Angeblich, weil er den Anblick von Gebrechlichkeit nicht ertragen kann. Er kommt auch nicht ans Sterbebett und nicht zur Beerdigung.

Zu welcher väterlichen Fürsorge ist Goethe fähig, als er selbst später Vater eines Sohnes ist? Als gesichert gilt, dass er Kinder mochte und ihre Gesellschaft genoss. Beim eigenen Sohn August war aber alles viel komplizierter (s. Kap. X).

»Frau Rätin und Herr Rat«

Über die Beziehung seiner Eltern lässt Goethe wenig verlauten. Vielleicht war in einer Zeit, als meistens Vernunftehen geschlossen wurden, die Qualität einer Beziehung nicht groß der Rede wert. Aber einmal hat Goethe doch versucht, die Dynamik seiner Herkunftsfamilie zu beschreiben:

> Ein zwar liebevoller und wohlgesinnter, aber ernster Vater, der, weil er innerlich ein sehr zartes Gemüt hegte, äußerlich mit unglaublicher Konsequenz eine eherne Strenge vorbildete, damit er zu dem Zwecke gelangen möge, seinen Kindern die beste Erziehung zu geben, sein wohlgegründetes Haus zu erbauen, zu ordnen und zu erhalten; dagegen eine Mutter fast noch Kind, welche erst mit und in ihren beiden Ältesten zum Bewußtsein heranwuchs; diese drei, wie sie die Welt mit gesundem Blicke gewahr wurden, lebensfähig und nach gegenwärtigem Genuß verlangend. Ein solcher in der Familie schwebender Widerstreit vermehrte sich mit den Jahren. Der Vater verfolgte seine Absicht unerschütterlich und ununterbrochen; Mutter und Kinder konnten ihre Gefühle, ihre Anforderungen, ihre Wünsche nicht aufgeben. Unter diesen Umständen war es natürlich, daß Bruder und Schwester sich fest aneinander schlossen und sich zur Mutter hielten, um die im ganzen versagten Freuden wenigstens zu erhaschen.

Das liest sich so, als sei der Vater eine unnachgiebige und isolierte Gestalt in der Familie gewesen. Als Goethes Eltern heirateten, war Johann Caspar 38 Jahre und Catharina Elisabeth 17 Jahre alt. Caja, wie sie genannt wurde, fand ihn einen »schönen Mann«, sagte aber später, sie habe ihn »ohne bestimmte Neigung« geheiratet. Sie hatte freilich keine Wahl und musste »von der Schaukel in die Ehe« springen. Dr. jur. Johann Caspar Goethe, Kaiserlicher Rat und Privatier, war eine gute Partie. Die Zinsen seines Vermögens brachten monatlich fast doppelt so viel wie das Einkommen ihres Vaters, des Bürgermeisters Wolfgang Textor. Und das war alles, was zählte. Erstaunlich ist jedenfalls die Entwicklung, die Catharina Goethe von der unselbstständigen Ehefrau zur »Mutter eines berühmten Sohnes« und zum Mittelpunkt ihres Gesellschaftskreises machen sollte. Sie hält Hof in Frankfurt, während der Sohn den Hof in Weimar in Atem hält.

Zusammen, so scheint es, haben beide Eltern ihre Sache so gut wie möglich gemacht. Alleinerziehend wäre jeder für sich eine Katastrophe gewesen: der Vater mit seinen starren Prinzipien und den eisernen Vorstellungen vom Lebenslauf des einzigen Sohnes, die Mutter wegen ihrer grenzenlosen Bewunderung für den Sohn. In diesem Spannungsfeld haben sich die Extreme, wie es scheint, wechselseitig gut abgefedert. Die Mitgift der beiden Eltern hat Johann Wolfgang so auf den Punkt gebracht:

> Mir war von meinem Vater eine gewisse lehrhafte Redseligkeit angeerbt; von meiner Mutter die Gabe, alles, was die Einbildungskraft hervorbringen, fassen kann, heiter und kräftig darzustellen, bekannte Märchen aufzufrischen, andere zu erfinden und zu erzählen, ja im Erzählen zu erfinden. Durch jene väterliche Mitgift wurde ich der Gesellschaft mehrenteils unbequem. Meine Mutter hingegen hatte mich zur gesellschaftlichen Unterhaltung eigentlich recht ausgestattet.

»Ich kann nicht anders werden«

Am 25. August 1763 geht die Familie Goethe zur Feier des 15. Hochzeitstages ins Konzert. Es tritt ein Geschwisterpaar auf mit einer ähnlichen Rollenverteilung wie bei den Goethe-Kindern: Wolfgang Mozart, sieben Jahre, und seine Schwester Maria Anna, zwölf Jahre alt. So hätte sich auch Cornelia Goethe die Zukunft gewünscht, gemeinsam mit dem Bruder die Welt zu verblüffen. Während für den Bruder alles stimmte, stimmte nur wenig für sie: Trotz ihrer Begabung und ausgezeichneten Ausbildung, die auch sie vom Vater erhielt, gab es nur die Wahl zwischen Ehe und Kloster. Ihr Einfluss auf Goethes Leben und seine künstlerische Entwicklung sei kaum zu überschätzen, betonen jüngere Forscher immer wieder. Dass nur sie beide von den sechs Kindern der Goethes übrig geblieben waren, verband sie besonders eng miteinander:

> Von solchen halb lebenslustigen, halb künstlerischen Streifpartien (...) war ich jedoch wieder nach Hause gezogen, und zwar durch einen Magneten, der von jeher stark auf mich wirkte; es war meine Schwester. Sie, nur ein Jahr jünger als ich, hatte mein ganzes bewußtes Leben mit mir herangelebt und sich dadurch mit mir aufs innigste verbunden.

Von Anfang an ist Cornelia die Blasse und Unscheinbare. Ab der Pubertät macht ihr das zunehmend zu schaffen. Auch der Bruder leidet unter dem Unglück der Schwester. Sie genießt nicht dieselben Freiräume wie er und darf nicht studieren. Einen Beruf als Gouvernante oder Musiklehrerin kann sie nicht ergreifen, dafür sind die Goethes zu wohlhabend. Sie muss auf den richtigen Ehemann warten, obwohl Cornelia an Ehe und Familie nicht interessiert ist. Sie lebt mit dem Bruder mit, hört seine Texte an, ermuntert, rät zu oder ab, die Geschwister sind Verbündete. Sie versteht ihn ganz, er glaubt, sie zu verstehen. Er denkt, sie leide, weil sie nicht dem gängigen Schönheitsideal entspricht, und lobt immer wieder ihre »anmutige Seele«. Er ist wahnsinnig eifersüchtig, wenn sich ein Mann für sie interessiert. Nur einmal hat er nichts gegen einen pockennarbigen Engländer, der um Cornelia wirbt. Sie hätte Äbtissin werden sollen, sagt Goethe später. Ihr Wissensdurst und ihre Intelligenz gelten als unweiblich. Sie hat die Grenzen ihrer Rolle verletzt und leidet an einer tiefen Verunsicherung. Auch die Mutter ist enttäuscht von ihrer einzigen Tochter, die sie

Familie Goethe in Schäfertracht.
Gemälde von Johann Conrad Seekatz, 1762

widerspenstig, unweiblich und unattraktiv findet und deren Problem sie nicht versteht, weil sie wie selbstverständlich ihre Rolle akzeptiert hat. Schließlich glaubt Cornelia selbst, dass mangelnde Schönheit ihr Unglück ist: »Was für ein Glück ist die Schönheit! Man zieht sie der Anmut der Seele vor«, schreibt sie an eine Freundin. Ausgerechnet der Bruder sieht das Problem in ihrer hohen Stirn:

> Was ihr Gesicht aber ganz eigentlich entstellte, so daß sie manchmal wirklich häßlich aussehen konnte, war die Mode jener Zeit, welche nicht allein die Stirn entblößte, sondern auch alles tat, um sie scheinbar oder wirklich, zufällig oder vorsätzlich zu vergrößern. Da sie nun die weiblichste reingewölbteste Stirn hatte und dabei ein Paar starke schwarze Augenbrauen und vorliegende Augen, so entstand aus diesen Verhältnissen ein Kontrast, der einen jeden Fremden für den ersten Augenblick, wo nicht abstieß, doch wenigstens nicht anzog. Sie empfand es früh, und dies Gefühl ward immer peinlicher, je mehr sie in die Jahre trat, wo beide Geschlechter eine unschuldige Freude empfinden, sich wechselseitig angenehm zu werden.

Warum ist nicht auch für Cornelia das Schreiben ein Rettungsanker geworden? Es gab schon damals einige Frauen, die im Schreiben eine Nische für sich fanden. So wird aus dem interessierten, offenen und musikalischen Mädchen eine sehr gehemmte und unglückliche junge Frau. Der Bruder studiert in Leipzig, sie wartet zu Hause, bis sich ein passender Mann findet. Vor allem wartet sie aber auf Goethes Briefe, die, je schlechter es ihm geht, desto arroganter im Ton werden: »Du siehst ich studiere doppelt für mich und für dich. Die Stunden, die mir frei bleiben, sorg ich für dich, belohne mich und folge.«

Und etwas später:

> Wirst Du nun dieses alles nach meiner Vorschrift getan haben, wenn ich nach Hause komme; so garantiere ich meinen Kopf, du sollst in einem kleinen Jahre das vernünftigste, artigste, angenehmste, liebenswürdigste Mädchen, nicht nur in Frankfurt, sondern im ganzen Reiche sein. Ist es nicht ein herrliches Versprechen! Ja, Schwester, und ein Versprechen das ich halten kann und will. Und sage, wenn ich bei meinem hiesigen Aufenthalt auch nichts gelernt hätte, als so ein großes Werk auszuführen, würde ich nicht ein großer Mann sein.

Goethe fühlt sich offensichtlich schuldig wegen der Privilegien, die nur er genießt, und er glaubt, ihr helfen zu müssen. Er hatte ihr schon versprochen, sie nach Leipzig zu holen, und es natürlich nicht halten können. Jetzt weckt er wieder völlig unrealistische Erwartungen. Tatsächlich ist es die Schwester, die den Bruder aufbauen muss, als dieser schwer krank aus Leipzig zurückkehrt. Vorher hatte die 16-Jährige ihm geschrieben: »Ich kann nicht anders werden.«

Als sie »artig« den Heiratsantrag eines Kollegen des Bruders annimmt, ist dieser außer sich:

> Ich bemerkte nun erst, daß ich wirklich auf meine Schwester eifersüchtig sei. (...) Wieviel Zeit hatten wir nicht gebraucht, um uns

wechselseitig die kleinen Herzensangelegenheiten, Liebes- und andere Händel mitzuteilen, die in der Zwischenzeit vorgefallen waren! und hatte sich nicht auch im Felde der Einbildungkraft vor mir eine neue Welt aufgetan, in die ich sie doch auch einführen mußte?

Cornelia heiratet am 1. November 1773 den ungeliebten Johann Georg Schlosser und zieht mit ihm nach Emmendingen bei Freiburg. Sie schreibt ein geheimes Tagebuch auf Französisch für ihre beste Freundin, in das ihre ganze Not fließt. Die Forschung bezeichnet sie bisweilen als »weiblichen Werther«, weil auch sie an einer Rolle scheitert, die ihr zugedacht, aber nicht gemäß ist. Ihre Einträge klingen ganz nach Werther: »Wenn Sie sähen, wie ich leide, es geht über meine Kräfte – alle Freude, die ich mir verspreche, ist mir versagt. Wofür bin ich noch aufgespart?« Für nicht mehr viel. Nach der Geburt ihres zweiten Kindes stirbt sie im Alter von 26 Jahren. Goethe erfährt vom Tod der Schwester erst drei Tage später. Er hat ein Amt in Weimar übernommen und ist frisch verliebt. An die Mutter schreibt er:

> Ich kann Ihr nicht sagen, als daß das Glück sich gegen mich immer gleich bezeigt, daß mir der Tod der Schwester nur desto schmerzlicher ist, da er mich in so glücklichen Zeiten überrascht. Ich kann nur menschlich fühlen, und lasse mich der Natur die uns heftigen Schmerz nur kurze Zeit Trauer empfinden läßt.

Vielleicht muss er deshalb sein Glück jeder Erschütterung so unbarmherzig entgegenhalten und am Image des »Glückskinds« eisern festhalten, weil er die Erfahrung gemacht hat, dass er nur so auf der Sonnenseite bleibt. Fast zynisch klingt das Motto, das er dem zweiten Teil seiner Erinnerungen voranstellt, in dem es um die Beziehung zu Cornelia geht: »Was einer in der Jugend wünscht, hat er im Alter genug«. Cornelia hat das Wünschen nichts geholfen, auf Goethe trifft aber jedes Wort seiner Erklärung dieses Mottos zu:

Unsere Wünsche sind Vorgefühle der Fähigkeiten, die in uns liegen, Vorboten desjenigen, was wir zu leisten imstande sein werden. Was wir können und möchten, stellt sich unserer Einbildungskraft außer uns und in der Zukunft dar; wir fühlen eine Sehnsucht nach dem, was wir schon im stillen besitzen. So verwandelt ein leidenschaftliches Vorausergreifen das wahrhaft Mögliche in ein erträumtes Wirkliche. Liegt nun eine solche Richtung entschieden in unserer Natur, so wird mit jedem Schritt unserer Entwicklung ein Teil des ersten Wunsches erfüllt, bei günstigen Umständen auf dem geraden Wege, bei ungünstigen auf einem Umwege, von dem wir immer wieder nach jenem einlenken.«

Diese Idee einer idealen Entwicklung hat er häufig an seinen männlichen Helden ausgetestet und sie nicht gradlinig, sondern über Um- und Irrwege ins Ziel geschickt. Dieses Ziel ist die »tätige Existenz« im Dienst einer Gemeinschaft.

»Wie Göthe Göthe ward«

Die Mutter spielt in »Dichtung und Wahrheit« fast eine Nebenrolle, im Leben des Sohnes aber die heimliche Hauptrolle, auch wenn er die Mutter in den letzten dreißig Jahren ihres Lebens nur dreimal besucht. Es stimmt sicher, dass sie das emotionale Fundament seiner Existenz war, wie es sowohl von Zeitgenossen als auch von der aktuellen Forschung behauptet wird. Aus Weimar schreibt er ihr als erwachsener Mann, dass ihm die »Gewissheit, jederzeit die Postpferde anspannen zu lassen, um das Notdürftige und Angenehme des Lebens mit einer unbedingten Ruhe bei Ihnen wieder zu finden«, Sicherheit gebe. In einem Brief an Frau von Stein gelingt Goethes Mutter eine recht schmeichelhafte Selbstbeschreibung, die durchaus treffend gewesen sein könnte:

Ich habe die Menschen sehr lieb – und das fühlt alt und jung, gehe ohne Pretention durch diese Welt, und das behagt allen Evas Söhnen und Töchtern – bemoralisiere niemand – suche immer die gute Seite auszuspähen – überlasse die schlimme dem, der den Menschen schuf und der es am besten versteht, die scharfen Ecken abzuschleifen, und bei dieser Methode befinde ich mich wohl, glücklich und vergnügt.

»Meine Mutter, stets heiter und froh, und andern das Gleiche gönnend«, so führt Wolfgang die Mutter in seinen Erinnerungen ein. Sie kam aus einer sehr geselligen Großfamilie, in der sie »von Jugend auf keine Schnürbrust angekriegt hat, sondern nach Herzenslust wachsen und gedeihen« konnte. Sie ist das eigentliche »Glückskind« der Familie, das es versteht, alles zum Besten zu wenden: Eine arrangierte Ehe führt sie zu einem zufriedenen Unternehmen. So machte sie zum Beispiel die Einquartierung der Franzosen während des Siebenjährigen Kriegs, für den Vater eine Katastrophe, zum Bildungserlebnis für den Rest der Familie. Mutter und Kinder üben täglich Französisch mit dem im Haus lebenden Zivilgouverneur Graf Thoranc, und Wolfgang darf fast jeden Abend das Theater der Franzosen besuchen. Goethes Mutter mildert die Härte des Ehemannes und nach dessen Tod gelingt ihr ein erfülltes Witwendasein mit unerwarteten Höhepunkten. Am besten spielt sie allerdings die Rolle der Mutter eines berühmten Sohnes. Mit Goethes »Werther« wird sie gleichsam zur öffentlichen Person, nämlich durch die Frage der Zeitgenossen, wie »Göthe Göthe wurde«. Das war ihre Stunde. Noch glücklicher wäre sie gewesen, hätte sie geahnt, dass Kreativitätsforscher es heute ihrer »unambivalenten Beziehung« zum Sohn zuschreiben, dass er bis zum letzten Atemzug kreativ sein konnte. Tatsächlich, so wird es von vielen, nicht immer wohlwollend, berichtet, habe sie jede Regung ihres »Hätschelhans« begeistert aufgenommen: vom berühmten Zerschlagen des Familiengeschirrs auf dem Frankfurter Straßenpflaster über unstandesgemäße Verbindungen, uneheliche Kinder bis zu seinen ausbleibenden Besuchen und Einladungen. Auch die Schmerzen, die er ihr zufügte, akzeptierte sie wie die Tatsache, dass der Sohn »ganz nach seinem Instinkt lebte« und kaum eine ihrer Erwartungen zu erfüllen bereit war. Ganz im Gegensatz zum Vater, den das Eigenleben des Sohnes krank machte.

Warum klappte das bloß mit der Tochter nicht?

Die Tatsache, dass Catharina Goethe sehr belesen war, Theater und Musik liebte, verdankte sie dem Unterricht ihres Mannes. Am liebsten las sie aber die Werke der Freunde ihres Sohnes, der »Stürmer und Dränger«, und natürlich jedes neue Werk von ihrem Sohn. Zu ihren besten Zeiten gehörte die Phase um 1770, in der die gesamte Stürmer- und Dränger-Clique am Hirschgraben ein und aus ging, als das Haus »von oben bis unten mit schönen Geistern vollgepfropft« war. Mitte der 1780er-Jahre war Goethes Mutter eine gesellschaftliche Größe. Aus den deutschen Herzogtümern reisten fast alle Berühmtheiten an und wurden großzügig aufgenommen. Viele blieben mehrere Tage und Wochen im Haus am Hirschgraben. Aus Weimar kamen Wieland und die Herzogin Anna Amalia. Alle liebten sie, nannten sie Mamma oder Mutter Goethe. »Nun begreife ich recht gut, wie Göthe Göthe ward«, verließ ein westfälischer Dichter das Haus. Auch Frau von Stein und später Christiane Vulpius besuchten Goethes Eltern. Selbst Königin Luise kam aus Berlin, um Goethes Mutter kennenzulernen, und ihr Bruder Georg von Mecklenburg-Strelitz schrieb im Jahr 1805 begeistert, sie sei die »Frau, von der es mich nie gewundert hat, dass sie uns einen Goethe gebar«.

Catharina Goethe geht erstaunlich selbstbewusst mit dem Ruhm um, der auf sie abfällt:

> Da nun ein großer Teil deines Ruhmes auf mich zurückfällt, und die Menschen sich einbilden, ich hätte was zu dem großen Talent beigetragen, so kommen sie denn, um mich zu beschauen – da stelle ich

mein Licht nicht unter den Scheffel, denn auch »der Mond prangt ja auch mit geborgtem Licht«.

Nach Weimar schafft sie es seltsamerweise nie, mal wartet sie vergeblich auf eine Einladung des Sohnes, mal fühlt sie sich nicht reisetüchtig. Nach dem Tod ihres Mannes blüht sie noch einmal richtig auf. Sie kann, was sonst kaum für Frauen üblich war, über ihr Vermögen verfügen; das Haushaltsbuch belegt ihren großzügigen Lebensstil. Mit 53 Jahren verliebt sie sich heftig in den 31-jährigen, verheirateten Schauspieler und Komödianten Carl Wilhelm Unzelmann. Er war am Frankfurter Theater engagiert, ein »flatterhafter« Typ, der Caja Goethe mit seinem Witz und seiner Komik gewinnt. Aber nach einigen Jahren verlässt er Frankfurt und Frau Goethe mit seiner Familie fluchtartig. Das erste Mal hatte sie sich als Siebenjährige in den Kaiser verliebt, weil er so schöne blaue Augen hatte. Mit 53 verwirren sie die fremden Gefühle so sehr, dass sie entgegen alle Vernunft an ihrem Geliebten festzuhalten versucht und sich lächerlich macht, – ihrem Sohn nicht unähnlich, der allen Ernstes mit 75 Jahren einer 17-Jährigen einen Heiratsantrag macht. Mutter und Sohn verletzten gesellschaftliche Tabus, wobei die Mutter das größere Risiko einging. Ihre Verletzung der Konventionen war damals skandalös, seine fast bewundernswert.

Nie äußert sie ein Wort des Vorwurfs über das Privatleben ihres Sohnes. Die lose Partnerschaft mit Christiane kommentiert sie so: »So tröste ich mich damit, dass mein Hätschelhans vergnügt und glücklicher als in einer fatalen Ehe ist.« Als Goethe Christiane nach 18 Jahren schließlich heiratet, ist sie überglücklich; als er sie bittet, eine Erbverzichtserklärung zugunsten Christianes zu unterschreiben, für den Fall, dass ihm etwas passiere, tut sie das sofort. Das berührt Goethe sehr. Sie darf sich dafür in vielen seiner Mutter-Figuren wiedererkennen. Im »Werther«, »Wilhelm Meister«

und besonders im Epos »Hermann und Dorothea«, in dem er der Mutter ein »Denkmal der Zuneigung« setzt. Soweit wir wissen, hat sie nur einmal eine Bitte des Sohnes abgelehnt. Am 23. Dezember 1793 schreibt sie an Wolfgang, der für seinen kleinen Sohn August eine »Kanone oder Guillotine nach französischem Muster« zum Spielen gewünscht hatte:

> Lieber Sohn! Alles was ich dir zu gefallen tun kann, geschieht gern und macht mir selbst Freude – aber eine solche infame Mordmaschine zu kaufen – das tue ich um keinen Preis. Die Jugend mit so was Abscheulichem spielen zu lassen – ihnen Mord und Blutvergießen als einen Zeitvertreib in die Hände geben – nein da wird nichts draus.

Wie klug, dass und wie sie dem Sohn die Bitte abschlägt. Es fragt sich bloß, wie der humanistisch gebildete Goethe überhaupt auf die Idee kam, seinem Sohn Kriegsspielzeug zu Weihnachten zu schenken. Betroffen sehen wir den Vorhang zu und viele Fragen offen.

Für Goethe gab es, was ihn selbst betraf, im Alter wenig offene Fragen. Er schien genau zu wissen, wer er war und wie es dazu kam. Immer wieder hat er »Selbstbeschreibungen« versucht, wie diese späte, die uns einen unbekannten, liebenswerten Goethe zeigt:

> Niemals glaubte ich, daß etwas zu erreichen wäre. Immer dacht ich, ich hätt es schon. Man hätte mir eine Krone aufsetzen können und ich hatte gedacht, das verstehe sich von selbst. Und doch war ich gerade dadurch nur ein Mensch wie andre. Aber daß ich das über meine Kräfte ergriffene durch zu arbeiten, das über mein Verdienst erhaltene zu dienen suchte, dadurch unterschied ich mich bloß von einem wahrhaft Wahnsinnigen. Erst war ich den Menschen unbequem durch meinen Irrtum, dann durch meinen Ernst. Ich mochte mich stellen, wie ich wollte, so war ich allein.

III.

»Aus einem Extreme in das andere«
Der Dichter wird Anwalt

Claudia Kaiser

»Ich lasse mich hängen« –
Goethe in Leipzig

Das Gefühl, mit dem Goethe 1765 in Leipzig eintrifft, bleibt ihm lange unvergesslich – es ist die »Freude eines Gefangenen, wenn er seine Ketten abgelöst und die Kerkergitter bald durchgefeilt hat«. Er ist sechzehn, das erste Mal von zu Hause weg und hat genug Geld in der Tasche. Ein tolles Gefühl! Dennoch spürt er den Druck von zu Hause. Eigentlich wollte er ja in Göttingen studieren, und zwar Klassische Philologie und Geschichte – aber sein Vater hat sich durchgesetzt: Es muss Jura sein in Leipzig, genauso wie beim Senior selbst. Möglichst schnell soll etwas aus ihm werden, ein erfolgreicher Anwalt zum Beispiel, denn der Sohn soll erreichen, was der Vater selbst nicht geschafft hat. Zwar geht Goethe seine ersten Emanzipationsschritte in den Fußstapfen des Vaters, aber erst einmal ist er so frei wie nie zuvor. Lässig schreibt er als frischgebackener Student seiner Schwester Cornelia:

> Die guten Studia die ich studiere machen mich auch manchmal dumm. Die Pandecken haben mein Gedächtniß dieses halbe Jahr her geplagt, und ich habe warrlich nichts sonderlichs behalten. Unser Docente hat's auch sauber gemacht und ist biß ins 21 Buch gekommen. Das ist noch weit denn ein andrer war an Michael im 13ten. Das übrige mögen die Herren sehen wo sie es herkriegen. So ist mir's auch mit den Instituten mit der Hist Juris gegangen, die Narren schwätzen im ersten Buche einem zum Eckel die Ohren voll und die letzten da wissen sie nichts. (...) Ich lasse mich hängen ich weiß nichts. Wenn du auch dieses Stück meines Briefs nicht verstehst, so laß es den Vater lesen, es wird ihm so unangenehm seyn wie mir.

Ob seinen Vater dieser Ton alarmiert? Es klingt ein bisschen nach verwöhntem Sohn, nach »Hätschelhans«, wie seine

Mutter ihn nennt, und dem man jetzt an der Universität nichts recht machen kann. Das Jurastudium erscheint nebensächlich. Streit liegt in der Luft, wenn Goethe Professor Böhmes Juravorlesungen schwänzt und gleichzeitig durchblicken lässt, dass er die Poetikvorlesungen des Professors Gellert, einem berühmten Fabeldichter, weitaus spannender findet. Hat er sich insgeheim schon für ein Leben als Künstler entschieden? Jedenfalls ist er bei Böhme, einem Freund seines Vaters, häufig zu Gast und muss sich von ihm Strafpredigten anhören. Für einen Sohn aus gutem Hause sollte das Jurastudium ohnehin selbstverständlich sein. »Ich schien ihm nicht fleißig genug und zu leichtsinnig«, erinnert sich Goethe später.

Böhmes Gattin nimmt ihn unter ihre Fittiche. Leipzig, eine weltoffene Verlags- und Messestadt und Sitz einer ausgezeichneten Universität, die die berühmtesten Geistesgrößen anzieht, wird nicht umsonst »Klein-Paris« genannt: mit breiten Alleen und stattlichen Villen, mondän und modern, nicht weit vom eleganten, höfischen Dresden. Kein Vergleich zum altväterischen Frankfurt mit seinen mittelalterlich krummen Gassen! Studium hin oder her – es ist vor allem »Lebensart«, was Goethe hier lernt, und etwas Leipziger Schliff scheint dringend nötig. Mit seinem Frankfurter Dialekt und behäbigen Auftreten wird er anfangs schief angesehen, und mit seiner Kleidung kann er keinen Staat machen, denn der sparsame Vater hat nie professionelle Schneider, sondern normale Bedienstete zum Nähen herangezogen und hegt überdies ein Faible für altmodische Verzierungen:

> Es währte nicht lange, so überzeugten mich meine Freundinnen (...) daß ich wie aus einer fremden Welt hereingeschneit aussehe. So viel Verdruß ich auch hierüber empfand, sah ich doch anfangs nicht, wie ich mir helfen sollte. Als aber Herr von Masuren, der so beliebte

poetische Dorfjunker, einst auf dem Theater in einer ähnlichen Kleidung auftrat, und mehr wegen seiner äußeren als inneren Abgeschmacktheit herzlich belacht wurde, faßte ich Mut und wagte, meine sämtliche Garderobe gegen eine neumodische, dem Ort gemäße auf einmal umzutauschen.

Ein knappes Jahr später wird Goethe so beschrieben:

> Wenn Du ihn nur sähst, Du würdest entweder vor Zorn rasend werden, oder vor Lachen bersten müssen. Ich kann gar nicht einsehen, wie sich ein Mensch so geschwind verändern kann. Alle seine Sitten und sein ganzes jetziges Betragen sind Himmel weit von seiner vorigen Aufführung unterschieden. Er ist bei seinem Stolze auch ein Stutzer, und alle seine Kleider, so schön sie auch sind, sind von so einem närrischen Gout, der ihn auf der ganzen Akademie auszeichnet. (...) Er macht sich in allen Gesellschaften mehr lächerlich als angenehm. Er hat sich (...) solche Gebärden angewöhnt, bei welchen man unmöglich das Lachen enthalten kann. Einen Gang hat er angenommen, der ganz unerträglich ist. Wenn Du es nur sähest!

Vielleicht ist der Freund, der ihn so beschreibt, ein bisschen neidisch auf den gut situierten Goethe, der jetzt den eleganten Patriziersohn heraushängen lässt und, so könnte man ihn sich heute vorstellen, gestylt und mit Laptop in den Vorlesungen sitzt. Oder hat Goethe es mit seiner Anpassung ein bisschen übertrieben? Sicher ist er etwas hilflos auf der Suche nach einer neuen Identität und außerdem nie ein Mann des Mittelmaßes. Goethe versteht sich noch als gut Sechzigjähriger als Menschen, den »seine Natur immerfort aus einem Extreme in das andere warf«.

Extreme sucht Goethe auch in der Liebe. In Leipzig verliebt er sich in Katharina Schönkopf, mit ihren 19 Jahren etwas älter als er. Die schöne Tochter der Wirtsleute, bei denen er zu Mittag isst, verdreht ihm den Kopf. Leider ist er nicht der Einzige, der sie anhimmelt, und Goethe macht seine ersten, ziemlich gewaltsamen Erfahrungen in Sachen

Anna Katharina (Käthchen) Schönkopf.
Stahlstich von Auguste Hüssener nach dem Gemälde eines unbekannten Künstlers

Eifersucht. Einmal kommt es sogar zum blutigen Duell: »ein Zweikampf, bei welchem Goethe am Oberarm verwundet wurde«, wie ein Beobachter schildert, und zwar nachdem ein Gast zu heftig mit Katharina geflirtet hat. Goethe lässt aber nicht nur Muskeln spielen, sondern zeigt auch, was er literarisch zu bieten hat. 1765 entsteht seine erste Gedichtsammlung »Annette«. Für Annette alias Käthchen schüttelt er ein schlüpfriges Gedicht nach dem andern aus dem Ärmel. Hier zwei davon:

Annette an ihren Geliebten

Ich sah, wie Doris bei Damöten stand,
Er nahm sie zärtlich bei der Hand;
Lang sahen sie einander an,
Und sahn sich um, ob nicht die Eltern wachen,
Und da sie niemand sahn,
Geschwind – genug, sie machten's wie wir's machen.

Das Schreien

Jüngst schlich ich meinem Mädchen nach,
Und ohne Hindernis
Umfaßt' ich sie im Hain; sie sprach:
»Laß mich, ich schrei' gewiß!«
Da droht' ich trotzig: »Ha, ich will
Den töten, der uns stört!«
»Still«, winkt sie lispelnd, »Liebster, still,
Damit dich niemand hört!«

Diese Gedichte sind typisch für die »Anakreontik« – so genannt nach ihrem Vorbild, dem griechischen Dichter Anakreon. Als »leichten Nachtisch« könnte man mit Goethe diese im Rokoko beliebte Gedichtform auch bezeichnen. Lebensgenuss, Sinnlichkeit und Liebe als erotisches Spiel sind die häufigsten Motive, die einen Bogen zu Goethes berühmten Altersgedichten im »West-östlichen Divan« spannen. Die kleinen Rokoko-Kunststücke unterhalten uns mit Scherz und intelligentem »Witz«, mit brillanten Formulierungen und Pointen. Das Rokoko, eine Modewelle aus der galanten Welt und unbeschwerten Spaßkultur des Adels, hat in der Jahrhundertmitte auch das gebildete Bürgertum überrollt und der junge Goethe wird in kürzester Zeit ein Meister dieses Stils.

Das ausgehende Rokoko beherrscht jetzt Goethes neues Lebensgefühl, und da ist er in Leipzig genau am richtigen Platz. Kaum zu glauben, dass der Dichter solch zierlicher Verse bald seinen wildesten Gefühlen freien Lauf lässt und den Sturm und Drang begründet! Aber in seinen Briefen an den Freund Behrisch bekommen wir einen Vorgeschmack davon. Man meint, schon den jungen Werther mit seinen leidenschaftlichen Ausrufen und abgehackten Sätzen zu hören. Oft geht es um Eifersucht, die er geradezu lustvoll zur Raserei steigert. Hier schildert Goethe seinem Freund eine Begegnung mit Käthchen im Theater:

> Ich fand ihre Loge. Sie saß an der Ecke, neben ihr ein kleines Mädgen, Gott weiß wer, dann Peter, dann die Mutter. – Nun aber! Hinter ihrem Stuhl Herr Ryden, in einer sehr zärtlichen Stellung. Ha! Dencke mich! Dencke mich! auf der Gallerie! mit einem Fernglaß –, das sehend! Verflucht! Oh Behrisch ich dachte mein Kopf spränge mir für Wuht (...) Aber ich liebe sie. Ich glaube ich tränke Gift von ihrer Hand. Verzeih mein Freund. Ich schreibe warlich im Fieber, warrlich im Paroxismus. Doch laß mich schreiben. Besser ich lasse hier meine Wuht aus, als daß ich mich mit dem Kopf wider die Wand renne.

Zwei Jahre hält Käthchen diesen Wüterich aus, dann bricht sie mit ihm wegen seiner Eifersucht.

Für Goethe bedeutet Leipzig eine intensive Zeit, in der es ihn beutelt »zwischen den Extremen von ausgelassener Lustigkeit und melancholischem Unbehagen«. Als Hochbegabter kann er trotz »Sich-Hängen-Lassens« brillieren, doch das Doppelleben erschüttert den sensiblen Jungen und mit seiner Berufswahl ist er mindestens genauso überfordert. Taugen seine Zeichnungen, Radierungen und Gedichte wirklich etwas? Oder bildet er sich seine künstlerische Begabung nur ein? Soll er doch beim Vater zu Kreuze kriechen und Vollblutjurist werden? Goethe erleidet immer wieder Anfälle von Depression und »Geschmacksungewißheit«, wie er es nennt, und dann geschieht, was sich in seinem Leben noch öfter wiederholen wird:

> Nach manchem Kampfe warf ich (...) eine so große Verachtung auf meine begonnenen und geendigten Arbeiten, daß ich eines Tags Poesie und Prose, Plane, Skizzen und Entwürfe sämtlich zugleich auf dem Küchenherd verbrannte, und durch den das ganze Haus erfüllenden Rauchqualm unsre gute alte Wirtin in nicht geringe Furcht und Angst versetzte.

Zum Glück haben nicht alle seine Rokokowerke den Weg durch den Schornstein genommen.

Am Rand des Todes

Mit 18 Jahren wäre Goethe fast gestorben. Im Juli 1768 bekommt er in Leipzig einen so schweren Blutsturz, dass er »mehrere Tage zwischen Leben und Tod« schwankt: Lungentuberkulose! Sein Studium ist damit vorerst beendet. Freunde pflegen ihn und stellen ihn so weit auf die Beine, dass er einen Monat später seine Sachen packt und nach Frankfurt fährt:

> Je mehr ich mich nun meiner Vaterstadt näherte, desto mehr rief ich mir, bedenklicher Weise, zurück, in welchen Zuständen, Aussichten, Hoffnungen ich von zu Hause weggegangen, und es war ein sehr niederschlagendes Gefühl, daß ich nunmehr gleichsam als ein Schiffbrüchiger zurückkehrte. Da ich mir jedoch nicht sonderlich viel vorzuwerfen hatte, so wußte ich mich ziemlich zu beruhigen; indessen war der Willkomm nicht ohne Bewegung. Die große Lebhaftigkeit meiner Natur, durch Krankheit gereizt und erhöht, verursachte eine leidenschaftliche Szene.

Doch die Wiedersehensfreude kann nicht darüber hinwegtäuschen, dass Goethe als gescheiterter Sohn nach Hause kommt. Ein Studienabbrecher, Lungenpatient und hoffnungslos Liebeskranker kehrt in den Schoß der Familie zurück. Täglich grübelt er über sein Schicksal:

> Meine Liebe, diese unglückliche Leidenschafft, die mich zuviel, zuviel gekostet hat, als daß ich sie je vergeßen sollte, ist verscharrt, tief in mein Gedächtniß begraben (...) ich fürchte es wird nicht lange dauern, die Zerstreuung wird wegfliegen, und es wird ganz vor mir offen stehn, das Grab meiner Liebe. Meine Einbildungskraft wird mit meinem Blute lebendig werden, und ich werde seyn was ich lange voraus sah mitten im Genuße der mich mit paradiesisch beladenen Zweigen umgiebt, ein Tantalus.

Käthchen ist eine Zeitbombe, die in Goethes Kopf und Körper tickt. Diesmal ist er »Gefangener der Krankheit«, hütet monatelang das Bett, ist so schwach, dass er sich nur eine Viertelstunde aufsetzen kann, leidet unter starken Schmerzen und immer wieder unter Rückschlägen. Er wird zum Dauer- und Notfallpatienten, bei dem die Schulmedizin versagt und erst alternative Heilmethoden und das »Gläschen kristallisierten trockenen Salzes« eines alchimistischen Arztes greifen.

Goethe schwankt zwischen Hoffnung und Verzweiflung. In seinen Briefen will er »sich zu Todte lachen, wie ein Mensch die Carickaturidee haben könnte, im 20sten Jahre an der Lungensucht zu sterben!«, und schildert sich mit unerschöpflichem Galgenhumor: »Manchmal fällt mir's ein, dass es doch ein närrischer Streich wäre, wenn ich trutz meiner schönen Projeckten vor Ostern stürbe.« – Der Vater reagiert kühl:

> Er verhehlte dabei, so gut er konnte, den Verdruß, anstatt eines rüstigen, tätigen Sohns, der nun promovieren und jene vorgeschriebene Lebensbahn durchlaufen sollte, einen Kränkling zu finden, der noch mehr an der Seele als am Körper zu leiden schien.

Kein Wunder, denn die »Lebensbahnen«, über die auch Goethe sich immer wieder den Kopf zerbricht, und die Erwartungen, die man an ihn stellt, sind genau festgelegt. Jedes Versagen bedeutet eine Ohrfeige für den Vater. Goethe steht unter Druck. Ein bürgerlicher junger Mann wird nach seiner beruflichen Karriere gemessen, für sensible Künstlernaturen ist kein Platz. Heute würde man seinem alten Herrn ins Gesicht schleudern, er solle sich seine Karrierewünsche doch gefälligst selber erfüllen, aber das war damals undenkbar. Käthchen gegenüber gesteht Goethe Fehler ein, allerdings ohne dass klar herauskäme, was er eigentlich bereut: »Sie haben recht, meine Freundinn, daß ich jetzt für das gestraft werde, was ich gegen Leipzig gesündigt habe.«

Am Rand des Todes wird Goethe religiös. Hochempfänglich ist er jetzt für den Pietismus, eine Erneuerungsbewegung der protestantischen Kirche, in der jeder seinen ganz individuellen und stark gefühlsbetonten Weg zu Gott sucht. Goethe kommt über seine Mutter in Tuchfühlung mit pietistischen Kreisen und wird mitgerissen. Er taucht ein in deren Gedankengut und Wortschatz, tritt der Frankfurter Brüdergemeinde bei, er beobachtet zerknirscht sein Seelenleben und hofft sein persönliches Erweckungserlebnis herbei, schwelgt in inbrünstigem Gefühlsvokabular und legt Rechenschaft über seine Glaubensfortschritte ab:

> Ich binn jung und auf einem Weege der gewiß hinaus aus dem Labyrynte führt, wer ist's der mir versprechen könnte, das Licht wird dir immer leuchten wie jetzt, und du wirst dich nicht wieder verirren. Doch Sorgen! Sorgen! Immer Schwäche im Glauben. Petrus war auch in unserm Gusto, ein rechtschaffner Mann, biß auf die Furchtsamkeit. Hätte er fest geglaubt der Jesus habe Macht über Himmel Erde und Meer, er wäre über's Meer trockenen Fußes gewandelt, sein Zweifel machte ihn sinken. (...) Mich hat der Heiland endlich erhascht, ich lief ihm zu lang und zu geschwind, da kriegt er mich bey den Haaren.

So bekennt er einem ebenfalls pietistischen Freund in Leipzig. Wer hätte das vor ein paar Semestern vermutet? Böswillige Kommilitonen, die noch vor Kurzem seine Entwicklung zum Modegeck verfolgt hatten, hätten sich bei diesem extremen Wandel wieder vor Lachen auf die Schenkel geschlagen.

Die Pietisten sind davon überzeugt, dass »das Heil des Körpers« ganz »nahe mit dem Heil der Seele verwandt« sei. Absolut zutreffend in Goethes Fall! Durch eine Therapie nach diesem sehr modern wirkenden ganzheitlichen Ansatz wird er wieder gesund. Katharina von Klettenberg, eine Freundin der Mutter, umsorgt ihn liebevoll. Sie ist selbst von Kindheit an schwer krank, trotzdem eine starke Persönlichkeit, und Goethe beeindruckt nachhaltig, wie heiter sie ihr Leiden bewältigt. Noch 30 Jahre später widmet er ihr im Roman »Wilhelm Meisters Lehrjahre« das Kapitel »Bekenntnisse einer schönen Seele« mit dem wechselvollen Lebenslauf einer schönen, adeligen Glaubensschwester.

In Frankfurt vertieft sich der verkrachte Student Goethe in Lektüre von größter Bandbreite, so liest und diskutiert er zusammen mit der mütterlichen Freundin kirchengeschichtliche und naturphilosophische Werke:

> Der neue Platonismus lag zum Grunde; das Hermetische, Mystische, Kabbalistische gab auch seinen Beitrag her, und so erbaute ich mir eine Welt, die seltsam genug aussah.

Mit seinem eigenwilligen, unchristlichen Weltbild wird er noch als berühmter Dichter und unbekehrbarer »alter Heidenkönig« seine Anhänger verärgern und beunruhigen. Als Jugendlicher erschreckt er erst einmal seine Familie mit alchimistischen Experimenten, für die er sich extra ein Labor einrichtet. An den »Faust« hat er damals noch nicht gedacht, aber der wird später von dieser Zeit wilder chemischer Versuche profitieren.

Sobald er wieder auf den Beinen ist, hat Goethe also wieder alle Hände voll zu tun, probiert exzessiv herum und schmiedet außerdem Pläne für ein Auslandssemester. Nach fast zwei Jahren schwerster Krankheit ist er im Frühling 1770 wieder bei Kräften. So wie nach diesem herben Rückschlag schafft er es im Laufe seines langen Lebens immer wieder, sich aus Krisen herauszuarbeiten. Sympathisch ist, dass er seine Depressionen nicht unter den Tisch fallen lässt, sondern offen darüber spricht und sie auch anderen als eine Art »Auszeit« zugesteht. Außerdem, und auch das ist typisch für Goethe, hat er in Frankfurt selbst die Krankenstube noch als Keimzelle für neue Ideen genutzt. Aber so richtig kreativ kann er im Elternhaus nicht werden, und darum zieht er einen Schlussstrich. Mit dem Vater gibt es täglich Krach, und Goethe will dann nichts wie weg:

> Im Frühjahr fühlte ich meine Gesundheit, noch mehr aber meinen jugendlichen Mut wieder hergestellt, und sehnte mich abermals aus meinem väterlichen Hause, obgleich aus ganz andern Ursachen als das erstemal: denn es waren mir diese hübschen Zimmer und Räume, wo ich so viel gelitten hatte, unerfreulich geworden, und mit dem Vater selbst konnte sich kein angenehmes Verhältnis anknüpfen; ich konnte ihm nicht ganz verzeihen, daß er, bei den Rezidiven meiner Krankheit und bei dem langsamen Genesen, mehr Ungeduld als billig sehen lassen, ja daß er, anstatt durch Nachsicht mich zu trösten, sich oft auf eine grausame Weise über das, was in keines Menschen Hand lag, geäußert, als wenn es nur vom Willen abhinge. Aber auch er ward auf mancherlei Weise durch mich verletzt und beleidigt.

Ein »neues Paradies« – Goethe in Straßburg

Im April 1770 entdeckt Goethe ein »neues Paradies« – das liegt in Straßburg, weit weg von zu Hause, und hier nimmt sich der 20-Jährige fest vor, sein Studium zu beenden.

Als Goethe zum ersten Mal das Straßburger Münster besteigt, fällt er in einen Rausch. Das Münster ist, wie viele andere gotische Großprojekte, nicht fertiggestellt worden und prägt als gigantische mittelalterliche Bauruine das Stadtbild. Für Goethe sind vor allem die unvollendeten Türme von magischer Anziehungskraft, hoch oben überwindet er mit eisernem Willen seine Höhenangst. Außerdem wird er zum glühenden Anhänger der Gotik. Das war äußerst ungewöhnlich, denn die Gotik galt damals als barbarisch und hässlich, und »gotisch« war ein gebräuchliches Schimpfwort für überladenen Zierrat und große Steinmassen. Goethe macht in seinem Aufsatz »Von deutscher Baukunst« aus seiner geradezu lustvollen Begegnung mit der Gotik gleich ein neues ästhetisches Bekenntnis:

> Als ich das erstemal nach dem Münster ging, hatt' ich den Kopf voll allgemeiner Erkenntnis guten Geschmacks (...) und so graute mir's im Gehen vorm Anblick eines mißgeformten krausborstigen Ungeheuers. Mit welcher unerwarteten Empfindung überraschte mich der Anblick, als ich davor trat! Ein ganzer, großer Eindruck füllte meine Seele, den, weil er aus tausend harmonierenden Einzelnheiten bestand, ich wohl schmecken und genießen, keineswegs aber erkennen und erklären konnte. Sie sagen, daß es also mit den Freuden des Himmels sei, und wie oft bin ich zurückgekehrt, diese himmlisch-irdische Freude zu genießen, den Riesengeist unsrer ältern Brüder in ihren Werken zu umfassen. Wie oft bin ich zurückgekehrt, von allen Seiten, aus allen Entfernungen, in jedem Lichte des Tags zu schauen seine Würde und Herrlichkeit! Schwer ist's dem Menschengeist, wenn seines Bruders Werk so hoch erhaben ist, daß er nur beugen und anbeten muß.

Als mutiger junger Mann traut er seinen eigenen Augen mehr als dem herrschenden Kunstgeschmack. Er verkündet zwar euphorisch »Ich binn wieder Studiosus«, drückt sich aber wieder erfolgreich um ein straffes Jurapensum und klettert stundenlang auf der alten Baustelle herum. Goethe betrachtet alles genau, untersucht die Proportionen und schließt aus den angefangenen Teilen auf das Ganze. Selbstsicher soll der 20-Jährige mit einem erfahrenen Münsterspezialisten diskutiert haben:

> »Es ist schade«, sagte jemand, »daß das Ganze nicht fertig geworden und daß wir nur den einen Turm haben.« Ich versetzte dagegen: »Es ist mir ebenso leid, diesen Turm nicht ganz ausgeführt zu sehn; denn die vier Schnecken setzen viel zu stumpf ab, es hätten darauf noch

vier leichte Turmspitzen gesollt, sowie eine höhere auf die Mitte, wo das plumpe Kreuz steht.«

Als ich diese Behauptung mit gewöhnlicher Lebhaftigkeit aussprach, redete mich ein kleiner muntrer Mann an und fragte: »Wer hat Ihnen das gesagt?« – »Der Turm selbst«, versetzte ich. »Ich habe ihn so lange und aufmerksam betrachtet, und ihm so viel Neigung erwiesen, daß er sich zuletzt entschloß, mir dieses offenbare Geheimnis zu gestehn.« – »Er hat Sie nicht mit Unwahrheit berichtet«, versetzte jener; »ich kann es am besten wissen, denn ich bin der Schaffner, der über die Baulichkeiten gesetzt ist. Wir haben in unserem Archiv noch die Originalrisse, welche dasselbe besagen, und die ich Ihnen zeigen kann.«

»Geheimnisse« lüftet Goethe tatsächlich. Er betritt Neuland, ähnlich wie der Archäologe Johann Joachim Winckelmann, den Goethe als den »neuen Kolumbus« bezeichnet, da dieser die griechische Antike und ihre Stilideale wiederentdeckt hat. Goethe ist danach ein Kolumbus der Gotik. Das Rokoko gehört für ihn jetzt zum alten Eisen, der Pietismus klingt zwar noch in den Briefen nach, ist aber auch nicht mehr so prickelnd. Der Straßburger Goethe feiert im Aufsatz »Von deutscher Baukunst« ein ganz neues Erweckungserlebnis:

Das ist deutsche Baukunst, unsre Baukunst, da der Italiener sich keiner eignen rühmen darf, viel weniger der Franzos. (...) Und du, mein lieber Bruder im Geiste des Forschens nach Wahrheit und Schönheit, verschließ dein Ohr vor allem Wortgeprahle über bildende Kunst, komm, genieße und schaue. Hüte dich, den Namen deines edelsten Künstlers zu entheiligen, und eile herbei, daß du schauest sein treffliches Werk! Macht es dir einen widrigen Eindruck, oder keinen, so gehab dich wohl, laß einspannen, und so weiter nach Paris. Aber zu dir, teurer Jüngling, gesell' ich mich, der du bewegt dastehst und die Widersprüche nicht vereinigen kannst, die sich in deiner Seele kreuzen, bald die unwiderstehliche Macht des großen Ganzen fühlst, bald mich einen Träumer schiltst, daß ich da Schönheit sehe, wo du nur Stärke und Rauheit siehst.

Unbekümmert macht Goethe die Gotik zur Erfindung der Deutschen. Dass sie das nicht ist, weiß er wohl insgeheim selbst. Frankreich ist zwar die Wiege gotischer Kirchenkultur, aber das passt ihm jetzt nicht ins Konzept. In Straßburg, das damals zum Heiligen Römischen Reich Deutscher Nation gehörte, ist Goethe von einem Nationalgefühl überwältigt. Er bildet sich eine Identität über das, was er als »deutsch« bezeichnet, und lehnt alles Französische ab. Vorübergehend. Später amüsiert er sich über die extrem »patriotischen Gesinnungen« seiner Straßburger Zeit.

Doch zurück zum Münster, für Goethe ein Symbol der Befreiung. Auf den Türmen holt er tief Luft, blickt in die unendliche Landschaft, wirft die Kultur gepuderter Perücken und die pastellfarbene Höflingsmode der Vätergeneration ab. Nach der schrecklichen Krankheit spiegelt sich sein neues Lebensgefühl in genauso neuen Werten: Natur, Größe, Kraft und Genie – und das drückt er in markiger Sprache aus.

Goethe hat nach Rokoko und Pietismus wieder etwas extrem Neues gesucht und gefunden. Sein Idol: Erwin von Steinbach, Hauptmeister der Fassaden und namhafter Erbauer des Münsters. Fast provokativ verpackt Goethe seine überschäumende Bewunderung in religiöses Vokabular – das Kunstwerk als »Schöpfung«, Kunstbetrachtung als »Wallfahrt«. Die Kunst wird zur Ersatzreligion. Der Künstler, im Mittelalter meistens ein namenloser Handwerker, bekommt einen Heiligenschein:

> Wenigen ward es gegeben, einen Babelgedanken in der Seele zu zeugen, ganz, groß, und bis in den kleinsten Teil notwendig schön, wie Bäume Gottes; wenigern, auf tausend bietende Hände zu treffen, Felsengrund zu graben, steile Höhen drauf zu zaubern, und dann sterbend ihren Söhnen zu sagen: Ich bleibe bei euch, in den Werken meines Geistes, vollendet das Begonnene in die Wolken. Was braucht's dir Denkmal! und von mir! Wenn der Pöbel heilige Namen

ausspricht, ist's Aberglaube oder Lästerung. Dem schwachen Geschmäckler wird's ewig schwindlen an deinem Koloß, und ganze Seelen werden dich erkennen ohne Deuter.

Eine emotional aufgeladene Hymne auf den »heiligen Erwin« in abgehackten Rhythmen. Goethe kreiert gerade einen neuen Stil: den Sturm und Drang, benannt nach einem Drama von Friedrich Maximilian Klinger. Eine Epoche, in der die Jugendlichen das sich wild und unkonventionell gebärdende »Genie« feiern, in der sie gegen die Gesellschaftsordnung mit ihren strengen Standesschranken und die kühle, vernunftorientierte Kultur ihrer Eltern protestieren. Goethe gibt mit seinem Jugendaufsatz »Von deutscher Baukunst« das ästhetische Programm dieser Epoche vor.

Höchst hilfreich darin, den Kopf von alten Klischees leer zu fegen, ist Johann Gottfried Herder, sicherlich die aufregendste Bekanntschaft in Goethes Straßburger Zeit. Herder hat sich längst einen Namen gemacht, arbeitet gerade an der »Abhandlung über den Ursprung der Sprache« und ist eigentlich ziemlich nervig mit seiner Besserwisserei und dem unverhohlenen Neid auf den finanziell weich gebetteten Goethe. Vor allem, nachdem die Augenoperation misslingt, deretwegen Herder eigens nach Straßburg gereist ist. Außerdem schuldet er Goethe Geld.

Aber er gibt dem fünf Jahre Jüngeren wichtige Impulse. Er macht ihn neugierig auf William Shakespeare, auf das Volkslied und generell auf das lebendige, unmittelbare Dichten. Dichtung, so Herder, ist kein Privileg elitärer Köpfe, sondern eine »Welt- und Völkergabe«. Originalität, Gefühl und die natürliche Sprache der Volkskunst sind die bahnbrechend neuen Ideale, für die er kämpft – die rationale Kultur der Aufklärung, der »Witz«, das Dichten nach festen Regeln, haben endgültig ausgedient. Herder weckt in Deutschland ein Bewusstsein für die eigene Kultur. Damals war das keineswegs selbstverständlich, hatte man doch

seit etwa 1700 kritiklos die französische Kultur nachgeahmt. Goethe ist von Herder fasziniert und zugleich abgestoßen. Herder tyrannisiert ihn mit seinen Launen. Zum Beispiel ist Goethe davon überzeugt, dass Namen von persönlichkeits- und lebensprägender Bedeutung sind, und es ist ihm eine Ehre, »Goethe« zu heißen, weil er damit »Güte« und »Götter« verbindet. Es bestätigt ihn in seinem Lebensanspruch, ein »Götterliebling« zu sein. Dummerweise hat er Herder darin eingeweiht. Als dem mal wieder die Galle übergeht, lässt er sich dieses Wortspiel einfallen: »Der von Göttern du stammst, von Goten oder vom Kote, Goethe ...«
Doch das ist nicht der einzige Seitenhieb gegen den wieder selbstsicherer auftretenden Straßburger Studenten. Goethe war getrieben, sich weiterzuentwickeln, und auf diesem Weg oft überspannt und »extrem«; gute Freunde äußerten sogar die Besorgnis, »er werde überschnappen«. Aber immerhin schließt Goethe in Straßburg sein Jurastudium ab und schafft es bis zum »Lizenziat der Rechte«. Seine Promotion allerdings wird abgelehnt wegen seiner allzu »ketzerischen« Auslegung der Zehn Gebote. Goethe behauptet hier, Jesus habe andere Inhalte verkündet, als später unter seinem Namen verbreitet wurden, und die Religion in ihrer jetzigen Form sei nichts als »Politik«. Ein Zeitgenosse urteilt über die revolutionäre und heute leider verschollene Arbeit: »Sie dörfte wohl bei keiner guten Polizei zum Druck erlaubt oder gelassen werden; wiewohl der Herr Autor damit gedrohet.« Außerdem sickert aus Universitätskreisen diese rückblickend doch sehr kurzsichtige Einschätzung durch:

> Der Herr Goethe hat eine Rolle hier gespielt, die ihn als einen überwitzigen Halbgelehrten und als einen wahnsinnigen Religions-Verächter nicht eben nur verdächtig, sondern ziemlich be-

kannt gemacht. Er muß, wie man fast durchgängig von ihm glaubt, in seinem Obergebäude einen Sparren zu viel oder zu wenig haben.

Die »Bombe« – Goethe liebt Friederike

Um 1770 sind Goethe und Friederike Brion *das* Liebespaar deutscher Literaturgeschichte, und Friederike liefert noch heute Stoff zu Spekulationen: Hat sie Goethe verführt oder er sie? Hatte sie heimlich ein Kind von ihm? War sie vielleicht noch von einem anderen schwanger? Stimmt es, dass sie sich später mit Goethes Freund Jakob M. R. Lenz getröstet hat? Die Familie der sympathischen Pfarrerstochter deckte schleunigst einen Mantel des Schweigens darüber. Friederikes Schwester verbrennt die 30 Liebesbriefe, die Goethe schrieb, und sogar Goethes vertrauliche Schreiben an seinen Freund Salzmann verschwinden auf mysteriöse Art und Weise.

Was ist passiert? Im Herbst 1770 wohnt Friederike einen Tagesritt von Straßburg entfernt im idyllischen Sesenheim, als der 21-jährige Goethe, der zu dieser Zeit den Spitznamen »der Wanderer« bekommt, sie auf seinen Streifzügen kennenlernt und sich auf Anhieb verliebt. Er begeistert sich für ihre lebhafte Großfamilie und den ländlichen Pfarrershaushalt, der viel von einem Bauernhof hat, Goethe ist fasziniert von dem »heiteren, fruchtbaren, fröhlichen Land«, und die hübsche, 18-jährige Friederike sticht ihm gleich ins Auge: in schwarzweißer Tracht »auf der Grenze zwischen Bäuerin und Städterin«, ein Mädchen, das bei Sport, Spielen und Verkleidungen locker mit ihm Schritt hält – und gerade für Maskeraden, damals eine beliebte Freizeitbeschäftigung in höheren Kreisen, hat Goethe lange fast so etwas wie einen

Pfarrhaus in Sesenheim. Rötelzeichnung von der Hand Goethes, 1770/1771

Tick. Friederike ist ein »Naturwesen«, der spontane, unintellektuelle Frauentyp, auf den er später noch so oft fliegt:

> Ihr Wesen, ihre Gestalt trat niemals reizender hervor, als wenn sie sich auf einem erhöhten Fußpfad hinbewegte; die Anmut ihres Betragens schien mit der beblümten Erde, und die unverwüstliche Heiterkeit ihres Antlitzes mit dem Himmel zu wetteifern. (...) So wie das Reh seine Bestimmung ganz zu erfüllen scheint, wenn es leicht über die keimenden Saaten wegfliegt, so schien auch sie ihre Art und Weise am deutlichsten auszudrücken, wenn sie, etwas Vergessenes zu holen, etwas Verlorenes zu suchen, ein entferntes Paar herbeizurufen, etwas Notwendiges zu bestellen, über Rain und Matten leichten Laufs hineilte.

Noch als älterer Herr gerät Goethe ins Schwärmen, wenn er sich an die blonde Elsässerin erinnert, mit der er als junger Student eine leidenschaftliche Affäre erlebte: »Die Welt ist so schön! so schön!«, so sein damaliges Lebensgefühl. Friederikes Eltern drücken ein Auge zu, wenn die beiden im Grünen verschwinden, und vertrauen auf eine

baldige Hochzeit. Seine neue, viel gerühmte »Flamme«
inspiriert ihn, und Goethe dichtet am laufenden Band –
mehr, als wir heute in Händen halten, denn einiges ist
verloren gegangen, da Goethe damals die Originale Friederike schenkt und seine Werke noch nicht systematisch sammelt.

In den »Sesenheimer Liedern« macht er einen Riesensprung in seiner Entwicklung zum Dichter. Diese Gedichte
sind zum ersten Mal »typisch Goethe«: intensive Natur-
erfahrung und Erlebnislyrik, also individuelle, hautnahe
Erlebnisse, die ganz persönlich ausgesprochen werden. Das
mehrfach umgearbeitete Lied »Willkommen und Abschied«
ist wohl das bekannteste und schönste dieser Sammlung:

WILLKOMMEN UND ABSCHIED
Spätere Fassung

Es schlug mein Herz, geschwind zu Pferde!
Es war getan fast eh gedacht.
Der Abend wiegte schon die Erde,
Und an den Bergen hing die Nacht;
Schon stand im Nebelkleid die Eiche,
Ein aufgetürmter Riese, da,
Wo Finsternis aus dem Gesträuche
Mit hundert schwarzen Augen sah.

Der Mond von einem Wolkenhügel
Sah kläglich aus dem Duft hervor,
Die Winde schwangen leise Flügel,
Umsausten schauerlich mein Ohr;
Die Nacht schuf tausend Ungeheuer,
Doch frisch und fröhlich war mein Mut:
In meinen Adern welches Feuer!
In meinem Herzen welche Glut!

Dich sah ich, und die milde Freude
Floß von dem süßen Blick auf mich;
Ganz war mein Herz an deiner Seite
Und jeder Atemzug für dich.

Ein rosenfarbnes Frühlingswetter
Umgab das liebliche Gesicht,
Und Zärtlichkeit für mich – ihr Götter!
Ich hofft' es, ich verdient' es nicht!

Doch ach, schon mit der Morgensonne
Verengt der Abschied mir das Herz:
In deinen Küssen welche Wonne!
In deinem Auge welcher Schmerz!
Ich ging, du standst und sahst zur Erden
Und sahst mir nach mit nassem Blick:
Und doch, welch Glück, geliebt zu werden!
Und lieben, Götter, welch ein Glück!

Ein hochdynamisches Gedicht, in dessen Anfangszeilen man schon den Herzschlag des Reiters und den Hufschlag des Pferdes zu hören vermeint. Hier wird zum ersten Mal »das Jung-Sein zum Klang«, wie es ein Germanist ausdrückt. Tatsächlich kann man sich diesen Reiter kaum mit gepudertem Zopf vorstellen – die Zeiten, in denen man sich künstlichen »Altersschnee« aufs Haar stäubte, sind endlich vorbei. Jugend, Spontaneität, Kraft und Sportsgeist sind jetzt in Mode.

Goethe schlägt einen neuen Ton an. Es ist die revolutionäre Sprache des Sturm und Drang, der großen Jugendbewegung Ende des 18. Jahrhunderts, die das unmittelbare Gefühl zum Ausdruck bringt und poetische Konventionen an den Nagel hängt. Ein neuer Sinn für die Natur erwacht und wird mit starken, an Shakespeare geschulten Bildern (»aufgetürmter Riese«) zur Sprache gebracht. Die Liebe ist kein amüsantes Spiel wie in den »Annette«-Gedichten, sondern eine Kraftquelle, groß und überwältigend wie die Natur ringsum. Der Leser wird hineingezogen in die lebenspralle Stimmung, erlebt, wie die Landschaft vorbeifliegt, ist beim Galopp zur Geliebten dabei und mit einem Sprung wieder auf dem Rückweg. Das eigentliche Liebes-

Friederike Brion

erlebnis wird aber diskret ausgespart. – Vielleicht eine Vorsichtsmaßnahme, falls Friederikes Eltern das Blatt in die Finger kriegen?

Die Sprache geht zu Herzen, ist schlicht und von Goethe eigens für Friederike maßgeschneidert, auch die Verse klingen einfach und volksliedhaft. Es ist erstaunlich, »dass Sprache so frei fließen kann und immer noch ein Gedicht ist«, wie der Schriftsteller Martin Walser bewundernd feststellt. Hier zeigt sich ein ganz anderer Goethe, der sich wieder erneuert hat seit seiner zierlichen Rokokophase und Käthchen, der großen Leipziger Liebe.

Doch bei aller Verliebtheit – in Goethes Briefen verspürt man bald einen Stimmungswechsel. Er wirkt unsicher: »Der

Kopf steht mir wie eine Wetterfahne, wenn ein Gewitter heraufzieht und die Windstöße veränderlich sind.« Kurz darauf schreibt er seinem Freund:

> Ich komme, oder nicht, oder – das alles werd ich besser wissen wenns vorbey ist als iezt. Es regnet draussen und drinne, und die garstigen Winde von Abend rascheln in den Rebblättern vorm Fenster, und meine animula vagula ist wie's Wetter Hähngen drüben auf dem Kirchturm; dreh dich, dreh dich, das geht schon den ganzen Tag.

Goethe leidet wirklich zutiefst an seiner »animula vagula«, seinem »unsteten Seelchen«. Er fühlt den Erwartungsdruck der Familie Brion, möchte Friederikes Vertrauen nicht missbrauchen und ist zugleich seinem persönlichen Ehrgeiz verpflichtet, den er schon als Jugendlicher so formuliert:

> Dabey müssen wir nichts *seyn*, sondern alles *werden* wollen, und besonders nicht öffter stille stehen und ruhen, als die Nothdurfft eines müden Geistes und Körpers erfordert.

Sich festlegen, sprich: heiraten will er nicht und darum trifft er eine einsame Entscheidung. Schon im August 1771 lässt Goethe das Mädchen sitzen, weil, so rechtfertigt er sich viel später,

> mich mein leidenschaftliches Verhältnis zu Friederiken nunmehr zu ängstigen anfing. Eine jugendliche, aufs Geratewohl gehegte Neigung ist der nächtlich geworfenen Bombe zu vergleichen, die in einer sanften, glänzenden Linie aufsteigt, sich unter die Sterne mischt, ja einen Augenblick unter ihnen zu verweilen scheint, alsdann aber abwärts zwar wieder dieselbe Bahn, nur umgekehrt, bezeichnet, und zuletzt da, wo sie ihren Lauf geendet, Verderben hinbringt.

Goethes künstlerischer Egoismus und seine viel diskutierten Bindungsängste zeigen sich hier zum ersten Mal. Immerhin löst seine Flucht – herrschaftlich vom Pferd herab soll er Friederike zum letzten Mal die Hand gereicht haben – eine Lawine an Schuldgefühlen aus. Im selben Sommer entsteht das Gedicht »Heidenröslein«, das mit der berühmten Zeile beginnt: »Sah ein Knab' ein Röslein stehn…« »Röslein« war ein beliebtes Bild für ein junges Mädchen und die Liebesgeschichte, die zwischen den Zeilen geschildert wird, damaligen Lesern sofort verständlich:

> Und der wilde Knabe brach
> s' Röslein auf der Heiden;
> Röslein wehrte sich und stach
> Half ihr doch kein Weh und Ach,
> Mußt' es eben leiden.

Goethe war sich, was Friederike anlangt, seiner Rolle als »wilder Knabe« wohl bewusst. Der »Dämon der Treulosigkeit« durchgeistert von jetzt an seine Jugenddramen bis hin zum »Faust« mit Gretchens tragischer Liebesgeschichte.

Dass Goethe sein Verhalten bitter bereut hat, wollen Historiker unter anderem am Titel des für Friederike bestimmten Gedichts »Willkommen und Abschied« ablesen. Heute sagen uns diese Worte nichts weiter, aber zu Goethes Zeit klang dabei ein makabrer Brauch aus dem Strafvollzug an: Wer damals wegen Unzucht ins Gefängnis kam, erhielt sowohl zum sarkastisch sogenannten »Willkomm« eine derbe Tracht Prügel als auch zu seinem »Abschied«, wenn er das Gefängnis wieder verließ. Goethe hat sich diesen Titel sicher gut überlegt – aber was will er damit sagen? Will er damit zeigen, dass er sich seiner Schuld bewusst ist? Will er sich wenigstens mit Worten strafen?

Die Trennung wirft Friederike aufs Krankenlager, und Goethe gesteht Jahre später ein: »Ich mußte sie in einem

Augenblick verlassen, wo es ihr fast das Leben kostete.« Ihr Ruf ist ruiniert und sie endet, ohne eigene Lebenspläne verwirklicht zu haben, im Haus ihres Bruders. Laut ihrer Schwester soll sie zwar noch Heiratskandidaten gehabt, aber abgewiesen haben mit der wohl nachträglich hinterhergeschobenen hochmütigen Erklärung: »Wer von Goethe geliebt worden ist, kann keinen anderen lieben.«

Auch für Goethe bleibt dieses Erlebnis ein Stachel im Fleisch. In seiner Autobiographie »Dichtung und Wahrheit« findet er für seine Jugendliebe folgende Schlussworte:

> Die Antwort Friedrikens auf einen schriftlichen Abschied zerriß mir das Herz. Es war dieselbe Hand, derselbe Sinn, dasselbe Gefühl, die sich zu mir, die sich an mir herangebildet hatten. (...) Sie war mir ganz gegenwärtig; stets empfand ich, daß sie mir fehlte, und, was das Schlimmste war, ich konnte mir mein eignes Unglück nicht verzeihen. Gretchen hatte man mir genommen, Annette mich verlassen, hier war ich zum erstenmal schuldig; ich hatte das schönste Herz in seinem Tiefsten verwundet und so war die Epoche einer düsteren Reue (...) unerträglich.

»Es lebe die Freiheit!« – »Götz von Berlichingen«

1771 kehrt Goethe, jetzt »Lizenziat der Rechte«, ins Elternhaus nach Frankfurt zurück. »Endlich fertiger Jurist!«, so oder ähnlich dürfte sein Vater aufgeatmet haben, als er dem 22-Jährigen stolz eine Kanzlei einrichtet. Goethe führt 28 kleinere Prozesse, die ihm meist die Familie vermittelt, schiebt den Großteil der Arbeit dem Vater zu und bekennt heimlich seinem Freund:

> Ich hab so satt am Lizentieren, so satt an aller Praxis, daß ich höchstens nur des Scheins wegen meine Schuldigkeit tue.

Schnell nimmt er sein Doppelleben wieder auf und das äußert sich zum Beispiel so: Als frisch niedergelassener Rechtsanwalt prangert Goethe die Einführung des römischen Rechts an. Als eleganter, auf glattem Parkett sich selbstsicher bewegender Großbürgerssohn, laut Zeitgenossen sogar »als einer der schönsten Männer von Mädchen und Frauen angebetet«, wirft er mit Fäkalausdrücken um sich. Wie passt das zusammen? Der Jurist Goethe ist wieder Dichter. In sechs genialen Wochen schreibt er sein Erstlingsdrama »Götz von Berlichingen mit der eisernen Hand«, ein absolut aufrührerisches Stück, in dem er mit allen gesellschaftlichen Konventionen bricht.

Währenddessen ist er mit einem Bein noch in Straßburg. Die mittelalterliche Kulisse, das Jurastudium und besonders die Geschichte des Faustrechts haben ihn auf den alten Raubritter Götz gebracht, dessen Legende lange über den

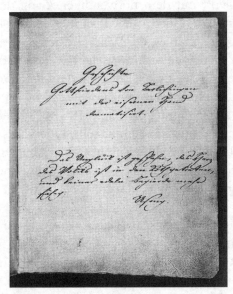

Geschichte Gottfriedens von Berlichingen mit der eisernen Hand. Dramatisirt (»Ur-Götz«). Titelseite von Goethes Manuskript, 1771

Bauernkrieg von 1525 hinaus lebendig blieb. Goethe macht Götz zum trutzigen deutschen Helden, zum fluchenden »Selbsthelfer« ganz nach dem Geschmack des Sturm und Drang. Die von Shakespeare inspirierte offene Dramenform und die Sprache sind revolutionär – allein der Spruch »er kann mich im Arsch lecken«, der in späteren Ausgaben dezent durch Gedankenstriche ersetzt wird, ist gleich in aller Munde. Ein Befreiungsschlag gegen das tonangebende französische Theater, ein offener Bilderbogen, in dem alle Stände aufgeblättert werden vom Kaiser bis zu aufständischen Bauern und Zigeunern!

Goethes Götz ist vom selben Schrot und Korn wie sein Erwin von Steinbach, der Meister des Straßburger Münsters, oder wie Goethes Shakespeare, dem er kurz zuvor die enthusiastische Rede »Zum Shakespeares-Tag« widmet. Sein Drama löst alle darin verfassten Forderungen ein, lässt »das Eigentümliche unsres Ichs, die prätendierte Freiheit unsres Wollens, mit dem notwendigen Gang des Ganzen« zusammenstoßen. Götz ist der Prototyp eines solch starken Ichs, das gegen den Rest der Welt rebelliert.

Und der Zeuge einer historischen Wende. Götz verkörpert den freien Ritterstand, der nach dem Recht des Stärkeren handelt, auf seiner Burg autonom herrscht, im Alleingang Raubzüge unternimmt, hier und da den Fehdehandschuh wirft, und nur dem Kaiser untersteht. Doch alles das ändert sich dramatisch. Eine neue Zeit bricht an, die der höfischen Gesellschaftsordnung auf der Grundlage römischen Rechts. Das spätmittelalterliche Raubrittertum geht dem Ende entgegen.

Hier könnte man die Stirn runzeln – was kümmert sich ein schwungvoller 22-Jähriger wie Goethe um einen verstaubten Raubritter? Ganz einfach: weil sich im »Götz« seine eigene Situation spiegelt. Auch Goethe und seine Generation leben in einer Übergangszeit, sind Beobachter und Mitgestalter einer brisanten Wende, diesmal von der

Ständegesellschaft zur bürgerlichen Gesellschaft. »Wie ist es eigentlich zu den höfischen Lebensformen gekommen?«, so oder ähnlich könnte Goethe sich stellvertretend für alle aufständischen Jugendlichen gefragt haben. Goethe findet im Stoff des »Götz« außerdem eine wunderbare Möglichkeit, in historischer Tarnung Zeitkritik zu üben und die Zensur zu umgehen.

In seinem Drama zeigt Goethe, wie sich spätmittelalterliche Ritter an den Hof begeben und zu geschmeidigen Speichelleckern werden. Ein solcher Höfling wird Weislingen. Zu Beginn schwankt er noch zwischen seinem Jugendfreund Götz, der nur den Kaiser über sich respektiert und Weislingen gern auf seiner Seite hätte, und dem mächtigen Bamberger Bischof, mit dem Götz in Fehde liegt. Weislingen lässt sich zunächst von Götz' Position überzeugen:

> GÖTZ. Bist du nicht ebenso frei, so edel geboren als einer in Deutschland, unabhängig, nur dem Kaiser untertan, und du schmiegst dich unter Vasallen? Was hast du von dem Bischof? Weil er dein Nachbar ist? dich necken könnte? Hast du nicht Arme und Freunde, ihn wieder zu necken? Verkennst den Wert eines freien Rittersmanns, der nur abhängt von Gott, seinem Kaiser und sich selbst! Verkriechst dich zum ersten Hofschranzen eines eigensinnigen neidischen Pfaffen.
> WEISLINGEN. Laßt mich reden.
> GÖTZ. Was hast du zu sagen?
> WEISLINGEN. Du siehst die Fürsten an, wie der Wolf den Hirten. Und doch, darfst du sie schelten, daß sie ihrer Leut und Länder Bestes wahren? Sind sie denn einen Augenblick vor den ungerechten Rittern sicher, die ihre Untertanen auf allen Straßen anfallen, ihre Dörfer und Schlösser verheeren? Wenn nun auf der andern Seite unsers teuren Kaisers Länder der Gewalt des Erbfeindes ausgesetzt sind, er von den Ständen Hülfe begehrt, und sie sich kaum ihres Lebens erwehren: ist's nicht ein guter Geist, der ihnen einrät, auf Mittel zu denken, Deutschland zu beruhigen, Recht und Gerechtigkeit zu handhaben, um einen jeden, Großen und Kleinen, die Vorteile des Friedens genießen zu machen? Und uns verdenkst

du's, Berlichingen, daß wir uns in ihren Schutz begeben, deren Hülfe uns nah ist, statt daß die entfernte Majestät sich selbst nicht beschützen kann.
Götz. Ja! Ja! Ich versteh! Weislingen, wären die Fürsten, wie Ihr sie schildert, wir hätten alles, was wir begehren. Ruh und Frieden! Ich glaub's wohl! Den wünscht jeder Raubvogel, die Beute nach Bequemlichkeit zu verzehren. Wohlsein eines jeden! Daß sie sich nur darum graue Haare wachsen ließen! Und mit unserm Kaiser spielen sie auf eine unanständige Art. Er meint's gut und möcht gern bessern. Da kommt denn alle Tage ein neuer Pfannenflicker und meint so und so. Und weil der Herr geschwind etwas begreift, und nur reden darf, um tausend Hände in Bewegung zu setzen, so denkt er, es wär auch alles so geschwind und leicht ausgeführt. Nun ergehn Verordnungen über Verordnungen, und wird eine über die andere vergessen; und was den Fürsten in ihren Kram dient, da sind sie hinterher und gloriieren von Ruh und Sicherheit des Reichs, bis sie die Kleinen unterm Fuß haben.

So weit ihre politischen Differenzen. Weislingen ist außerdem hin- und hergerissen zwischen den zwei wohl gegensätzlichsten Frauen, die er in seinem Umkreis antreffen konnte: zwischen Marie, der sympathischen Schwester von Götz, mit der er sich verlobt, und der kühlen Karrieristin Adelheid. Für Adelheid lässt er Marie sitzen. Er ahnt nicht im Entferntesten, dass Adelheid nur den Lockvogel spielt, um ihn mit Götz zu entzweien und für die Politik des Bamberger Hofs einzuspannen. Wegen Götz, dem Weislingen noch kurz zuvor die Treue versprochen hat, geraten sich die beiden zu Beginn schnell in die Haare. Adelheid bedrängt Weislingen:

Was habt Ihr versprochen? Und wem? Einem Mann, der seine Pflicht gegen den Kaiser und das Reich verkennt, in eben dem Augenblick Pflicht zu leisten, da er durch Eure Gefangennehmung in die Strafe der Acht verfällt. Pflicht zu leisten! die nicht gültiger sein kann als ein ungerechter, gezwungener Eid. Entbinden nicht unsere Gesetze von solchen Schwüren? Macht das Kindern weis, die den Rübezahl

glauben. Es stecken andere Sachen dahinter. Ein Feind des Reichs zu werden, ein Feind der bürgerlichen Ruh und Glückseligkeit! Ein Feind des Kaisers! Geselle eines Räubers! du, Weisingen, mit deiner sanften Seele!
WEISLINGEN. Wenn Ihr ihn kenntet –
ADELHEID. (...) Unversehens wird er dich wegreißen, du wirst ein Sklave eines Edelmannes werden, da du Herr von Fürsten sein könntest.

Weislingen verfällt der raffinierten Adelheid. Er heiratet sie sogar, läuft zur Partei des Bischofs über und begeht damit einen doppelten Treuebruch: an seiner Verlobten Marie und deren Bruder Götz. Zum Schluss wird er von Adelheid vergiftet.

Diesen dramatisch gelungenen Schachzug unterlegt Goethe mit einer autobiographischen Anspielung, die ihm äußerst wichtig ist. Erst vor Kurzem hat er seine Geliebte Friederike Brion verlassen. Im »Götz« thematisiert er nun einen Treuebruch und straft den Schuldigen ab. Goethe wagt wohl nicht selbst, den Kontakt zu Friederike wieder zu knüpfen, und bittet seinen Freund Salzmann, das Drama zur Familie Brion zu schicken: »Die arme Friederike wird sich getröstet finden, wenn der Ungetreue vergiftet wird.« Ob das so trostreich war, sei dahingestellt, denn nicht jeder lebt ja so in der Literatur wie Goethe, aber jedenfalls hat er hier eine Art Entschuldigung versucht. In seiner Autobiographie erinnert sich Goethe seiner Gewissensbisse:

> Als der Schmerz über Friederikens Lage mich beängstigte, suchte ich, nach meiner alten Art, abermals Hülfe bei der Dichtkunst. Ich setzte die hergebrachte poetische Beichte wieder fort, um durch diese selbstquälerische Büßung einer innern Absolution würdig zu werden. Die beiden Marien in »Götz von Berlichingen« und »Clavigo« und die beiden schlechten Figuren, die ihre Liebhaber spielen, möchten wohl Resultate solcher reuigen Betrachtungen gewesen sein.

Hier hat sich Goethe also wieder etwas von der Seele geschrieben! Im »Götz von Berlichingen« geht es aber nicht nur um Liebe und untreue Liebhaber, es geht auch um Macht und Politik, es geht auch um den Klerus – dessen Verlogenheit mit der echten Frömmigkeit von Marie kontrastiert wird – und es geht ums Überleben der unteren Stände in der schweren Zeit des Bauernkriegs. Götz wird in diese Kampfhandlungen hineingezogen. Seine Moral und Rechtsauffassung sind allerdings für heutige Maßstäbe äußerst fragwürdig und die Mittel terroristisch. Götz wird zwar immer wieder provoziert, aber er benutzt seinerseits ungeniert harmlose Zivilisten – Kölner, Nürnberger und Bamberger Kaufleute – als Zielscheiben für seine Racheakte. Zum Tiefpunkt kommt es, als er vom geliebten Kaiser geächtet wird. Götz verschanzt sich in seiner Burg Jaxthausen. Als Mensch, der nach dem Herzen urteilt und handelt, ahnt er im Voraus: »Das Glück fängt an, launisch mit mir zu werden.«

Der treue Götz wird von den kaiserlichen Räten betrogen. Sie lassen ihn nicht, wie versprochen, frei abziehen, sondern zwingen ihn vorher zum Schwur, auf jede weitere Fehde zu verzichten. Götz schwört zwar, aber er lässt sich trotzdem nicht ausschalten. Als die aufständischen Bauern ihn bedrängen, sich an die Spitze ihrer Revolte zu stellen, macht er mit. Dadurch wird der mehrfach Betrogene selbst zum Betrüger, denn nach seinem Schwur darf er nicht mehr zur Waffe greifen. Mit Götz geht es jetzt unaufhaltsam bergab. Er scheitert kämpfend an der Seite der Bauern, er scheitert mit seinem gesamten Lebenskonzept. »Das Schlimmste, das mir begegnen kann, ist gefangen zu werden«, hatte er früher gesagt. Jetzt endet er in Gefangenschaft:

> Götz. Allmächtiger Gott! Wie wohl ist's einem unter deinem Himmel! Wie frei! – Die Bäume treiben Knospen, und alle Welt hofft. Lebt wohl, meine Lieben; meine Wurzeln sind abgehauen, meine Kraft sinkt nach dem Grabe.

ELISABETH. Darf ich Lersen nach deinem Sohn ins Kloster schicken, daß du ihn noch einmal siehst und segnest?

GÖTZ. Laß ihn, er ist heiliger als ich, er braucht meinen Segen nicht. – An unserm Hochzeittag, Elisabeth, ahndete mir's nicht, daß ich so sterben würde. – Mein alter Vater segnete uns, und eine Nachkommenschaft von edeln tapfern Söhnen quoll aus seinem Gebet. – Du hast ihn nicht erhört, und ich bin der Letzte. – Lerse, dein Angesicht freut mich in der Stunde des Todes mehr als im mutigsten Gefecht. Damals führte mein Geist den eurigen, jetzt hältst du mich aufrecht. Ach daß ich Georgen noch einmal sähe, mich an seinem Blick wärmte! – Ihr seht zur Erden und weint – Er ist tot – Georg ist tot. – Stirb, Götz – Du hast dich selbst überlebt, die Edeln überlebt. – Wie starb er? – Ach, fingen sie ihn unter den Mordbrennern, und er ist hingerichtet?

ELISABETH. Nein, er wurde bei Miltenberg erstochen. Er wehrte sich wie ein Löw um seine Freiheit.

GÖTZ. Gott sei Dank! Er war der beste Junge unter der Sonne und tapfer. – Löse meine Seele nun. – Arme Frau. Ich lasse dich in einer verderbten Welt. Lerse, verlaß sie nicht. – Schließt eure Herzen sorgfältiger als eure Tore. Es kommen die Zeiten des Betrugs, es ist ihm Freiheit gegeben. Die Nichtswürdigen werden regieren mit List, und der Edle wird in ihre Netze fallen. Marie, gebe dir Gott deinen Mann wieder! Möge er nicht so tief fallen, als er hoch gestiegen ist! Selbitz starb, und der gute Kaiser, und mein Georg. – Gebt mir einen Trunk Wasser! – Himmlische Luft – Freiheit! Freiheit! *Er stirbt.*

Goethe bekennt später zum Helden seiner Jugend: »Die Gestalt eines rohen, wohlmeinenden Selbsthelfers in wilder anarchischer Zeit erregte meinen tiefsten Anteil.« Das ist zu spüren, man hält auch als Zuschauer zu diesem sympathischen Urgestein, obwohl man sich auch immer wieder kritisch fragt: Ist das eigentlich richtig, wofür Götz lebt und kämpft? So mutig die korrupten Machtstrukturen entlarvt werden, so berechtigt die Gesellschaftskritik ist: Das alte, nach heutigen Wertmaßstäben kriminelle Raubrittertum kann man kaum als positives Gegenmodell akzeptieren.

Goethe selbst hätte nur knapp zehn Jahre später in Weimar einen Riesenbogen um so einen egozentrischen Menschen wie Götz gemacht, als er die »Iphigenie« schrieb (s. Kap. XI), und Anarchisten hinter Schloss und Riegel gebracht. Doch die Protestgeneration des Sturm und Drang hat sich mit dem Erfolgsstück identifiziert. Warum?

Götz ist ganz Natur, ein Held mit großem Ich, ein kraftvoller, spontaner Tatmensch, der nicht umständlich reflektiert, sondern mit Faustrecht eine verweichlichte und verlogene Gesellschaft bekämpft. Gewalttätigkeit ist hier kein Makel, sondern zeigt, dass Götz alle Möglichkeiten bis zum Rand ausschöpft. In diesem Drama spürten die Zuschauer den Atem der Freiheit, Freiheit als Möglichkeit der Ich-Erweiterung, als Wachstum über die üblichen Grenzen hinaus.

»Die Nichtswürdigen werden regieren mit List, und der Edle wird in ihre Netze fallen« – solchen Worten haben die Stürmer und Dränger applaudiert, solche Kritik haben sie auf die aktuelle Gesellschaftsordnung übertragen. Goethe hat wohlweislich sein Drama auf eigene Kosten herausgegeben, weil es schwer gewesen wäre, dafür einen Verleger zu finden. Ein echtes Skandalstück und zugleich ein Trendsetter! Der »Götz« macht Goethe schlagartig zum Star und den Zuschauern bewusst: Das Ende der alten Konventionen, das Ende des Absolutismus steht vor der Tür, die »Freiheit« ist überfällig!

IV.

»Gott verhüte Thauwetter«
Woran leidet der junge Werther?

Cornelia Gyárfás

»Allerhand neues hab ich gemacht« oder Wie man die Nummer eins der Bestsellerliste wird

Seinen ersten Roman schreibt Goethe im Frühsommer 1774, ein paar Wochen nur hat er daran gearbeitet und angeblich »keine ganze Zeile darin ausgestrichen«. Das wird heute bezweifelt, passt aber gut zum Image des Genies, in diesen Jahren Goethes Markenzeichen. Er selbst fasst den Inhalt des Buches denkbar knapp zusammen:

> Allerhand neues hab ich gemacht. Eine Geschichte des Titels, die Leiden des jungen Werthers, darinn ich einen iungen Menschen darstelle, der mit einer tiefen reinen Empfindung, und wahrer Penetration begabt, sich in schwärmende Träume verliert, sich durch Spekulation untergräbt, biss er zulezt durch dazutretende unglückliche Leidenschafften, besonders eine endlose Liebe zerrüttet, sich eine Kugel vor den Kopf schiesst.

Werther möchte Maler werden. Er hat gerade eine unerfreuliche Beziehung hinter sich und fühlt sich ziemlich mies. Im Auftrag seiner Mutter reist er in eine fremde Kleinstadt, um eine Erbschaft zu regeln. Werther gefällt es dort, er hängt ein paar Wochen Urlaub an, verliebt sich in ein Mädchen, das bereits verlobt ist, nimmt eine Stellung an und kündigt wieder. Er verzweifelt an den Erwartungen von Gesellschaft und Familie und an seiner unmöglichen Liebe und erschießt sich. Das Recht auf Selbstmord hat er zuvor in vielen Diskussionen verteidigt. Spektakulär ist auf den ersten Blick nur der Schluss. Dennoch wird genau dieser Roman der erste europäische Bestseller. Er ist modern, beschreibt die Gefühle und das Leben der bürgerlichen Jugendlichen seiner Zeit, nicht Romanzen in der adligen Gesellschaft oder Abenteuerreisen. Liebe, Lebensüberdruss, der Druck von Eltern, Kirche und Gesellschaft sind die Themen des Romans. Die Leser sind begeistert und »in Thränen gebadet«, einer – und er ist immerhin ein bekannter Arzt – fühlt »alle Saiten meiner Seele so getroffen und in Schwingung versetzt«, dass er sich mitten in der Lektüre vierzehn Tage lang ausruhen muss. Ein gefährliches Buch, handelt es doch von einer »Seele, die auf Erden nichts findet, sich zu sättigen«. Das schreibt Goethes Schwager Johann Georg Schlosser in einem Brief an Johann Kaspar Lavater und charakterisiert Werther damit nicht gerade als nützliches Mitglied der Gesellschaft. »Zündkraut einer Revolution« hat Goethe selbst den Roman genannt und sein anarchistisches Potenzial damit genau erkannt.

Das spürt nicht nur der konservative Hamburger Pastor Johann Melchior Goeze (1717–1786). Der wittert überall Ketzerei gegen Glauben und Obrigkeit und hat sich schon mit Gotthold Ephraim Lessing (1729–1781) angelegt und mit ihm öffentlich über Fragen der Religion gestritten. Jetzt fordert er in mehreren Besprechungen ein Verbot von Goethes Roman. Die Botschaft des Buches sei: »Folgt euren natürlichen Trieben ... Gaukelt in der Welt herrum«. Außerdem verführe »Werther« zum Selbstmord und liefere die Anleitung für die verwerfliche Tat gleich mit. Tatsächlich ist es vorgekommen, dass jugendliche Selbstmörder den Roman in der Tasche oder unter dem Kopfkissen haben und – zu Goethes Entsetzen – glauben, »man müsse die Poesie in Wirklichkeit verwandeln, einen solchen Roman nachspielen und sich allenfalls selbst erschießen«. In seiner Autobiographie mimt er den Erstaunten, hat aber doch wenige Abschnitte vorher selber genau das beschrieben: »So konnte es nicht fehlen, daß ich jener Produktion, die ich eben unternahm, alle die Glut einhauchte, welche keine Unterscheidung zwischen dem Dichterischen und dem Wirklichen zuläßt.« Der Literaturwissenschaftler Martin Andree hat in einer neuen Untersuchung den »Werther« als den ersten Medienskandal beschrieben. Das Buch wird der Prototyp für »gefährliche« Literatur. Heute wird das Problem der Nachahmungstäter meist in Zusammenhang mit Filmen und Computerspielen diskutiert. Schon mit Goethes Werther beginnt die Diskussion um die Wirkung der Medien!

»Aus einem stürmischen Element gerettet« – Die Werthertherapie

Viel öffentliche Aufmerksamkeit bekommt der Roman jedenfalls. Die hat dem Erfolg bestimmt nicht geschadet, so wenig wie die Tatsache, dass die Zeitgenossen den »Werther« als einen Schlüsselroman lesen. Dies muss im Sinne Goethes gewesen sein, er hat nicht gerade viel unternommen, Hinweise auf lebende Personen aus seiner Umgebung zu tilgen. Die Leser geben sich Tipps: »Hier hast du den Schlüssel. Werther ist den ganzen ersten Theil hindurch ... Göthe selbst. Indessen ist der Mann, der ... sich ... in Wetzlar ... todt geschossen hat, Herr Jerusalem.«

»Verstrickt in solche Qualen, halbverschuldet,/Geb' ihm ein Gott zu sagen, was er duldet«, heißt es in Goethes Gedicht »An Werther« aus dem Jahr 1824. Zu seinem und unserem Glück hat Goethe das Talent »zu sagen«, also »Qualen« durch Schreiben zu bewältigen. Wie haben sie ausgesehen, diese Leiden, die der Dichter – anders als sein Titelheld – in den Griff bekommt? Bereitwillig gewährt Goethe Einblick in seine Schreibwerkstatt und sein damaliges Leben. Allerdings erst 40 Jahre später, im 12. und 13. Buch seiner Autobiographie. Seine Erinnerungen sind mit Vorsicht zu genießen, Goethe inszeniert sich. Er benutzt die Rückschau, um seinem Lebensweg die mustergültige Richtung zu geben. Er steht auch selbst dazu, schon mit dem Titel »Dichtung und Wahrheit«. Fakten und Fiktion sind nicht immer leicht auseinanderzuhalten, aber glauben dürfen wir Goethe, dass jede seiner Arbeiten den Kick des persönlichen Erlebnisses braucht: »Das Benutzen der Erlebnisse ist mir immer alles gewesen, das Erfinden aus der Luft war nie meine Sache, ich habe die Welt stets für genialer gehalten als mein Genie.«

Um welche Erlebnisse geht es in Zusammenhang mit Werther? Das 12. Buch von »Dichtung und Wahrheit« führt ins Jahr 1772: Goethe hat das Studium in Straßburg abgeschlossen. Er hat sich als toller Kerl und Originalgenie einen Namen gemacht und die erste Fassung des »Götz von Berlichingen« geschrieben. Von Mai bis September ist er Referendar am Reichskammergericht in Wetzlar. Das ist eine karrieredienliche Idee von Vater Johann Caspar: er hofft immer noch, seinen Sohn zu einem passablen Juristen zu machen. Goethe junior schreibt sich in die Liste der Referendare ein, dann taucht er ab und bei Gericht nicht mehr auf. Er entzieht sich wieder – wie schon im Studium in Leipzig – den strengen Vorgaben aus Frankfurt. Er rebelliert aber nicht offen und zahlt auch diesmal einen hohen Preis. Der Sommer an der Lahn wird mit heftiger emotionaler Verunsicherung enden, wieder besteht Therapiebedarf.

»Werthers Echte« – Hintergründe

Goethe wandert, zeichnet, dichtet, lernt den fleißigen Beamten Johann Christian Kestner aus Hannover kennen und dessen Verlobte Charlotte Buff. Er verliebt sich in sie. Endlich gibt es etwas zu erzählen im verschlafenen Wetzlar, wo Goethes provokantes Auftreten Furore macht.

Im Frühjahr kam hier ein gewisser Goethe aus Frankfurt, seiner Hantierung nach Dr. Juris, 23 Jahr alt, einziger Sohn eines sehr reichen Vaters, um sich hier (...) in Praxi umzusehen. (...) Er besitzt, was man Genie nennt, und eine ganz außerordentlich lebhafte Einbildungskraft. Er ist in seinen Affekten heftig. (...) Er ist bizarre und hat in seinem Betragen, seinem Äußerlichen Verschiedenes, das ihn unangenehm machen könnte: aber bei Kindern, bei Frauenzimmern (...) ist er doch wohl angeschrieben. Er tut, was ihm einfällt, ohne sich darum zu bekümmern, ob es anderen gefällt, ob es Mode ist, ob es die Lebensart erlaubt. Aller Zwang ist ihm verhaßt.

So beschreibt ihn der viel beschäftigte und gewissenhafte Kestner in seinem Tagebuch, und irgendwann wird es dem zu bunt mit den ständigen Besuchen Goethes bei seiner Verlobten: »Nachher ... gehe ich zu meinem Mädchen, ich finde den Dr. Goede da ... Und ich, ob ich ihm gleich recht gut bin, so sehe ich doch auch nicht gern, daß er bei meinem Mädchen allein bleiben, und sie unterhalten soll.« Er bildet sich aber auch etwas drauf ein, dass ausgerechnet *sein* Mädchen den genialischen Goethe betört haben soll. Und auch Charlotte amüsiert sich, immerhin empfängt sie den jungen Dichter täglich.

Im August 1772 allerdings entnehmen wir Kestners Tagebuch: »Den 16. Bekam Goethe von Lottchen gepredigt; sie deklarierte ihm, daß er nichts als Freundschaft hoffen dürfte; er ward blaß und sehr niedergeschlagen pp.« Der aufdringliche Verehrer spürt die Verstimmung und reist ohne Abschied ab.

Charlotte Kestner, geb. Buff

Das Muster ist bekannt und wird sich in Goethes Leben noch oft wiederholen. Goethe entzieht sich, unternimmt eine Reise, drückt sich vor der direkten Auseinandersetzung. Zum Glück ist das Mädchen ja auch gar nicht mehr zu haben, denken wir an Goethes Bindungsangst. Denn die zieht sich wie ein roter Faden durch seine frühen Beziehungen zu Frauen. In einem Brief nennt er es das Gesetz der Antipathie: »da wir die Liebenden fliehen und die Fliehenden lieben.« Die betroffenen Frauen finden in der Regel nicht so wohlgesetzte Worte, dafür leiden sie umso mehr.

Die Kestners heiraten im April 1773, und Goethe liefert sogar die Trauringe! Härter trifft ihn die Hochzeit seiner geliebten Schwester Cornelia und Johann Georg Schlossers im Herbst des gleichen Jahres. »Ich mußte mich nun wohl darein ergeben, und meinem Freunde sein Glück gönnen, indem ich mir jedoch heimlich mit Selbstvertrauen zu sagen nicht unterließ, daß, wenn der Bruder nicht abwesend gewesen wäre, es mit dem Freunde so weit nicht hätte gedeihen können.« Er hätte die Ehe also verhindert, glaubt Goethe. Im Rückblick fühlt er sich sicher bestätigt, da er ja dann das freudlose kurze Leben seiner (zu) sehr geliebten Schwester kennt. Auch Cornelia zögert bei passender Gelegenheit nicht, sich in Goethes Liebesleben einzumischen (s. Kap. V). Der ist jedenfalls sehr einsam in den Monaten vor der Niederschrift des »Werther« in Frankfurt und beklagt sein leeres Bett: »So steril stehts wie ein Sandfeld.« Wie immer, wenn er Frauengeschichten verarbeitet, braucht er einen intimen Briefpartner. Für seine Träume von Lotte wird das ausgerechnet deren Ehemann. Verwundert lesen wir auch Goethes gestammelte Bekenntnisse an die bereits seit 16 Monaten verheiratete Charlotte: »Lotte u Lotte u Lotte u Lotte, u ohne Lotte nichts und Mangel und Trauer u. der Todt«. Schreibt er sich da in Stimmung oder gelingt die Abgrenzung auch nach so langer Zeit noch nicht?

Die Nachricht vom Selbstmord eines unglücklich verliebten und beruflich gescheiterten Bekannten aus der Zeit in Wetzlar (C. W. Jerusalem) erschüttert und verunsichert Goethe zusätzlich. Die Ursache für die Verzweiflung des jungen Mannes sieht Goethe nicht nur in der Liebe, sondern auch in der Erziehung:

> Aber die Teufel, welches sind die schändlichen Menschen (...) und Götzendie(n)st predigen, und hemmen gute Natur, und übertreiben und verderben die Kräffte sind schuld an diesem Unglück an unserm Unglück hohle sie der Teufel ihr Bruder. Wenn der verfluchte Pfaff sein Vater nicht schuld ist so verzeih mirs Gott dass ich ihm Wünsche er möge den Hals brechen wie Eli.

Klare Worte und wir sollten nicht übersehen, dass Goethe von »unserm Unglück« spricht. Alle diese Ereignisse zusammen lösen eine tiefe Krise aus, wenn »er aber nicht in den nächsten zehn Jahren ganz zerbricht«, wie sein Schwager Schlosser befürchtet, dann ist es das Schreiben über seine Probleme, das Goethe hilft:

> Ich hatte mich durch diese Komposition, mehr als durch jede andere, aus einem stürmischen Elemente gerettet, auf dem ich durch eigne und fremde Schuld, durch zufällige und gewählte Lebensweise (...) auf die gewaltsamste Art hin und wider getrieben worden. Ich fühlte mich, wie nach einer Generalbeichte, wieder froh und frei, und zu einem neuen Leben berechtigt.

All das gehört zu den Hintergründen des Romans und die werden schnell bekannt, teilen doch Werther, Kestner und Goethe sogar das Datum ihres Geburtstags, den 28. August. Kestner und Gemahlin sind verärgert über ihren zweifelhaften Ruhm. Heute wäre wohl ein Prozess wegen Verletzung der Persönlichkeitsrechte angesagt, wie ein Goethe-Biograph schreibt. Noch dazu hat Goethe Lotte auch Züge von Maximiliane La Roche gegeben, der späteren Mutter von

Clemens und Bettina Brentano, und sein nächster Flirt. Auch da wird Goethe vom eifersüchtigen Ehemann, dem italienischen Kaufmann Pietro Antonio Brentano, vor die Tür gesetzt, nachdem er versucht hat, »die kleine Brentano über den Öl- und Käsegeruch und die Manieren ihres Eheherrn zu trösten«. Wenn schon Enthüllungsroman, dann wäre Charlotte Buff vermutlich gern »Werthers Echte« und als Einzige literarisch verewigt worden. Immerhin besucht sie Goethe 1816 noch mal in Weimar, inzwischen Witwe. Die eifersüchtigen Damen der Gesellschaft klatschen: Charlotte von Schiller und Charlotte von Stein kommentieren Auftritt und Aussehen der Jugendliebe sarkastisch: »Aber freilich würde sich kein Werther mehr um sie erschießen.« Kein Wunder nach 50 Jahren, auch Goethe hat »nach seiner steifen Art ... keinen angenehmen Eindruck« auf Charlotte Kestner, geborene Buff, gemacht.

»Die fatalen bürgerlichen Verhältnisse« – Funktionieren unter Zwang

Briefromane waren Mode, besonders in England und Frankreich. Goethe radikalisiert die Form und macht aus ihr im Grunde ein Tagebuch. Darin wird Werthers existenzielle Verzweiflung zum Thema. Vom Mai 1771 bis zum Dezember 1772 schreibt Werther jede Menge Briefe an seinen Freund Wilhelm. Leidenschaftlich, intensiv, gestammelt: Nie zuvor wurden Gefühle so direkt in Sprache umgesetzt. Das Herz wird in jedem dieser Bekenntnisse bemüht und viele Tränen fließen.

Werther lebt mit seiner Mutter nach dem frühen Tod des Vaters allein. Eine unvollständige Familie – wie so oft bei Goethe. Die Ansprüche der pragmatischen Frau gehen dem sensiblen Sohn auf die Nerven. Ist von der Mutter die Rede, wird der Briefton schnell gereizt. »Wie froh bin ich, daß ich weg bin«, lautet der erste Satz des Romans. Werther ist verstört von der Aussicht auf eine bürgerliche Existenz:

> Wenn ich sehe, wie alle Wirksamkeit dahinaus läuft, sich die Befriedigung von Bedürfnissen zu verschaffen, die wieder keinen Zweck haben, als unsere arme Existenz zu verlängern, und dann, daß alle Beruhigung über gewisse Punkte des Nachforschens nur eine träumende Resignation ist, da man sich die Wände, zwischen denen man gefangen sitzt, mit bunten Gestalten und lichten Aussichten bemalt – Das alles, Wilhelm, macht mich stumm.

Er sucht das richtige, das unmittelbare Leben. Möchte sich nicht einengen lassen von Konventionen, von der puren Bedürfnisbefriedigung. »Im gemeinen Leben ist's unerträglich«, Werther will »Leidenschaften ... nie weit vom Wahnsinn«, will weg vom »schleppenden, geistlosen, bürgerlichen Leben«, der »Langeweile der Tage«, wo »artig jeder Bürger ... sein Gärtchen zum Paradiese zuzustutzen weiß«. »Die meisten verarbeiten den größten Teil der Zeit, um zu leben, und das bißchen, das ihnen von Freiheit bleibt, ängstigt sie.« »Strohmänner« sind das, und Werther soll »in das Joch geschwatzt« werden. Beobachtet angeekelt Geltungssucht, strategisches Verhalten, Anpassung, bürgerliche Aufsteigermentalität, adligen Dünkel, Fremdbestimmung und Isolation.

> Und das glänzende Elend, die Langeweile unter dem garstigen Volke, das sich hier neben einander sieht! die Rangsucht unter ihnen, wie sie nur wachen und aufpassen, einander ein Schrittchen abzugewinnen; die elendesten, erbärmlichsten Leidenschaften, ganz ohne Röckchen.
>
> Da tritt herein die übergnädige Dame von S. mit ihrem Herrn Gemahl und wohl ausgebrüteten Gänslein Tochter mit der flachen

Brust und niedlichem Schnürleibe, machen en passant ihre hergebrachten, hochadeligen Augen und Naslöcher.

Ich stehe wie vor einem Raritätenkasten und sehe die Männchen und Gäulchen vor mir herumrücken, und frage mich oft, ob es nicht optischer Betrug ist. Ich spiele mit, vielmehr, ich werde gespielt wie eine Marionette und fasse manchmal meinen Nachbar an der hölzernen Hand und schaudere zurück.

Werther sucht den Sinn des Lebens woanders: in der Natur, in der Liebe, in der Kunst. Ekstase, permanenter emotionaler Ausnahmezustand, »Leidenschaft! Trunkenheit! Wahnsinn!« gegen Alltag, »Philister«, die »vernünftigen Leute«. Kein Wunder, dass moderne Interpreten Werthers exzessive Wünsche mit den Drogenerfahrungen späterer Generationen von Rebellen verglichen haben: mit Janis Joplin oder Kurt Cobain zum Beispiel.

Das Überschreiten von Grenzen ist gefährlich, aber die Sehnsucht nach dem Glück jenseits des Alltags *muss* sein, das formuliert Goethe auch später noch: »Es müßte schlimm sein, wenn nicht jeder einmal in seinem Leben eine Epoche haben sollte, wo ihm der Werther käme, als wäre er bloß für ihn geschrieben.« In einem Entwurf zum 7. Buch von »Dichtung und Wahrheit« zählt Goethe auf, was der »Tendenz zu einem einfachen Naturgenuß und einem frohen Genuß seiner selbst« bei der Jugend im Weg steht: »pedantischer Schulunterricht, Klösterlichkeit, höhere Stände, Philisterey, Broderwerb.« Also Spießigkeit, langweilige Schulstunden, nicht ausgelebte Sexualität. Sollte sich so wenig geändert haben? Für den alten Dichter ist das jedenfalls noch ziemlich lebhaft in Erinnerung: Seinem Sekretär Eckermann vertraut er 1824 an, dass »gehindertes Glück« und »unbefriedigte Wünsche« die »Wertherzeit« im Leben jedes Einzelnen ausmachen, und er habe damit selbst noch nicht abgeschlossen, jedenfalls wird ihm »unheimlich« und er fürchtet »den pathologischen

Zustand wieder durch zu empfinden, aus dem es hervorging«. Da muss man vorsorgen, Werther selbst beschreibt wie:

> O meine Freunde! warum der Strom des Genies so selten ausbricht, so selten in hohen Fluten hereinbraust und eure staunende Seele erschüttert? – Liebe Freunde, da wohnen die gelassenen Herren auf beiden Seiten des Ufers, denen ihre Gartenhäuschen, Tulpenbeete und Krautfelder zugrunde gehen würden, die daher in Zeiten mit Dämmen und Ableiten der künftig drohenden Gefahr abzuwehren wissen.

Goethe baut später Dämme, aber trotzdem gesteht er noch 1816 seinem engen Freund, dem Komponisten Zelter:

> Da begreift man denn nun nicht, wie es ein Mensch noch vierzig Jahre in einer Welt hat aushalten können, die ihm in früher Jugend schon so absurd vorkam. (...) Beseh ich es recht genau, so ist es ganz allein das Talent, das in mir steckt, was mir durch alle die Zustände durchhilft.

»Ich kehre in mich selbst zurück und finde eine Welt« – Gefühl, Natur, Genie

Der junge Werther versucht, sich den Anforderungen zu entziehen. Er will nicht funktionieren, sondern sucht die Einsamkeit in der Natur. Eine Zivilisationsverdrossenheit, für die der französische Philosoph Jean-Jacques Rousseau (1712–1778) mit dem Schlagwort »Zurück zur Natur« ein Vordenker gewesen ist. Werther genießt den Frühling, alles blüht, er hat einen Diener und ein Reitpferd und Zeit, ständig sein fühlendes Herz zu beobachten. Besonders intensiv geschieht dies im Brief vom 10. Mai 1771:

> Eine wunderbare Heiterkeit hat meine ganze Seele eingenommen, gleich den süßen Frühlingsmorgen, die ich mit ganzem Herzen genieße. Ich bin allein und freue mich meines Lebens in dieser Gegend, die für solche Seelen geschaffen ist wie die meine. Ich bin so glücklich, mein Bester, so ganz in dem Gefühle von ruhigem Dasein versunken, daß meine Kunst darunter leidet. Ich könnte jetzt nicht zeichnen, nicht einen Strich, und bin nie ein größerer Maler gewesen als in diesen Augenblicken. Wenn das liebe Tal um mich dampft, und die hohe Sonne an der Oberfläche der undurchdringlichen Finsternis meines Waldes ruht, und nur einzelne Strahlen sich in das innere Heiligtum stehlen, ich dann im hohen Grase am fallenden Bach liege, und näher an der Erde tausend mannigfaltige Gräschen mir merkwürdig werden; wenn ich das Wimmeln der kleinen Welt zwischen Halmen, die unzähligen, unergründlichen Gestalten der Würmchen, der Mückchen näher an meinem Herzen fühle, und fühle die Gegenwart des Allmächtigen (...) und die Welt um mich her und der Himmel ganz in meiner Seele ruhn wie die Gestalt einer Geliebten – dann sehne ich mich oft und denke: Ach könntest du das wieder ausdrücken (...) was so voll, so warm in dir lebt, daß es würde der Spiegel deiner Seele, wie deine Seele ist der Spiegel des unendlichen Gottes!

Mithilfe des Herzens erkennt Werther die Natur. Oder vielmehr: Natur und Himmel, wie er sie wahrnimmt, sind sein Werk. Die Natur ist die Außenseite der Seele, die zugleich wieder die Quelle der Natur ist. Die ganze erkennbare Welt ist in das erkennende Subjekt verlegt. Das ist ziemlich vertrackt, verlangt also einiges Genie, und die Liebe muss helfen. Sie ist im Brief vom 3. November 1772 »die heilige belebende Kraft, mit der ich Welten um mich schuf«. Nur das eigene Erleben gilt und schafft aus sich heraus die Welt »zu einem Paradiese«. Ein rein subjektiver Zugriff, der nichts zu tun hat mit Goethes späterem Interesse an der Wirklichkeit der Natur und dem Versuch, sie zu erforschen.

Werther zeichnet die Kinder von Wahlheim. Johann Wilhelm Meil, 1777

»Knabenmorgenblütenträume« – Gesinnungsgenosse Prometheus

»Wie faßte ich das alles in mein warmes Herz, fühlte mich in der überfließenden Fülle wie vergöttert, und die herrlichen Gestalten der unendlichen Welt bewegten sich allbelebend in meiner Seele.« So schreibt Werther am 18. August 1771. Gottgleich fühlt sich auch Prometheus. Die griechische Sagengestalt, die den Menschen gegen den Willen des Göttervaters Zeus das Feuer brachte und von diesem dafür grausam bestraft wurde, beschäftigt Goethe sein Leben lang. Prometheus wird bei ihm zu einem Menschenschöpfer und zum Urtyp des genialen Rebellen. Wie Werther vertraut er allein auf sein Inneres, ist aber viel selbstbewusster und traut sich die offene Konfrontation mit den Autoritäten zu.

In Goethes gleichnamiger Hymne von (vermutlich) 1773 verweigert der aufmüpfige Prometheus dem Göttervater Zeus den Respekt und das Recht, alleine über das Schicksal der Menschen bestimmen zu können. Prometheus vertraut auf sich selbst und schafft Menschen nach seinem Geschmack. Die leiden und genießen wie er, sind Künstler wie er, und das alles vollbringt sein »heilig glühend Herz«. »Prometheus hingegen im Vorteil, der, zum Trutz höherer Wesen, zu schaffen und zu bilden vermag.« So sieht es Goethe in seiner Autobiographie und hat sich vermutlich bei vielen Gelegenheiten den Mut des Prometheus und seine Unabhängigkeit gewünscht.

Radikal modern hat man Prometheus genannt, und nicht umsonst endet die Ode mit dem Wort »ich«. Die Rebellion gegen die Väter findet nicht nur in Mythos und Religion statt, gemeint sind natürlich auch die realen Väter und dazu die literarischen Vorbilder, von denen Goethe sich abgrenzen will. Das Genie erkennt man am Produkt: was und wie geschaffen wird, geknetet oder gedichtet, eine eigene Welt, mit eigenen Regeln, das macht die Individualität aus. Goethe schreibt: »Was doch alles schreibens Anfang und Ende ist die Reproduktion der Welt um mich, durch die innre Welt die alles packt, verbindet, neuschafft, knetet und in eigner Form, Manier, wieder hinstellt.«

Für den »Prometheus« wird die feste metrische Form aufgegeben, die sieben Strophen mit ungleicher Verszahl verwenden keinen Reim mehr, dafür einen dynamischen freien Rhythmus. Imperative und Fragen werden aneinandergereiht, auch auf Pathos nicht verzichtet: hier stürmt jemand Richtung Himmel, der sich nicht aufhalten lässt.

Bedecke deinen Himmel, Zeus,
Mit Wolkendunst!
Und übe, Knaben gleich,
der Diesteln köpft,
An Eichen dich und Bergeshöhn!
Mußt mir meine Erde
Doch lassen stehn,
Und meine Hütte,
Die du nicht gebaut,
Und meinen Herd,
Um dessen Glut
Du mich beneidest.

Ich kenne nichts Ärmer's
Unter der Sonn' als euch Götter.
Ihr nähret kümmerlich
Von Opfersteuern
Und Gebetshauch
Eure Majestät
Und darbtet, wären
Nicht Kinder und Bettler
Hoffnungsvolle Toren.

Da ich ein Kind war,
Nicht wußt', wo aus, wo ein,
Kehrte mein verirrtes Aug'
Zur Sonne, als wenn drüber wär'
Ein Ohr, zu hören meine Klage,
Ein Herz wie meins,
Sich des Bedrängten zu erbarmen.

Wer half mir wider
Der Titanen Übermut?
Wer rettete vom Tode mich,
Von Sklaverei?
Hast du's nicht alles selbst vollendet,
Heilig glühend Herz?
Und glühtest, jung und gut,
Betrogen, Rettungsdank
Dem Schlafenden dadroben?

Ich dich ehren? Wofür?
Hast du die Schmerzen gelindert
Je des Beladenen?
Hast du die Tränen gestillet
Je des Geängstigten?
Hat nicht mich zum Manne geschmiedet
Die allmächtige Zeit
Und das ewige Schicksal,
Meine Herrn und deine?

Wähntest du etwa,
Ich sollte das Leben hassen,
In Wüsten fliehn,
Weil nicht alle Knabenmorgen-
Blütenträume reiften?

Hier sitz' ich, forme Menschen
Nach meinem Bilde,
Ein Geschlecht, das mir gleich sei,
Zu leiden, weinen,
Genießen und zu freuen sich,
Und dein nicht zu achten,
Wie ich.

Im Alter wird Goethe angst und bang bei der Vorstellung, diese Proben einer »modern-sansculottischen« (d. h. revolutionären) Gesinnung drucken zu lassen. Den »titanisch-gigantischen, himmelstürmenden Sinn« hat er hinter sich gelassen. Er hat für sich entschieden, dass für das Gelingen des Lebens Bindungen nötig sind, an die zwischenmenschliche, gesellschaftliche und natürliche Realität. »Eher ziemte sich mir, darzustellen jenes friedliche, plastische, allenfalls duldende Widerstreben, das die Obergewalt anerkannt, aber sich ihr gleichsetzen möchte.« So das eher zahme Motto für die letzten 60 Jahre seines Lebens! An Zelter schreibt Goethe 1820 sogar:

Lasset ja das Manuskript nicht zu offenbar werden, damit es nicht im Druck erscheine. Es käme unserer revolutionären Jugend als Evangelium recht willkommen, und die hohen Kommissionen zu Berlin und Mainz möchten zu meinen Jünglingsgrillen ein sträflich Gesicht machen.

Zwischen der unbegrenzten, aber auch vagen Freiheit, die die Geniebewegung für ihre Lieblinge wie Werther und Prometheus fordert, und Goethes Altersbrief liegt das Freiheitsversprechen der Französischen Revolution. Aufruhr, Massenbewegung, Plünderungen und Hinrichtungen verstören Goethe zutiefst (s. Kap. VII) und er will auf keinen Fall nachträglich als »geistiger Brandstifter« dastehen.

»Wie ich mich selbst anbete, seitdem sie mich liebt!« – Werthers Frauenbild

Zurück zum »Werther«, den Goethe seine andere »Jünglingsgrille« nennt. Der junge Mann fühlt zwar, wie in seinem Herzen eine Welt entsteht, aber er macht nichts daraus. Als er Lotte kennenlernt, kann er endgültig nicht mehr ans Zeichnen denken. Bereits seine erste Begegnung mit Lotte begeistert Werther. Ihre Mutter ist verstorben, und er erlebt, wie die junge Frau sich um ihre zahlreichen Geschwister kümmert. »Sie ist schon vergeben«, aber Lottes Verlobter Albert interessiert Werther reichlich wenig.

> Ich war ausgestiegen, und eine Magd, die ans Tor kam, bat uns, einen Augenblick zu verziehen, Mamsell Lottchen würde gleich kommen. Ich ging durch den Hof nach dem wohlgebauten Hause, und da ich die vorliegenden Treppen hinaufgestiegen war und in die Tür trat, fiel mir das reizendste Schauspiel in die Augen, das ich je gesehen habe. In dem Vorsaale wimmelten sechs Kinder von eilf zu zwei Jahren um ein Mädchen von schöner Gestalt, mittlerer Größe, die ein

simples weißes Kleid, mit blaßroten Schleifen an Arm und Brust, anhatte. Sie hielt ein schwarzes Brot und schnitt ihren Kleinen rings herum jedem sein Stück nach Proportion ihres Alters und Appetits ab, gab's jedem mit solcher Freundlichkeit (...) meine ganze Seele ruhte auf der Gestalt, dem Tone, dem Betragen.

Lotte ist nicht unbedingt sexy, aber sehr tüchtig. Und kinderfreundlich. Damit entspricht sie genau den Erwartungen, die an eine junge Frau gestellt werden. Lotte ist mit sich selbst im Reinen: »Eine Harmonie, so sorglos, so unbefangen, als wenn das eigentlich alles wäre, als wenn sie sonst nichts dächte, nichts empfände.«

Goethe zeigt, dass es auch anders geht. Werther und Lotte besuchen die neue Pfarrersfrau, ein »hageres, kränkliches Geschöpf«. Keine Rede von Nachkommen, die Nussbäume vor dem Haus werden gefällt, nach Meinung

Die Brot schneidende Lotte im Kreis ihrer Geschwister. Szene aus dem Werther-Brief vom 16. Juni 1771, Stahlstich von Leonhard Raab nach einer Zeichnung von Wilhelm von Kaulbach, 1859

von Werther und Lotte wird damit gegen die Natur gehandelt. Offensichtlich verweigert die Frau Pfarrerin sich den Klischeevorstellungen, die von ihresgleichen erfüllt werden müssen. Schlimmer noch, sie ist eine »Närrin, die sich abgibt, gelehrt zu sein, sich in die Untersuchung des Kanons meliert, gar viel an der neumodischen, moralisch-kritischen Reformation des Christentums arbeitet«. Ziemlich eindeutig gesteht Werther und offensichtlich auch sein Verfasser da das Bedürfnis nach rebellischer, verzweifelter Überschreitung von Grenzen und gesellschaftlichen Konventionen nur den Männern zu, für die Frauen bleibt die mütterliche Lotte-Rolle. In der später überarbeiteten Erstfassung des »Werther« wird die Pfarrersfrau sogar noch als »hageres, kränkliches Thier« und als »Frazze« bezeichnet. Sie gibt sich mit abstraktem Bücherwissen ab, noch dazu mit bibelkritischem – ein Geschöpf der Aufklärung. Über die Probleme des »schönen Geschlechts« mit dem selbstständigen Denken schreibt Immanuel Kant zehn Jahre später: »Nachdem sie ihr Hausvieh zuerst dumm gemacht haben, und sorgfältig verhüteten, dass diese ruhigen Geschöpfe ja keinen Schritt außer dem Gängelwagen, darin sie sie einsperrten, wagen durften; so zeigen sie ihnen nachher die Gefahr, die ihnen droht, wenn sie es versuchen allein zu gehen.« Das könnte direkt auf Werthers Frauenbild gemünzt sein, er macht jedenfalls ganz andere Leseerfahrungen als die Pfarrersfrau und trifft sich dabei mit Lotte. Die Helden unserer Liebesgeschichte kommen sich nämlich im Austausch über ihre Lektüre nahe. Heute ein eher ungewöhnlicher Weg, aber vielleicht einen Versuch wert. Wichtig ist, dass die Bücher Gefühle hervorrufen und transportieren. Und dem Leser signalisieren: So allein wie befürchtet bin ich gar nicht mit meinen Empfindungen. Werther und die von ihm angehimmelte Lotte schauen nach einem gemeinsamen Ballbesuch in das nächtliche Gewitter:

> Wir traten ans Fenster. Es donnerte abseitwärts, und der herrliche Regen säuselte auf das Land, und der erquickendste Wohlgeruch stieg in aller Fülle einer warmen Luft zu uns auf. Sie stand auf ihren Ellenbogen gestützt, ihr Blick durchdrang die Gegend; sie sah gen Himmel und auf mich, ich sah ihr Auge tränenvoll, sie legte ihre Hand auf die meinige und sagte: »Klopstock!« – Ich erinnerte mich sogleich der herrlichen Ode, die ihr in Gedanken lag, und versank in dem Strome von Empfindungen, den sie in dieser Losung über mich ausgoß. Ich ertrug's nicht, neigte mich auf ihre Hand und küßte sie unter den wonnevollsten Tränen.

Das ist nur möglich, weil unser seelenverwandtes Pärchen bei dem Wort »Klopstock« sofort weiß, was Sache ist: nämlich die gemeinsame schwelgerische Erinnerung an die Kultode »Die Frühlingsfeier« von Friedrich Gottlieb Klopstock (1724–1803). Dessen »Messias« begeisterte Goethe schon als Kind. Der Vater allerdings verbot die Lektüre und Goethe und seine Mutter lasen heimlich weiter. Werthers Gefühle werden stark von literarischen Bildern geprägt und zugleich bestätigt. Neben Klopstock stammen sie vor allem von Homer und dem Alten Testament.

»Und dies Herz ist jetzt tot« – Zerfallserfahrungen

Solange Werther sich geliebt fühlt, hat sein Leben Sinn: »Mich liebt! – Und wie wert ich mir selbst werde, wie ich ... wie ich mich selbst anbete, seitdem sie mich liebt!«

Das »fühlende Herz« ist in dieser phantasierten Liebe natürlich immer in Gefahr. Zweifelt es, zerbricht das Ich- und Weltbild:

Und dies Herz ist jetzt tot, aus ihm fließen keine Entzückungen mehr, meine Augen sind trocken, und meine Sinne, die nicht mehr von erquickenden Tränen gelabt werden, ziehen ängstlich meine Stirn zusammen. Ich leide viel, denn ich habe verloren, was meines Lebens einzige Wonne war, die heilige, belebende Kraft, mit der ich Welten um mich schuf; sie ist dahin! (...) o! wenn da diese herrliche Natur so starr vor mir steht wie ein lackiertes Bildchen, und alle die Wonne keinen Tropfen Seligkeit aus meinem Herzen herauf in das Gehirn pumpen kann, und der ganze Kerl vor Gottes Angesicht steht wie ein versiegter Brunnen, wie ein verlechter Eimer.

»Zerstückt«, seiner selbst nicht mehr sicher, empfindet sich Werther. Er beklagt: »Ich soll, ich soll nicht zu mir selber kommen«, und braucht eine Therapie. Bei solchen Zuständen heißt die Diagnose zu Goethes Zeit: Melancholie, und die Ärzte empfehlen: Ortswechsel, strukturierten Tagesablauf und produktive, am besten sozial verantwortliche Tätigkeit. Das wird ausprobiert und scheitert am angeblichen Mobbing des pedantischen adligen Arbeitgebers. Nie will Werther sich sein Verhalten von außen diktieren lassen, erträgt keine »Subordination«. Eine Riesenenttäuschung wird das für die Mutter, den »schönen Lauf, den ihr Sohn gerade zum Geheimenrat und Gesandten ansetzte, so auf einmal Halte zu sehen«. Das kümmert Werther wenig, lieber setzt er sich »in ein Kabriolett« und kehrt zurück in Lottes Nähe. Immerhin leidet er lustvoll, die Freundin selbst bringt es im fiktiven Herausgeberbericht, der die Briefausgabe abschließt, auf den Punkt: »Ich fürchte, ich fürchte, es ist nur die Unmöglichkeit, mich zu besitzen, die Ihnen diesen Wunsch so reizend macht.« Verblüffend, wie genau Goethe die Mechanismen durchschaut, nach denen auch seine eigenen Liebesgeschichten lange ablaufen.

Für Werther gibt es also keine Rückendeckung in der Liebe, zwar werden viele Tränen ausgetauscht, aber nur *ein* Kuss. Als auch die Natur sich in ein »ewig verschlingendes Ungeheur« verwandelt, verliert Werther endgültig den Boden unter den Füßen und sehnt sich nach dem Tod. Für sein selbst gewähltes Ende leiht er sich unter einem Vorwand die Pistolen von Lottes Verlobtem Albert. Der ist korrekt, pflichtbewusst und auch ein bisschen langweilig. Er ist eine der von Goethe häufig verwendeten Kontrastfiguren. Alles, was Werther ablehnt, verkörpert Albert. Nicht immer macht er einen glücklichen Eindruck. Werther hat sich manchmal insgeheim den Tod des Rivalen gewünscht. Jetzt entscheidet er, dass es für ihn selbst keine Zukunft geben kann. Ausgerechnet Lotte übergibt Werthers Diener die Waffen. Pflichtgemäß »putzte sie den Staub ab«, ahnt aber das schreckliche Ende ihres Freundes. Zu seiner Beerdigung heißt es lakonisch: »Man fürchtete für Lottes Leben. Handwerker trugen ihn. Kein Geistlicher hat ihn begleitet.«

»Ein Herz mit einem Hodensack« – Werther-Kritik

Wenig respektvoll klingt das Urteil des Göttinger Physikers und Mathematikers Georg Christoph Lichtenberg (1742– 1799) über den kultigen Werther: Herz mit Hodensack! Die Spannung zwischen Vernunft und Trieb, zwischen Kopf und Herz interessiert den Verfasser der »Sudelbücher«, Werther ist ihm zu einseitig, zu gefühlvoll und zu wenig reflektiert: »Der Mensch besteht doch aus etwas mehr als Testikeln.« Ein standhafter Vertreter der Aufklärung eben. Genau wie Lessing. Auch der war »äußerst unzufrieden« und hätte gern mehr Distanz des Autors zu Werthers Emotionen formuliert gefunden. An einen Freund schreibt er: »Meynen Sie nicht, dass es noch eine kleine kalte Schlußrede haben müßte? ... Also, lieber Göthe, noch ein Kapitelchen zum Schlusse; und je cynischer, je besser!«

Was sich die Aufklärer wünschen, ist zwar die »Autonomie des Menschen«, aber sie soll sich nicht in genialischer Subjektivität erschöpfen, sondern die Menschen sollen ihre neue Freiheit zur Verbesserung des gesellschaftlichen Zusammenlebens einsetzen. Über Werther urteilt einer von ihnen: »Der Kerl ist ein Genie, aber ein Genie ist ein schlechter Nachbar.« Persönlichkeitsbildung unter den Leitbegriffen »Tüchtigkeit und Tätigkeit« in Goethes späterem Werk (s. Kap. XII über »Wilhelm Meisters Lehrjahre«) sorgt natürlich für angenehmere Nachbarn als den abgedrehten Werther. In den wilden frühen Jahren aber war Lessing für Goethe kein Vorbild, dessen Intellektualität erschien ihm »kalt«, überhaupt die Buchgelehrsamkeit der Aufklärung »trocken«. Avantgardistischer Vorreiter des sinnlichen Zugangs zur Welt ist der neu gewonnene Freund Herder. Für Goethe, »von aller pedantischen Kälte ... von aller Vernunft verlassen« und schnell ein Stück radikaler als der eifersüchtige Pastorenfreund – deswegen auch erfolgreicher –, zählt zu dieser Zeit Wirklichkeitsnähe, Natürlichkeit und Gefühl. Deswegen hat er sich gehütet, Lessings Rat zu befolgen. Im Gegenteil: Indem er Werther seine Briefe an einen Freund richten lässt, dessen Antworten wir nicht kennenlernen, wird der Leser zum eigentlichen Adressaten der Bekenntnisse. Der scheinbare Herausgeber gibt vor, es handle sich um die unverfälschte Wiedergabe echter Dokumente. Ein starkes Angebot zur Identifikation.

Die Aufklärer leiden weiter: Der Berliner Verleger Christoph Friedrich Nicolai (1733–1811) ist genervt von der Sprache des Sturm und Drang: »Viele unsrer jetzigen Schriftsteller glauben, original zu schreiben, wenn sie die Vokalen zwischen den Consonanten herausheben, den Wörtern Kopf und Schwanz abreißen, und einen Apostroph, statt des Pflaster, auf die leere Stelle kleben.« Also schreibt er eine Werther-Parodie: es fließt nur Hühnerblut, der großzügige Verlobte Albert verzichtet und Held Werther endet als bürgerlicher Familienvater mit Lotte an seiner Seite auf dem Sofa, acht Kindern und gar nicht mehr schwärmerisch. Goethe ist erbost über diese »Grabschändung« und antwortet mit einem drastischen Gedicht:

Freuden des jungen Werthers.

Ein junger Mensch, ich weiß nicht wie,
Starb einst an der Hypochondrie
Und ward denn auch begraben.
Da kam ein Schöner Geist herbei,
Der hatte seinen Stuhlgang frei,
Wie's denn so Leute haben.
Der setzt notdürftig sich auf's Grab
Und legte da sein Häuflein ab,
Beschaute freundlich seinen Dreck,
Ging wohleratmet wieder weg
Und sprach zu sich bedächtiglich:
Der gute Mensch, wie hat er sich verdorben!
Hätt er geschissen so wie ich,
Er wäre nicht gestorben!

Der moralische Schneeball – Männlichkeitsentwürfe im 18. Jahrhundert

Verschiedener Ansicht über »Werther« waren nicht nur die Zeitgenossen, auch die heutige Literaturwissenschaft ist noch immer unentschieden. Zwischen unerfüllter Liebe, adliger Ausgrenzung des Bürgertums, Werthers Suche nach einem Mutterersatz schwanken die Deutungen. Manche Interpreten sehen in jedem angeblich wollüstigen Gedankenstrich des Werks (und die gibt es reichlich) einen erträumten Liebesakt, andere lesen das Buch ausschließlich als

Krankengeschichte. Werther selbst spricht von seiner Melancholie als einer »Krankheit zum Tode«.
Seine größten Probleme sind vermutlich andere. Was wird von einem jungen Mann erwartet, der im Jahre 1772 Karriere machen soll? An diesen Erwartungen scheitert er und nicht nur an der Unmöglichkeit seiner Liebschaft mit Lotte.
Jahrhundertelang bestimmte in Europa die Idee einer gottgegebenen Ordnung das Leben. Es war keine Frage, wer unten war und wer oben, welcher Beruf zu ergreifen, welches Leben zu führen, welches Gebet zu sprechen und welcher Ehepartner zu nehmen ist. »Transzendentale Obdachlosigkeit« hat man den Zustand genannt, in den Säkularisation, Aufklärung, soziale Umbrüche und beginnende Modernisierung und Technisierung Europa gestoßen haben. Die alten Glaubens- und Wertvorstellungen wanken, Ängste und Verunsicherungen sind die Folge. Der Mensch muss seiner irdischen Existenz erstmals selbst einen Sinn geben. Aber: Neue Erwartungen treten an die Stelle alter Denkzwänge und Tabus. Der Philosoph Jürgen Habermas hat das in unseren Tagen so beschrieben: Die Vernunft hinterlässt eine Leere, die sie mit sich selber ausfüllt. Die vernunftgeleiteten Aufklärer benutzen gerne das mechanistische Bild vom Uhrwerk für die menschliche Gesellschaft. Damit die Rädchen reibungslos ineinandergreifen, schaffen sie den bürgerlichen Wertehimmel, so benannt von Historikern unserer Zeit, die den Philosophen Immanuel Kant zu ihrem Kronzeugen machen. Der hatte betont, dass der »Gang der Geschäfte« nicht leiden dürfe, und den bestimmen jetzt staatsbürgerliche und berufliche Pflichten und nicht Gott. Dass der Weg zur Mündigkeit »beschwerlich« und »gefährlich« ist, schreibt Kant auch. Kein Wunder also, dass diesen Anforderungen zu genügen, als Individuum *und* nützliches Glied der Gesellschaft, sensible Naturen ziemlich ermüden kann. Goethes eigenes Leben ist voll von neuroti-

schen Krisen, die bedrohlichste erleidet er als Jugendlicher in Leipzig (s. Kap. III). 1773 schreibt er: »Ein Teufelsding wenn man alles in sich selbst sezen muß.« Mündigkeit beruht auf Leistung, und möglichst rastlose Tätigkeit wird zum Leitbild für aufgeklärte Männer. Methodische Lebensführung, Mäßigkeit, Selbststeuerung, Redlichkeit, Bildung: ein ausgeklügelter Tugendkatalog wartet auf Werther. Aber der sehnt sich nach Unmittelbarkeit und Rausch und nicht nach bürgerlicher Erwerbsarbeit. Jahrhundertelang arbeitete, wer arm war, und jetzt ist mit einem Mal kein Platz mehr für Müßiggang. Fällt man da wie Werther aus der Rolle, kann die vermeintliche neue Freiheit ganz schnell in ihre Kehrseite, die Einsamkeit, umschlagen. Dann fehlt nicht viel zum taedium vitae, dem Lebensüberdruss, den Goethe aus eigener Erfahrung kennt. Im Dezember 1812 wird er wieder damit konfrontiert, als der Stiefsohn seines Freundes Zelter Selbstmord begeht. Goethe schreibt an den verzweifelten Vater:

> Wenn das taedium vitae den Menschen ergreift, so ist er nur zu bedauern, nicht zu schelten. Daß alle Symptome dieser wunderlichen, so natürlichen als unnatürlichen Krankheit auch einmal mein Innerstes durchrast haben, daran lässt Werther wohl niemand zweifeln. Ich weiß recht gut, was es mich für Entschlüsse und Anstrengungen kostete, damals den Wellen des Todes zu entkommen, so wie ich mich aus manchem spätern Schiffbruch auch mühsam rettete.

Selten hat Goethe eine der vielen »problematischen Naturen«, die seinen Lebensweg kreuzen, so einfühlsam in Schutz genommen. Radikaler fällt das Urteil über den verstörten Plessing (s. Kap. VI) und den Hilfe suchenden Dichter Jakob Michael Reinhold Lenz aus, und Goethe zögert nicht, sich von derart gescheiterten Freunden zu distanzieren.

Vater Zelter berichtet: »Denn seine Schulden sind zu decken«, als er nach Gründen für den Selbstmord des Sohnes sucht. Leistung drückt sich in Einkommen aus, und sparsam müssen vorbildliche junge Männer natürlich auch sein. Vor allem hängen Selbstwertgefühl und beruflicher Erfolg unmittelbar zusammen. So ist es bis heute geblieben. Arbeitslosigkeit ist ein unerträglicher Zustand, Glück hängt an Erwerbsarbeit. Heute noch begehen in Deutschland dreimal mehr Männer als Frauen Selbstmord, leben sie im Schnitt sechs Jahre kürzer, stellen den großen Teil der Alkohol- und Drogenabhängigen. Rollenklischees sind nach wie vor zu erfüllen, und jedermann muss sich beweisen.

Von all diesen Vorgaben hat sich Zelter junior »befreit«. Dieses Wort benutzt sein Vater und fragt sich, »ob ich durch strengen Ernst etwas bei ihm versehn?« Goethe allerdings beruhigt ihn und uns: Väter und Söhne kennen sich nie richtig,

> und wäre sowohl von seiner Seite als von der Seite des Sohns ein Gran von Bewusstsein in dies schätzbare Familienverhältnis getreten, so wäre beiden vieles erspart worden. Das sollte nun aber nicht sein und scheint überhaupt nicht für diese Welt zu gehören.

Das soll heißen: Auch eine erfolgreiche Erziehung kann nicht jede Belastung auffangen. Deswegen kritisiert Goethe besonders den Zeitgeist und nicht die Moral des jungen Zelter:

> Wenn man sieht, wie die Welt überhaupt und besonders die junge, nicht allein ihren Lüsten und Leidenschaften hingegeben ist, sondern wie zugleich das Höhere und Bessere an ihnen durch die ernsten Torheiten der Zeit verschoben und verfratzt wird, so daß ihnen alles, was zur Seligkeit führen sollte, zur Verdammnis wird, unsäglichen äußern Drang nicht gerechnet, so wundert man sich nicht über Untaten, durch welche der Mensch gegen sich selbst und andere wütet. Ich getraute mir, einen neuen Werther zu schreiben, über den dem Volke die Haare noch mehr zu Berge stehn sollten als über den ersten.

Goethe ist deshalb auch überzeugt, dass der Werther-Roman »keineswegs, wie man ihm vorwarf, eine Krankheit, ein Fieber erregt, sondern nur das Übel aufgedeckt, das in jungen Gemütern verborgen lag«.

Immer wieder greift Goethe auf seinen Romanerstling zurück, wenn es darum geht, jugendliches Verhalten zu erklären, und ganz offensichtlich ist die Situation der jungen Leute um 1810 nicht einfacher als um 1775. Wunschtraum und Wirklichkeit lassen sich selten versöhnen. Goethe selbst gelingt das in späteren Jahren besser, aber die Bilder von Erdbeben, von Erschütterung und Abgrund begleiten ihn sein ganzes Leben. Das Schlittschuhlaufen auf dünnem Eis gehört dazu und besonders die Metapher vom Schiffbruch.

Zelter junior und Werther »zerscheitern« an dem, was die zeitgenössische Medizin »moralische Gesundheit« genannt hat. Die führt an den richtigen Ort im bürgerlichen Leben und bietet die Möglichkeit, eine Familie zu ernähren. Werther ist ein Aussteiger, er ist leichtsinnig, emotional, exzentrisch, entwurzelt, ziemlich faul, er kann nach bürgerlichen Vorstellungen nicht glücklich werden. Aus der »Selbstbildung« des 18. Jahrhunderts hat die moderne Soziologie die »Identitätskarriere« gemacht, und die verläuft bei Werther nicht über die Vernunft, sondern über die Lust. Aber für das falsche Leben steht auch die Lust auf die falsche Frau, und unzulässige Affären haben auf diesem Weg zum weltlichen Heil schon gar nichts zu suchen.

Die »Unfähigkeit, zu einem konstanten, das eigene Leben begründenden Ich- und Weltentwurf zu gelangen, der Werther Handlungsorientierung auch in der Situation einer unerfüllten Liebe erlaubte«, machte vor Kurzem der Literaturwissenschaftler Dirk Kemper als Hauptleiden des Romanhelden aus. Von den neuen Gewissheiten der Aufklärung will Werther nichts wissen, will nicht »dogmatische Drahtpuppe« an den Fäden der Vernunft sein. Sein Körper wird ihm fremd: »Ich weiß nie, wie mir ist ... es ist als wenn die Seele sich mir in allen Nerven umkehrte«, und die

Liebe ist auch nicht mehr keusch. »Und nun Träume!«, in die sich Regionen mischen, die mit der »heiligsten, reinsten, brüderlichsten Liebe« nichts mehr zu tun haben: Arme, Münder, Busen. Werther und Zelter junior haben sich »ihren Lüsten und Leidenschaften« hingegeben, ihre Handlungsorientierung nicht gefunden und sich irgendwann vor dem Leben nur noch geekelt. So ist man dem »unsäglichen äußeren Drang«, der die jungen Leute »mehr von sich als billig fordern« lässt, nicht gewachsen. »Dazu werden sie aber durch die gigantische Umgebung gedrängt und genötigt«, schreibt Goethe an den Altersfreund. Und in der Autobiographie heißt es: »Die Epoche, in der wir lebten, kann man die *fordernde* nennen: denn man machte, an sich und andere, Forderungen auf das, was noch kein Mensch geleistet hatte.« Kaum ein Wort gebraucht Goethe öfter in diesem Zusammenhang als »Forderungen«, und vielleicht wäre Werther besser mit ihnen zurechtgekommen, wenn er in seiner Lebensplanung von einem Vater begleitet worden wäre. Am bestem einem, der Emotionen zulässt. Auch Prometheus klagt über fehlende väterliche Tröstungen. Und Vater Goethe macht alles falsch bei der Rückkehr des gescheiterten Sohnes aus Leipzig (s. Kap. III). Vielleicht hilft ein Vater, der *vormacht*, wie Arbeit zu einem tragfähigen Konzept für die Selbstfindung wird. Und der für die Persönlichkeitsbildung auch Einbrüche zulässt.

Prekär ist Goethes Situation immer, zu Beginn des Jahres 1775 schreibt er an Sophie de la Roche: »Wenn man so den moralischen Schneeballen seines Ich ein Jahr weiter gewälzt hat, er hat doch um ein gutes zugenommen. Gott verhüte Thauwetter.« Noch rollt der Schneeball nicht von alleine, wird es vielleicht nie, und Wärmeeinbrüche gibt es immer, aber immerhin betrachtet Goethe die Anstrengung mit Humor. Noch erträgt er es nicht, wenn man ihn »mit den Forderungen des Alltagsverstandes peinigte und mir sehr entschieden vortrug, was ich hätte tun und lassen sollen«. Trotzdem setzt er nach dem Wetzlarer Abenteuer seinem Vater nicht genug entgegen: »Ich ... lasse meinen Vater ietzt ganz gewähren, der mich täglich mehr in Stadt Civil Verhältnisse einzuspinnen sucht ... Solang meine Krafft noch in mir ist. Ein Riss! Und all die Siebenfache Bastseile sind entzwey.« Noch in einem Brief an Frau von Stein aus dem Jahre 1777 ist die Verunsicherung in Goethes Rückblick auf seine »erste Jugend« zu spüren: »Solange ich im Druck lebte, solang niemand für das was in mir auf und abstieg einig Gefühl hatte, vielmehr wie's geschieht, die Menschen erst mich nicht achteten, dann wegen einiger widerrennender Sonderbaarkeiten scheel ansahen ... da war ich elend, genagt, gedrückt, verstümmelt.« Nachvollziehbar, dass Goethe irgendwann nicht mehr nur Rebell sein will. Er hat ein neues Projekt: Im Roman »Wilhelm Meisters Wanderjahre« will er vorführen, wie man auch *innerhalb* der Gesellschaft in Freiheit und Autonomie leben kann (s. Kap. XII). Dieses Buch beginnt Goethe nicht umsonst in Weimar zu schreiben, wo er von sich sagt: »Die Freiheit, nämlich die sittliche, daß ich mich subordiniren mag, bringe ich mit.« Auch eine Formel für gelingendes Leben. Und offensichtlich für einen sehr schmerzhaften Prozess der Selbstfindung, den Goethe in einem Brief von 1782 mit einem brutalen Bild beschreibt:

> Wenn du eine glühende Masse Eisen auf dem Heerde siehst, so denkst du nicht daß soviel Schlacken drinn stecken als sich erst offenbaren wenn es unter den großen Hammer kommt.

Welche dramatischen Folgen sein erster Roman allerdings haben wird, ahnt Goethe nicht, und wir spüren die Bestürzung hinter den Versen, die er in der überarbeiteten 2. Auflage von 1775 dem 2. Buch voranstellt: »Du beweinst, du liebst ihn, liebe Seele,/Rettest sein Gedächtnis von der

Schmach;/Sieh, dir winkt sein Geist aus seiner Höhle;/Sei ein Mann und folge mir nicht nach.«
 Die Exzesse, die das Buch auslöst, verstören Goethe. »Wäre Werther mein Bruder gewesen, ich hätt' ihn erschlagen«: Das gilt den Fans, die Goethe überall belagern, und der Tatsache, dass man ihn nur noch mit dem einen Buch identifiziert. Goethe will nicht zum »One Hit Wonder« reduziert werden. Dabei hat sich die Wirkung des Romans längst verselbstständigt.

Nicht nur kleidet sich eine große Zahl junger Männer wie Werther: blauer Frack, gelbe Weste und Hosen, braune Stulpenstiefel, sondern es gibt auch frühe Formen des Literaturtourismus. Leser pilgern auf organisierten mitternächtlichen Prozessionen zum Wetzlarer Friedhof. Russische Offiziere, die 1813 in Wetzlar Quartier machen, knien vor einem angeblichen Werthergrab nieder. Porzellantassen und Fächer werden mit Motiven aus dem Roman dekoriert: globales Werther-Merchandising. Goethe wundert sich.

V.

Erotik der Berge
Die Schweiz in drei Anläufen

Christiana Engelmann

»O wenn ich jetzt nicht Dramas schriebe, ich ging zu Grund« – Die erste Reise in die Schweiz

Dreimal ist Goethe in die Schweiz gereist, und jedes Mal ist er ein anderer, als er 1775, 1779 und 1797 fast dieselbe Route nimmt. Am aufregendsten ist die Reise von 1775: Zum ersten Mal überquert der 26-Jährige eine Grenze ins Ausland und sieht alpines Hochgebirge. Er reiste mit drei lebenshungrigen Grafen, Kollegen aus dem Dichterbund des Göttinger Hain, die er eben erst kennengelernt hat. Überreden müssen die Goethe nicht lange. Eine Reise ist für ihn so gut wie unausweichlich geworden. Als Ausweg aus Sackgassen und Konfliktsituationen sollte sich Goethes »Reisenatur« immer wieder bewähren. Offene Konfrontation und Konfliktgespräche waren damals nicht gefragt, umso mehr taktvolles Schweigen und höfliches Durchhalten, gefolgt von plötzlichem Verschwinden. Letzteres war eher für Goethe typisch. Als die vier jungen Männer am 14. Mai 1775 aufbrechen, alle in Werther-Kleidung und zu Pferd, liegt Ekstase in der Luft. Sie müssen aufsehenerregend ausgesehen haben. Fritz Graf zu Stolberg, einer aus der Gruppe, schreibt, man hätte »sie von Peru bis Indostan umsonst suchen müssen«. In Stürmer- und Dränger-Kreisen hießen damals solche Abenteuer ganz bescheiden »Genie-Reisen«.

Die Monate um diese erste Schweiz-Reise nennt der junge Goethe in einem Brief an den Kollegen Gottfried August Bürger die »zerstreutesten, verworrendsten, ganzesten, vollsten, leersten, kräftigsten und läppischsten Dreivierteljahre« seines Lebens. Er muss völlig durcheinander gewesen sein.

Seit einem Jahr »Dichter des Werther«, ist er angesehen bei Freunden und Gönnern; doch der Vater verlangt vom Sohn endlich beruflichen Ehrgeiz, die Mutter testet die Wiegen auf dem Dachboden auf Tauglichkeit. Goethe ist verliebt und bald auch verlobt. Druck von allen Seiten! Im Alter jedoch erinnert er sich, dass er damals seinem »eigentlichen Glück nie so nahe gewesen« sei, »als in der Zeit seiner Liebe zu Lili«. Was er seinem langjährigen Sekretär Johann Peter Eckermann anvertraut, bezieht sich auf Lili Schönemann, die Tochter einer Frankfurter Bankiersfamilie. Auf seiner Reise in die Schweiz wollte Goethe testen, »ob man Lili nicht entbehren könnte« und ob das Leben als Dichter und Bohemien oder Anwalt und Familienvater für ihn das Richtige sei. Nichts weniger als die Frage »Wer bin ich wirklich?« war auf dieser Reise zu klären.

Auch Landschaften haben ihre Mode. Die Aufklärer des 18. Jahrhunderts liebten sie klar und harmonisch, da sie so am besten die vernünftige Weltordnung widerspiegelten; die Stürmer und Dränger dagegen bewunderten die wilden, unberührten, gigantischen Naturschönheiten. Ihr Ziel war die Schweiz, das »Sehnsuchtsland« der gebildeten Jugend Europas. Kein Heidiland-Image, sondern Bilder von Frieden und Freiheit, Abenteuer und Naturextremen kursierten von der alten Eidgenossenschaft. Zwei schlichte Lyrikbände lieferten dazu den Ideen- und Bilderfundus, mit dem sie die sonst wenig beachtetete Gegend zum Wallfahrtsziel der europäischen Abenteurer beförderten: das Gedicht »Die Alpen« des Schweizer Naturforschers, Arztes und Dichters Albrecht von Haller und die »Idyllen« von Salomon Gessner und natürlich die Legende des Freiheitshelden Wilhelm Tell. Sie lösten eine Reisewelle in ein Land aus, von dem man garantiert »größer und sittlicher« zurückkommen würde. Besonders junge, wohlhabende Männer zog es zu den mächtigen Eisgletschern, um im »Mutterland der Natur« das eigene grandiose Ich aufzurichten. Und in Zürich lag das »Herz des gebildeten Europa«, von wo aus die berühmten Lehrer der Zivilisation wie ein Johann Heinrich Pestalozzi oder Johann Kaspar Lavater den kulturellen Diskurs für das übrige Europa vorgaben: der Pädagoge Pestalozzi als Reformer in Bildungsfragen und Lavater als »Beförderer der Menschenkenntnis«, den Goethe erst grenzenlos bewundern und später ebenso meiden sollte. Vor allem aber waren die Schweizer frei: Sie kannten keinen Hof und keine Adelsherrschaft. Ihr Land bestand aus einem Bund von 13 Republiken. Kein Zweifel, die Schweiz muss ein Paradies gewesen sein!

Zur großen Sehnsucht kamen aber meist die kleinen Unglücke zu Hause, die zum Aufbruch drängten. Auf Goethe jedenfalls traf beides zu: das beglückende Unglück mit Lili und sein Drang nach extremen Naturerfahrungen.

Wie aufgewühlt er damals wirklich war, vertraut er einer völlig fremden Person an: Gräfin Auguste zu Stolberg, die ihm nach der »Werther«-Lektüre einen begeisterten Fan-Brief geschickt hatte und später ihre Brüder, ebenjene lebenshungrigen Stolbergs, auf dem Weg in die Schweiz, zu ihm nach Frankfurt. Zum Glück war Auguste eine leidenschaftliche Briefschreiberin. Wie eine »Krankheit« soll das Briefeschreiben damals grassiert haben, als Jugendliche leidenschaftlich jede Regung haargenau und kunstvoll aufs Papier brachten. Das wäre wohl eine spannende Alternative zu den stammelnden SMS-Botschaften. Aber gestammelt hat Goethe damals auch:

> »Was soll ich Ihnen sagen, da ich Ihnen meinen gegenwärtigen Zustand nicht ganz sagen kann, da Sie mich nicht kennen. Liebe! Liebe! Bleiben Sie mir hold. Groser Gott, was ist das Herz des Menschen! (...) Ich dachte mir sollts unterm Schreiben besser werden – Umsonst mein Kopf ist überspannt.«

Das war am 7. März 1775. Schon am nächsten Tag heißt es:

»Heut war der Tag wunderbar. Habe gezeichnet – eine Scene geschrieben. O wenn ich jetzt nicht Dramas schriebe, ich ging zu Grund.«

Spricht hier nicht Werther persönlich?

»Noch besser als schön« – Verlobung mit Lili Schönemann

Die 16-jährige Anna Elisabeth Schönemann, genannt Lili, lernt Goethe im Januar 1775 kennen. Der 25-jährige Autor zweier erfolgreicher Werke und die schöne Tochter der Bankiersfamilie scheinen ein ideales Paar zu sein: Die gebildete, kluge und gewandte Lili und der attraktive, hochtalentierte Autor begegnen sich – fast – auf Augenhöhe. Lili war nicht nur schön und klug, sondern hatte auch ein »allen wohlwollendes Herz« und war eine »so äußerst liebliche Erscheinung«, dass sie »alles an sich zog, was in ihre Nähe kam«.

Auch den jungen Dichter, der ganz zufällig Gast einer großen Gesellschaft bei den Schönemanns war. Lili am Klavier schlug ein wie ein Blitz. In »Dichtung und Wahrheit« erinnert sich Goethe:

> Die Gesellschaft war zahlreich, ein Flügel stand in der Mitte, an den sich sogleich die einzige Tochter des Hauses niedersetzte und mit bedeutender Fertigkeit und Anmut spielte. Ich stand am unteren Ende des Flügels um ihre Gestalt und Wesen nahe genug bemerken zu können; sie hatte etwas Kindartiges in ihrem Betragen, die Bewegungen, wozu das Spiel sie nötigte, waren ungezwungen und leicht.

Anna Elisabeth (Lili) Schönemann

Und wenig später schreibt er an Johanna Fahlmer, eine Vertraute der Familie Goethe: »Sie ist schön wie ein Engel. Und, lieber Gott, wie viel ist sie noch besser als schön.« Die für beide heftige Beziehung dauert nur bis zum Oktober desselben Jahres.

Heute hätten es die beiden einfach miteinander versucht. Die renommierte Germanistin Ruth Klüger hat erst kürzlich überzeugend spekuliert, wie die dichterische Karriere Goethes verlaufen wäre, hätten er und Lili damals geheiratet. Die Klassik wäre jedenfalls ausgefallen, dafür hätte Goethe anspruchsvolle realistische Romane geschrieben, meint sie.

Damals stellte sich schnell heraus, dass die Lebensstile und die Erwartungen beider Familien nicht übereinstimmten. Die Schönemanns wünschten für Lili – in Wahrheit für die eigene Bank – einen gewieften Geschäfts- und Finanzmann statt eines vielversprechenden, charismatischen Poeten aus gutem Haus. Und Goethes Vater wiederum fand seinen Sohn viel zu schade für die merkantilen »Emporkömmlinge«.

Schwester Cornelia, inzwischen verheiratete Schlosser, forderte die sofortige Trennung. Und was sagt Goethe selbst? Zwar ist er schrecklich verliebt, von den gesellschaftlichen Konventionen in Lilis Kreisen aber regelrecht abgestoßen. Zwänge jeglicher Art sind dem Stürmer und Dränger zutiefst zuwider. Die »Notwendigkeit mich in ihren Zirkel einzufinden [ist] für mich eine große Qual. Beinahe unerträglicher gegenwärtiger Zustand«, notiert Goethe in den Vorarbeiten zu »Dichtung und Wahrheit«. Im Kreis der Schönemanns fühlt er sich als Außenseiter. In den Gedichten von damals stellt er sich als grober »Bär« dar, der sich nicht zu benehmen weiß. Lili dagegen brilliert in großer Gesellschaft, flirtet und ist verführerisch; und Goethe rasend eifersüchtig. Für beide aber kommt eine »Trennung nicht infrage«. Ein »unbezwingliches Verlangen war eingetreten; ich konnte nicht ohne sie, sie nicht ohne mich sein«. Da gelingt es einer resoluten Freundin der Schönemanns, Madame Delph aus Heidelberg, die Verlobung bei den Familien durchzusetzen.

An Ostern 1775 ist Goethe das erste – und letzte – Mal verlobt: »Es war ein seltsamer Beschluss des hohen über uns Waltenden, dass ich in dem Verlaufe meines wundersamen Lebensganges doch auch erfahren sollte, wie es einem Bräutigam zu Mute sei.«

Und wie ist dem »zu Mute«? Ziemlich kleinlaut: »Auf dem Gipfel der Zustände hält man sich nicht lange«, heißt es da. Und weiter: »Sobald etwas Ideelles, wie man ein solches Verlöbnis wirklich nennen kann, in die Wirklichkeit eintritt, so entsteht eine Krise.«

Warum spricht er bloß von »Krise«, wenn er erreicht hat, was er wollte? Und vor allem so, als müsste sie zwangsläufig eintreten?

Kurz darauf schreibt er an seinen Freund Herder aus Straßburger Zeiten:

Dem Hafen häuslicher Glückseeligkeit, und festem Fuse in wahrem Leid u. Freud der Erde wähnt ich vor kurzem näher zu kommen, bin aber auf eine leidige Weise wieder hinaus in's weite Meer geworfen.

Bemüht er hier nicht kunstvoll die Metapher des Schiffbrüchigen, um zu verbergen, wie viel lieber er »ins weite Meer geworfen« wäre als gefesselt im bürgerlichen Ehestand? Ein Wink des Himmels, dass die Stolbergs, Augustes Brüder, gerade durch Frankfurt ziehen und den »Dichter des Werther« kennenlernen wollen. Eine Reise in die freie Schweiz wird Klarheit bringen, davon ist der junge Bräutigam überzeugt.

In »Dichtung und Wahrheit« schummelt sich Goethe schönrednerisch durch diese Zwangslage: »Mit einiger Andeutung, aber ohne Abschied, trennt' ich mich von Lili; sie war mir so ins Herz gewachsen, dass ich mich gar nicht von ihr zu entfernen glaubte.« Schon vier Wochen nach der Verlobung ergreift er die Flucht, ohne Abschied.

»Gatte! Vater! Geliebter!
Diese dreifache unsägliche Wonne!«

Was Lili betrifft, bewirkt die Reise wenig. Sonst viel. Schon auf der Fahrt fühlt er sich wie befreit: »Ich bin sehr an der Luft. Schlafen, Essen, Trinken, Baden, Reiten, Fahren war so ein paar Tage her der selige Inhalt meines Lebens«, heißt es in einem Brief. In Karlsruhe treffen die Reisegefährten sich mit dem bedeutenden Klopstock, dem Goethe im »Werther« ein Denkmal gesetzt hat. Auch begegnet Goethe Carl August, dem Herzog von Weimar, und seiner Braut Luise, die er beide so beeindruckt, dass sie ihn nach Weimar einladen. Dann setzt er sich von seinen Begleitern ab, um seine Schwester in Emmendingen zu besuchen. Seit ihrer Heirat mit Johann Georg Schlosser vor zwei Jahren sieht er sie zum ersten Mal. Er weiß, dass sie unglücklich ist und der Besuch eine »harte Prüfung« wird. Goethe erinnert sich noch im Alter, wie sehr ihm, gerade noch Lilis Bild vor Augen, schmerzlich auffiel, dass »ihr die geringste Sinnlichkeit« fehlte. Jetzt hofft er, dass Cornelia seine Not verstehen wird, wie sie es so oft in der Kindheit tat. Aber sie argumentiert gegen Lili, weil es unmöglich sei,

> ein solches Frauenzimmer in unser zwar löbliches, aber doch nicht zu bedeutenden Gesellschaften eingerichtetes Haus (zu bringen), zwischen einem wohlwollenden, ungesprächigen, aber gern didaktischen Vater, und eine in ihrer Art höchst häuslich-tätigen Mutter, welche doch, nach vollbrachtem Geschäft, bei einer bequemen Handarbeit nicht gestört werden wollte.

Die glänzenden Salons mit den Spieltischen der Schönemanns vertragen sich nicht mit der Bibliothek des Vaters mit ihren 2000 Bänden! Mit einer Lili will sie den Bruder nicht teilen.

Aber Goethe mutet seiner Schwester noch mehr zu. Wie früher liest er ihr das Manuskript seines neuen Dramas vor, das er zu Hause gerade fertig geschrieben hat. So wie er im »Werther« einem Selbstmörder literarische Weihen verliehen hat, wird er mit »Stella« die Zeitgenossen mit der skandalösen Vision eines Lebens zu dritt verstören.

Was hält die Schwester von seiner Vorstellung einer unkonventionellen Ehegemeinschaft, bestehend aus Ehemann, Ehefrau und einer Geliebten unter einem Dach? So wie es dem am Ende glücklichen Helden Fernando in »Stella« passiert, der es mit seiner Frau Cäcilie und der gemeinsamen Tochter Lucie nicht lange aushalten kann, weil ihn die weite Welt lockt. In ihr begegnet er Stella, die ganz der Lili im wirklichen Leben ähnelt; sie verlieben sich heftig, beginnen ein gemeinsames Leben und haben auch eine Tochter, die allerdings früh stirbt. Im Familienalltag wird es Fernando erwartungsgemäß wieder zu eng, und er sucht erneut das Weite – ohne Stella. Bei einem »zufälligen« Treffen aller Verlassenen mit Fernando in einem Gasthof, damals ein beliebter Schauplatz für dramatische Showdowns zwischen Menschen, die sich am allerwenigsten über den Weg laufen wollen, erzählt die großartige und großzügige Cäcilie, Fernandos erste Ehefrau, eine Geschichte vom Zusammenleben zu dritt und schlägt dasselbe für sie, ihren Ehemann Fernando und seine Geliebte, Stella, vor. Das nehmen alle freudig-verwundert an – ein echtes Happy End: »Und ihr Glück faßte selig eine Wohnung, ein Bett und ein Grab.« »Wir sind dein!«, einigen sich beide Frauen in bester Harmonie. Und so klingt diese damals unerhörte Schlussszene:

> FERNANDO. Ha! was soll das? Bist du ein böser Geist, in Gestalt meines Weibs? Was kehrst du mein Herz um und um? Was zerreißest du das zerrissene? Bin ich nicht zerstört, zerrüttet genug? Verlaß mich! Überlaß mich meinem Schicksal! – und Gott erbarme sich euer! *Er wirft sich in einen Sessel.*
> CÄCILIE *tritt zu ihm und nimmt ihn bei der Hand.* Es war einmal ein Graf –
> FERNANDO *will aufspringen, sie hält ihn.*
> CÄCILIE. Ein deutscher Graf. Den trieb ein Gefühl frommer Pflicht von seiner Gemahlin, von seinen Gütern, nach dem Gelobten Lande –
> FERNANDO. Ha!
> CÄCILIE. Er war ein Biedermann; er liebte sein Weib, nahm Abschied von ihr, empfahl ihr sein Hauswesen, umarmte sie, und zog. Er zog durch viele Länder, kriegte, und ward gefangen. Seiner Sklaverei erbarmte sich seines Herrn Tochter; sie löste seine Fesseln, sie flohen. Sie geleitete ihn aufs neue durch alle Gefahren des Kriegs – Der liebe Waffenträger! – Mit Sieg bekrönt ging's nun zur Rückreise – zu seinem edeln Weibe! – Und sein Mädchen? – Er fühlte Menschheit! – er glaubte an Menschheit, und nahm sie mit. – Sieh da, die wackre Hausfrau, die ihrem Gemahl entgegeneilt, sieht all

ihre Treue, all ihr Vertrauen, ihre Hoffnungen belohnt, ihn wieder in ihren Armen. Und dann daneben seine Ritter, mit stolzer Ehre von ihren Rossen sich auf den vaterländischen Boden schwingend; seine Knechte, abladend die Beute, sie zu ihren Füßen legend; und sie schon in ihrem Sinn das all in ihren Schränken aufbewahrend, schon ihr Schloß mit auszierend, ihre Freunde mit beschenkend – »Edles, teures Weib, der größte Schatz ist noch zurück!« – Wer ist's, die dort verschleiert mit dem Gefolge naht? Sanft steigt sie vom Pferde – – »Hier!« – rief der Graf, sie bei der Hand fassend, sie seiner Frau entgegenführend – »hier! sieh das alles – und sie! nimm's aus ihren Händen – nimm mich aus ihren Händen wieder! Sie hat die Ketten von meinem Halse geschlossen, sie hat den Winden befohlen, sie hat mich erworben – hat mir gedient, mein gewartet! – Was bin ich ihr schuldig! – Da hast du sie! Belohn sie.« *Fernando liegt schluchzend mit den Armen übern Tisch gebreitet.* An ihrem Halse rief das treue Weib, in tausend Tränen rief sie: »Nimm alles, was ich dir geben kann! Nimm die Hälfte des, der ganz dein gehört – Nimm ihn ganz! Laß mir ihn ganz! Jede soll ihn haben, ohne der andern was zu rauben – Und«, rief sie an seinem Halse, zu seinen Füßen, »wir sind dein!« – – Sie faßten seine Hände, hingen an ihm –. Und Gott im Himmel freute sich der Liebe, und sein heiliger Statthalter sprach seinen Segen dazu. Und ihr Glück und ihre Liebe faßte selig Eine Wohnung, Ein Bett, und Ein Grab.

FERNANDO. Gott im Himmel, der du uns Engel sendest in der Not, schenk uns die Kraft, diese gewaltigen Erscheinungen zu ertragen! – Mein Weib! –

Er fällt wieder zusammen.

CÄCILIE *eröffnet die Türe des Kabinetts und ruft:* Stella!

STELLA, *ihr um den Hals fallend.* Gott! Gott!

FERNANDO *springt auf in der Bewegung zu fliehen.*

CÄCILIE faßt ihn. Stella! nimm die Hälfte des, der ganz dein ist – du hast ihn gerettet – von ihm selbst gerettet – du gibst mir ihn wieder!

FERNANDO. Stella! *Er neigt sich zu ihr.*

STELLA. Ich faß es nicht!

CÄCILIE. Du fühlst's.

STELLA *an seinem Hals.* Ich darf? – –

CÄCILIE. Dankst du mir's, daß ich dich Flüchtling zurückhielt?

STELLA *an ihrem Hals.* O du! – –
FERNANDO, *beide umarmend.* Mein! Mein!
STELLA, *seine Hand fassend, an ihm hangend.* Ich bin dein!
CÄCILIE, *seine Hand fassend, an seinem Hals.* Wir sind dein!

»Stella« zeigt, wie Goethe sich Ehe und Familie, wenn überhaupt, vorstellen könnte. Fernando ist von Cäcilies Vorschlag begeistert: »Gatte! Vater! Geliebter! ... diese dreifache unsägliche Wonne«. Nebenbei gesagt, auch in der Literatur durfte nicht lange sein, was im Leben verboten war. Der Hamburger Pastor Goeze, der schon Gotthold Ephraim Lessing wegen einer angeblichen Zügellosigkeit in »Miss Sara Sampson« bekämpft hat, sieht in »Stella« eine »sittliche Gefährdung der Zuschauer«. Der Text wird bald verboten. 1805 verzichtet Goethe auf die originelle Utopie und verpasst dem Drama einen neuen Schluss: Fernando erschießt sich, Stella vergiftet sich. Die Geistlichkeit ist zufrieden. Das Stück ist jetzt kein »Schauspiel für Liebende« mehr, der ursprüngliche Untertitel, sondern ein »Trauerspiel« und darf nun auf die Bühne! Cornelia kann sich weder mit Lili noch mit »Stella« anfreunden, und Goethe tritt ratlos die Weiterreise in die Schweiz an.

»Könnt ich nur recht tief in die Welt«

Auf allen drei Schweizreisen folgt Goethe der damals üblichen Route, zu der der Rheinfall bei Schaffhausen, Zürich, der Vierwaldstätter See und der Gotthard gehören. Vom Rheinfall ist er jedes Mal völlig fasziniert. Der erste Anblick dieses »Seelenspiegels einer Generation« löst intensive Gefühle aus: »Könnt ich nur recht tief in die Welt«, schreibt er nach Frankfurt. Bei Johann Kaspar Lavater in

Zürich bleibt er zwei Wochen und treibt mit ihm physiognomische Studien. Lavater versucht zu beweisen, dass die Seele des Menschen und sein Charakter von den Gesichtszügen abzulesen sind. Auf den ersten beiden Reisen macht Goethe von Zürich aus Ausflüge und Bootsfahrten zu den Orten der Tellsage, in Gruppen von jungen, hochinteressierten Männern, mit denen er die gigantische Natur erlebt. Da kann er Lili schon fast vergessen. Am 15. Juni 1775 schreibt er nach einer Bootsfahrt auf dem Zürichsee in sein Reisetagebuch das berühmte Gedicht, das er in einer späteren Fassung »Auf dem See« nannte und das für die Lyrik damals einen gewaltigen Innovationsschub bedeutete:

> Ich saug' an meiner Nabelschnur
> Nun Nahrung aus der Welt.
> Und herrlich rings ist die Natur,
> Die mich am Busen hält.
> Die Welle wieget unsern Kahn
> Im Rudertakt hinauf,
> Und Berge wolkenangetan
> Entgegnen unserm Lauf.
>
> Aug mein Aug, was sinkst Du nieder?
> Goldne Träume, kommt ihr wieder?
> Weg, du Traum, so gold du bist,
> Hier auch Lieb und Leben ist.
> Auf der Welle blinken
> Tausend schwebende Sterne,
> Liebe Nebel trinken
> Rings die türmende Ferne,
> Morgenwind umflügelt
> Die beschattete Bucht,
> Und im See bespiegelt
> Sich die reifende Frucht.

Die physiologische Direktheit, mit der Goethe sein lyrisches Ich unabgenabelt an die Mutterbrust der Natur hängt, damit es da seine Nahrung aus nichts weniger als der ganzen Welt beziehe, ist auch heute noch ziemlich verblüffend. Den gleichen Herzschlag mit der äußeren Natur dürfen auch die schönsten Erinnerungen des Ichs an seine reale Braut in Frankfurt nicht stören. Doch führt der Weg über die Realität des Augenblicks zur »reifenden Frucht« im letzten Vers, der eine Entwicklung des Individuums andeutet. Experten mutmaßen, Goethe könne die letzten acht Verse erst als »Klassiker« geschrieben haben, da im Bild des »Sich-Bespiegelns« eine Distanz deutlich werde, die in der Weitwinkelperspektive die gesamte Natur wahrnehme, zu der ein junger Spund in seiner Sturm-und-Drang-Phase nicht in der Lage sei.

Und weiter heißt es im Tagebuch:

> Wenn ich, liebe Lili, dich nicht liebte,
> Welche Wonne gäb' mir dieser Blick!
> Und doch, wenn ich, liebe Lili dich nicht liebte,
> Wär', was wär' mein Glück?

Lili hin oder her, die Stimmung muss rauschhaft gewesen sein: Von Kloster zu Wirtshaus, von Schluchten zu Berggipfeln führte der Weg, beflügelt vom Umstand, dass sich Körper in großen Höhen federleicht anfühlen. So lesen wir in den wenigen Tagebucheintragungen, die es von dieser Reise gibt, Notizen wie etwa: »Müd und munter vom Berg abspringen voll Durst und Lachen. Gejauchzt bis zwölf.« Oder am 21. Juni 1775: »Sauwohl und Projekte.« Und über den damals riskanten Aufstieg auf den Gotthard, den er allein mit Jakob Ludwig Passavant, einem Freund Lavaters, am 21. Juni 1775 unternimmt:

Gebadet im Schneewasser, aufwärts, allmächtig schrecklich, Not und Müh und Schweiß. Teufelsbrücke, Sturmwind, öde wie im Tale des Todes – mit Gebeinen besät. Das mag das Drachental genannt werden.

Vierzig Jahre danach glättet der Geheimrat in »Dichtung und Wahrheit« diese Notizen von der Besteigung des Gotthards so:

> Man denke sich den jungen Mann, der etwa vor zwei Jahren den ›Werther‹ schrieb, einen jüngeren Freund, der sich schon an dem Manuskript jenes wunderbaren Werks entzündet hatte, beide ohne Wissen und Wollen gewissermaßen in einen Naturzustand versetzt, lebhaft gedenkend vorübergegangner Leidenschaften, nachhängend den gegenwärtigen, folgelose Pläne bildend, im Gefühl behaglicher Kraft das Reich der Phantasie durchschwelgend, – dann nähert man sich der Vorstellung jenes Zustandes, den ich nicht zu schildern wüßte, stünde nicht im Tagebuche: ›Lachen und Jauchzen dauerte bis Mitternacht‹. (...) Das Kurzvergangene hatten sie aus dem Sinne geschlagen, und die Zukunft lag so wunderbar unerforschlich vor ihnen, wie das Gebirg, in das sie hineinstrebten.

Von der Herberge auf dem Gipfel erinnert er sich noch an »Brot, Käse und trinkbaren Wein«, zu kurze Betten und einen sehr freundlichen Pater, der »oft nach Mailand hinabsteigt«. Er selbst entscheidet sich fürs Umkehren, obwohl er dem »gelobten Land« so nahe ist, sein Begleiter ihn dazu drängt und der »Vater ihm die Reise förmlich aufgetragen« hat.

> Und, sei es nur gestanden: das, was mich so lange ganz umfangen, meine Existenz getragen hatte, blieb auch jetzt das unentbehrlichste Element, aus dessen Grenzen zu treten ich mich nicht getraute. Ein goldnes Herzchen, das ich in schönsten Stunden von ihr erhalten hatte, hing noch an demselben Bändchen, an welchem sie es umknüpfte, lieberwärmt an meinem Halse. Ich faßte es an und küßte es.

Scheideblick nach Italien. Zeichnung Goethes vom 22. Juni 1775

Also zurück zu Lili. Dazu kommt, dass er »so ganz aus dem Stegreife« so eine Reise auch nicht wagen wollte. Als er elf Jahre später tatsächlich über den Brenner nach Italien fährt, bricht er heimlich auf, aber bestens vorbereitet (s. Kap. IX).

»Nackte Körper leuchten weit«

Er reitet allein, ohne die »Stolberge«, zurück nach Frankfurt. Obwohl sie sich in der Schweiz als echte »Naturkinder« ständig danebenbenommen haben, hat der alte Goethe nur freundliche Erinnerungen an sie. Er behauptet sogar, dass gerade die Schweiz der richtige Ort zum Ausrasten für tollkühne Grafensöhne gewesen sei, die zum Beispiel das öffentliche Nacktbaden einfach nicht lassen konnten:

> So wird man den jungen Gemütern verzeihen, welche die Schweiz gerade als das rechte Lokal ansahen, ihre frische Jünglingsnatur zu idyllisieren. Hatten doch Geßners zarte Gedichte sowie seine allerliebsten Radierungen hiezu am entschiedensten berechtigt. In der Wirklichkeit nun scheint sich für solche poetische Äußerungen das Baden in unbeengten Gewässern am allerersten zu qualifizieren. Schon unterwegs wollten dergleichen Naturübungen nicht gut zu den modernen Sitten paßlich erscheinen. (...) In der Schweiz aber, beim Anblick und Feuchtgefühl des rinnenden, laufenden, stürzenden, in der Fläche sich sammelnden, nach und nach zum See sich ausbreitenden Gewässers war der Versuchung nicht zu widerstehen. Ich selbst will nicht leugnen, dass ich mich im klaren See zu baden mit meinen Gesellen vereinte und, wie es schien, weit genug von allen menschlichen Blicken. Nackte Körper jedoch leuchten weit, und wer es auch mochte gesehen haben, nahm Ärgernis daran.

Kann man sich eine sympathischere und umständlichere Rechtfertigung für verbotenes Nacktbaden in der Schweiz vorstellen? Ihre Gewässer und die Poesie sind verantwortlich! Goethe hatte auch sein Vergnügen und sich sogar im Wasser mit seinen »Gesellen vereint«. Wohl deshalb haben psychoanalytische Deuter immer wieder die homosexuelle Bedeutung von Goethes Schweizreisen hervorgehoben.

Überhaupt muss auf dieser ersten Reise mit Goethe etwas Außerordentliches passiert sein. Vielleicht waren es die geballten Erfahrungen unterschiedlichster Art: die Begegnung mit dem Herzog in Karlsruhe, mit »Stella« bei der Schwester, bei Lavater in Zürich sowie das Reiten, Wandern und Klettern in der gigantischen Landschaft, die physische Grenzerfahrung, die Verlobte im Kopf, die wilden Reisegefährten und auf dem Rückweg der Blick vom Straßburger Münster, das Treffen mit dem Freund Lenz? Wer weiß es schon. Auf dem Rückweg in Straßburg jedenfalls müssen sich die Reiseerfahrungen explosiv vernetzt haben. Er steigt auf das Münster, wartet auf Lenz, genießt den weiten Überblick und erkennt aus der Vogelperspektive blitzartig – ja was? Ein Forscher formuliert es so: Goethe steigt gleichsam noch als Stürmer und Dränger auf den Turm und als Klassiker wieder herunter (s. Kap. VII).

In Straßburg findet auch die erste Begegnung mit Charlotte von Stein statt. Indirekt jedenfalls. Auf einem Schattenriss, den ihm ein Bekannter zeigt, erblickt Goethe die

Die Silhouette von Charlotte von Stein

unbekannte Dame, die schon Erkundigungen über den Verfasser des »Werther« eingeholt hat. Goethe betätigt sich gleich als praktizierender Physiognomist im Geiste Lavaters: »Es wäre ein herrliches Schauspiel zu sehen, wie die Welt sich in dieser Seele spiegelt. Sie sieht die Welt, wie sie ist, und doch durchs Medium der Liebe.« Davon wird er sich demnächst überzeugen.

»Ich bin wieder scheissig gestrandet«

Die Rückkehr ist hart: ein wütender Vater, weil es der Sohn nicht über die Alpen geschafft hat, und die Gefühle zu Lili neu entfacht. Goethe leidet und klagt wieder in jammervollen Briefen an Auguste:
»Vergebens dass ich drey Monate, in freyer Luft herumfuhr.« Er »sitze wie ein Papagey auf der Stange ... lang halt ich's hier nicht aus.« Schließlich verkündet Lilis Mutter, dass er »ungeachtet seines hohen Geistes und seiner glanzvollen Eigenschaften nicht der Mann« sei, »der das Glück ihrer Tochter hätte begründen« können. Jetzt wird er abserviert, der sich schon vorher entziehen wollte. An Freund Merck schreibt er:

> Ich bin wieder scheissig gestrandet und möchte mir tausend Ohrfeigen geben, dass ich nicht zum Teufel ging, da ich flott war. Ich passe wieder auf neue Gelegenheit abzudrücken: nur möcht' ich wissen, ob du mir im Fall mit einigem Geld beistehen wolltest.

Das soll heißen: Ich ärgere mich schwarz, dass ich nicht abgehauen bin, während ich unterwegs war. Werde mich bei der nächsten Gelegenheit absetzen. Kannst Du mir etwas Geld leihen? – Bei Merck also schlägt er den Kraftton des wilden Kerls an, bei Auguste den empfindsamen Jammerton. An die Dichterin Anna Luise Karsch in Berlin schreibt er zur selben Zeit, dass durch die »Reise in die Schweiz die ganze Zirkulation [meiner] kleinen Individualität viel gewonnen hat«. Lili und Wolfgang beschließen schließlich gemeinsam die Trennung, laufen sich aber immer wieder über den Weg. Nur das Schreiben von schön-schmerzlichen Abschiedsgedichten erleichtert Goethe.

Wonne der Wehmut

Trocknet nicht, trocknet nicht,
Tränen der heiligen Liebe!
Ach, den halbtrocknen Augen schon
Wie öde, tot ist die Welt!
Trocknet nicht, trocknet nicht,
Tränen der ewigen Liebe!

Holde Lili, warst so lang
All meine Lust und all mein Sang.
Bist, ach, nun all mein Schmerz – und doch
All mein Sang bist du noch.

Goethes Alltag wechselt zwischen Schreiben und Gewaltmärschen, die er zwischen Darmstadt, Frankfurt, Offenbach und Umgebung zurücklegt. Das tut ihm gut, wie schon früher nach seiner schweren Krankheit, als ihn die Freunde den »Wanderer« nannten. Er schreibt Gedichte und fängt ein neues Drama an, denn es »traf gerade jetzt, dass ich die fürchterliche Lücke, die mich von ihr trennte, durch Geistreiches und Seelenvolles auszufüllen hatte. Ich fing also wirklich Egmont zu schreiben an«.

»Scheitern oder Landen« – Italien oder Weimar?

Wieder wird Goethe Frankfurt zu eng. Er hat die Einladung von Herzog Carl August nach Weimar angenommen und wartet seit Tagen auf den Kurier, der ihn abholen soll. Der Vater drängt erneut auf die Italienreise. Er will den Sohn auf keinen Fall als »Fürstenknecht« sehen; er, der Sohn, sei »doch sonst nicht auf den Kopf gefallen«. So der Kommentar des Vaters zu Goethes Weimar-Plänen. Als der Kurier nicht auftaucht, packt Goethe für den Süden, verabschiedet sich von seinen Freunden, schreibt tagsüber am »Egmont« und geht nur nachts auf die Straße.

In »Dichtung und Wahrheit« erzählt der alte Goethe den herzzerreißenden Abschied von Lili, von Frankfurt und von der Jugend:

> Schon einige Abende war es mir nicht möglich gewesen, zu Haus zu bleiben. In einen großen Mantel gehüllt schlich ich in der Stadt umher, an den Häusern meiner Freunde und Bekannten vorbei, und versäumte nicht, auch an Lilis Fenster zu treten. (...) Bald hörte ich sie zum Klaviere singen, es war das Lied: Ach wie ziehst Du mich unwiderstehlich! das nicht ganz vor einem Jahr an sie gedichtet ward. Es mußte mir scheinen, daß sie es ausdrucksvoller sänge als jemals. (...) Nachdem sie es zu Ende gesungen, sah ich an dem Schatten, der auf die Rouleaux fiel, daß sie aufgestanden war; sie ging hin und wider, aber vergebens suchte ich den Umriß ihres lieblichen Wesens durch das dichte Gewebe zu erhaschen.

Am 30. Oktober 1775 verlässt Goethe Frankfurt endgültig.

> Adieu Mutter! – Lili Adieu, Lili zum zweiten Mal! Das erste Mal schied ich noch hoffnungsvoll unsere Schicksale zu verbinden! Es hat sich entschieden – wir müssen einzeln unsere Rollen ausspielen. Mir ist in dem Augenblicke weder bange für dich noch für mich, so verworren es aussieht! – Adieu!

So notiert Goethe den Aufbruch in sein Reisetagebuch; wieder gibt es keinen Abschied!

Anfang 1776 erhält Lili Schönemann aus Weimar ein Exemplar der »Stella«, des gerade erschienenen »Schauspiels für Liebende« – mit einer Widmung des Verfassers. Sie zeigt, wie eng die Eindrücke der ersten Schweizer Reise mit Lili verwoben sind.

> Im holden Tal, auf schneebedeckten Höhen
> War stets Dein Bild mir nah:
> Ich sah's um mich in lichten Wolken wehen,
> Im Herzen war mir's da.
> Empfinde hier, wie mit allmächt'gem Triebe
> Ein Herz das andre zieht,
> Und dass vergebens Liebe
> Vor Liebe flieht.

Viele Jahre später reflektiert Goethe noch einmal die Beziehung zu Lili: »Die Hindernisse waren im Grunde nicht unübersteiglich, und doch ging sie mir verloren.« Er hatte erfahren, dass Lili auch bereit gewesen wäre, mit ihm nach Amerika auszuwandern, wo sie ohne den Ballast der Herkunft hätten neu anfangen können. Zu einem Freund der letzten Jahre seines Lebens, Frederic Soret, sagte er: »Sie war in der Tat die erste, die ich tief und wahrhaft liebte. Auch kann ich sagen, dass sie die letzte war.«

Aussagen dieser Art macht Goethe gern und oft. Wir nehmen sie ihm nicht ab, wissen wir doch von den tausend Briefen an Charlotte von Stein, um die Beziehung zu Christiane und zu vielen anderen Frauen, die ihm unendlich wichtig waren. Schon nach sechs Wochen in Weimar steht er wieder in Flammen!

Der Kurier des Herzogs hat ihn schon in Heidelberg eingeholt, wo Goethe bei Madame Delph, die die Verlobung mit Lili bewirkt hatte, den ersten Stopp einlegt. Nur um über

Lili zu reden. Madame Delph hat aber schon ganz andere Pläne für den talentierten jungen Mann und hält ihn buchstäblich fest, damit er nicht in die Kutsche steigen kann. Goethe ist in akuter Entscheidungsnot: Eben noch entschlossen, nach Italien zu reisen, also zu tun, was der Vater verlangte, steigt er ein und fährt nach Norden. Hier brechen auch seine Lebenserinnerungen in »Dichtung und Wahrheit« ab – seltsamerweise mit Egmonts Worten:

> Ich riß mich los, sie wollte mich noch nicht fahren lassen, und brachte künstlich genug die Argumente der Gegenwart alle vor, so daß ich endlich leidenschaftlich und begeistert die Worte Egmonts ausrief: ›Kind‹ Kind! nicht weiter! Wie von unsichtbaren Geistern gepeitscht, gehen die Sonnenpferde der Zeit mit unsers Schicksals leichtem Wagen durch, und uns bleibt nichts als, mutig gefaßt, die Zügel festzuhalten und bald rechts, bald links, vom Steine hier, vom Sturze da, die Räder abzulenken. Wohin es geht, wer weiß es? Erinnert er sich doch kaum, woher er kam.

Warum wählt er die Worte Egmonts, der ja bekanntlich am Ende scheitert? Vielleicht weil Egmont bleibt, Goethe aber reist und das Neue, die Herausforderung, das Ungewisse auf festem Boden sucht.

Goethe ist nahe dran gewesen, Schiffbruch zu erleiden, beruflich und privat. Im Gedicht »Seefahrt«, das er nur wenig später an seine Eltern schickt, verwendet er wieder die Schiffsmetapher für seine Situation. Er hat sich noch mal ans Ufer gerettet. In der letzten Strophe des Gedichts heißt es vom Lenker des Schiffes:

> Doch er stehet männlich an dem Steuer.
> Mit dem Schiffe spielen Wind und Wellen,
> Wind und Wellen nicht mit seinem Herzen.
> Herrschend blickt er auf die grimme Tiefe,
> Und vertrauet, scheiternd oder landend
> Seinen Göttern.

»Der Mensch ist niemals ganz Herr von sich selbst« – Die zweite Reise in die Schweiz

Die zweite Schweizer Reise, vier Jahre nach der ersten, verläuft völlig anders. Mit einem kleinen »Hofstaat« ist Goethe unterwegs und nicht mit abenteuerlustigen Adeligen. Herzog Carl August ist dabei und einige dienstbare Begleiter. Carl August ist 22 und Goethe 30 Jahre alt und seit Kurzem Geheimrat. Er hat unter anderem die delikate Aufgabe, den noch ungehobelten und emotional unreifen Carl August »fit for leadership« zu machen. Diese Schweizreise ist eines der Module im Bildungs- und Erziehungsprogramm, das Herzogin Anna Amalia für ihren Sohn wünscht. Nicht dass dieser aus einer bildungsfernen Familie stammt, ganz im Gegenteil, denkt man bloß an seine hochgebildete Mutter, aber mit der Herzens- und Charakterbildung, wie man es damals nennt, hapert es noch erheblich. Den Erziehungskatalog formuliert Goethe so: Carl August solle »alles Willkürliche in sich ablegen, um zu reinen, beruhigten Gefühlen seiner selbst« zu finden. Er solle weiterhin die unmäßigen Ansprüche aus der Sturm-und-Drang-Zeit aufgeben, weil sie junge Menschen gefährden und jeden konstruktiven Lebensplan untergraben. Goethe kennt das aus nächster Nähe, hat doch eine Reihe seiner Freunde Abstürze wie berufliches Versagen, Selbstmord und schwere psychische Beschädigungen erlitten, ausgelöst durch radikale Subjektivität. Schließlich kennt er die Gefährdung aus eigener Erfahrung. Mäßigung ist das Motto.

Die ganze Schweiz ist jetzt »pädagogische Provinz«: die »erhabene Landschaft«, der »gute Lavater« und die kultivierten Verhältnisse sollen Carl August zur Vernunft bringen. In der Forschung heißt das Projekt »Fürstenzähmung«. Goethe kann sich bestens in die Launen seines Chefs einfühlen, hat er doch selbst diese Phase erst hinter sich gebracht. Und er kann zeigen, wie flexibel und geschmeidig er die Rollen zu wechseln und zu kombinieren versteht. Man bedenke, er geht mit seinem Chef auf Reisen, zu Pferd, zu Fuß, in entlegene Hütten und in Hotels. Wie viele weichen schon einer Fahrt im Lift mit dem Vorgesetzten ins Treppenhaus aus. Ob es die Aufgabe leichter macht, dass er Carl August Freund, älterer Bruder, Minister, Reiseführer und Erzieher zugleich ist? Goethes frühe Obsession für Verwandlungen, Maskenspiele und Verkleidungen, wie er es zuletzt in Leipzig als Student so erfolgreich gezeigt hat, wird ihm die Aufgabe erleichtert haben (s. Kap. III).

Goethe selbst überprüft zur selben Zeit seine Entscheidung für Weimar. Vier Jahre lang hat er, ohne sich zu schonen, immer neue Aufgaben übernommen. Vielleicht plagt ihn auch ein frühes Burnout. Er merkt, dass er Abstand braucht. Eine Reise tut not. Das zeigt der Tagebucheintrag, den er nur ein paar Tage vor dem Aufbruch notiert:

> Wie ich besonders in Geheimnissen, dunklen imaginativen Verhältnissen eine Wollust gefunden habe. Wie ich alles Wissenschaftliche nur halb angegriffen und bald wieder habe fahren lassen, wie eine Art von demütiger Selbstgefälligkeit durch alles geht, was ich schrieb (...), wie in zeitverderbender Empfindung und Schatten Leidenschaft gar viele Tage vertan, wie wenig mir davon zu Nutz gekommen und da die Hälfte nun des Lebens vorüber ist, wie nun kein Weg zurückgelegt sondern vielmehr ich nur dastehe wie einer, der sich aus dem Wasser rettet und den die Sonne anfängt wohltätig abzutrocknen. Die Zeit dass ich im Treiben der Welt bin seit Oktober 75 getrau ich noch nicht zu übersehen. Gott helfe weiter, und gebe Lichter, dass wir uns nicht selbst so viel im Wege stehn.

Wie überkritisch Goethe in dieser Zeit mit sich umging, zeigt dieser Katalog von Selbstvorwürfen besonders deutlich.

Er profitiert vielleicht am meisten von der Erziehung Carl Augusts. Goethe erhofft sich die »Festigung« des Erreichten und die Erfahrung, sich deutlich vom Reisenden der »Genie-Zeit« zu unterscheiden. Er will sich als Erstes den vergangenen »Fehlern« stellen und arbeitet auf dem Weg in die Schweiz eine persönliche Checkliste ab: Er besucht, alleine, die ehemaligen Freundinnen, Friederike in Sesenheim und Lili in Straßburg. Lili ist gut verheiratet und hat eine kleine Tochter, und von Friederike heißt es, sie habe »nicht die kleinste Regung« in ihm erweckt. Kein Wort davon, wie es ihr wohl gegangen ist, den Geliebten plötzlich wiederzusehen. Dann besucht er das Grab der Schwester, die er zwei Jahre zuvor verloren hat.

Für die Weiterreise nehmen die Gefährten fast dieselbe Route wie vier Jahre zuvor. Es ist wieder eine kleine Männergruppe, die hier durch die Schweiz reist, diesmal auf der Suche nach »einer großen ruhigen Empfindung«, nach »schöner Ruhe« und dem »Erhabenen der Seele«.

Goethe nimmt die Schweizer Bergwelt jetzt ganz anders wahr. Immer wieder stehen die »Eisgebirge«, die »Gletscher« im Zentrum, deren »ewige Festigkeit« und Gesetzmäßigkeit er in ihnen zu erkennen sucht. Seine »Briefe aus der Schweiz 1779« gleichen meist nüchternen Landschaftsbeschreibungen, die sich nach einem »realistischen Programm« richten, wie der Goethe-Forscher Rohde es nennt. Keine stammelnden, sich überschlagenden Sprachfetzen angesichts der grandiosen Bergwelt wie auf der ersten Reise. Die Briefe sind alle an Frau von Stein gerichtet, aber zugleich als Lektüre des Weimarer Hofes gedacht. Sie bilden sachlich die Bergwelt ab, mit nur wenigen persönlichen Spuren. Natürlich möchte Goethe Charlotte von Stein auch damit beeindrucken, was für ein reifer, erwachsener Mann er ist, der souverän seine Gruppe durch die gefährliche Bergwelt führt. Als Minister für Straßenbau hat er zum Beispiel auch einen Blick für das Verkehrsnetz der Schweiz:

Über alles aber muss man die schönen Wege preisen, für die, in diesen entfernten Gegenden, der Stand Bern wie durch den ganzen übrigen Kanton sorgt. (...) Die Luft ist sehr rein und gesund.

Nur angesichts der »Eisgebirge« verlässt ihn öfter der distanzierte Blick, wenn er sie mit »einer Reihe von Jungfrauen« vergleicht, »die der Geist des Himmels ... für sich allein in ewiger Reinheit aufbewahrt«. Oder:

> Und immer wieder zog die Reihe der glänzenden Eisgebirge das Aug' und die Seele an sich. (...) Wenn sie dann erst selbst in der Reinheit und Klarheit in der freien Luft mannigfaltig da liegen; man gibt da gern jede Prätension ans Unendliche auf, da man nicht einmal mit dem Endlichen im Anschauen und Gedanken fertig werden kann.

Näher beim »Endlichen« liegen Goethes Klagen über die zu kurzen Betten und die »Häßlichkeit der Städte und Menschen«, die »die angenehmen Empfindungen, welche die Landschaft erregt, gar sehr unterbrechen«. Und »die scheußlichen Kröpfe haben mich ganz und gar üblen Humors gemacht«. Von den Menschen weiß er insgesamt zu berichten, dass sie umso »freundlicher, uneigennütziger, gastfreier«, je ärmer sie sind.

Sicher hat Frau von Stein selbst die trockensten Landschaftsbeschreibungen mit größerer Wissbegierde gelesen als wir. Die poetischen unter ihnen sind allerdings wirklich eindrucksvoll.

> Auch näher am Tal waren unsre Augen nur auf die Eisgebirge gegenüber gerichtet. Die letzten, links im Oberland, schienen in einen leichten Feuerdampf aufzuschmelzen; die nächsten standen noch mit wohl bestimmten roten Seiten gegen uns, nach und nach wurden jene weiß, grün, graulich. Es sah fast ängstlich aus. Wie ein gewaltiger Körper von außen gegen das Herz zu abstirbt, so erblassten alle langsam gegen den Montblanc zu, dessen weiter Busen noch immer rot herüber glänzte und auch zuletzt uns noch einen rötlichen Schein zu

behalten schien, wie man den Tod des Geliebten nicht gleich bekennen, und den Augenblick, wo der Puls zu schlagen aufhört, nicht abschneiden will.

Nicht zufällig wählt Goethe den Tod als gewaltigen Vergleichspunkt, überfallen ihn doch in gefährlichen Situationen immer wieder wahre Angstattacken:

> Der Gedanke, dass man immer enger und enger zwischen ungeheuren Gebirgen eingeschlossen wird, gibt der Imagination graue und unangenehme Bilder, die einen, der nicht fest im Sattel säße, gar leicht herabwerfen könnten. Der Mensch ist niemals ganz Herr von sich selbst.

Wie so oft schaut Goethe in den Abgrund, ohne abzustürzen. Aber er will wissen, wie tief der Abgrund ist und wie sicher er im Sattel sitzt. Das testet er zusammen mit dem Herzog aus. Der ist sofort dabei. Zusammen steigen sie, nicht im Entferntesten passend ausgerüstet, ohne Bergschuhe oder wetterfeste Kleidung am 12. November auf den Gotthardpass, gegen den dringenden Rat der Einheimischen.

Goethe will wieder mal ein Zeichen »der Götter« provozieren, wie er in einem Brief einen Tag vor dem Aufstieg schreibt:

> Der Ausgang wird entscheiden, ob unser Mut und Zutrauen, dass es gehen müsse, oder die Klugheit einiger Personen, die uns diesen Weg mit Gewalt widerraten wollen, recht behalten wird. So viel ist gewiss, dass beide, Klugheit und Mut, das Glück über sich erkennen müssen.

Der winterliche Fußmarsch über den gefürchteten Furka-Pass ist grob fahrlässig. Goethe bringt sich und den Herzog in Lebensgefahr. Sechs Stunden sind es bis zur Passhöhe, wobei sie meistens bis zur Hüfte im Schnee versinken. Hier soll das lebenslange Fundament der Freundschaft zwischen beiden entstanden sein, meinen Forscher. Goethe schaudert selbst angesichts dieser Extremerfahrung:

> Ich bin überzeugt, dass einer, über den die Einbildungskraft nur einigermaßen Herr würde, hier ohne anscheinende Gefahr vor Angst und Furcht vergehen müsste.

Immer wieder suchte der junge Goethe Gefahrensituationen, die ihn in Todesnähe bringen. Vielleicht brauchte auch er diese Grenzerfahrungen, die heute so viele Risikosportler suchen. Aber vor allem sucht er in ihnen Zeichen zu lesen.

Am 13. November erreichen sie den Gipfel des Gotthards und das Kloster der Kapuziner, das Goethe schon von der ersten Besteigung kennt:

> Ich komme mir sehr sonderbar vor, wo ich mich vor vier Jahren mit ganz anderen Sorgen, Gesinnungen, Planen und Hoffnungen, in einer andern Jahreszeit einige Tage aufhielt, und mein künftiges Schicksal unvorahnend, durch ein ich weiß nicht was bewegt, Italien den Rücken zukehrte und meiner jetzigen Bestimmung unwissend entgegen ging.

Das schreibt er natürlich wieder Frau von Stein, und ihr will er offensichtlich nicht auf die Nase binden, dass er vor allem wegen Lili umdrehte und nur den berühmten »Scheideblick« nach Italien warf.

Zur gelungenen »Fürstenzähmung« fehlt nur noch ein Besuch bei Lavater in Zürich. Von dort berichtet Goethe jubelnd nach Weimar, dass die »Bekanntschaft von Lavater ... für den Herzog und mich (ist), was ich gehofft habe. Siegel und oberste Spitze der ganzen Reise.«

Für den Herzog hat sich die Reise noch in ganz anderer Hinsicht gelohnt: Der Kanton Bern hat ihm ein üppiges Darlehen gewährt, mit dem er zu Hause die dringenden Reformen finanzieren konnte. Bern hat sich also schon damals großzügige Darlehen leisten können. Für Carl August war es jedenfalls eine ganzheitliche Bildungsreise im wahrsten Sinn des Wortes, kehrt er doch auch noch mit vollen Taschen nach Hause zurück. Goethe aber stöhnt am Ende: »Ich habe nun des Großen fast zuviel.« Davon hat er vier Jahre zuvor nicht genug bekommen können. Aber jetzt war maßvoller Lebensstil angesagt, und da passten die Hügel um Weimar besser als die Gletscher der Viertausender, die ihm fürs Erste genug Beweise für die »ewige Festigkeit« geliefert haben. Im Schweizer Hochgebirge hat der an der »Schwelle zum Klassiker« stehende Goethe die »Verlässlichkeit der Objekte«, wie der Schweizer Goethe-Experte Muschg schreibt, am besten sinnlich erfahren, in die Natur eine Gesetzmäßigkeit hineinlesen können, die ihm half, sein jugendliches Übermaß in das Korsett der Mäßigung und Begrenzung zu zwängen. Mal sehen, wie lange er es aushält.

»Für Naturen wie die meine ist eine Reise unschätzbar« – Die dritte Reise in die Schweiz

Fast zwanzig Jahre liegen zwischen der zweiten und dritten Reise in die Schweiz. Goethe ist jetzt fast fünfzig, aus damaliger Sicht also nicht mehr der Jüngste, aus heutiger Sicht zudem übergewichtig, und er weiß, was es heißt, »in (s)einen Jahren in die Welt zu gehen«. Er verfasst ein Testament, denn Reisen war immer noch lebensgefährlich. Aber das Einzige, was ihn auf dieser Reise bedroht, ist »eines der schlimmsten Wanzenabenteuer«. Und das im blitzblanken Stuttgart! Im Gepäck führt der Abenteurer altersgemäß »ein wollenes Nachtwestchen«, »warme Pantoffeln«, (nur!) »vier Paar Unterhosen«, »drei Mützen« und vieles mehr. Wieder überprüft er auf der Reise, wie er sich weiterentwickelt hat. Er fährt dieselbe Route ab, diesmal mit einem Schreiber namens

Geist, der notiert, was Goethe diktiert, und mit dem Kunsthistoriker Heinrich Meyer. Eigentlich wollte er wieder nach Italien, aber dort herrscht Krieg. Es ist das Jahr 1797. Er hat die italienischen Reisen hinter sich, sich von Frau von Stein getrennt, mit Christiane Vulpius eine »kleine unheilige Familie« gegründet und eine intensive Arbeitsgemeinschaft mit Schiller begonnen. Er ist ein anderer – in vieler Hinsicht.

Der Rheinfall fasziniert ihn diesmal noch mehr. Er lässt sich ganz nah an den Wasserfall heranrudern und Schiller sofort wissen, dass der Vers aus der Ballade »Der Taucher«, »Es wallet und siedet und brauset und zischt«, exakt mit der Realität übereinstimme. Schiller musste das erst gar nicht mit eigenen Augen sehen, er wusste es auch so.

Goethe fährt nach Zürich, macht aber einen großen Bogen um Lavater, den er als religiösen Fanatiker von der Liste seiner Freunde gestrichen hat. Er besteigt wieder den Gotthard. Statt der Eisgletscher nimmt er jetzt vor allem Steine, Steine und noch mal Steine wahr.

> Glimmerschiefer mit vielem und schönem Quarz. Den ersten Schnee neben uns. Schöner, breiter, gleichförmiger Wasserfall, Glimmerschieferplatten stürzen gegen den Berg ein, über die dann das Wasser hinüberströmen muss. Schöne Sonne, kahles, leeres Tal, abhängige abgewitterte Seiten. Ungeheure, ganz glatte Wände des blättrigen Granites. Große Massen, Platten und Blöcke desselben Gesteines. Wasserfall. Ganz heiterer Himmel. Wir nahten uns nach und nach dem Gipfel. Moor, Glimmersand, Schnee. Alles quillt um einen herum. Seen. Ich fand den Pater Lorenz noch so munter und guten Mutes als vor zwanzig Jahren.

Der einst magische Berg, der Höhepunkt der Reisen, ist zu einem stenogrammartigen Lehrbucheintrag verkümmert, in seine anatomischen Einzelteile zerlegt. Ein »Journal eines Forschungsreisenden« nennt Muschg diese Aufzeichnungen. Und eine Goethe-Forscherin nennt ihn einen »unbewegten, sachlich-nüchternen Goethe«. »Es war ein schöner

Moment«, heißt es jetzt, wo früher überschwänglich und euphorisch erlebt wurde. Differenziert wird er nur bei den Begriffen der Gesteinskunde. Was noch auffällt, ist, dass Goethe nie jammert, von Strapazen nie die Rede ist, dabei müssen die Wanderer oft ganz schön geächzt und gestöhnt haben. »Gelassen« nennt Goethe seinen Reisestil. Und deswegen gelinge ihm das Reisen endlich, wie er Herzog Carl August am 11. September 1797 wissen lässt: »Durch die Gelassenheit, womit ich meinen Weg mache, lerne ich, freilich etwas spat, noch reisen.« Schiller teilt er das so mit:

> Ich erinnerte mich des Effekts, den diese Gegenstände vor zwanzig Jahren auf mich gemacht; der Eindruck war im ganzen geblieben, die Teile waren erloschen, und ich fühlte ein wundersames Verlangen, jene Erfahrungen zu wiederholen und zu rektifizieren. Ich war ein anderer Mensch geworden, und also mussten mir die Gegenstände auch anders erscheinen.

Wird hier nicht auch ein Verlust der Gefühlsintensität bedauert und sachlich durch das Älterwerden erklärt?

Wer aber denkt, dass Goethe mit 50 Jahren nur noch ein abgeklärter Langweiler war, der bloß mit Forscherblick die Umwelt auf Stein und Wasser abklopft, täuscht sich. In den Briefen an Christiane und an Schiller spricht ein anderer. An Christiane schreibt er nach Weimar:

> Denke meiner und mache nicht zu viel Äugelchen, am besten wäre es du machtest gar keine, denn es ist auch mir auf der ganzen Reise noch kein einziges vorgekommen. Dagegen wird nur an dich gedacht und ein schönes Musselin-Kleid ist im Handel.

»Äugelchen machen« nannten die beiden Flirten, mit anderen natürlich! Ein Musselin-Kleid hat der Geheimrat für sie ausgesucht; er lässt sich also nicht lumpen. Am 30. Oktober 1779 heißt es weiter:

> Ich kann aber auch wohl sagen, daß ich nur um Deinet- und des Kleinen willen zurückgehe. Ihr allein bedürft meiner, die übrige Welt kann mich entbehren.

Goethe kauft jede Menge Mineralien, die er seit einiger Zeit sammelt. Er ordnet, katalogisiert, systematisiert; er sitzt fest im Sattel, nichts kann ihn erschüttern:

> Der Stoff inkommodiert mich nicht, weil ich ihn gleich zu ordnen oder zu verarbeiten weiß, und ich fühle mehr Freiheit als jemals, mannigfaltige Formen zu wählen um das Verarbeitete für mich oder andere darzustellen,

heißt es an Schiller.

Es scheint so, als würde ihn nichts mehr aus dem Takt bringen, wie noch auf der zweiten Reise, auf der immer wieder Gefährdungen, Erschütterungen, Abstürze vor seinem Auge auftauchten, wie das Bild vom »Aus-dem-Sattel-Fallen« zeigt.

Für Schiller, der selten und fast nur gezwungenermaßen auf Reisen ging, definiert er, was Reisen für ihn bedeutet:

> Die Reise gleicht einem Spiel; es ist immer Gewinn und Verlust dabei, und meist von der unerwarteten Seite, (...) man kann ungestraft eine Weile hinschlendern, und dann ist man wieder genötigt sich einen Augenblick zusammenzunehmen. Für Naturen wie die meine, die sich gerne festsetzen und die Dinge festhalten, ist eine Reise unschätzbar, sie belebt, berichtigt, belehrt und bildet.

»Und frei sollen die Schweizer sein?«

Goethe, anscheinend abgeklärt und auf festem Boden, mit den Gesetzen der klassischen Ästhetik im Gepäck, muss sich auf dieser Reise weder finden noch erfinden. Er muss die

Umwelt nicht mehr magisch aufladen, um sich selbst auszuloten. Deshalb können die Dinge so sein, wie sie »für sich« sind. Auch die Schweiz. Schon 1796, ein Jahr vor der letzten Reise dorthin, hat er sich die Dinge von der Seele geschrieben, die er bisher offensichtlich lieber ausgeblendet hat. Die lädt er nach bekannter Manier wieder dem armen Werther auf. Dazu erfindet Goethe einen fiktiven Nachlass Werthers, der Briefe von einer Reise durch die Schweiz enthält, die er bereist hatte, bevor er Lotte kennenlernte. Goethe veröffentlicht diese Briefe erstmals 1808 als »Briefe aus der Schweiz – erste Abteilung«.

> Frei wären die Schweizer? Frei diese wohlhabenden Bürger in den verschlossenen Städten? Frei diese armen Teufel an ihren Klippen und Felsen? Was man dem Menschen nicht alles weiß machen kann! besonders wenn man so ein altes Märchen in Spiritus aufbewahrt. Sie machten sich einmal von einem Tyrannen los und konnten sich in einem Augenblick frei denken; nun erschuf ihnen die liebe Sonne aus dem Aas des Unterdrückers einen Schwarm von kleinen Tyrannen durch eine sonderbare Wiedergeburt; nun erzählen sie das alte Märchen immer fort, man hört bis zum Überdruß: sie hätten sich einmal frei gemacht und wären frei geblieben; und nun sitzen sie hinter ihren Mauern, eingefangen in ihren Gewohnheiten und Gesetzen, ihren Fraubasereien und Philistereien, und da draußen auf den Felsen ist auch wohl der Mühe wert von Freiheit zu reden, wenn man das halbe Jahr vom Schnee wie ein Murmeltier gefangen gehalten wird.

Die Erotik der Berge ist für den 50-Jährigen dahin, die Idealisierung eines Landes in ihr Gegenteil verkehrt. Bald bricht er jedoch Werthers Negativreport ab, angeblich hätten die Schweizer vehement protestiert. Goethe selbst äußert sich viel später Eckermann gegenüber über seine Schweizer Reisen so: »Wo ich die unnützen Reisen in die Schweiz tat, da man glaubte, es sei was Großes getan, wenn man Berge erklettert und angestaunt hatte.« Schämt sich der Alte, dass er einmal so begeisterungsfähig war? Vielleicht ist es aber auch nur eines der vielen Beispiele für die Widersprüchlichkeiten in Goethes Aussagen. Und damit eben ein Zeichen für seine Veränderungsfähigkeit im Laufe seines langen Lebens:

»Ein Mann, der länger gelebt, ist verschiedene Epochen durchgegangen; er stimmt vielleicht nicht immer mit sich selbst überein«, rechtfertigt er sich. Er hat's natürlich selber gemerkt, dass er über die Jahre oft anders von den Dingen dachte.

VI.

»Wo mich Götter und Menschen nicht gesucht hätten«
Vom Zauber des Brocken

Christiana Engelmann

Brocken *der*, höchste Erhebung des Harzes, im Nationalpark Hochharz, (...) geologisch ein Granitstock, bis 1141 m ü. M. (...) durch seine weit nach Norden vorgeschobene Lage ist der B. NW-Winden stark ausgesetzt, die den Baumwuchs hemmen und hohe Niederschläge bringen. (...) Auf der kahlen Gipfelfläche, die von Granitblöcken und von zu Grus (»Hexensand«) verwittertem Granit bedeckt ist, befinden sich funktechn. Anlagen der Telecom, Wetterstation, B.-Garten (Hochgebirgs- und subpolare Pflanzen) und das B.-Museum. – Der B. (volkstümlich Blocksberg gen.) ist Schauplatz zahlr. Volkssagen (Walpurgisnacht). (vgl. www.brockhaus.de)

»Ich wünschte den Brocken zu besteigen«

Wer wollte schon gern auf den Brocken bei Wind und Wetter? Selbst die abgebrühtesten Hexen feierten nur in lauen Mittsommernächten auf dem »Blocksberg«. Anders Goethe. Für nicht ganz bei Trost hielten ihn die Einheimischen, als er Anfang Dezember dringend jemanden suchte, der ihn hinaufbegleitete. Er fand ihn und erreichte am 10. Dezember 1777 den Gipfel, wo ihn »Götter und Menschen nicht gesucht hätten«.

An Frau von Stein schreibt er noch am selben Abend:

> Ich will Ihnen entdecken: sagen Sie's niemand: dass meine Reise auf den Harz war, dass ich wünschte den Brocken zu besteigen, und nun liebste, bin ich heut oben gewesen, ganz natürlich, ob mirs schon seit 8 Tagen alle Menschen als unmöglich versichern.

Eigentlich hätte Goethe mit dem Herzog ganz in der Nähe Wildschweine jagen sollen, aber er hatte sich beurlauben lassen. Er wolle sich zunächst die Bergwerke der Gegend genauer anschauen und dann erst der Jagdgesellschaft folgen. Das tat er auch. In den knapp zwei Wochen dazwischen aber machte der 28-jährige Goethe eine der sonderbarsten Reisen seines Lebens. Inkognito als Landschaftsmaler Johann Wilhelm Weber aus Gotha. 500 Kilometer soll er auf der kurzen Strecke zu Fuß und zu Pferd kreuz und quer zurückgelegt haben. In einer Hymne hat er die Erfahrungen schon während und gleich nach der Reise in Verse gefasst. Die »Harzreise im Winter«, so der Titel, ist das »rätselhafteste« und »geheimnisvollste« Gedicht Goethes, heißt es in der Forschung einstimmig. Er selbst nennt es später »abstrus« und die Reise »bizarr«.

Harzreise im Winter

Harzreise im Winter

I

Dem Geier gleich,
Der auf schweren Morgenwolken
Mit sanftem Fittich ruhend
Nach Beute schaut,
Schwebe mein Lied.

II

Denn ein Gott hat
Jedem seine Bahn
Vorgezeichnet,
Die der Glückliche
Rasch zum freudigen
Ziele rennt;
Wem aber Unglück
Das Herz zusammenzog,
Er sträubt vergebens

Sich gegen die Schranken
Des ehernen Fadens,
Den die doch bittre Schere
Nur einmal löst.

III
In Dickichtsschauer
Drängt sich das rauhe Wild,
Und mit den Sperlingen
Haben längst die Reichen
In ihre Sümpfe sich gesenkt.

IV
Leicht ist's, folgen dem Wagen,
Den Fortuna führt,
Wie der gemächliche Troß
Auf gebesserten Wegen
Hinter des Fürsten Einzug.

V
Aber abseits, wer ist's?
Ins Gebüsch verliert sich sein Pfad,
Hinter ihm schlagen
Die Sträuche zusammen,
Das Gras steht wieder auf,
Die Öde verschlingt ihn.

VI
Ach, wer heilet die Schmerzen
Des, dem Balsam zu Gift ward?
Der sich Menschenhaß
Aus der Fülle der Liebe trank.
Erst verachtet, nun ein Verächter,
Zehrt er heimlich auf
Seinen eignen Wert
In ungnügender Selbstsucht.

VII
Ist auf deinem Psalter,
Vater der Liebe, ein Ton
Seinem Ohre vernehmlich,
So erquicke sein Herz!

Öffne den umwölkten Blick
Über die tausend Quellen
Neben dem Durstenden
In der Wüste!

VIII
Der du der Freuden viel schaffst,
Jedem ein überfließend Maß,
Segne die Brüder der Jagd
Auf der Fährte des Wilds
Mit jugendlichem Übermut
Fröhlicher Mordsucht,
Späte Rächer des Unbills,
Dem schon Jahre vergeblich
Wehrt mit Knütteln der Bauer.

IX
Aber den Einsamen hüll'
In deine Goldwolken,
Umgib mit Wintergrün,
Bis die Rose wieder heranreift,
Die feuchten Haare,
O Liebe, deines Dichters!

X
Mit der dämmernden Fackel
Leuchtest du ihm
Durch die Furten bei Nacht,
Über grundlose Wege
Auf öden Gefilden,
Mit dem tausendfarbigen Morgen
Lachst du ins Herz ihm;
Mit dem beizenden Sturm
Trägst du ihn hoch empor.
Winterströme stürzen vom Felsen
In seine Psalmen,
Und Altar des lieblichsten Danks
Wird ihm des gefürchteten Gipfels
Schneebehangner Scheitel,
Den mit Geisterreihen
Kränzten ahnende Völker.

XI
Du stehst mit unerforschtem Busen
Geheimnisvoll-offenbar
Über der erstaunten Welt
Und schaust aus Wolken
Auf ihre Reiche und Herrlichkeit,
Die du aus den Adern deiner Brüder
Neben dir wässerst.

Es ist kein Wunder, dass die »Harzreise« immer wieder zu neuen Interpretationen anregt. Sie ist reizvoll, weil rätselhaft und sperrig. Aber vor allem, weil diesem »lyrischen Reiseprotokoll« eine reale Reise zugrunde liegt, auf der sich Goethe höchst sonderbar verhalten hat. In fünf unterschiedlichen Texten – zu unterschiedlichen Lebzeiten – hat Goethe sich mit dieser Reise beschäftigt: im Gedicht selbst, in den Briefen an Frau von Stein, den Tagebucheinträgen noch während der Reise, und gut vierzig Jahre später in einem Exkurs innerhalb des autobiographischen Berichts »Campagne in Frankreich 1792«, entstanden 1820. Und er hat die Interpretation von Karl Ludwig Kannegießer von 1820 mit einem ausführlichen Kommentar beantwortet. Wahrscheinlich weil er meinte, als Schöpfer des Gedichts doch am besten Bescheid zu wissen. Zu den meisten seiner Gedichte hat Goethe sich übrigens nie geäußert. Die Reise muss ihm bis ins hohe Alter nachgegangen sein. Das Gedicht beziehe sich »auf die allerbesondersten Umstände« sagt er und gibt damit eine biographische Lesart vor:

> In meinen biographischen Versuchen würde jene Epoche eine bedeutende Stelle einnehmen. Die Reise ward Ende Novembers 1777 gewagt. Ganz allein, zu Pferde, im drohenden Schnee, unternahm der Dichter ein Abenteuer, das man bizarr nennen könnte, von welchem jedoch die Motive im Gedicht selbst leise angedeutet sind.

Erst in jüngster Zeit haben einige Forscher Goethes Eigeninterpretation, in der er jede Strophe erklärend umschreibt, gegen den Strich gelesen und dabei entdeckt, dass er die im Gedicht »leise« angelegten Spuren in seinen Erklärungen noch mal verwischt. Nicht mit Absicht natürlich. Dass er alleine, inkognito eine Reise und eine riskante Bergbesteigung unternimmt, um etwas Existenzielles zu klären, das begreifen wir als akutes Krisensymptom. Aber dass er vorgeblich einem psychisch Kranken helfen möchte, indem er sich als ein anderer ausgibt, dessen Vertrauen gewinnt und ihn dann sitzen lässt, das gibt zu denken. Der gleichaltrige Friedrich Victor Lebrecht Plessing aus Wernigerode wollte Hilfe von Goethe und nicht von irgendeinem Landschaftsmaler. Aber selbst vierzig Jahre später hält Goethe an diesem altruistischen Motiv fest.

In der Erläuterung zur »Kannegießer-Rezension« fasst er die Reise so zusammen:

> Der Dichter, in doppelter Absicht, ein unmittelbares Anschauen des Bergbaues zu gewinnen und einen jungen, äußerst hypochondrischen Selbstquäler zu besuchen und aufzurichten, bedient sich der Gelegenheit, daß engverbundene Freunde zur Winterjagdlust ausziehn, um sich von ihnen auf kurze Zeit zu trennen. So wie sie die rauhe Witterung nicht achten, unternimmt er nach seiner Seite hin jenen einsamen wunderlichen Ritt. Es glückt ihm nicht nur, seine Wünsche erfüllt zu sehen, sondern auch durch eine ganz eigene Reihe von Anlässen, Wanderungen und Zufälligkeiten auf den beschneiten Brockengipfel zu gelangen. Von dem, was ihm während dieser Zeit durch den Sinn gezogen, schreibt er zuletzt kurz, fragmentarisch, geheimnisvoll, im Sinn und Ton des ganzen Unternehmens, kaum geregelte rhythmische Zeilen.

Nicht aus Gedächtnisschwäche oder strategischer Absicht etwa hat er sich noch gut 40 Jahre später im Motiv der Reise getäuscht, das Inkognito verschwiegen und den Besuch bei Plessing als Hilfsaktion ausgegeben. Sicher hat er auch schon beim Entschluss zur Reise geglaubt, dass er den jungen »Selbstquäler« besucht, um ihn »aufzurichten«. Goethe hatte immer ein unerschütterlich positives Selbstbild, und dazu passt dieses ehrenwerte Motiv am besten. Dass er nicht als Menschenfreund und passionierter Bergsteiger unterwegs war, sondern aus anderen, ureigensten Beweggründen, muss er dennoch geahnt haben. Dass ihn etwas ganz anderes umtrieb, ist im Gedicht mit seinen »kaum geregelten rhythmischen Zeilen« und in den »tieferen Schichten« der Psyche seines Verfassers zu lesen.

Was genau also steht in der Hymne? In Ansätzen erst einmal der Reiseverlauf: Der »Geier«, der schon im ersten Vers erwähnt wird, ist Goethe auf seinem Ritt aufgefallen. Er hat ihn hoch in den Schneewolken kreisen sehen, notiert er am ersten Tag in sein Tagebuch. Trotzdem ist es merkwürdig, das eigene Gedicht mit dem Flug eines Geiers, immerhin ein Raubvogel und Aasfresser, zu vergleichen.

Die zweite Strophe reflektiert die Alternativen, die das Leben bietet, nämlich die Bahn der Glücklichen und die der Unglücklichen. Den Ersteren, wen wundert's, ist ein günstiges Schicksal beschert, die anderen haben keine Chance. Ein Beweis, so die Forscher, für Goethes Schicksalsgläubigkeit in jenen Jahren. Goethe interpretiert diese Strophe optimistisch und zu seinen Gunsten: »Der Dichter gedenkt seines bisherigen Lebensganges, den er glücklich nennen, dem er den schönsten Erfolg versprechen darf.« So erinnert sich der alte Goethe.

Die nächste Strophe handelt von einer trostlosen Landschaft mit Tieren in ihrem winterlichen Unterschlupf. Der Reisende befindet sich vielleicht auf halber Höhe des Berges. Irritierend sind hier die »Reichen«, die sich »in ihre Sümpfe gesenkt« haben. Goethe interpretiert die Verse so: »Unser Reisender hat alle Bequemlichkeiten zurückgelassen und verachtet die Städter, deren Zustand er gleichnisweise schmählich herabsetzt.« Eine höchst sonderbare Idee!

Die nächste Strophe greift die Bahn der »Glücklichen« wieder auf, die auch auf den realen Straßen besser vorankommen.

Gehen wir jetzt davon aus, dass die Frage im ersten Vers der folgenden fünften Strophe »Aber abseits, wer ist's?« eine echte Frage und keine rhetorische ist. Wer ist der Unglückliche, den »die Öde verschlingt« und für den das lyrische Ich beim »Vater der Liebe« innig um Hilfe bittet? Das kann nur Plessing sein, der »hypochondrische Selbstquäler«, der Goethe am Herzen liegt, meinten früher einstimmig die Experten und bestätigen damit Goethes Lesart. Der erklärt die Verse nämlich so: »Das Bild des einsamen, menschen- und lebensfeindlichen Jünglings kommt ihm wieder in den Sinn, er malt sich's aus.« Zweideutiges im Gedicht macht er rückblickend eindeutig.

Und wie lautet die Therapie, die Goethe als Maler Weber beim Abschied dem verzweifelten Plessing nahelegt? Laut Bericht in der »Campagne« habe er ihm gesagt: »Man werde sich aus einem schmerzlichen, selbstquälerischen, düstern Seelenzustande nur durch Naturbeschauung und herzliche Teilnahme an der äußern Welt retten und befreien. Schon die allgemeinste Bekanntschaft mit der Natur, gleichviel von welcher Seite, ein tätiges Eingreifen, ziehe uns von uns selbst ab.« Er sagt's, verschwindet und steigt auf den nächsten Berg. Im Gedicht poetisiert er seinen Vorschlag in einer biblisch klingenden Bitte: »Öffne den umwölkten Blick/Über die tausend Quellen/Neben dem Durstenden/In der Wüste.«

Dass er einen Doppelgänger in Plessing ahnt, zeigen die Veränderungen, die er bereits vor der ersten Veröffentlichung der »Harzreise« (1789) im vierten Vers dieser siebten Strophe vornimmt: »Dies Herz« ersetzt er durch »sein Herz« und tilgt auch im Gedicht die ursprüngliche Doppeldeutigkeit. »Dies Herz« könnte auch das Herz des Reisenden, also Goethes, meinen; »sein Herz« dagegen bezieht sich eindeutig auf den unglücklichen anderen.

In der achten Strophe denkt der Reisende an die Jagdgesellschaft, der er den Rücken gekehrt hat, und bittet um Jägerglück bei der Bekämpfung der damals herrschenden

Wildschweinplage, die den Bauern über Jahre die Ernte vernichtet hat. Das verstehen wir als Verbeugung vor seinem Herzog!

In der neunten Strophe gibt sich der Dichter als »Einsamer« zu erkennen, der jetzt für sich selbst etwas ersehnt, nämlich eine Auszeichnung mit »Wintergrün«, dem Lorbeerkranz des Dichters. Dieser »Einsame« gehört, obwohl einsam, zu den »Glücklichen«, denn er wünscht sich in »Goldwolken« gehüllt, und die »Rose« verweist auf Aphrodite, und damit auf gesellige Lebensfreude. Goethe interpretiert diese Strophe so: »Nun aber kehrt er zu sich selbst zurück, betrachtet seinen bedenklichen Zustand und ruft der Liebe, ihm zur Seite zu bleiben.« Hier klingt an, dass sich der Reisende auf schwankendem Boden befindet und vielleicht auch an seine Geliebte, Charlotte von Stein, denkt.

In der zehnten und vorletzten Strophe dankt der Gipfelstürmer für die Hilfe, die ihm ein »du« beim gefährlichen Aufstieg geleistet hat. Der Reisende hat den sagenumwobenen, »gefürchteten Gipfel« erreicht, der jetzt zum Ort euphorischer Danksagung wird.

In der letzten Strophe gibt das zweimalige »du« Rätsel auf. Wer ist gemeint? Spricht der glückliche Dichter zum Brocken, der auf die Welt herunterschaut und auf die kleineren Berge rundherum, die »Brüder«. Oder spricht er von seinem eigenen »Gipfelblick«, den er in biblisch hohem Ton feiert, nach dem lebensgefährlichen Aufstieg, der dem »Glückskind« gelungen ist? In diesem Weit- und Überblick klingt auch das Bild vom Höhenflug des Geiers von der ersten Strophe wieder an. Es könnten also mit diesem »du« sowohl das dichterische Ich als auch die göttliche Instanz gemeint sein; der Dichter befindet sich in unmittelbarer Nähe der Götter, im Zwischenreich zwischen Himmel und Erde. Er, als Auserwählter und »Götterliebling«, empfängt die göttlichen Botschaften und gibt sie den Menschen weiter, als Gelenkstelle zwischen Gott und den Menschen. Das entspräche auch dem dichterischen Selbstverständnis jener Zeit. Goethes Kommentar zu dieser Strophe lautet völlig anders: »Hier ist leise auf den Bergbau gedeutet. Der unerforschte Busen des Hauptgipfels wird den Adern seiner Brüder entgegengesetzt. Die Metalladern sind gemeint, aus welchen die Reiche der Welt und ihre Herrlichkeit gewässert werden.« Ein nüchterner und völlig unpassender Kommentar. Ganz im Gegensatz zu Goethes Erklärungen, die das »Geheimnisvolle« der Hymne eher verdunkeln, ist es der jüngsten Forschung gelungen, dieses teilweise zu entschlüsseln. Und wenn der späte Goethe auch nur seine Tagebuch-Aufzeichnungen und Briefe an Charlotte von Stein nachgelesen hätte, dann wäre seine Selbstinterpretation sicher anders ausgefallen. So sind nämlich die Germanisten vorgegangen, die diese unmittelbaren Zeugnisse mit dem Gedicht und den späteren Erklärungen Goethes im Vergleich gelesen haben.

So schreibt er beispielsweise drei Tage nach dem Aufbruch zur Harzreise in einem Brief an Charlotte von Stein:

> Es wird mir gut tun, fremde Luft einzuatmen und mein Verhältnis von weitem zu betrachten. Die Existenzen fremder Menschen sind der beste Spiegel, worin wir die unsrige erkennen können.

Das Bedrohliche eines Spiegelbildes könne man nur durch eine Verkleidung abwehren. So hat Goethe schon früher einmal seine Verkleidungslust erklärt. Und Plessing sucht er als ein anderer auf. An Charlotte von Stein heißt es am 9. Dezember 1777:

> Wenn ich so allein bin, erkenn ich mich recht wieder wie ich in meiner Jugend war, da ich so ganz allein unter der Welt umhertrieb (...) da war ich elend, genagt, gedrückt, verstümmelt.

Hier reitet keiner durch den Harz, der gleichsam vom »hohen Ross« einem leidenden Menschen Ratschläge erteilen könnte. Im Brief nennt er den Besuch bei Plessing ein »schön« bestandenes »Abenteuer«.

»Welchen Körper sich ein so wunderlicher Geist gebildet habe«

Friedrich Victor Lebrecht Plessing, ein hochbegabter, gleichaltriger Philosoph und Theologe – ohne Abschluss – aus Wernigerode, einem Dorf zwischen Weimar und dem Brocken, hatte sich in größter Verzweiflung zweimal schriftlich an Goethe gewandt. Briefe von Verzweifelten waren für ihn keine Seltenheit, aber die von Plessing »fast das wunderbarste was [mir] in jener selbstquälerischen Art vor Augen gekommen« ist. Als Verfasser des »Werther« sahen ihn viele als Experten für Weltschmerz und Selbstmordgedanken. Das war er zwar, aber Goethe glaubte, die »damals herrschende Empfindsamkeits-Krankheit« selbst überwunden zu haben, und wollte damit nichts mehr zu tun haben oder reagierte bestenfalls ambivalent auf Hilfesuchende.

Wie in Plessings Fall: »All seine wiederholten zudringlichen Äußerungen waren anziehend und abstoßend zugleich, daß . . . die Neugier rege ward, welchen Körper sich ein so wunderlicher Geist gebildet habe«. So erklärt sich Goethe seinen Entschluss, Plessing auf dem Weg zum Brocken aufzusuchen, ohne sich allerdings zu erkennen zu geben. Hinter der Maske eines anderen fällt es ihm leichter, sich die psychischen Leiden und Erwartungen Plessings vom Leib zu halten. Er lässt sich von Plessing die Briefe vorlesen, die er ja schon kennt, kündigt einen weiteren Besuch am nächsten Tag an und sucht so schnell wie möglich das Weite.

Einen Verzweifelten so hinters Licht zu führen ist tatsächlich keine charakterliche Glanzleistung. Aber immerhin hat Goethe in (s)einen Abgrund geschaut, gleichsam hinter einem schützenden Vorhang hervor. In die äußeren Abgründe, das wissen wir schon von seinen Schweizer Reisen, konnte er leibhaftig und ohne Verkleidung schauen.

Dass Goethe nach der Flucht aus Wernigerode alles daransetzt, auf den Brocken zu gelangen, deutet das Ausmaß seiner existenziellen Not an. Am Tag der erfolgreichen Besteigung schreibt er an Frau von Stein:

> Liebe Frau. Mit mir verfährt Gott wie mit seinen alten heiligen und ich weis nicht, woher mir's kommt. Wenn ich zum Befestigungs Zeichen bitte dass möge das Fell trocken seyn und die Tenne nass so ists so, und umgekehrt auch, und mehr als alles die übermütterliche Leitung zu meinen Wünschen. Das Ziel meines Verlangens ist erreicht, es hängt an vielen Fäden, und viele Fäden hingen davon, Sie wissen, wie symbolisch mein Daseyn ist.

Er hat also bei einer übernatürlichen Instanz, bei den »Göttern« um ein »Befestigungszeichen« gebeten. In der Antwort auf Kannegießers Rezension heißt es zur selben Situation:

> Ich stand wirklich am siebenten Dezember in der Mittagsstunde, grenzenlosen Schnee überschauend, auf dem Gipfel des Brockens, zwischen jenen ahnungsvollen Granitklippen, über mir den vollkommen klarsten Himmel, von welchem herab die Sonne gewaltsam brannte, so daß in der Wolle des Überrocks der bekannte branstige Geruch erregt ward. Unter mir sah ich ein unbewegliches Wogenmeer nach allen Seiten die Gegend überdecken und nur durch höhere und tiefere Lage der Wolkenschichten die darunter befindlichen Berge und Täler andeuten.

Wie riecht bloß ein »branstiger« Geruch? Ein eigenartiger Kontrast jedenfalls zum erhabenen Ton der Gipfeleuphorie. Aber vielleicht ist das ein treffendes Beispiel für die Behauptung einiger Goethe-Forscher, des Dichters Kreativität sei grundsätzlich an körperliche Erfahrung gekoppelt. Er habe sich die Werke buchstäblich aus dem Körper geschwitzt.

Den gelungenen Aufstieg deutet Goethe als positives Signal der »Götter«. Sie haben ihn nicht im Stich gelassen und ihm das ersehnte Zeichen gegeben. Er meint jetzt zu wissen, dass er das Werther-/Plessing-Syndrom überwunden, den

Doppelgänger abgehängt hat. Diese Entwicklung spiegelt das Gedicht, wenn in den letzten drei Strophen der Glückliche nach allen Gefahren den Gipfel erreicht und der Unglückliche irgendwo im Dickicht zurückbleibt. Die göttliche Vorsehung hat Goethe in eigener Regie eingefordert, indem er eine riskante Mutprobe inszeniert und bestanden hat.

»Eine starke Wurzel abgehauen«

Wie kommt es aber, dass Goethe schon wieder ein »Befestigungszeichen« braucht? Hat er nicht erst 1775 eine Art therapeutische Reise in die Schweiz unternommen und sich danach für Weimar entschieden? Das ist jetzt gerade zwei Jahre her, und es gibt wieder Alarmzeichen für neue Erschütterungen: Seine Schwester ist im Juni 1777 gestorben, und in einem Brief an seine bewährte Vertraute Auguste Gräfin zu Stolberg stehen die viel zitierten Verse:

> Alles gaben Götter die unendlichen/Ihren Lieblingen ganz/Alle Freuden die unendlichen/Alle Schmerzen die unendlichen ganz/... und das bewahrheitet sich täglich an mir.

Zwei Wochen vor dem Aufbruch in den Harz schreibt Goethe seiner Mutter nach Frankfurt:

> Mit meiner Schwester ist mir so eine starcke Wurzel, die mich an der Erde hielt, abgehauen worden, dass die Äste, von oben, die davon Nahrung hatten auch absterben müssen.

Der Eintrag im Tagebuch am selben Tag, dem 16. November 1777, lautet: »Projekte zur heimlichen Reise«.

Die Anstrengungen der ersten Weimarer Jahre, sein übermäßiger Einsatz müssen Goethe verändert haben. Dem

Weimarer Dichter-Kollegen Christoph Martin Wieland ist das aufgefallen:

> Was für herrliche Stunden und halbe Tage lebt ich mit ihm im ersten Jahre! Nun ist's, als ob in den fatalen Verhältnissen, worin er steckt, ihn sein Genius ganz verlassen hätte; seine Einbildungskraft scheint erloschen; statt der allbelebenden Wärme, die von ihm ausging, ist politischer Frost um ihn her.

Dieser Ministerposten mit den vielen Verantwortlichkeiten hat, so scheint es, auch den Dichter allmählich in ihm ausgelaugt. Vielleicht war die Entscheidung für Weimar auch die falsche. Außer einigen Gedichten und kleineren Werken hat er seit der »Stella« nichts mehr zu Ende gebracht.

Dass er zudem seine Position am Weimarer Hof noch nicht wirklich gefestigt sah, zeigt der abweisende Umgang mit den Freunden aus dem Sturm-und-Drang-Kreis. Einige »Abgestürzte« suchten ihn in Weimar auf, in der Hoffnung, mit seiner Hilfe am Musenhof einen Platz zu finden. Im Berufsleben hatten viele der »Genies« böse versagt. Die Kollegen und Freunde aus Straßburger Zeiten, z. B. Jakob Reinhold Michael Lenz und Maximilian Klinger, erträgt Goethe nicht lange um sich und veranlasst ihre Abreise. Für den hochbegabten Lenz ist der Rauswurf aus Weimar der Anfang vom Ende. Der Psychoanalytiker K. R. Eissler, der Goethe wie einen seiner Patienten analysiert hat, meint, dass er »ein Meister darin [war], sich von Unheil zu befreien«. Er habe viele Krisen durchgemacht und sei immer nur stärker aus ihnen hervorgegangen. Bei Lenz dagegen habe jede Krise seine Lebenskraft geschwächt. Goethe selbst erklärt sein abweisendes Verhalten später so:

> Ich hatte mir schon eine Zahl von jungen Männern aufgebürdet, die, anstatt mit mir auf meinem Wege einer reineren höheren Bildung entgegenzugehen, auf dem ihrigen verharrend sich nicht besser befanden und mich in meinen Fortschritten hinderten.

Auch Plessing zählte er zu diesen »Halb- und Unbeschäftigten«, die seinen Fortschritt nur hemmten. Aber Plessing hat sein Leben noch in die Hand genommen und sich als Professor für Philosophie etabliert. Er hat Goethe sogar einige Male in Weimar besucht und soll gar nicht überrascht gewesen sein, in diesem auch den nächtlichen Gast von damals erkannt zu haben. Aber auf eine Freundschaft wollte sich Goethe nicht einlassen.

»Da vom Schicksal beschädigt, wo ich begünstigt bin«

Wie erklärt die jüngste Forschung die Hymne weiter? Für Carsten Rohde beispielsweise ist zum Verständnis der »Harzreise« ausschlaggebend, dass Goethe in den ersten Weimarer Jahren in einem konstanten Dialog mit den »Göttern« stand. Er habe an eine übergeordnete Schicksalsmacht geglaubt und sich in krisenhaften Situationen immer wieder rückversichert, was denn seine »Bahn« im Leben sei. Das drückt die zweite Strophe auch aus. Später, nach der Lektüre des Philosophen Baruch Spinoza, hat er die »Bauchrednerei«, wie Rohde es nennt, eingestellt und in der Natur eine ganz andere Gesprächspartnerin gefunden (s. Kap. IX, XIII).

Das häufige Sichspiegeln in Lebensläufen von Unglücklichen gehöre zur Suche nach seiner Bestimmung: »Die Spiegelung in unglücklichen Schicksalen war Symptom der Krise, in der sich das eigene Leben befand, weil er sich seiner Bestimmung nicht sicher war«, schreibt Rohde. Andere Forscher gehen mit Goethes Umgang mit Schwächeren härter ins Gericht. So habe Goethe einen »Gewinn aus Jerusalems Tod« gezogen. Karl Wilhelm Jerusalems Fall nahm Goethe als Vorlage für seinen »Werther«. »Mit grausamer Wonne genoss der Dichter das Unglück, das er darstellte, in mitleidloser Freude hatte die literarische Phantasie an dem Untergang des anderen teil«, verurteilt Jochen Schütze Goethes literarische Verwertung dieses Schicksals. Jerusalem hatte Selbstmord begangen, weil er beruflich und in einer Liebesbeziehung gescheitert war. Auch die so häufig in Goethes Texten angelegten Kontrastfiguren wie Antonio und Tasso im »Tasso«, Eduard und der Hauptmann in den »Wahlverwandtschaften« oder eben Albert und Werther im »Werther« verkörpern den inneren Konflikt ihres Urhebers (s. Kap. IV).

Während ihm Lenz, Klinger und Plessing in der krisenhaften Phase der ersten Jahre in Weimar höchst bedrohlich waren, charakterisiert Goethe dagegen seinen Kollegen Karl Philipp Moritz, den Autor des unglücklichen »Anton Reiser«, zu dem er Jahre später in Rom eine enge Beziehung knüpft, geradezu liebevoll: »Er ist wie ein jüngerer Bruder von mir, von derselben Art, nur da vom Schicksal verwahrlost und beschädigt, wo ich begünstigt und vorgezogen bin.«

Für Goethe muss es lebenswichtig gewesen sein, sich immer wieder zu beweisen, dass er der privilegierte Stärkere, der »Götterliebling« ist. Aber die Möglichkeit abzustürzen und zu scheitern bildete gleichsam einen »dunklen Kontrapunkt« in seinem Leben und Werk.

Eine erfolgreiche Bergbesteigung und ein Gipfeltreffen mit den »Göttern« also konnten psychische Abstürze durch die Erfahrung ganz realer Absturzgefahren abwenden. Die »Harzreise im Winter« ist gleichsam ein Protokoll dieses Selbstvergewisserungsprozesses. Von dem sonderbaren Ausflug kehrt er überzeugt davon zurück, dass er von einem wohlwollenden Schicksal freundlich geleitet werde. Goethes Leben sei, so ein Forscher, ein »permanenter Versuch therapeutischer Selbstermutigung« gewesen.

Bevor Goethe seine eigene Deutung des Gedichts mit dem Titel »Über Goethes Harzreise im Winter« 1821 veröffentlicht, bittet er seinen Freund Riemer, das Manuskript Korrektur zu lesen. Das ist nichts Außergewöhnliches, aber das Begleitschreiben macht stutzig:

> Wenn Sie Beikommendes durchzusehen geneigt sind, so wollte besonders ersuchen aufzumerken, ob meine Enthüllung der damaligen Zustände bis auf einen gewissen Grad hinreicht. Teils um das Gedicht nicht zur Prosa herunter zu ziehen, möcht ich sie nicht deutlicher aussprechen, sodann dürft es auch wohl nicht der Ort sein, hierin weiter zu gehen.

Was eine weitere »Enthüllung« genau bedeutet hätte, können wir genauso wenig wissen, wie welche Frage genau der Bergsteiger dem Orakel gestellt hat. Verschiedenes ist mehr oder weniger plausibel gemutmaßt worden. Vor allem aber kreist es immer wieder um die Frage nach der »Bestimmung« im Leben, um die richtige Lebensbahn. Ob er zum Dichter oder Politiker oder zu beidem bestimmt sei. Dass Goethe seine Bestimmung immer als Dichter sah, ist für Rohde klar. Deshalb könnte die Frage nur gewesen sein, ob er noch einmal ein »Dichter für die ganze Nation« sein würde, wie mit dem »Werther« beispielsweise. Das und nichts weniger habe Goethe sich zum Ziel gesetzt und wissen wollen. Alles andere hätte Misserfolg und Scheitern bedeutet. Daher die erste Strophe, in der der Dichter aus der Vogelperspektive alles überblickt und sich dann in der neunten Strophe durch eine »Dichterweihe« selbst vergewissert. Das würde das mehrdeutige »du« in der letzten Strophe auch bestätigen. Aber bis er ein solches Werk »für die ganze Nation« wieder schreiben sollte, musste Goethe noch eine Reise unternehmen, um in weiteren »Häutungen« zum Dichter der Klassik zu werden (s. Kap. IX).

»Mein Zerebralsystem müßte ganz umorganisiert werden«

Die Besteigung des Brockens hat sich übrigens für Goethe mehrfach gelohnt. Der Gipfel war nicht nur Schauplatz seines Bergsteigerglücks, eines Bergsteigerrekords und einer Begegnung mit den »Göttern«, sondern auch mit seinem »Lieblingsgestein«, dem Granit, der ihm ein »Fundamentgefühl« für sein »unruhiges Herz« gegeben hat. Der widrige Berg gelangt auch in die hohe Literatur als Ort der Walpurgisnacht in »Faust I«. Aber auch die Idee zur »Farbenlehre«, die er sein Hauptwerk nennt, soll ihm beim Abstieg gekommen sein:

> Die herrliche Erscheinung farbiger Schatten, bei untergehender Sonne, ist in meinem Entwurf der Farbenlehre im 75. Paragraphen umständlich beschrieben.

Auch wählte er den Brocken als Motiv in der berühmten Kohlezeichnung »Der Brocken im Mondlicht«, die vermut-

Brocken im Mondlicht. Zeichnung Goethes, 1777

lich in der Nacht nach der geglückten Besteigung entstanden ist.

Und noch auf einem anderen, wahrlich außergewöhnlichen Bild sollte der Brocken eine Rolle spielen.

Dass Goethe noch in seiner Straßburger Zeit, 1770/71, an Höhenangst litt, scheint kaum mehr wahr zu sein. Damals hat er sich seine Angst verhaltenstherapeutisch durch wiederholtes Besteigen des Münsters, dem damals mit 143 Metern höchsten Gebäude der Welt, eisern ausgetrieben. So als habe er gewusst, dass er sich noch auf weit größere Höhen werde einstellen müssen. Fast täglich wurden damals weltweit neue Gipfel vermessen. 1802 bestieg Goethes Freund Alexander von Humboldt den Chimborasso in Südamerika, der damals als der höchste Berg der Welt galt. Das inspirierte Goethe sofort zu einer Zeichnung, die die bekannten Gebirge der Welt visualisieren sollte. Er nannte das Bild »Höhen der alten und der neuen Welt bildlich verglichen« und stellte es in seiner Mittwochsgesellschaft am 1. April 1807 vor.

Höhen der alten und der neuen Welt. Zeichnung Goethes, 1807

Charlotte von Schiller erinnert ihre Eindrücke des Bildes an diesem Abend so:

> In dieser von Goethe erfundenen Landschaft ist der Brocken wie ein kleiner Hügel im Vordergrund einer Landschaft, und die Berge in der alten Welt, wo die Schneelinie anfängt, sind mit dem Land in Amerika in gleicher Linie, wo die schönste und reichste Kultur ist. Wo bei uns nur noch Gentiana und Moos wächst, sind dort Palmen, und Quito, am Fuß des Chimborasso, liegt auf einer Höhe mit dem Mont Blanc.

Wie liebevoll Charlotte von Schiller die Schwächen des Bildes beschreibt, dessen naiv-kindliche Züge die abergläubischen Seiten des Dichters sympathisch ergänzen. Dass diese Zeichnung noch ein richtiger Erfolg wurde mit zahlreichen Veröffentlichungen und Überarbeitungen, hat Goethe nicht erstaunt. Er hat immer weitere Erklärungen nachgeliefert, wie z. B. diese:

> Um zu bedeuten, daß wir vom Flussbette, ja von der Meeresfläche zu zählen anfingen, ließ ich unten ein Krokodil herausblicken, das zu dem übrigen etwas kolossal geraten sein mag.

Er hätte auch noch anmerken können, dass er die Berge, die er aus »eigener Anschauung« kannte, unverhältnismäßig groß gezeichnet hat, wie etwa die Saumwege und das Hospiz am Gotthardpass und natürlich den Brocken. Die zwei kleinen Strichmännchen am linken und rechten Bildrand sind Horace-Bénédict de Saussure, der als Zweiter den Montblanc bestiegen hat, und Alexander von Humboldt, der vom Chimborasso nach Europa winkt. Als aber 1816 das Himalaja-Gebirge von englischen Ingenieuren vermessen wurde und die höchsten Berge dort fast doppelt so hoch wie der Montblanc waren, war das für den Geheimrat einfach zu viel. Er weigerte sich, die »ungeheuern Gebirge« auf seiner Höhenkarte einzuzeichnen. Nur zur Angabe der Höhenmeter ließ er sich überreden. Margrit Wyder, die die

Geschichte dieser außergewöhnlichen Höhenkarte aufgearbeitet hat, vermutet, dass dies eine »Kapitulation« Goethes angesichts des »Unvorstellbaren« gewesen sei. Ein Jahr vor seinem Tod spricht Goethe das Unfassbare so aus, als liege es am Himalaja-Gebirge, dass er, Goethe, sich diese maßlose Höhe nicht vorstellen konnte oder wollte:

> Daß sich die Himalaja-Gebirge auf 25 000' aus dem Boden gehoben und doch so starr und stolz als wäre nichts geschehen in den Himmel ragen, steht außer den Grenzen meines Kopfes (...) und mein Zerebralsystem müßte ganz umorganisiert werden – was doch schade wäre – wenn sich Räume für diese Wunder finden sollten.

So kam es, dass der Brocken Goethes Lieblingsberg blieb und er sich nicht einmal vorstellen wollte, wie gut sich der Himalaja zum Orakeln eignen würde. Und bei aller Neugier des 81-Jährigen für alles Neue zeigen sich doch Anzeichen von Altersstarrsinn, gepaart mit genuinem Größenwahn, wenn er das eigene »Zerebralsystem« vor die tatsächliche Größe des Himalajas stellt. Von Neurogenese hatte Goethe halt noch keine Ahnung.

Die Harzbewohner von heute haben es ihm gedankt. Ein »Goethe-Wanderweg« führt auf den Brocken, allerdings als »leicht« eingestuft. Dennoch hätte Goethe einen Eintrag in das Guinness-Buch der Rekorde verdient.

Denn die einzigartige Kombination seines Aufstiegs im Dezember 1777 samt Handschlag mit den »Göttern«, einem höchst verzwickten Gedicht und einer Kohlezeichnung danach, die hat bis heute kein Zweiter geschafft. Auch nicht der Brocken-Benno aus Wernigerode, der im November 2006 den »deutschesten aller Gipfel« schon das 4733. Mal bestiegen hat!

VII.

»Der Druck der Geschäfte«
Goethe als Staatsmann

Cornelia Gyárfás

»Ein gar hübscher Reiseplan« – Ziel offen

»Der Druck der Geschäfte ist sehr schön der Seele«, schreibt Goethe am 13. Januar 1779 in sein Tagebuch – erstaunlich, noch im Frühjahr 1774 hat er einen jungen Mann zum Titelhelden eines Romans gemacht, der genau an diesem Druck auf die Seele zerbricht. Aber schon seit 1776 kann sich Goethe »Geheimer Legationsrat« nennen. Der Dichter übernimmt gesellschaftliche und politische Verantwortung, und ob und wie mit diesem Autor (ein) Staat zu machen ist, dafür interessieren sich heute Politikwissenschaftler genauso wie Germanisten.

Im Oktober 1775 wartet Goethe in Frankfurt auf den Kammerjunker von Kalb. Der soll ihn im Auftrag des Herzogs Carl August von Sachsen-Weimar abholen und nach Thüringen begleiten. Aber er kommt nicht:

> Nachdem ich überall Abschied genommen und den Tag meiner Abreise verkündet, sodann aber eilig eingepackt und dabei meiner ungedruckten Schriften nicht vergessen, erwartete ich die Stunde, die den gedachten Freund im neuen Wagen herbeiführen und mich in eine neue Gegend, in neue Verhältnisse bringen sollte. Die Stunde verging, der Tag auch, und da ich, um nicht zweimal Abschied zu nehmen (...) mich seit dem besagten Morgen als abwesend angegeben hatte; so mußte ich mich im Hause, ja in meinem Zimmer still halten.

Zwei Wochen versteckt sich der junge Anwalt und Dichter, niemand, am wenigsten die Exverlobte Lili (s. Kap. V), soll wissen, dass er noch in Frankfurt ist. Er bleibt erstaunlich produktiv im selbst verhängten Hausarrest: Große Teile des Dramas »Egmont« entstehen, Goethe liest dem Vater daraus vor. Irgendwann allerdings ist er die Spielchen leid und nutzt, was an Schwung und Reisefieber übrig ist. Luftigere Kleidung wird eingepackt, und Goethe macht sich auf die seit vielen Jahren geplante Italienreise. Die hatte der Vater auch unternommen, eine Menge Bilder mitgebracht, sogar eine italienische Reisebeschreibung verfasst. Schon lange drängt er den Sohn zur Romreise und hat den »gar hübschen Reiseplan« auch schon fertig. In Heidelberg jedoch holt der verspätete Weimarer Abgesandte Goethe ein. Der ist extrem abergläubisch und sieht überall Schicksalszeichen. Diese weisen jetzt eindeutig nach Osten statt nach Süden, aus der Freien Reichsstadt und Handelsmetropole Frankfurt geht die Reise in das »eng-weite« Weimar der deutschen Provinz.

Da wird man übrigens auch schon nervös: »Auf Goethen warten wir hier sehnlich seit acht bis zehn Tagen, von Tag zu Tag, von Stunde zu Stunde.«

Vater Johann Caspar Goethe hat lange die Fäden gezogen und alles getan, um aus seinem Sohn einen einflussreichen großbürgerlichen Kommunalpolitiker zu machen. Jetzt bleibt er schmollend und enttäuscht zurück, denn Johann Wolfgang Goethe, Bürger der Freien Reichsstadt Frankfurt, ist auf dem besten Weg zum Hofbeamten.

»Regieren!!« – Entscheidung für Weimar

Getroffen haben sich Goethe und sein zukünftiger Chef Carl August bereits mehrfach. Einer der Weimarer Prinzenerzieher, Carl Ludwig von Knebel, als »Headhunter« für den jungen Herzog unterwegs, vermittelt den Kontakt. Der Herzog, vaterlos aufgewachsen und gerade an die Macht gekommen, ist auf der Suche nach anregenden Köpfen für seinen Hof. Er lässt sich die Begegnung mit dem berühmten

Autor Goethe nicht entgehen, auch wenn ihn französische Literatur mehr interessiert und er noch keinen Posten für Goethe hat. Der war zwar mit »Götz von Berlichingen« und »Werther« erfolgreich, aber kaum qualifiziert für ein politisches Amt. Das Jurastudium in Leipzig und Straßburg war eine Last, das Praktikum am Wetzlarer Reichskammergericht eine Liebesgeschichte mit bekannten Folgen (s. Kap. IV), die Anwaltstätigkeit in Frankfurt ungeliebt und fast ganz seinem »geheimen Referendar«, dem Vater, überlassen.

Den Vorstellungstermin im Dezember 1774 besteht Goethe hervorragend. Er ahnt, womit er dem Herrscher über gerade mal 100 000 Untertanen und 2000 Quadratkilometer schmeicheln kann. Er punktet mit Ausführungen zur Staatstheorie und singt ein Loblied auf die vielen unabhängigen größeren und kleineren Staaten in Deutschland. Die garantieren für Goethe Machtbalance und kulturelle Vielfalt. Er misstraut jeder Art von Großmachtgehabe und liebt den konkreten »leibhaftigen« Zugriff auf überschaubare Lebenswelten. Auch ein Grund übrigens, warum er die kleine Schweiz so schätzt. Erlebt doch Goethe die erste große Modernisierungswelle in Europa. Die ist vergleichbar mit unserer heutigen Situation: Die globale Öffnung der Märkte und der Kommunikation bedeutet für viele Menschen *auch*, dass »handgreifliche« Erfahrungen abnehmen. Daraus entsteht ein Bedürfnis nach Abgrenzung, der neue Regionalismus ist nur ein Stichwort. Auch Goethe entscheidet sich durchaus unzeitgemäß für das Kleine und gegen das Große. »Global denken – lokal handeln« könnte seine Devise gewesen sein. Noch wenige Jahre vor seinem Tod sagt er:»Wenn man aber denkt, die Einheit Deutschlands bestehe darin, daß das sehr große Reich eine einzige große Residenz habe, und daß diese ... zum Wohl der großen Masse des Volkes gereiche, so ist man im Irrtum«, und er hätte vermutlich niemals dem Regierungsumzug von Bonn nach Berlin zugestimmt. Dem jungen Herzog des Minifürstentums Sachsen-Weimar jedenfalls dürften die Ohren geklungen haben. Wie schmeichelhaft, will da doch jemand »Weimar« und »Weltrolle« zur Deckung bringen. Goethe beeindruckt: jung, lernfähig und mobil ist der Bestsellerautor und literarische Jungstar, offen und überzeugungsstark, kann eine Menge Sprachen. Neben Grundkenntnissen in Hebräisch, Griechisch und Jiddisch beherrscht Goethe Latein, Italienisch, Englisch und Französisch. Bei einem erneuten Besuch in Frankfurt im Oktober 1775 spricht der Herzog die endgültige Einladung nach Weimar aus.

Zeitgenossen, Freunde und Generationen von Literaturwissenschaftlern haben sich gefragt, was Goethe veranlasst haben mag, dem Ruf des Herzogs zu folgen. Liest man seine Briefe dieser Jahre, fällt die Antwort nicht schwer: Goethe schwimmt. Er hat seinen Weg noch nicht gefunden. Er ist nach wie vor auf der Suche nach dem richtigen Leben und oft verzweifelt über die »Unruhe«, die »in mir stickt« und die er nicht in den Griff bekommt. »Und so träum ich denn und gängle durchs Leben, führe garstige Prozesse schreibe Dramata, und Romanen und dergleichen. Zeichne und poussire und treibe es so geschwind es gehen will«, beschreibt er 1773 Freund Kestner seinen Frankfurter Tagesablauf. »Ich tanze auf dem Drate ... mein Leben so weg!«, heißt es zwei Jahre später an Herder. »Vergängelte ein paar Stunden. Verliebelte ein paar mit einem Mägden ... Fuhr auf dem Wasser selbst auf und nieder ... Spielte ein Paar Stunden Pharao und verträumte ein Paar mit guten Menschen.« Im Rückblick bedauert Goethe die »Zerstückelung meines Wesens« und die mangelnde Bodenhaftung der genialischen Frühzeit:

> Es war noch lange hin bis zu der Zeit, wo ausgesprochen werden konnte: daß Genie diejenige Kraft des Menschen sei, welche, durch Handeln und Tun, Gesetz und Regel gibt. Damals manifestierte sich's

nur, indem es die vorhandenen Gesetze überschritt, die eingeführten Regeln umwarf und sich für grenzenlos erklärte. Daher war es leicht, genialisch zu sein.

»Handeln und Tun« heißt wohl: Verantwortung für einen Kleinstaat und seine Bewohner übernehmen. Und sich damit deutlich abgrenzen von der eigentlich unproduktiven Existenz des Privatiers Johann Caspar Goethe.»Ist doch immer besser als das untätige Leben zu Hause«, sagt der Sohn.»Elender ist nichts, als der behagliche Mensch ohne Arbeit.« Noch Jahrzehnte später dankt er dem Herzog, der »gab mir die Gelegenheit, mich zu entwickeln ... meine Dankbarkeit war ohne Grenzen«. Freund Herder fasst den Vorgang in die schönen Worte:»Du bist dein Schöpfer selbst und dein Geschöpf.« Eine große Herausforderung, Fehler dürfen und sollen dabei gemacht werden, Umwege müssen in Kauf genommen werden, um die eigene »Bestimmung«, wie man es in dieser Zeit nennt, zu finden.

»Was wirds werden, ich hab eben noch viel auszustehen«, berichtet ein ängstlicher Goethe einer Vertrauten. Seiner Mutter schreibt er 1781:

> Wie viel glüklicher war es, mich in ein Verhältniß gesezt zu sehen, dem ich von keiner Seite gewachsen war, wo ich durch manche Fehler des Unbegrifs und der Übereilung mich und andere kennen zu lernen, Gelegenheit genug hatte.

Eine ungewöhnliche Sicht auf den Einstieg ins Berufsleben. Fehler machen, Irrtümer eingestehen, aus Fehlern lernen: Die heute viel beschworene Fehlerkultur wird offensichtlich schon Ende des 18. Jahrhunderts gelebt. Der Start ist nicht reibungslos. Wo Goethe nicht sofort funktioniert, erfährt er eine Menge über sich selbst und seinen Job.»Eine Neugier, die uns auf dem Umweg über die Welt mit uns selbst bekannt macht«, treibt Goethe. So hat es Rüdiger Safranski in seinem Schiller-Buch formuliert, das auch interessante Beobachtungen über Goethe enthält. Eben unter anderem die, dass »Tätigkeit« unser Wissen über die Wirklichkeit vertieft. Den langen Rechtfertigungsbrief richtet Goethe zwar an die Mutter, eigentlicher Adressat aber ist der Vater mit seinen ewigen Vorbehalten gegen die Berufswahl des Sohnes. »Lang bei Hofe, lang bei Höll« war einer von Johann Caspars Sprüchen. Goethe junior ist es leid: »Der Vater mag kochen was er will, ich kann nicht immer darauf antworten, nicht immer die Grillen zurecht legen.«

Innerlich Abschied genommen von Frankfurt und vom Sturm und Drang hat Goethe womöglich schon ein paar Monate früher, als er auf dem Rückweg aus der Schweiz in Straßburg auf den Dichterfreund Lenz wartet und wieder auf den Münsterturm steigt:

> Tausend Menschen ist die Welt ein Raritätenkasten, die Bilder gaukeln vorüber und verschwinden, die Eindrücke bleiben flach und einzeln in der Seele, drum lassen sie sich so leicht durch fremdes Urteil leiten, sie sind willig die Eindrücke anders ordnen, verschieben und ihren Wert auf und ab bestimmen zu lassen.

Da spielt Goethe nicht mehr mit: In Zukunft will er selbst bestimmen, was die Dinge ihm bedeuten, und damit das nicht nur an der Oberfläche bleibt, muss er sich erst mal ganz auf die Realität einlassen. Wohin die Reise geht, weiß er immer noch nicht, auch nicht, dass dabei Lenz auf der Strecke bleiben wird.

Probeweise also Weimar, auch wenn Goethe bereits am 22. Januar 1776 seinem engen Jugendfreund Johann Heinrich Merck gesteht: »ob ich gleich mehr als jemals am Platz bin, das durchaus Scheisige dieser zeitlichen Herrlichkeit zu erkennen.« Zweifel an der Entscheidung bleiben. 1777 wird das Orakel wieder befragt, diesmal beim Aufstieg auf den unwirtlichen Brocken (s. Kap. VI).

Die literarische Öffentlichkeit von 1775 ist nicht begeistert und wirft Goethe den Seitenwechsel vor: Der stürmische Rebell wird Hofbeamter. Tatsächlich geht es Goethe auch um Macht, um die Möglichkeit, einen kleinen Staat und eine überschaubare Gesellschaft zu beeinflussen. Vor allem aber geht es um Selbstbildung. Der Schweizer Schriftsteller Adolf Muschg beschreibt am Ende des 20. Jahrhunderts den Vorgang so: »Er hatte dies und das geschrieben; jetzt endlich verfasste er sich selbst.«

»Wie ein wilder Pursche« – Genieunwesen in Weimar

In der Residenzstadt des kleinen, zerstückelten thüringischen Herzogtums Sachsen-Weimar-Eisenach mit ihren 6000 Einwohnern ist kurz vor Goethes Eintreffen das herzogliche Schloss abgebrannt. Die berühmte und gut ausgestattete Hofbibliothek ist zum Glück verschont geblieben, erst ein Kabelbrand im Jahre 2004 wird ihr zum fast endgültigen Verhängnis. Goethe gerät in eine improvisierte Hofhaltung. Ob er ahnt, dass die ländliche Kleinstadt sein Wohnsitz auf Lebenszeit wird?

Etwas schrill sieht er aus, der junge Anwalt und Dichter mit dem ausgeprägten hessischen Akzent, der hier in Werthertracht aufläuft und durch die Pfützen balanciert. Das regierende Weimar ist zum Glück jung, der Herzog 18 Jahre alt, selbst seine Mutter Anna Amalia, die den berühmten Dichter Christoph Martin Wieland zum Prinzenerzieher gemacht und damit einen Grundstein für den Weimarer »Musenhof« gelegt hatte, erst 36 Jahre alt. Sie ist entzückt von Goethe, auf ihren Abendgesellschaften wird die in Weimar versammelte Literaturszene nicht nur deklamieren, streiten und musizieren, sondern gelegentlich auch

Blinde Kuh und Sackhüpfen spielen. Keine provinzielle oder vertrocknete Runde, sondern interessante und aufgeschlossene Leute, die es mit der Etikette nicht zu genau nehmen.

Politisch haben die kleinen Höfe nicht viel Spielraum, umso mehr Geld wird für die Künste ausgegeben: Oper, Theater, Malerei spielen eine große Rolle. Die kluge Herzogin Anna Amalia, schon mit 18 Jahren Witwe und zweifache Mutter, mit 19 Jahren Regierungschefin, versucht den Spagat zwischen Kulturförderung und vernünftiger Haushaltspolitik. Ihrem Sohn wird das schwerer fallen.

Goethe wirbt zusätzliche Intellektuelle an, etwa seinen Freund Herder, der 1776 als Generalsuperintendent nach Weimar berufen wird. Der beaufsichtigt in diesem Amt Schulen und Kirchen im Herzogtum, ist noch immer griesgrämig und wenig umgänglich, aber begeistert als wortgewaltiger Prediger. Und traut sich was. Von der Kanzel herab kritisiert er seinen Dienstherrn und bietet sonntäglichen Gesprächsstoff in Weimar. Und Goethe? Der geht andere Wege und macht sich als Eventmanager der Hofgesellschaft unentbehrlich. Gemeinsam mit dem Herzog mischt er Weimar auf, und nicht jeder ist amüsiert. Goethe hat Gelegenheit, seine Pubertät nachzuholen. War er doch, als sie eigentlich stattfand, in Leipzig mit Versteckspielen und in Frankfurt mit den frommen Genesungswünschen Katharina von Klettenbergs beschäftigt. »Es geht da schrecklich zu. Der Herzog läuft mit Goethen wie ein wilder Pursche auf den Dörfern herum; er besäuft sich und genießet brüderlich einerlei Mädchen mit ihm.« Gerüchte, die sich erstaunlich schnell überregional verbreiten. Man sorgt sich um den jungen Draufgänger Carl August, denn der »ist sehr schwach von Körper, und sein Vater ist vom Trinken gestorben«. Schon unterstellt man auch Goethe, dass »er sich den ganzen Tag mit Branntwein besöffe«. Aber der wächst monatlich an seinen Aufgaben: Schließlich wird erwartet, dass er eine nur acht Jahre jüngere und vielleicht verschärfte Ausgabe von sich selbst auf die richtige Spur bringt! Der junge Herzog hat es dringend nötig, als Vandalismus würde man sein Benehmen im Beisein Goethes beim Weimarer Verleger Bertuch heute bezeichnen: Carl August »fand einen Roman von Göchhausen, mit dem er sogleich eine Exekution vornahm, Blätter herausriß u. herausbrannte, Tabak hineinstreute ... Endlich hieb u. stach er in die neuen Tapeten, weil dieß verflucht spießbürgerisch sei, daß man die nackten Wände überkleistern wollte.« Andere Vergnügungen sind harmloser. Man veranstaltet Maskenspiele und Feuerwerke, dichtet, singt, jagt, läuft Schlittschuh und badet, auch nachts und nackt, Goethe übrigens zunächst mit Korkwams. Alle haben einen Narren an ihm gefressen, nicht nur der Herzog ist regelrecht verliebt in Goethe, auch Carl Augusts Erzieher Wieland schmilzt dahin und bedauert nur die fehlgeleiteten Energien: »Der Hof oder vielmehr seine Liaison mit dem Herzog verderbt ihm viel Zeit, um die's herzlich schad ist.«

Bald sieht auch Quereinsteiger Goethe seine Aufgabe weniger in der Organisation einer Dauerparty für Schöngeister und geniale Dichterkollegen. 1776 entschließt er sich endgültig zum Bleiben und tritt offiziell in den Weimarer Staatsdienst ein. Sein Titel: Geheimer Legationsrat. Politik und Verwaltung nehmen ihn ziemlich in Anspruch, daneben bleibt er Vertrauter, Freund und Lehrer des jungen Fürsten. »Goethe gilt und dirigiert alles, und jedermann ist mit ihm zufrieden, weil er vielen dient und niemandem schadet«, entnehmen wir einem Brief des Freundes Merck. Neider gibt es genug. Der alte Griesgram Herder wird ein paar Jahre später (1782) schreiben:

> Er ist also jetzt Wirklicher Geheimer Rat, Kammerpräsident, Präsident des Kriegscollegii, Aufseher des Bauwesens bis zum Wegebau hinunter, dabei auch directeur des Plaisirs, Hofpoet, Verfasser von

schönen Festivitäten, Hofopern, Balletts, (...) Direktor der Zeichenakademie, in der er den Winter über Vorlesungen über die Osteologie gehalten hat, selbst überall der erste Akteur, Tänzer, kurzum das fac totum des Weimarischen und, so Gott will, bald der maiordomus sämtlicher Ernestinischer Häuser, bei denen er zur Anbetung umherzieht. Er ist baronisiert und an seinem Geburtstage wird die Standeserhebung erklärt werden. Er ist aus seinem Garten in die Stadt gezogen und macht ein adlig Haus, hält Lesegesellschaften.

Der Pastor scheint eifersüchtig zu sein, doch Goethe selbst sieht sich noch nicht am Ziel. Eine lange Tagebuchnotiz kurz vor seinem 30. Geburtstag im August 1779 zeigt ihn noch immer auf der Suche, noch immer tastend, noch immer unsicher:

> Wie wenig mir davon zu Nutz kommen und da die Hälfte nun des Lebens vorüber ist, wie nun kein Weeg zurück gelegt sondern vielmehr ich nur dastehe wie einer der sich aus dem Wasser rettet und den die Sonne anfängt wohlthätig abzutrocknen. (...) Gott helfe weiter. Und gebe Lichter, dass wir uns nicht selbst so viel im Weege sten. Lasse uns von Morgen zum Abend das gehörige thun und gebe uns klare Begriffe von den Folgen der Dinge.

»Der Vorwitz lockt ihn« –
Goethe und sein Herzog

Noch 1783 schaut Goethe im Gedicht »Ilmenau« voller Zweifel zurück auf seine Arbeit an und für Carl August. Ein Geschenk zum 26. Geburtstag des Herzogs, veröffentlicht wird das Gedicht erst 1815. Goethe spricht ziemlich offen über seinen Chef, verpackt in einen Traum über dessen Jugendjahre. Da ist er unreif, oft schwierig und gelegentlich einfach peinlich. Hier einige Auszüge:

> Gewiß, ihm geben auch die Jahre
> Die rechte Richtung seiner Kraft.
> Noch ist, bei tiefer Neigung für das Wahre,
> Ihm Irrtum eine Leidenschaft.
> Der Vorwitz lockt ihn in die Weite,
> Kein Fels ist ihm zu schroff, kein Steg zu schmal;
> Der Unfall lauert an der Seite
> Und stürzt ihn in den Arm der Qual.
> Dann treibt die schmerzlich überspannte Regung
> Gewaltsam ihn bald da, bald dort hinaus,
> Und von unmutiger Bewegung
> Ruht er unmutig wieder aus.
> Und düster wild an heitern Tagen,
> Unbändig, ohne froh zu sein,
> Schläft er, an Seel' und Leib verwundet und zerschlagen,
> Auf einem harten Lager ein (...)

Seine eigene stürmische Vergangenheit könnte Goethe kaum anders beschreiben. »Die rechte Richtung seiner Kraft« hat Carl August noch nicht gefunden, man ahnt, dass auch noch etwas schiefgehen könnte. Andererseits wird Goethe Jahre später seinem Tagebuch anvertrauen, dass außer dem Herzog »niemand im Wachsen« ist, »die anderen sind fertig wie Dresselpuppen, wo höchstens noch der Anstrich fehlt«. Da ist er wieder, der Werther-Sound. Sich nicht fremdbestimmen lassen, ein Leben lang die eigene Persönlichkeit entwickeln. »Wer kennt sich selbst? wer weiß, was er vermag?/Hat nie der Mutige Verwegnes unternommen?«, heißt es im Gedicht und Goethe nimmt auch für sich in Anspruch: »Müssen wir nichts seyn, sondern alles erst werden wollen.«

Das ganze »Abenteuer« Weimar ist also ein Erziehungsprogramm: Der junge Fürst und Goethe selbst lernen, Verantwortung zu übernehmen, für sich genauso wie für andere. Noch ist der ideale Fürst des Gedichts ein Wunsch für die Zukunft:

> Ich sehe hier, wie man nach langer Reise
> Im Vaterland sich wiederkennt,
> Ein ruhig Volk in stillem Fleiße
> Benutzen, was Natur an Gaben ihm gegönnt.
> Der Faden eilet von dem Rocken
> Des Webers raschem Stuhle zu,
> Und Seil und Kübel wird in längrer Ruh
> Nicht am verbrochnen Schachte stocken;
> Es wird der Trug entdeckt, die Ordnung kehrt zurück,
> Es folgt Gedeihn und festes ird'sches Glück.
>
> So mög', o Fürst, der Winkel deines Landes
> Ein Vorbild deiner Tage sein!
> Du kennest lang' die Pflichten deines Standes
> Und schränkest nach und nach die freie Seele ein.
> Der kann sich manchen Wunsch gewähren,
> Der kalt sich selbst und seinem Willen lebt;
> Allein wer andre wohl zu leiten strebt,
> Muß fähig sein, viel zu entbehren.

Ein idyllisches Bild gelungener Regierungskunst entwirft Goethe da, bevölkert von arbeitenden Menschen in Landwirtschaft, Handwerk und Bergbau. Im realen Thüringen war es eher ein Problem, Arbeit und Brot für alle zu gewährleisten. Und: Einschränkung, Pflichten, Entbehrung als ideale Eigenschaften des aufgeklärten reformorientierten Herrschers? Davon ist Carl August im Jahre 1783 noch weit entfernt. Die Hofhaltung ist extravagant, gelegentlich verliert der Herzog das Wohl der Untertanen aus dem Auge. Sein Umgang mit Geld und seine Jagdleidenschaft gehen Goethe ziemlich gegen den Strich, oft begleitet er Carl August lustlos und er kommentiert:

> Der Herzog ist vergnügt und gut, nur find ich den Spas zu theuer, er füttert 80 Menschen in der Wildniss und dem Frost, hat noch kein Schwein, weil er im freyen hetzen will, das nicht geht, plagt und ennuirt die seinigen, und unterhält ein Paar schmarutzende Edelleu-

te aus der Nachbaarschafft die es ihm nicht dancken. (...) Gott weis ob er lernen wird, daß ein Feuerwerk um Mittag keinen Effeckt thut.

Dennoch: Goethe steht aus Überzeugung auf der Seite des fürstlichen Absolutismus. Das Volk an der Macht zu beteiligen, kommt für ihn nicht infrage. Nicht die Regierungs*form* steht zur Debatte, sondern die Regierungs*führung.* In den »Venezianischen Epigrammen« von 1790 ist das Zeugnis für den Herzog erfreulich:

> Kein ist unter den Fürsten Germaniens freilich der meine,
> Kurz und schmal ist sein Land, mäßig nur, was er vermag.
> Aber so wende nach innen, so wende nach außen die Kräfte
> Jeder: da wär' es ein Fest, Deutscher mit Deutschen zu sein.

»Überall der erste Acteur« – Allrounder Goethe

Goethe ist eines von drei Mitgliedern des Geheimen Consiliums. Mit dieser Behörde regiert und verwaltet der Herzog sein Land. Im sogenannten ersten Weimarer Jahrzehnt nimmt Goethe an ca. 600 Sitzungen teil, und wird mit 1200 Talern jährlich großzügig bezahlt, womit er immerhin zehnmal so viel verdient wie ein Lehrer am Gymnasium von Weimar. Immer wieder tauchen Goethes Weimarer Erfahrungen in seiner Dichtung auf und tragen zur Wende zum Realismus bei, die Goethe-Forscher spätestens mit dem Jahr 1779 beginnen lassen.

Goethes Arbeitsweise ändert sich mit seinem Amt. Auch das Privatleben wird bürokratisch organisiert und verwaltet. Der Geheimrat diktiert, von jetzt an hat er immer einen Schreiber im Haus. Für die späteren Dichtungen legt Goethe erst ein ordentliches Schema an und arbeitet es dann aus. Da wird nicht mehr so spontan und »nachtwandlerisch« drauflosgeschrieben wie in der Sturm- und-Drang-Zeit, alles wird förmlicher. Andererseits kann Goethe nur mit Disziplin sein unglaubliches Arbeitspensum bewältigen. Zu seinen Funktionen gehört zum Beispiel der Ausbau der Universität Jena, die Betreuung der naturwissenschaftlichen Kabinette, der chemischen Laboratorien, der Universitätsbibliothek und des botanischen Gartens. Goethe kämpft um Spitzenkräfte, lockt mit höheren Professorengehältern. Er ist mit dafür verantwortlich, dass Jena zumindest bis etwa 1800 ein frühes »Exzellenzzentrum« wird. Goethe nutzt die Universität selbst gern und häufig: ein engagierter Kultusminister, der gelegentlich unangekündigt ins Labor schneit und in den Kittel schlüpft. Goethe kennt keine Berührungsängste bei chemischen Versuchen: »höchst stinkend, fauler Geruch«, »unleidlicher Gestank«, »unerträglicher Gestank«, »völlig urinoser Geruch« lauten seine unerschrockenen Einträge. Abgesehen davon, dass er immer dann nach Jena reitet, wenn er Ruhe zum Arbeiten braucht und Lust hat auf ein Gespräch mit Friedrich Schiller. Und als Verantwortlicher für den Straßenbau den Ausbau der Chaussee dorthin auch im eigenen Interesse vorantreibt.

»Die Welt erschien mir blutrünstiger als jemals« – Kriegslust, Ekel und arme Bauern

1779 wird Goethe die Leitung der Kriegskommission übertragen. Er muss sich auch um die Rekrutierung der Soldaten kümmern. »Ekel« überkommt ihn nach eigenen Aussagen dabei; das »alberne Geschäft der Auslesung junger Leute zum Militäre« betreibt er äußerst lustlos und spricht auch schon mal von »militärischen Makkaronis«. Er hasst Gewalt, Krieg und alles Militärische: »Die Kriegslust die wie eine Art von Krätze unsern Prinzen unter der Haut sizt, fatigirt mich wie ein böser Traum, in dem man fort will und soll und einen die Füse versagen«, schreibt er im April 1785 an den Freund Knebel und drückt sich gern vor außenpolitischen Aufgaben. Nicht weil er feige ist, sondern weil er Probleme hat mit der militärischen Macht und vor allem mit Preußen. Deswegen will er auch nicht Weimarer Chefunterhändler für einen Fürstenbund unter preußischer Führung sein. 1778 muss er mit Carl August nach Berlin und fühlt sich kein bisschen wohl. Die Stadt ist ihm zu laut, und er berichtet Frau von Stein von den »eisernen Reifen«, die sein Herz einschnüren in Preußen, »an der Quelle des Krieges«. »Widrige Eindrücke«, vor denen Goethe, immer besorgt um sein inneres Gleichgewicht, sich schützen will. Viel Energie hat er im Leben darauf verwendet, sich »vor dem tausendfachen Zudrange der Welt und deren Anmutung zu retten«. Goethe konstatiert: »Ie größer die Welt desto garstiger wird die Farce« und bittet die Götter, »dass sie mir meinen Muth und grad seyn erhalten wollen biss ans Ende«. Er will sich nicht korrumpieren lassen, und die Ankunft in Brandenburg notiert er im Tagebuch denkbar knapp: »Pr[eußischer] Adler. Sand!« Nicht nur geologisch ist das unergiebig (s. Kap. XIII), auch von Goethes kindlicher Begeisterung für Friedrich den Großen ist nichts mehr übrig. Am 10. Juni 1779 schreibt er: »Dunkler Plan der Reduktion des Militärs und Hoffnung, den gewaltigen bald los zu werden.« Kein frommer Wunsch um ein langes Leben für den autoritären Preußenkönig. Aber eine Chance für den »dunklen Plan« eröffnet sich Goethe.

1882 wird ihm auch die Oberaufsicht über die »Kammer« übertragen. Bereits »Kriegsminister« wird Goethe also auch noch Finanzminister und nutzt die einmalige Gelegenheit zur Abrüstung. Er reduziert die Armee um die Hälfte. Auch im Interesse eines ausgeglichenen Haushalts. Die alteingesessenen Höflinge maulen: »Es bleibt abzuwarten, wie ein Mann, der von dieser Branche noch etwas weniger versteht als ich von der altsyrischen Sprache, sich seiner Aufgabe entledigen wird.« Goethe möchte die Landbevölkerung von Belastungen befreien. Der Herzog mauert, »Goethe hatte mehrere unangenehme Auftritte über den neuen Kammer-Etat mit dem Herzog«, berichtet Frau Herder und Goethe schreibt: »Das arme Volk muß immer den Sack tragen, und es ist ziemlich einerlei, ob er ihm auf der rechten oder linken Seite zu schwer wird.«

Als Arbeitsbeschaffungsmaßnahme betrachtet Goethe auch den Plan, den Bergbau im Herzogtum wieder in Schwung zu bringen. Im September 1780 heißt es aus Ilmenau: »könnten wir nur auch bald den armen Maulwürfen von hier Beschäfftigung und Brod geben.« Die Sorge um die Lebensbedingungen in dieser sehr armen Region Thüringens verbindet Goethe geschickt mit seiner wissenschaftlichen Neugier: »Ich gebe, seit ich mit Bergwercks Sachen zu thun habe, mit ganzer Seele in die Mineralogie.« Er selbst inspiziert das Gelände genau und traut sich sogar unter Tage, ausgerüstet mit Berghosen und Arschleder. Sein Enthusiasmus kann nicht verhindern, dass der geförderte Schiefer zu wenig Silber und Kupfer enthält und kein geeignetes Schmelzverfahren gefunden wird. Ein Felssturz führt zur Überflutung des Hauptstollens und beendet die Bergwerksidee im Jahr 1796 plötzlich und endgültig. Goethe hat dieses Projekt unglaublich zäh verfolgt, Einsichten in den »Knochenbau der Erde« gewonnen und eine Illusion begraben müssen: Der Weg zum Wirtschaftsaufschwung ist noch weit in Thüringen. Ausgerechnet abgesoffen ist das Bergwerk, besonders das Wasser, das Lieblingselement Goethes, lässt sich vom Menschen nicht beherrschen. Der »Zauberlehrling« (s. Kap. XI) und der alte Faust (Kap. XVI) bekommen das zu spüren.

»Und harre eben so meiner Erlösung« – Eigenmächtiges Sabbatjahr in Italien

Zehn Jahre hält Goethe durch. Er leistet eine Menge für den kleinen Staat – vor allem auch im Dienst der Selbstfindung. Goethe setzt sich allem aus, ist für vieles offen. Er klagt aber schon 1782: »Ich binn recht zu einem Privatmenschen erschaffen und begreiffe nicht wie mich das Schicksal in eine Staatsverwaltung und eine fürstliche Familie hat einflicken mögen.« Langeweile und Überdruss werden von Jahr zu Jahr größer, Goethe braucht dringend eine Luftveränderung. Er vereinbart eine Werkausgabe mit dem Leipziger Verleger Göschen. »Da ich mir vornahm meine Fragmente drucken zu lassen, hielt ich mich für todt«, schreibt er im Dezember 1786 aus Italien an Carl August. Tot, ausgebrannt oder voller Frust, jedenfalls bleibt nicht viel zu drucken aus diesem ersten Weimarer Jahrzehnt. Goethe hat einige Singspiele geschrieben, kleinere Stücke fürs Liebhabertheater, Gedichte, er hat an der ursprünglichen Fassung des »Wilhelm Meister« gearbeitet, sporadisch an »Egmont« und »Torquato Tasso«. Eine einzige größere Arbeit für das Theater wird fertig und im April 1779 aufgeführt, Goethe spielt mit: die Prosafassung der »Iphigenie auf Tauris«.

Und dann ist 1786 natürlich, wie bei jeder seiner Kehrtwendungen, eine Frau im Spiel. Charlotte von Stein, Hofdame, sieben Jahre älter als Goethe, verheiratet, drei Söhne, übernimmt sofort nach Ankunft des Dichters in Weimar die Rolle der »Besänftigerin«. Vorgewarnt war sie, angekündigt war der »feurigste, stürmischste, sanfteste, verführerischste ... Mann«. Sie ist entsetzt: »Mit seinem Betragen kömmt er nicht durch die Welt ... mit Fluchen, pöbelhaften, niedern Ausdrücken.« Die adlige Dame wittert eine Aufgabe: Hoffähig soll Goethe werden, diszipliniert, Schluss soll sein mit spätpubertären Streichen und Eskapaden. Über »Betragen, Lebensart, Anstand und Vornehmigkeit« versucht er, der Freundin »zu gefallen und dir immer willkommen zu seyn«. Sie krittelt ständig an Goethe herum, nennt ihn einen »Unmenschen«. Ungeschliffene Manieren, koketter Umgang mit Frauen: Vorwürfe ohne Ende, wir kennen sie aus ihren Briefen an Dritte. Er erträgt's – aus Liebe? Sogar geduzt haben sie sich eine Zeit lang im Laufe ihrer Beziehung. Das gab es bei Goethe nur selten und lässt auf große Nähe schließen. In dem Gedicht »Warum gabst du uns die tiefen Blicke« von 1776 (veröffentlicht erst 1848) beschreibt er Charlottes Einfluss und die große Vertrautheit, die sie verbindet. Hier eine Strophe:

> Kanntest jeden Zug in meinem Wesen,
> Spähtest, wie die reinste Nerve klingt,
> Konntest mich mit einem Blicke lesen,
> Den so schwer ein sterblich Aug' durchdringt.
> Tropftest Mäßigung dem heißen Blute,
> Richtetest den wilden irren Lauf,
> Und in deinen Engelsarmen ruhte
> Die zerstörte Brust sich wieder auf;
> Hieltest zauberleicht ihn angebunden
> Und vergaukeltest ihm manchen Tag.
> Welche Seligkeit glich jenen Wonnestunden,
> Die er dankbar dir zu Füßen lag,
> Fühlt' sein Herz an deinem Herzen schwellen,
> Fühlte sich in deinem Auge gut,
> Alle seine Sinnen sich erhellen
> Und beruhigen sein brausend Blut.

Auch ein anderes berühmtes Gedicht zeigt Goethe auf dem Weg aus der »Werther-Rolle«, aus der »Strudeley und Unmäßigkeit des Vergnügens und Schmerzes« zu Gelassenheit und Selbstbeherrschung: »Wandrers Nachtlied«, geschrieben im Februar 1776 und aufgebaut wie ein Gebet.

Der du von dem Himmel bist,
Alles Leid und Schmerzen stillest,
Den, der doppelt elend ist,
Doppelt mit Erquickung füllest,
Ach, ich bin des Treibens müde,
Was soll all der Schmerz und Lust?
Süßer Friede,
Komm, ach komm in meine Brust!

Auch Enttäuschungen, Ängste, Wünsche, Hoffnungen und Schmerzen gehören zum Leben. Aber die Gesamtheit akzeptieren, die Gefühle, die Erfahrungen, die Natur als Einheit begreifen, darum muss Goethe noch viele Jahre kämpfen. Im Alter gehören zum glücklichen und gelungenen Leben auch die erschütternden und katastrophalen Bestandteile, die sich nicht beeinflussen lassen. Goethe wird sie dämonisch nennen. Die Aneignung der Welt ist ihm nicht in den Schoß gefallen. Frau von Stein ist im ersten Weima-

Charlotte von Stein. Kreidezeichnung Goethes von 1777

rer Jahrzehnt die bereitwilligste Zuhörerin und sicher gelegentlich überfordert mit Goethes distanzlosen Geständnissen. Über 1700 Briefe hat er an die zurückhaltende und gebildete Geliebte geschrieben. Was sich zwischen den beiden tatsächlich abspielte, ist bis heute umstritten, niemand weiß, ob es Seelenfreundschaft war oder mehr. Endlos die Reihe der Untersuchungen dazu, dabei spielt es letztlich keine Rolle. »Traumglück« und endlose Liebesbezeugungen füllen die Briefe. Seine jedenfalls, ihre hat Charlotte zurückgefordert und vernichtet. Kein Wunder, nach Goethes heimlichem Verschwinden nach Italien (s. Kap. IX) und der Leere, Enttäuschung und Bloßstellung, die das für seine Freundin bedeutet.

Als Goethe – recht spät im Leben – Frauen tatsächlich näherkommt, sind es ganz andere, weder sozial noch intellektuell auf Augenhöhe. Auf welche mag er seinen unsäglichen Ausspruch gegenüber Eckermann gemünzt haben, dass »die Frauen silberne Schalen sind, in die wir goldene Äpfel legen«?

Das auszuprobieren, wird er vielleicht in Italien Gelegenheit haben. Bevor er sich diesen ausgedehnten Urlaub genehmigt, hat Goethe alles erreicht, was für einen geborenen Bürgerlichen zu seiner Zeit möglich war: 1779 zum Geheimrat befördert, gut bezahlt, 1782 geadelt. Vater Johann Caspar war gerade eine Woche tot. Er wäre nicht amüsiert gewesen.

Nach seiner Rückkehr bittet Goethe den Herzog um Entlastung von den meisten Amtsgeschäften. »Schwerer Dienste tägliche Bewahrung,/Sonst bedarf es keiner Offenbarung« ist dann doch zu wenig als Devise eines Dichters, der in seinen Hauptberuf zurückwill. Das schönste Selbsterziehungskonzept hilft nicht weiter, wenn das Alltagsgeschäft nicht mehr nur Herausforderung ist, sondern dem Dichter die Luft nimmt. Goethe bezieht sein Gehalt weiter: Anlass für böse Kommentare in Weimar, hinter Goethes Rücken natürlich. Allerdings bleibt er weiterhin eine Art

Kultusminister. Er hat die Aufsicht über den botanischen Garten in Jena und die Zeichenschule in Weimar. Zu seinen Aufgaben gehört ab 1791 auch die Leitung des Weimarer Hoftheaters. 1817 drückt der Herzog für seine Mätresse Caroline Jagemann, die Diva des Ensembles, eine Klamotte mit einem dressierten Pudel auf den Spielplan. Der Hundehasser Goethe ist empört, und der Herzog mimt umständlich Verständnis:

> Lieber Freund, Verschiedene Äußerungen deinerseits, welche mir zu Augen und Ohren gekommen sind, haben mich unterrichtet, dass du es gerne sehn würdest, von denen Verdrießlichkeiten der Theater-Intendanz entbunden zu werden.

Recht hat er und eine Zeitung reimt ironisch: »Die Kunst soll nie dem Hundestalle gleichen,/Und siegt der Pudel, muß der Dichter weichen.«

»Nie Schuld des Volkes« – »Hermann und Dorothea«

Dies waren kleine Erschütterungen im Vergleich zu den großen politischen Umbrüchen, die Goethes Leben prägen. Ziemlich genau in dessen Mitte fällt die Französische Revolution von 1789. Eine Katastrophe für Goethe, das »schrecklichste aller Ereignisse«, weil er Gewalt und Brüche nicht erträgt. Es geht ihm nicht um Besitzstandswahrung oder Adelsinteressen, vielmehr – wie immer – um Ordnung und Form, Struktur und Zusammenhang. In der klassischen Dichtung, in der Naturforschung, in Kunst- und Geschichtsbetrachtung kreist er um diese Begriffe. Und vor allem bei der Gestaltung seiner Persönlichkeit: Auflösung und Formlosigkeit sind die bedrohlichsten Gegner des mühsam befestigten Lebensgleichgewichts. Massenaufbegehren, Bürgerkrieg, obrigkeitliche Willkür: alles Bedrohungen der Ordnung, alles Bedrohungen des »über die Jahre so mühsam errichtete[n] Gesamtkunstwerk[s] Goethe«, schreibt der Goethe-Forscher Carsten Rohde. Berühmt ist Goethes Ausspruch: »Ich will lieber eine Ungerechtigkeit begehen als Unordnung ertragen.« Das sagt er, als er immerhin einen Mann der Gegenseite, einen Revolutionär in Mainz, vor der Lynchjustiz der Bewohner rettet. Daher auch die bürgerlichen Ideale des Hofbeamten Goethe: Berechenbarkeit, Verantwortlichkeit, Loyalität, Rechtssicherheit, auch Höflichkeit und Pünktlichkeit. Das gibt ihm die Möglichkeit, in Ruhe seiner Arbeit nachzugehen, sich der Welt auszusetzen, so viel aufzunehmen, wie er verkraften kann, und an der Gestaltung seiner Persönlichkeit zu feilen.

Ein ganzes Versepos in Hexametern hat Goethe über diese ideale Bürgerlichkeit gedichtet: »Hermann und Dorothea«. Dorotheas erster Verlobter, ein glühender Anhänger der Revolution und des Versprechens von »der begeisternden Freiheit und von der löblichen Gleichheit« geht nach Paris.

> Damals hoffte jeder sich selbst zu leben; es schien sich
> Aufzulösen das Band, das viele Länder umstrickte,
> Das der Müßiggang und der Eigennutz in der Hand hielt.
> Schauten nicht alle Völker in jenen drängenden Tagen
> Nach der Hauptstadt der Welt, die es schon lange gewesen
> Und jetzt mehr als je den herrlichen Namen verdiente?
> Waren nicht jener Männer, der ersten Verkünder der Botschaft,
> Namen den höchsten gleich, die unter die Sterne gesetzt sind?
> Wuchs nicht jeglichem Menschen der Mut und der Geist und die
> Sprache?

Revolutionäre Dynamik und Hoffnung münden in Terrorherrschaft, der junge Mann wird zum Regimegegner und Opfer einer Säuberungswelle:

Auch mit stillem Gemüt hat sie die Schmerzen ertragen
Über des Bräutigams Tod, der, ein edler Jüngling, im ersten
Feuer des hohen Gedankens, nach edler Freiheit zu streben,
Selbst hinging nach Paris und bald den schrecklichen Tod fand;
Denn wie zu Hause, so dort bestritt er Willkür und Ränke.

Dorothea selbst ist nicht nur schön, sondern außergewöhnlich tatkräftig: Auf der Flucht aus den französisch besetzten Gebieten hindert sie eine Gruppe plündernder Soldaten mit Waffengewalt daran, die ihr anvertrauten Mädchen zu vergewaltigen. Mord, Raub, Vergewaltigung, Hunger, Vertreibung. Flüchtlingsschicksal sieht damals nicht anders aus als heute. Bettlägerige und Alte sind dabei, die »Hoch auf dem schweren/Übergepackten Wagen auf Betten saßen und schwankten«. Dorothea berichtet:

> Nicht immer war es mit uns so
> Jammervoll, als Ihr uns heut auf diesen Wegen erblicket.
> Noch nicht bin ich gewohnt, vom Fremden die Gabe zu heischen,
> Die er oft ungern gibt, um loszuwerden den Armen;
> Aber mich dränget die Not, zu reden. Hier auf dem Strohe
> Liegt die erst entbundene Frau des reichen Besitzers,
> Die ich mit Stieren und Wagen noch kaum, die Schwangre gerettet.
> Spät nur kommen wir nach, und kaum das Leben erhielt sie.
> Nun liegt, neugeboren, das Kind ihr nackend im Arme,
> Und mit wenigem nur vermögen die Unsern zu helfen.

Die kleinstädtische Bevölkerung ist solidarisch und hilft mit Sachspenden, dabei lernt Dorothea ihren neuen Lebensgefährten kennen. Die entwurzelte und unbekannte Emigrantin wird erstaunlich schnell in die bürgerliche Welt ihrer neuen Heimat integriert. Der Einzige, der sich zunächst sträubt, ist der Vater ihres schüchternen Verehrers Hermann. Dem wird zwar erst durch das kluge und zupackende Mädchen die Zunge gelöst, doch dann hält er auch gegen väterlichen Einspruch an seiner Wahl fest – eine frühe

Liebesheirat. Der einzige Sohn in dieser traditionellen Gesellschaft heiratet ein Flüchtlingsmädchen! Wieder einmal wählt Goethe einen ungewöhnlichen und zukunftsweisenden Blickwinkel!

Mit Hermann setzt er den gewalttätigen Zeitumständen ein etwas betuliches Ideal entgegen: den ruhigen Bürger, der bedächtig und zuverlässig Haus und Garten versorgt. Der überschaubare Familienkreis und die örtliche Gemeinschaft geben ihm Sicherheit, sogar »farbige Zwerge« stehen schon im Garten.

Hier begegnen wir auch der »klugen, verständigen Hausfrau«. Die gehört allerdings zu den tatkräftigen Figuren des Epos, die Männer dagegen sind eher linkisch, schwatzhaft, knauserig, schwach oder engstirnig. Vielleicht ein Porträt der eigenen Eltern, der verständnisvollen komplizenhaften Mutter und des wenig flexiblen und pedantischen Vaters (s. Kap. II).

Die Kluft zwischen dem Bürgeridyll in der Provinz und dem feierlichen Versmaß macht dem heutigen Leser mehr zu schaffen als den begeisterten Zeitgenossen. »In Hermann und Dorothea habe ich, was das Material betrifft, den Deutschen einmal ihren Willen getan, und nun sind sie äußerst zufrieden«, mokiert sich Goethe gegenüber Schiller. Seine ironische Brechung der dargestellten Bürger hat man lange übersehen (wollen), das Epos wird missbraucht, liefert Futter für den deutschen Nationalismus und gegen den vermeintlichen »gallischen Erbfeind«. Nicht verwunderlich, dass sich in der zweiten Hälfte des 20. Jahrhunderts kaum jemand für das Bürgerepos interessierte. Erst die neuere Goethe-Forschung ist auch hier dem Umgang des Weimarer Weltbürgers mit Fremdheit und Flüchtlingsschicksal auf der Spur.

»Mitten in Regen und Koth« – Krieg gegen Frankreich

Ausgerechnet Goethe, den Kriegsverächter, zwingt Herzog Carl August zur Teilnahme an der Kampagne gegen das revolutionäre Frankreich. Gemeinsam mit den Österreichern will man den französischen König Ludwig XVI. befreien. Zwar schockiert vom »Unheil der französischen Staatsumwälzung«, aber zugleich äußerst widerwillig gehorcht Goethe, da »mir weder am Tode der aristokratischen noch demokratischen Sünder im mindesten etwas gelegen ist«. Im Spätsommer 1792 macht er sich auf den Weg zum preußischen Heer. In der Nähe von Luxemburg, in Longwy, feiert Goethe am 28. August im Feldlager unter verheerenden Bedingungen seinen 43. Geburtstag.

> Ein (...) Graben (...) wurde so schnell als möglich Behälter alles Unrats, aller Abwürflinge; der Abzug stockte, gewaltige Regengüsse durchbrachen nachts den Damm und führten das widerwärtigste Unheil unter die Zelte. Da ward nun, was die Fleischer an Eingeweiden, Knochen und sonst beiseite geschafft, in die ohnehin feuchten und ängstlichen Schlafstellen getragen.

Wenige Tage später werden die alliierten Truppen vom hochmotivierten französischen Revolutionsheer geschlagen. In der berühmten Kanonade von Valmy, wo der unfreiwillige Schlachtenbummler Goethe – das behauptet er jedenfalls 30 Jahre später, als er seine Erlebnisse in der »Campagne in Frankreich« und der »Belagerung von Mainz« verarbeitet – weit in die Zukunft schaut: »Von hier und heute geht eine neue Epoche der Weltgeschichte aus, und ihr könnt sagen, ihr seid dabei gewesen.« Mitten im Geschehen ist Goethe noch nicht zu Spruchweisheiten aufgelegt, sondern schockiert. Zum Beispiel darüber, wie die plündernden preußischen Soldaten die französischen Bauern behandeln:

> Ich war selbst bei einer solchen Szene gegenwärtig, deren ich mich als höchst tragisch erinnere. Mehrere Schäfer mochten ihre Herden vereinigt haben, um sie in Wäldern oder sonst abgelegenen Orten sicher zu verbergen, von tätigen Patrouillen aber aufgegriffen und zur Armee geführt, sahen sie sich zuerst wohl und freundlich empfangen. (...) Sorge und Furcht, doch mit einiger Hoffnung, schwebte auf den Gesichtern der tüchtigen Männer.

Die Herden werden unter die Regimenter aufgeteilt, die Bauern mit wertlosen Papieren »entschädigt«.

> Indessen ihre wolligen Zöglinge von den ungeduldigen fleischlustigen Soldaten vor ihren Füßen ermordet wurden; so gesteh' ich wohl, es ist mir nicht leicht eine grausamere Szene und ein tieferer männlicher Schmerz in allen seinen Abstufungen jemals vor Augen und zur Seele gekommen.

»Mühseligkeit, Not, Sorge, Elend, Gefahr« bringt der Krieg, und Goethe schließt sich nicht aus von der allgemeinen Verwilderung »zwischen Ordnung und Unordnung ... zwischen Rauben und Bezahlen«. Im Gegenteil, seine eigenen Reaktionen beobachtet er besonders gründlich. Bedauert er zunächst noch, nicht mit seiner derzeitigen Geliebten Christiane die »großen breiten Betten« in Frankreich genießen zu können, ist aber bald »an Leib und Seele zerschlagen und zerstoßen« und beklagt gegenüber Herder die »vielen Hälse und Beine, die es jetzt an allen Orten und Enden der armen Menschheit kostet«. Selbst erleidet er einen Rückfall ins Orakeln und reitet wenige Tage nach seinem Geburtstag mitten ins Artilleriefeuer hinein. Die Militärs sind entsetzt, und Goethe hat sich und anderen mal wieder gezeigt, dass er die Adrenalinausschüttung im »Canonenfieber« kühl beschreiben und das weltgeschichtliche Unheil persönlich unversehrt überleben kann. Wie nötig auch jetzt noch die symbolischen Handlungen sind, zeigt der Rückzug. Dem Chaos und Unsinn der Geschichte muss etwas entgegengesetzt werden, und wie so oft ist es die Ordnung der Natur. Im Dauerregen und unter Seuchengefahr schreibt der Weimarer Minister und »des Herzogs FeldPoet« Briefe und liest naturwissenschaftliche Abhandlungen. Das klingt absurd, aber er kann sich daran festhalten »wie an einem Balken im Schiffbruch; denn ich hatte nun zwei Jahre unmittelbar und persönlich das fürchterliche Zusammenbrechen aller Verhältnisse erlebt«. Aus der Natur bezieht er schließlich das Anschauungsmaterial für seine Utopie einer allmählichen und geordneten Veränderung der politischen und sozialen Bedingungen.

Manchmal gelingt das Kontrastprogramm nicht, und die Natur schlägt mit »Zeichen« zurück. So, als Goethe in einem Mäuerchen eine neue »merkwürdige« Steinart findet, die sich dann als verschimmeltes Brot erweist. Denn Brot fehlt genauso wie Trinkwasser, es ist kalt und nass, Tierkadaver und Soldatenleichen liegen herum, und manches ist einfach nur grotesk:

> Im Nachhausereiten traf ich den Prinzen Louis Ferdinand, im freien Felde, auf einem hölzernen Stuhle sitzend, den man aus einem untern Dorfe heraufgeschafft; zugleich schleppten einige seiner Leute einen schweren, verschlossenen Küchschrank herbei; sie versicherten, es klappere darin, sie hofften einen guten Fang getan zu haben. Man erbrach ihn begierig, fand aber nur ein stark beleibtes Kochbuch, und nun, indessen der gespaltene Schrank im Feuer auflodert, las man die köstlichsten Küchenrezepte vor, und so ward abermals Hunger und Begierde durch eine aufgeregte Einbildungskraft bis zur Verzweiflung gesteigert.

Die Berichte über die eigene Befindlichkeit fehlen auch nicht, wie immer bei Goethe, und er sehnt sich »nach meinen mütterlichen Fleischtöpfen, um dort wie von einem bösen Traum zu erwachen, der mich zwischen Koth und Noth, Mangel und Sorge, Gefahr und Qual, zwischen Trümmern, Leichen, Äsern und Scheishaufen gefangen hielt.« Daraus wird nichts, vielmehr ruht er sich nach den überstandenen Strapazen auf dem Landgut seines Freundes Jacobi vor den Toren Düsseldorfs aus. Als die Abendgesellschaft von Goethe eine Lesung aus seiner »Iphigenie« und Texten von Sophokles erwartet, erträgt er die Verse nicht, weil ihre »erhabene Heiligkeit meinem gegen Kunst, Natur und Welt gewendeten, durch eine schreckliche Campagne verhärteten Sinn ganz unerträglich schien; nicht hundert Zeilen hielt ich aus«. Eine Belohnung für die Teilnahme an den Feldzügen gibt es trotzdem: Der Herzog schenkt Goethe das Haus am Frauenplan. Er wohnt darin bis an sein Lebensende.

»Qu'en dit Monsieur Göt?« – Goethe, Napoleon und die Befreiungskriege

Und Goethe setzt auf Napoleon. Der stellt immerhin die staatliche Ordnung wieder her und beendet die blutigen Revolutionswirren. Goethe verehrt den französischen Kaiser, erhofft sich von ihm eine langfristige europäische Friedensordnung. »Dämonische« Menschen faszinieren Goethe, da denkt er nicht in moralischen Kategorien und die gewaltsamen Aspekte der napoleonischen Eroberungskriege nimmt er hin. Außerdem plaudert es sich ja auch recht hübsch von Genie zu Genie. So beim Treffen des sehr geschmeichelten Dichters mit dem Kaiser in Erfurt im Jahr 1808.

Seine Sympathie für das Feindbild Nummer eins der Deutschen trägt zu Goethes zunehmender Isolation bei, vom Publikum, von den jungen Literaten, von der öffentlichen Meinung. Goethe ist Kosmopolit und Pazifist. Ihn befremdet die Soldaten-Romantik in den Befreiungskriegen gegen die napoleonische Herrschaft, und auch mit dem explodierenden deutschen Nationalgefühl kann er nichts anfangen. Andere mögen Kriegslieder schreiben, »bei mir aber, der ich keine kriegerische Natur bin und keinen kriegerischen Sinn habe, würden Kriegslieder eine Maske gewesen sein, die mir sehr schlecht zu Gesicht gestanden hätte«, kommentiert Goethe 1813. Und weiter: »Unter uns, ich haßte die Franzosen nicht ... Wie hätte auch ich, dem nur Kultur und Barbarei Dinge von Bedeutung sind, eine Nation hassen können, die zu den kultiviertesten der Erde gehört und der ich einen so großen Teil meiner eigenen Bildung verdanke!«

Nicht nur diese Überzeugungen sind es, die Goethe dazu veranlassen, seine Verbindungen zu nutzen und seinen Sohn August vom Militärdienst befreien zu lassen. Der Minister ist jetzt Mitte sechzig, August seine unentbehrliche Hilfskraft. Und so wird er nicht gefragt, als der Vater an den Herzog schreibt:

> Alle meine Wünsche wären daher erfüllt, wenn es in Ew. Durchlaucht Plan läge ihn in der angetretenen, seiner Natur und Eigenschaft ganz angemessenen Karriere fernerhin zu belassen, damit er sich (...) unter diejenigen Ärzte zählen könne, die berufen sind, Wunden, welche der Krieg geschlagen hat, zu heilen. Zu gleicher Zeit würde er mir in meinem kleinen Geschäfts- und Hauskreise behülflich sein können, wo man eines angebornen vertrauten Beistandes bedarf. (...) Meine bürgerliche und ökonomische Lage (...) würde dadurch erhalten, gesichert, und ich von allen Seiten in einer so stürmischen Periode beruhigt sein.

Böse Kommentare gibt es in Weimar: »Und dann hat der Sohn auch nicht den eigenen Trieb«, meint Charlotte von Schiller. »Und ist er der einzige junge Mensch von Stand, der hier zu Haus geblieben. Sein Vater scheint gar unseren jetzigen Enthusiasmus nicht zu teilen; man darf nichts von politischen Sachen bei ihm reden«, mokiert sich Frau von Stein. Die Damen wagen nicht, den Minister selbst anzugreifen, und halten sich lieber an August. Den finden sie nur mittelmäßig, da lässt sich leicht lästern. Auch Augusts Altersgenossen spotten. Wenig Luft lässt ihm der Vater, hält ihn immer im Haus und unter Kontrolle. Wählt ihm die Ehefrau aus und lässt ihn den gemeinsamen Haushalt organisieren, mit Verlegern verhandeln, Korrespondenz erledigen, kopieren, archivieren, sortieren. Die zunehmende Erschöpfung und Überforderung des Sohnes mit dem stadtbekannten Alkoholproblem scheint Goethe nicht wahrzunehmen. Sich einer Sache nicht gewachsen fühlen, den Absprung vom Vater nicht schaffen: Der unermüdliche Selbstbildner Goethe hätte es besser wissen müssen.

Über Goethes Zurückhaltung gegenüber der allgemeinen patriotischen Stimmung heißt es bei seinen Zeitgenossen: »Er ist zu kalt für den Zweck ... Jede Entbehrung und Unruhe ist ihm daher ein zu kostbares Opfer.« Ähnlich äußert sich Wilhelm von Humboldt im Januar 1814: »Goethen kann ich mir vorstellen. Er gehört durchaus zu den gleichgültigen Naturen für alles Politische und Deutsche. Egoismus, Kleinmütigkeit und zum großen Teil ganz gerechte Menschenverachtung ... tragen zusammengenommen dazu bei.«

Wie schnell wird Goethe zum Außenseiter in einer solchen Zeit aufgewühlten Nationalgefühls. Dabei ist er längst wieder unterwegs in Sachen Selbstbildung und Persönlichkeitsentwicklung. Hat er sich schon 1813, dem »Kriegsgetümmel« den Rücken kehrend, »eigensinnig auf das Entfernteste«, nämlich Geschichte und Kultur Chinas, geworfen, sind es inzwischen der Orient und die persische Dichtung, die Goethe beflügeln (s. Kap. XIV).

VIII.

Im »Zeichenfieber«
Dichter oder Zeichner?

Claudia Kaiser

»Von Kindheit auf zwischen Malern gelebt«

»Zum Sehen geboren,/Zum Schauen bestellt«: – Diese berühmten Worte aus dem zweiten Teil des »Faust« charakterisieren insbesondere den Autor Goethe selbst. »Das Auge war vor allen anderen das Organ, womit ich die Welt faßte.« Kein anderes Sinnesorgan hat er so systematisch gebildet, keinem seiner Porträtisten ist der intensive Blick entgangen. Das Auge ist bei Goethe Fenster zur Welt:

> Ihr glücklichen Augen,
> Was je Ihr gesehn,
> Es sei wie es wolle,
> Es war doch so schön!

So heißt es weiter im »Faust« bei diesem schon zu Lebzeiten als »Augenmensch« bezeichneten Dichter. Weit weniger bekannt: Goethe skizziert auch, was er sieht. Er ist ein hervorragender Zeichner und fertigt im Laufe seines Lebens gut 2700 Blätter an – das ist der wohl größte zeichnerische Nachlass, den je ein Schriftsteller überliefert hat.

Goethe lernt das Zeichnen von Kindesbeinen an, unter der strengen Aufsicht seines Vaters, der nicht das geringste Talent verkümmern lässt. Ein Pflichtfach ist es zwar nicht gerade für Bürgerssöhne dieser Zeit, aber, wie Goethe sich erinnert: »Zeichnen müsse jedermann lernen, behauptete der Vater«, und schon steht es auf dem täglichen Arbeitsplan. Ein ältlicher Kupferstecher kommt ins Haus, der die Kinder mit Zeichnungen nach der damals so beliebten Affektenlehre triezt. Nach langweiligen Vorlagen erarbeiten sich Bruder und Schwester wütende, lustige oder traurige

Menschengesichter und hätten die »Zerrbilder« am liebsten gleich hinter seinem Rücken zerrissen.

Zur echten Inspirationsquelle aber wird die Kunstleidenschaft eines französischen Gastes. Graf Thoranc, der während des Siebenjährigen Kriegs im Haus der Familie Goethe einquartiert ist und ohnehin einen Narren am kleinen Johann Wolfgang gefressen hat, fängt Feuer für die deutsche Malerei und bestellt die besten Maler von Frankfurt und Umgebung zu sich. Der Dachboden des Elternhauses wird zum Atelier. Goethe schleicht sich immer wieder hoch und verfolgt atemlos, wie Rheinlandschaften, Auferweckungswunder, Schafsherden und brennende Dörfer vor seinen Augen zum Leben erweckt werden. Wohlgemerkt alles unter dem Dach, säuberlich von der Außenwelt abgeschirmt! Goethe wird wenig später bei Wind und Wetter die Landschaft um Frankfurt durchwandern, um – das ist viel moderner und wird zum Schlagwort dieser Zeit –»nach der Natur« zu zeichnen. Aber vor allem über seine Ausflüge auf den Dachboden schult er früh das Auge:

> Ich hatte von Kindheit auf zwischen Malern gelebt, und mich gewöhnt, die Gegenstände wie sie in Bezug auf die Kunst anzusehen (...) wo ich hinsah, erblickte ich ein Bild, und was mir auffiel, was mich erfreute, wollte ich festhalten, und ich fing an, auf die ungeschickteste Weise nach der Natur zu zeichnen.

Vater Goethe behält alles unter Kontrolle, zumindest soweit es geht, denn die Sympathien seiner Frau und seines Sohnes für den französischen Besatzungsoffizier sind ihm ein Dorn im Auge. Als Johann Wolfgang einmal von Graf Thoranc Eis annimmt – eine kulinarische Novität –, gibt es gleich Ärger im biederen Goethehaus, und auch die kleinen Zeichnungen, die der Junge im Dunstkreis des anregenden Franzosen anfertigt, muss er zu Händen des strengen Vaters abliefern. Der Senior beurteilt die Skizzen, schneidet sie zurecht und bringt sie chronologisch geordnet zum Buchbinder. Der Junge zeichnet trotzig auf alte Schmierzettel statt auf das gute Zeichenpapier und kriegt sich deswegen regelmäßig mit dem Vater in die Haare. Ein Wunder, dass er überhaupt noch Spaß hat am Zeichnen! Was Goethes Kunstgeschmack noch lange prägt, sind die alten Niederländer bzw. die damalige Mode, in diesem Stil zu malen. Auch das erlebt er hautnah zu Hause. Johann Georg Trautmann zum Beispiel, den der Vater Goethe für sein gut sortiertes Gemäldekabinett kauft, orientiert sich an Rembrandt. Und von einem damals sehr bekannten Darmstädter Maler, auch wieder einer, mit dem er unterm Dach Freundschaft geschlossen hat, bekommt der junge Goethe das größtmögliche Kompliment: Johann Conrad Seekatz sagt dem Vater unter vier Augen, es sei schon sehr schade, dass sein Sohn »nicht zum Maler bestimmt sei«.

Liebeskummer macht Goethe endgültig zum Zeichner. Es fängt an mit Gretchen, als er vierzehn ist. Er besorgt sich sogar einen eigenen Haustürschlüssel, um sich abends zu ihr zu stehlen. Tagsüber sieht der junge Goethe sie einmal im Schaufenster eines Galanteriewarenladens, möglicherweise ein Hinweis darauf, dass sie sich prostituiert, aber einen solchen Gedanken hätte er weit von sich geschoben. Genauso wenig bemerkt er, mit welch zwielichtigen Gestalten sie zu tun hat. Der frisch Verliebte fällt auf diese Männer herein, die bald als Urkundenfälscher entlarvt werden. Er schreibt für seinen neuen Freundeskreis pfiffige Liebes- und Hochzeitsgedichte, imponiert Gretchen mit seinem Können – und schlittert ahnungslos in eine Betrugsaffäre. Ein Skandal beim Enkel des höchsten Stadtbeamten! Eines Morgens weckt ihn seine verängstigte Mutter:

> »Steh auf«, sagte sie, »und mache dich auf etwas Unangenehmes gefaßt. Es ist herausgekommen, daß du sehr schlechte Gesellschaft besuchst und dich in die gefährlichsten und schlimmsten Händel

verwickelt hast. Der Vater ist außer sich. (...) Bleib auf deinem Zimmer und erwarte, was bevorsteht.«

Der wutschnaubende Vater rettet ihn vor strafrechtlicher Verfolgung und weiß ein öffentliches Verhör zu verhindern, das die Träume von einer Anwaltskarriere zunichte gemacht hätte. Goethe darf Gretchen nie wiedersehen und bekommt Stubenarrest. Er flüchtet sich ins Bett, »rast« über Wochen und droht mit Selbstmord:

> Ich hatte, oft halbe Nächte durch, mich mit dem größten Ungestüm diesen Schmerzen überlassen, so daß es durch Tränen und Schluchzen zuletzt dahin kam, daß ich kaum mehr schlingen konnte und der Genuß von Speise und Trank mir schmerzlich ward, auch die so nah verwandte Brust zu leiden schien.

Schließlich heilt er sich selbst. Goethe zieht mit wundem Herzen durch einsame Wälder und nimmt irgendwann Zeichenpapier mit. Das ist die Geburtsstunde seines Landschaftszeichnens. Denn da

> nur dies allein die Art war, die mir übrig blieb, mich zu äußern, so hing ich mit ebenso viel Hartnäckigkeit (...) daran, daß ich immer eifriger meine Arbeiten fortsetzte.

Ehrgeizig knackt er die schwierigsten Landschaftsmotive wie zitternde Blätter mit ihren Lichtreflexen. Doch viel wichtiger als der zeichnerische Fortschritt ist, dass er sich hier ein Ventil schafft. Maltherapie! Was heute in psychiatrischen Kliniken geläufig ist, hat Goethe für sich vor 200 Jahren erfunden. Noch im Alter bezeichnet er das Zeichnen als eines seiner bewährtesten »Hausmittel«. Zum Zeichnen rettet er sich in allen Lebenslagen, es ist ihm Tagebuch, Bekenntnis, Krisenbewältigung, es wird unter seinen Händen zum Liebesbrief oder ganz praktisch eine Möglichkeit, auf Dienstreisen Unfälle wie eine eingestürzte Schachtanlage zu dokumentieren. Ab jetzt gehört es zu seiner Lebensstrategie, dasjenige was mich erfreuete oder quälte, oder sonst beschäftigte, in ein Bild, ein Gedicht zu verwandeln und darüber mit mir selbst abzuschließen.

»Selten daß mir etwas mißlang«

Mit dem Studium geht es weiter. Der 16-Jährige kommt 1765 nach Leipzig, steckt seine Nase mehr in literarische Bücher, als den Juraprofessoren lieb ist, und fiebert der prächtigen sächsischen Residenzstadt Dresden entgegen. In seinen zwei Dresdner Wochen schlägt er in der kurfürstlichen Gemäldegalerie Wurzeln. Mit allen Fasern saugt Goethe die Bilder in sich auf, die ja nicht so inflationär wie heute als Billigdrucke oder im Internet zu haben waren. Immer noch überwältigt kehrt er zurück und entdeckt eine erstaunliche Fähigkeit bei sich:

> Als ich bei meinem Schuster wieder eintrat, um das Mittagsmahl zu genießen, trauete ich meinen Augen kaum: denn ich glaubte ein Bild von Ostade vor mir zu sehen, so vollkommen, daß man es nur auf die Galerie hätte hängen dürfen. Stellung der Gegenstände, Licht, Schatten, bräunlicher Teint des Ganzen, magische Haltung, alles, was man in jenen Bildern bewundert, sah ich hier in der Wirklichkeit. Es war das erstemal, daß ich auf einen so hohen Grad die Gabe gewahr wurde, die ich nachher mit mehrerem Bewußtsein übte, die Natur nämlich mit den Augen dieses oder jenen Künstlers zu sehen, dessen Werken ich soeben eine besondere Aufmerksamkeit gewidmet hatte.

Ein frühes Beispiel für seine außergewöhnliche Seh-Begabung, die er ab jetzt systematisch trainiert. Doch auch die Hand kommt nicht zu kurz. Kaum in seinem Studienort Leipzig eingetroffen, nimmt der nur das Beste gewöhnte

Großbürgerssohn »Privatstunden mit einigen Edelleuten« bei dem berühmten Direktor der Kunstakademie, Adam Friedrich Oeser. Der macht ihm Mut:

> Seyn Sie immer mit Ihrem Zeichnen zufrieden, es wird nicht jedem so leicht wie Ihnen, es wird schon werden.

Oeser, persönlicher Freund des großen Archäologen und gerade Italien bereisenden Kunstschriftstellers Winckelmann, hat frischen Wind in die Zeichenateliers gebracht. Er vermittelt seinen Studenten prickelnd neue Ästhetikideale, inspiriert von Winckelmann, den sie leider nicht mehr, wie sehnlichst erhofft, persönlich begrüßen können, denn der fällt auf seiner Heimreise einem Raubmord zum Opfer. Doch Oesers Klassikunterricht nach Winckelmanns Ideal der »edlen Einfalt und stillen Größe« hinterlässt beim jungen Goethe einen unauslöschlichen Eindruck.

Zeichnen gilt als erlernbares Handwerk, während Dichten ab der Jahrhundertmitte zunehmend als eine Kunst angesehen wird, die sich aus anderen Quellen speist. Hatte der Dichter der Antike noch auf den Musenkuss gehofft, so braucht er jetzt »Geschmack« oder, genauso wenig erlernbar, »Genie«. Goethe investiert ins Zeichnen viel Zeit und lässt sich bei seiner Entwicklung bequem in die Karten schauen.

Ab 1765 lernt er zum Beispiel »Ideale Landschaften« nach Oesers Vorbild. Das ist wieder etwas völlig Neues. Die Natur wird stilisiert zu einem »angenehmen Bild«; für eine dekorative Wirkung werden Details und Bauwerke weggelassen oder hinzuerfunden. Die Oeser-Studenten haben alle ihre so schönen Ideallandschaften im Atelier gemalt, sie sind also reine Kopfgeburten und eine radikale Kehrtwende nach dem Zeichnen in der freien Natur, das Goethe in Frankfurt so beflügelt hat. Genauso wie beim Dichten wird er auf dem Skizzenpapier viel experimentieren und mit rasanten Stilwechseln überraschen.

Bald kritzelt Goethe mehr Karikaturen von Professoren an den Heftrand, statt ihre Vorlesungen mitzuschreiben. Seinem Studienfach Jura schenkt er ohnehin nur einen müden Blick und spart so Energie für die nächste Technik. Mit vollem Enthusiasmus stürzt er sich jetzt ins Radieren und lernt Holzschnitt beim Kupferstecher Johann Michael Stock. Übrigens knistert es ziemlich zwischen ihm und den beiden Töchtern seines Lehrers, die ihn höchst attraktiv finden, und das dürfte ihn zusätzlich angespornt haben:

> Mich reizte die reinliche Technik dieser Kunstart. (...) Ich radierte daher unter seiner Anleitung verschiedene Landschaften nach Thiele und andern, die, obgleich von einer ungeübten Hand verfertigt, doch einigen Effekt machten und gut aufgenommen wurden. Das Grundieren der Platten, das Weißanstreichen derselben, das Radieren selbst und zuletzt das Ätzen gab mannigfaltige Beschäftigung, und ich war bald dahin gelangt, daß ich meinem Meister in manchen Dingen beistehen konnte. (...) Zwischen solchen Arbeiten wurde auch manchmal, damit ja alles versucht würde, in Holz geschnitten. Ich verfertigte verschiedene kleine Druckerstöcke, nach französischen Mustern, und manches davon ward brauchbar gefunden.

Es war damals üblich, nach bekannten Künstlern zu radieren, und Goethe konnte stolz sein auf seine Radierungen nach August Thiele, der in Sachsen ein echter Trendsetter auf dem Weg zur eigenständigen Landschaftsmalerei war. Zwei bis drei Jahrzehnte später übrigens wird sich das Blatt wenden und ein neuer Markt entsteht: Künstler radieren dann nach der Vorlage von Goethes Zeichnungen, da viele Kunden sich darum reißen, Blätter des großen Genies zu bekommen. Es gab ja keine Copyshops oder Ähnliches und Kunstwerke mussten arbeitsintensiv über solche Radierungen vervielfältigt werden.

Zurück nach Leipzig: Goethe ist bis über die Ohren in Käthchen Schönkopf verliebt. Er schenkt ihr Gedichte, die

Landschaft mit Wasserfall, nach J. A. Thiele. Radierung von Goethe, 1768

sich genauso elegant auf dem Papier ausmachen wie seine »Idealen Landschaften« (s. Kap. III), denn seine dichterische und seine zeichnerische Entwicklung laufen immer parallel. Für die neue Drucktechnik findet er auch schnell praktische Verwendung, denn er verehrt Käthchen ein schönes Exlibris. – Ob sie das später für Goethebände benutzt hat? In jedem Fall ist Goethes Präsent weit dauerhafter als ihre Beziehung!

Doch seine Liebe zur Grafik hat auch eine Kehrseite, denn das Ätzen ist eine höchst giftige Angelegenheit. Aber hat

Exlibris für Käthchen Schönkopf. »Exlibris« sind Bucheignerzeichen, die – in die Innenseiten von Bucheinbänden geklebt – den Namen des Besitzers bezeichnen

das wirklich zu seiner schweren Lungenkrankheit (s. Kap. III) beigetragen? Manche Forscher halten das nämlich für die Hauptursache, da Goethe selbst als Erklärung in die Welt setzt:

> Mir fehlte nicht die beim Ätzen nötige Aufmerksamkeit und selten daß mir etwas mißlang; aber ich hatte nicht Vorsicht genug, mich gegen die schädlichen Dünste zu verwahren, die sich bei solcher Gelegenheit zu entwickeln pflegen, und sie mögen wohl zu den Übeln beigetragen haben, die mich nachher eine Zeitlang quälten.

Doch hier untertreibt er geflissentlich. Tatsächlich ist er, wie so oft, an körperlich-seelische Grenzen gegangen, hat sich rückhaltlos in seine neuen Leidenschaften gestürzt und überfordert. Goethe, der mit fliegenden Fahnen seine Studentenbude bezog, wird plötzlich todkrank und beschließt den Leipzigaufenthalt unfreiwillig als kurzes Kapitel seines Lebens.

»Ich bin jetzt ganz Zeichner«

1768 kehrt ein schwer kranker Sohn ins Frankfurter Elternhaus zurück. Obwohl die Krankheit den gerade 19-Jährigen monatelang ans Bett fesselt und gänzlich lahm legt, versichert er Professor Oeser in Leipzig:

> Die Kunst, ist, wie sonst, fast jetzt meine Hauptbeschäfftigung, ob ich gleich mehr drüber lese, und dencke, als selbst zeichne.

Seine Kontakte zur Kunst lässt er eben nicht abreißen, und die künstlerische Pause hat nach fast zwei langen Jahren zum Glück ein Ende. In Straßburg schreibt sich ein durch Krankheit und Todesnähe geläuterter, mittlerweile 20-jähriger Goethe an der Universität ein – eigentlich, um seine Nase in juristische Fachliteratur zu stecken. Aber auf seinen Wanderungen wird alles anders. Er kommt zu Kräften und sprudelt über vor Einfällen. Goethe packt Rötel, Grafit- und Kreidestücke ein, die er noch umständlich in Halterungen steckt, da der Bleistift erst 1790 erfunden wird, und geht hinaus auf Motivsuche. Als Malgrund liebt er das gerade moderne blaue oder braune Papier, auf das sich mit Weißhöhungen schöne plastische Effekte erzielen lassen und das einen idealen Hintergrund für seine Nachtlandschaften bildet. »Ich bin jetzt ganz Zeichner«, verkündet er stolz. Zur selben hochgestimmten Zeit, da er Friederike leidenschaftliche Gedichte schreibt (s. Kap. III), entwickelt er sich auch im Zeichnen zum Sturm und Drang.

Die Mode der komplizierten Ideallandschaften, der »angenehmen« Bilder mit antikisierenden Säulen und Tempelruinen, die die seidenen Wände reicher Kunstsammler dekorierten, ist vorbei: »Sie sind nicht auf der rechten Spur;/Natur, mein Herr! Natur! Natur!«, rät ein Kunstliebhaber dem Zeichenschüler in Goethes witzigem Jugendgedicht »Künstlers Apotheose«, das in mehreren Figuren unterschiedliche Kunstauffassungen veranschaulicht. In Straßburg findet jetzt der Zeichner Goethe zur sogenannten »rechten Spur«. Er wirft die Landschaften spontan und ohne sich an Vorbilder zu halten aufs Blatt, vom »unmittelbaren Ausdruck von der Natur« überwältigt. Es würde ihm nur ein müdes Gähnen entlocken, wieder tagelang an einem Bild zu feilen. Eine Skizze muss wie im »Fluge geschossen« sein. Jeder, der dem Schnellzeichner Goethe über die Schulter schaut, applaudiert dessen Geniestreich – genauso diejenigen, die ihren Augen nicht zu trauen wagen, wenn er die schönsten Verse einfach so aus dem Ärmel schüttelt.

Goethe begeistert sich jetzt für ganz neue Themen, für Bauernhäuser zum Beispiel: schlicht und ursprünglich, so, wie es die Sturm-und-Drang-Ästhetik fordert, geduckte Mauern, durch die ein Götz von Berlichingen galoppieren könnte (s. Kap. III), Zeichnungen, in denen Sozialkritik mitschwingt. An diesem Stil hält Goethe noch in seiner frühen Weimarer Zeit fest, als er schon bei Hof ein und aus geht und wachsam das soziale Gefälle im Herzogtum registriert – wie lebt der Bauer, der weder lesen noch schreiben kann, wie die blasierte Hofdame? Auf einer Dienstreise wird er zum Beispiel Zeuge eines nächtlichen Dorfbrands, den er rasch skizziert, bei dem er auch rettend mit anfasst, sich sogar die Augenbrauen versengt und zugleich bewusst ist, in welches Elend all die »abgebrannten« Familien stürzen.

Aber am liebsten zeichnet Goethe schöne Landschaften, und darin ist er ganz Kind seiner Zeit. Die Landschaft wird jetzt zum eigenständigen Thema in der Malerei, und enthusiastisch stürzt Goethe sich auf das, was ihm am meisten liegt – die »Stimmungslandschaft«: Spiegel der Seele, subjektives Zeugnis der Atmosphäre, in der sie entstanden ist. Ihr Zauber hat viel von den Gedichten, die Goethe zur selben Zeit schreibt.

Besonders seine zärtlich gehegten »Mondscheine« fallen ins Auge, die Werke, die er dem Mond widmet oder noch lieber dem Vollmond, der in seinem Leben eine besondere Rolle spielt. Bei Vollmond geboren zu sein, zählt Goethe zu den wirklich »guten Aspekten, welche mir die Astrologen in der Folgezeit sehr hoch anzurechnen wußten«. Ihm schreibt er magische Kräfte zu. Von Mücken zerstochen oder bis auf die Knochen durchgefroren schickt er in Vollmondnächten seine heißesten Wünsche zum Himmel und erwartet, dass die Götter sie ihm erfüllen.

Genauso magisch erscheinen Goethes nächtliche Landschaften: Zeichnungen, die oft so zart und undeutlich sind, so flüchtig hingehaucht, dass er sie später trocken als »nebulistisch« abtut – und Kritiker hinzufügen, Goethe ließe es dämmern, um zeichnerische Schwächen zu vertuschen. In den frühen Siebzigerjahren ist Goethe fasziniert von der besonderen Stimmung im Übergang vom Tag zur Nacht:

> Was ist Schönheit? Sie ist nicht Licht und nicht Nacht. Dämmerung; eine Geburth von Wahrheit und Unwahrheit. Ein Mittelding.

Für Goethe öffnet das Mondlicht Türen zu einer anderen Welt. Das »Mondenlicht« lädt ein, die Körperwelt zu verlassen und über ein Woher und Wohin nachzudenken. In seinem Roman »Werther« inspiriert es sogar die bodenständige Lotte:

> Niemals gehe ich im Mondenlicht spazieren, niemals, daß mir nicht der Gedanke an meine Verstorbenen begegnete, daß nicht das Gefühl von Tod, von Zukunft über mich käme.

Was Lotte hier an übersinnlichen Ahnungen überkommt, vermittelt Goethe in seinen Zeichnungen: mit geheimnisvoller Atmosphäre, verschwimmenden Konturen wie durch

Vollmondnacht im Thüringischen Gebirge, 1777

einen Weichzeichner, mit der Ungewissheit, was sich alles im Unendlichen verbirgt. Er spürt neue Seelenlandschaften auf. Die »Mondscheine« zeigen oft einen verletzlichen, nachdenklichen Goethe. Hier kehrt er der Aufklärung den Rücken, die Epoche der Vernunft und des Witzes liegt weit hinter ihm. So, wie die Ästhetik des Lichts buchstäblich die »Aufklärung« charakterisiert, gehört die Ästhetik der Dämmerung zum neuen Lebensgefühl des Sturm und Drang.

Goethe bleibt seinem raschen, emotionalen Zeichenstil treu, zumindest noch in seiner ersten Zeit in Weimar, wo er mit 26 Jahren eintrifft. Literarische Projekte lässt er schleifen. Ab 1781 leitet er mit einem Kollegen sogar die »Freie Zeichen-Akademie« und triezt jetzt selbst Schüler. Zum Glück zeichnet auch seine geliebte Charlotte von Stein, der er überschwänglich schreibt:

> Nachts halb eilf der Mondschein war so göttlich ich lief noch ins Wasser. Auf der Wiese im Mond. Gute Nacht.

Winterliche Mondnacht am Schwansee, 1777/78

Die magischen Landschaften, die Goethe ihr schickt, hängt sich Frau von Stein andächtig über den Schreibtisch. Auch den Schwansee zeichnet Goethe im blanken Mondlicht: reduziert, sparsam schraffiert, mittels Bäumen einige dürre Vertikallinien in weiter horizontaler Landschaft – schon beim Hinschauen fröstelt es den Betrachter. Auf den Schwansee geht die Weimarer Gesellschaft zum Eislaufen: eine neue und misstrauisch beäugte Mode, für manche sogar eine Leidenschaft, wie für die »verrückte Frau von Stein«, so heißt er abfällig in Adelskreisen. Goethe war darin Vorreiter. Schon als Student ist er mit Freunden aufs Eis gezogen, wie süchtig bei Vollmond, konnte nicht aufhören, nahm immer neuen Schwung und neue Kurven, hörte das Eis gefährlich unter sich knacken – und deklamierte zur Erhöhung der feierlichen Stimmung noch dazu im »Halbgesange eine Klopstockische Ode«.

Wir heute haben für den »über den nächtlichen, weiten, zu Eisfeldern überfrorenen Wiesen hervortretenden Vollmond«, der Goethe immer wieder elektrisiert, nur noch einen müden, reduzierten Blick. Der »gute alte Mond« ist im 21. Jahrhundert entmystifiziert. Wir bannen ihn auf Satellitenbilder und haben Schluss gemacht mit romantisierenden Sprichwörtern und Geschichten. Kein Mann im Mond, kein Mondkalb mehr, kein Mond als Mittler in Liebesaffären. Und gerade solch wunderbare Hilfe hat sich der Frauenfreund Goethe häufig erbeten.

Zu seiner Zeit wurde der Mond aber auch für die Kunst entdeckt. Zuvor diente er als stimmungsvolles Beiwerk – in weihnachtlichen Krippendarstellungen zum Beispiel –, aber eigenständige Mondlandschaften, wie sie auch Goethe träumerisch auf sein Skizzenpapier bannt, werden in Deutschland erst später von den Romantikern gemalt. Besonders bekannt darunter wird Caspar David Friedrich, und bei ihm leuchtet der Mond genauso wie bei Goethe über weiten und sehnsuchtsvollen Panoramablicken.

Goethe hat viele andere Künstler inspiriert, zwar nicht mit seinen zahlreichen Mondskizzen, denn die kamen über den engen Kreis seiner Freunde ja nicht hinaus, aber umso mehr dafür mit seinen Mondgedichten. Aus dieser Zeit stammen viele noch heute bekannte Kinderlieder über »Sonne, Mond und Sterne«, es kam zu einer wahren Flut von Gedichten mit dem Mond als stillem Seelenfreund. Wieder sind davon auffallend viele aus der Romantik. Wer kennt nicht Joseph von Eichendorffs berühmte »Mondnacht«? In diesen Versen zaubert Eichendorff eine Stimmung von Sehnsucht und Selbstauflösung, die an Goethes Mondvisionen erinnert. »Und meine Seele spannte/Weit ihre Flügel aus,/Flog durch die stillen Lande,/Als flöge sie nach Haus.« – so heißt es bei dem großen, übrigens auch zum Juristen ausgebildeten Lyriker Eichendorff.

Auch bei Goethe wird der Mond zum vertrauten, tröstlichen Du in guten und in trüben Tagen; nur im Mondlicht ist das Ich zu Hause, nur der Mond wirft einen wissenden Blick ins »Labyrinth der Brust«. Zum Abschluss hier Goe-

Felsentreppe im Weimarer Park, 1777

thes Gedicht »An den Mond«, in der ersten Fassung um 1777 entstanden, also zu Beginn seiner Weimarer Zeit. Viele glauben, das melancholische Gedicht sei unter dem Eindruck eines tragischen Selbstmords entstanden. Die junge Christel von Laßberg hat sich damals aus Liebeskummer ertränkt, nicht weit von Goethes Gartenhaus und mit einer Ausgabe des »Werther« in der Tasche. Für Goethe verständlicherweise ein Schock, über den er sich mit einer feinen Zeichnung vom »Ort ihres Tods« und mit einem seiner bekanntesten Gedichte hinweggerettet. Ist er wirklich »ganz Zeichner«? Hier Wortmagie pur:

An den Mond

Füllest wieder Busch und Tal
Still mit Nebelglanz,
Lösest endlich auch einmal
Meine Seele ganz;

Breitest über mein Gefild
Lindernd deinen Blick,
Wie des Freundes Auge mild
Über mein Geschick.

Jeden Nachklang fühlt mein Herz
Froh- und trüber Zeit,
Wandle zwischen Freud' und Schmerz
In der Einsamkeit.

Fließe, fließe, lieber Fluß!
Nimmer werd' ich froh,
So verrauschte Scherz und Kuß,
Und die Treue so.

Ich besaß es doch einmal,
Was so köstlich ist!
Daß man doch zu seiner Qual
Nimmer es vergißt!

Rausche, Fluß, das Tal entlang,
Ohne Rast und Ruh,
Rausche, flüstre meinem Sang
Melodien zu,

Wenn du in der Winternacht
Wütend überschwillst,
Oder um die Frühlingspracht
Junger Knospen quillst.

Selig, wer sich vor der Welt
Ohne Haß verschließt,
Einen Freund am Busen hält
Und mit dem genießt,

Was, von Menschen nicht gewusst
Oder nicht bedacht,
Durch das Labyrinth der Brust
Wandelt in der Nacht.

Ein »pittore tedesco«

Den ultimativen Höhepunkt seiner Zeichnerkarriere erlebt Goethe im heiß geliebten Italien. Er schwärmt vom Reisen, ihm liegen Reise- und Landschaftszeichnungen mehr als alles andere, und als endlich sein Traum wahr wird und er die Grenze nach Italien passiert, gelingen ihm in kürzester Zeit 1000 fein skizzierte Blätter. Damals gab es ja keine Bildbände oder Postkarten, die gesamte Zeit war überhaupt viel bildärmer als unsere heutige, und Goethes Zeichnungen erfüllen unter anderem auch den banalen Zweck, seinen Freunden daheim zu zeigen, wo er war und wie es unter südlichem Himmel ausschaut.

Auf Sizilien lässt sich Goethe sogar von einem jungen Berufsmaler begleiten, ganz in der Tradition des Adels, der sich Reisezeichner mietet, um bequem an die begehrten Andenken zu kommen. Auf Goethes Tour geht es zwar etwas kollegialer zu, aber auch Christoph Heinrich Kniep unterstützt seinen Geldgeber in dessen Aquarellen, deckt zeichnerische Lücken ab und spitzt ihm die Stifte.

Goethe ist zweimal im Land seiner Sehnsucht, vom Herbst 1786 bis Sommer 1788 mit den Herzstücken Venedig, Rom, Neapel und Sizilien und dann noch einmal im Jahr 1790. Alles ist neu, was sich hier vor seinen Augen auftut, die Natur, das Licht, die Farben, die Architektur. Goethe schlüpft in eine andere Haut. Er ist nicht mehr Dichter, sondern lässt sich offiziell als deutscher Maler oder »pittore tedesco« registrieren, und sein Drang zur Selbstverwirklichung bekommt jetzt eine neue Zielmarke.

Mit einer extra großformatig bestellten Zeichenmappe und frischer Energie stürzt er sich auf südliche Landschaften. Er ist jetzt 37, was damals schon als gesetzteres Alter galt, nimmt noch mal richtig Anlauf, und als Lehrer sind ihm nur die Besten gut genug: Johann Heinrich Wilhelm

Tischbein und Jakob Philipp Hackert. Goethe experimentiert auf unterschiedlichen Malgründen, auf glatten, auf körnigen, er leistet sich großbürgerlichen Luxus in seiner Ausrüstung und bestellt sich das Teuerste aus England – dem Eldorado der Papiere, Farben und Stifte.

Goethe sucht auch Muscheln am Strand. Diesmal nicht aus Sammelleidenschaft, sondern weil er die Muscheln mit Sepia, dem schwarzen Sekret des Tintenfisches, befüllt – was sonst in den Abfall wandert nach dem Abendessen, also für Künstler billig zu haben. Sepiatinte, die man bequem eintrocknen und wieder verflüssigen kann, probiert Goethe jetzt für seine Skizzen aus, er unterrichtet seine daheim gebliebene Muse und Zeichenkollegin Charlotte von Stein in der Technik, schreibt ihr mit Sepia liebevolle Briefe und verspricht, ihr so reichlich Muscheln nach Weimar zu schicken, dass sie hemmungslos üben kann: »Ich bringe dessen zusammen soviel ich will.«

Von italienischen Amouren schweigt die Sepia. Denn auch die Liebe macht Goethe zum Zeichner. Und wenn er verliebt ist, wird in seiner Sinneswahrnehmung ein Schalter umgelegt, wie er wieder aufmerksam registriert. Er sieht die Welt in einem wundersamen Ton, der

> weder dem Untergang der Sonne noch den Lüften des Abends zuzuschreiben war. Die glühende Beleuchtung der hohen Stellen, die kühlende blaue Beschattung der Tiefe schien herrlicher als jemals in Öl oder Aquarell.

Auch wenn es nicht so rosarot bleibt, weil sein Schwarm mit einem andern verlobt ist – gerade unter dieser Hochspannung zeichnet Goethe am laufenden Band.

Italien bringt ihn überhaupt so richtig in Schwung. In Rom wird er jubelnd von der deutschen Künstlerkolonie empfangen und zieht 1786, kurz nach seiner Ankunft, zu Tischbein. Am Corso gründen sie eine Wohngemeinschaft. Der bereits prominente Goethe lebt auf Studentenniveau:

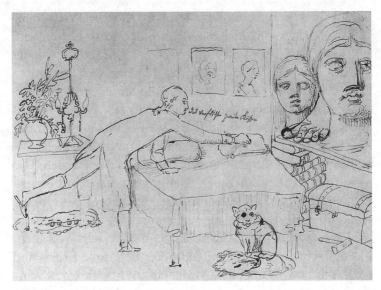

Goethe in seiner römischen Wohnung. Zeichnung von J. H. W. Tischbein, 1787/88

lässig gekleidet und provisorisch eingerichtet im »kleinen einfachen Stübchen«, in dem er sich kaum umdrehen kann und sein Bett selbst macht. Bei der kargen Kost eine Abmagerungs- und Verjüngungskur, und schon in seiner Körpersprache lockert sich der steife deutsche Staatsmann merklich!

Es geht hoch her in dieser Künstlerkolonie, viele reißen sich darum, ihn zu porträtieren, und Goethe wiederum diskutiert mit den Mitbewohnern abends seine Zeichnungen. Tischbein macht ihn auf die besten Motive aufmerksam und berät ihn, wie er Baumgruppen am besten sortiert – so soll er zum Beispiel bei der »Häusergruppe aus Frascati« mitgeholfen haben. Mit weichem Kohlestift gezeichnet und in Untersicht, so dass das Haus mit der gelungenen Komposition der vom Wuchs ganz gegensätzlichen Baumarten – Zypressen und Pinien – wie schwebend wirkt.

In Italien gelingt dem Zeichner Goethe der Durchbruch zur Klassik.

Häusergruppe aus Frascati, 1786

Allee in der Villa Borghese, 1787

Er tastet sich erst einmal vorsichtig heran, nimmt sich Motive vor, die er schon von zu Hause beherrscht, Villen im Mondschein zum Beispiel. Dann studiert er gründlich Claude Lorrain, den Wahlrömer, der mit seinen lichterfüllten Landschaften das 18. und frühe 19. Jahrhundert geprägt hat und jetzt seine vormaligen Idole, die alten Niederländer, verdrängt.

Und noch eine komplette Neuerung: Goethe verwendet endlich Farbe! Ein richtiger Maler zu sein, das war für ihn ein ewig unerreichtes Ideal – aber jetzt traut er sich an seine ersten bunten Aquarelle, die »Landschäfftgen«, die am Tiberufer und im Park der Villa Borghese entstehen.

In der Farbgebung ist Goethe sehr zurückhaltend, Brauntöne überwiegen, dazu etwas Blau und Grün. Doch er freut sich über diesen Riesensprung, schickt seine Blätter der geliebten Charlotte von Stein, und tuscht noch Rahmen dazu, um ihre Wirkung zu erhöhen.

Parkmotive hat er noch aus Weimar im Griff, hier kombiniert er sie mit typisch italienischer Architektur, wie zum Beispiel der Peterskirche in Rom. Hohe, ziemlich kräftig markierte Bäume und Felsen des Parks der Villa Pamphili bilden einen Rahmen und führen den Blick in den Hinter-

Peterskirche in Rom, 1788

grund. Im Mittelgrund dient eine dichte Baumfolge als Horizontallinie, im Hintergrund schwebt erstaunlich zart im Sommerlicht der gewaltige Gebäudekomplex des Vatikans. Die Tiefendimension ist genauestens herausgearbeitet, gemäß dem neuen Arbeitsideal, das Goethe sich schon vor seiner Abreise nach Italien aufgestellt hatte: In der Malerei darf nicht »gesudelt« werden; noch in Weimar sind sorgfältige Zeichnungen an die Stelle seiner früheren flüchtigen Stimmungsskizzen getreten, wie die viel frühere Ansicht seines Gartenhauses von der Rückseite verrät.

Neu – wieder zurück zu Goethe in Italien – ist sein Bemühen, das jeweils Typische herauszuarbeiten. Goethe spricht von der »Idee« einer Landschaft oder einer Stadtansicht, die er darstellen will, und von hier ist es nicht weit zur literarischen Klassik, die er später gemeinsam mit Schiller vorbereitet (s. Kap. X). In dieser neuen »Manier« zeich-

Goethes Gartenhaus von der Rückseite, 1779/80.
Stimmung – flirrendes Licht – trifft hier auf zeichnerische Akribie.

Palatin, 1787. Seine besondere Wirkung erreicht dieses mit Sepia gezeichnete Blatt durch den Kontrast von Licht und Schatten.

net Goethe Ansichten auf seiner Reise nach Neapel und Sizilien. Hier faszinieren ihn andere Motive als in Rom. Keine Gebäude mehr, wie das charakteristische Blatt vom Palatin. Im Süden Italiens dafür Buchten, Inseln, Küsten, »unbegrenzte Blicke über Land, Meer und Himmel«, weite Landschaften, die auf den ersten Blick »klassisch« wirken. Besonders Sizilien verzaubert ihn: »Italien ohne Sizilien macht gar kein Bild in der Seele.« Hier betont der Zeichner die ruhige Harmonie, die Ausgewogenheit zwischen Meer und Felsen, die baumlosen und dadurch klar konturierten Felsumrisse. Die klassizistische Malerei hegt eine Vorliebe für klare Linien, und Goethe findet auf Sizilien in natura vor, was er als abstraktes ästhetisches Ideal zu schätzen gelernt hat: eine absolut gerade, wie mit dem Lineal gezogene Horizontlinie zwischen Himmel und Meer. Goethe war eine richtige Landratte und wird jetzt zum ersten Mal auf dem Meer seekrank – aber als Sieg des Geistes über den Körper zeichnet er während der Überfahrt und ist glücklich. Er schwelgt in »griechischen Augenblicken«, verschlingt Homer und

Cestius-Pyramide, 1788

erfindet in seinen Skizzen ein griechisch-antikes Sizilien, an dessen Ufern seine Iphigenie hätte stranden können.

Im Juni 1788 macht sich Goethe schweren Herzens auf den Heimweg. Italien hat ihm wahrlich neue Horizonte eröffnet. Ein schönes und charakteristisches Abschiedsdokument hinterlässt er in seiner Zeichnung der Cestius-Pyramide bei Rom, ein antikes Grabmal, um das ein romantischer Künstlerfriedhof entstanden ist.

Der Unterschied zu seinen »Mondscheinen« des Sturm und Drang springt gleich ins Auge: Der gereifte Goethe arbeitet mit klaren Linien und hat die weichen Kreide- und Kohlestriche seiner Jugend aus der jetzigen Zeichenschrift verbannt. Doch noch immer flüchtet Goethe sich zum Zeichnen, dem »alten Hausmittel«, um dunkle Stimmungen zu vertreiben, und er skizziert die für ihn so bedeutungsvolle Cestius-Pyramide wie ein Süchtiger. Abschiedsschmerz und so etwas wie Todessehnsucht schwingen in der Zeichnung mit. Einem Freund soll Goethe gesagt haben, hier begraben zu liegen sei schöner, als in Deutschland zu leben.

Bald darauf fasst Goethe wieder Fuß in Weimar. Doch gut 40-Jahre später wird sein einziger Sohn August, der während einer Italienreise stirbt, auf diesem Friedhof begraben werden, an dem stimmungsvollen Ort, den Goethe lange vor der Familientragödie so visionär und melancholisch auf sein Skizzenpapier gebannt hat.

»Das Reden ganz abgewöhnen«

Goethe zeichnet später zwar weniger, aber – wenn wir ihn mit einem riesigen Zeitsprung verfolgen – er baut selbst im Alter noch auf den Wechsel zwischen Wort und Bild und verjüngt sich mit Neuanfängen. »Durch Worte lässt sich nicht alles machen, vielleicht gelingt eine Zeichnung in diesen Tagen«, so sagt er noch kurz vor seinem Tod.

Als der ehemalige »Wanderer« nicht mehr so gut zu Fuß ist, skizziert er mühelos italienische Landschaften in seinem Weimarer Sessel. Perfekt erinnerte Sonnenuntergänge an der neapolitanischen Küste zum Beispiel, sogar mit einer sehnsuchtsvoll in die Ferne schweifenden Staffagefigur, eine Modeerscheinung bei den »Landschaftern«, die Goethe sonst strikt abgelehnt hat und auch nicht besonders gut beherrschte.

»Frappierend!«, staunen seine Bewunderer. Bewundern lässt er sich gerne, so bei den Abendgesellschaften der Herzogin Anna Amalia. Während andere Karten spielen oder

Neapolitanische Küste, 1810

sich unterhalten, beugt er sich über Zeichenpapier. Es ist schon fast eine Rolle, die er sich damit zulegt.

Er leistet sich als Mittfünfziger wieder Malstunden, er fordert Zeichnungen zurück, die er früher verschenkt hat, und sammelt sie in peinlich geordneten Mappen. Ein später Sieg des Frankfurter Ordnungserbes, schade, dass sein Vater das nicht mehr miterlebt hat!

Je älter er wird, desto mehr reizt es Goethe auch, seine Zeichnungen zu veröffentlichen. Bislang hat er sie nur Freunden gezeigt, und der Schritt in eine kritische Öffentlichkeit fällt ihm schwer. Er hängt an seinen Blättern und zweifelt zugleich, ob sie gut genug seien, immerhin hat er einen Ruf zu verlieren. Mit einem geschickten Kunstgriff tut Goethe es dann doch. Er verschenkt sie, einzeln oder zu kleinen Büchlein zusammengefasst, zum Beispiel an die Prinzessin von Sachsen-Weimar, die Tochter des Herzogs Carl August, die er von klein auf kennt. Ihr verehrt er ein wunderschön aquarelliertes »Trost-Büchlein«, als es ihr gerade sehr schlecht geht nach dem Tod der geliebten Großmutter und den entsetzlichen Kriegswirren im Jahr 1806, die ihr, genauso wie vielen anderen Menschen im Herzogtum, den Boden unter den Füßen weggezogen haben. Die Widmung an die 20-Jährige, die Goethe sehr gern gemocht und ein bisschen miterzogen hat, besteht aus einem charmanten Understatement:

> Und Liebe bleibt zu unserm Gewinn
> ein bessrer Zeichner als ich es bin.

Auch einige andere Projekte mit seinem selbstkritisch so bezeichneten »Zeichentalentchen« sind erfolgreich. Die »Italienische Reise« gibt er zwar nicht – wie ursprünglich geplant – mit eigenen Illustrationen heraus. Aber 1821 stellt er seinem Publikum zum Beispiel sechs Blätter vor, die namhafte Künstler nach seinen Zeichnungen radiert haben – wie erwähnt, damals die einzige Methode, Bilder zu vervielfältigen. Auch wenn es im Alter ruhiger wird um den Zeichner Goethe – das Sehen und besonders das Betrachten von Landschaften erfüllen bei ihm nach wie vor eine tiefe Sehnsucht, bringen, wie er es beschreibt, seine Seele zum »Schwingen«. Nüchterner notiert er ein anderes Mal: »Denken ist interessanter als Wissen, aber nicht als Anschauen.« Die Übergänge von der bildenden Kunst zur Literatur sind bei ihm fließend. Schon aus Italien hat er geschrieben: »Wenn ich Worte schreiben will, so stehen mir immer Bilder vor Augen.« Oder umgekehrt: »Weil mein früheres Landschaftszeichnen«, so wieder Goethe selbst,

> mich zu einem beständigen genauen Ansehen der natürlichen Gegenstände trieb, so habe ich die Natur bis in ihre kleinsten Details nach und nach auswendig gelernt, der gestalt, daß, wenn ich als Poet etwas brauche, es mir zu Gebote steht.

Es geht nicht nur um banale Detailstudien – Goethe verfügt auch über höchst ungewöhnliche Inspirationstechniken, und manchmal gewährt er uns einen kurzen Blick hinter die Kulissen:

> Ich hatte die Gabe, wenn ich die Augen schloss und mit niedergesenktem Haupte mir in der Mitte des Sehorgans eine Blume dachte, so verharrte sie nicht einen Augenblick in ihrer ersten Gestalt, sondern sie legte sich auseinander und aus ihrem Innern entfalteten sich wieder neue Blumen aus farbigen, auch wohl grünen Blättern; es waren keine natürlichen Blumen, sondern phantastische, jedoch regelmäßig wie die Rosetten der Bildhauer. Es war unmöglich die hervorquellende Schöpfung zu fixieren, hingegen dauerte sie so lange als mir beliebte, ermattete nicht und verstärkte sich nicht. Dasselbe konnt' ich hervorbringen, wenn ich mir den Zierrat einer bunt gemalten Scheibe dachte, welcher denn ebenfalls aus der Mitte gegen die Peripherie sich immerfort veränderte, völlig wie die in unsern Tagen erfundenen Kaleidoskope.

Goethe verbindet Vorstellung, Anschauung, Zeichnen und Dichten, er verfügt in hohem Maße über das, was man heute »Verknüpfungskompetenz« nennt. Außerdem genießt er den Vorteil, zwischen seinen unterschiedlichen Begabungen und Berufen umsatteln zu können, wenn es nicht mehr weitergeht.

Aber trotzdem verzweifelt er manchmal an seinen Ausdrucksmöglichkeiten. Auch an der Sprache – gerade er, der weltbekannte Lyriker, der wie kein anderer seine Gefühle in Worte gießen kann. Dichtermüdigkeit? Zumindest ein bisschen! Dann klingt der große Goethe resigniert – aber in jedem Fall fühlt er sich beim Zeichnen wenigstens etwas näher an den Dingen selbst als mit abstrakten Worten:

> Wir sollten weniger sprechen und mehr zeichnen. Ich meinerseits möchte mir das Reden ganz abgewöhnen und wie die bildende Natur in lauter Zeichnungen fortsprechen.

IX.

»Der Schlüssel zu allem«
Goethes Wiedergeburt in Italien
und Sizilien

Christiana Engelmann

»Mir ist's wie einem Kinde«

Langfristig gesehen hat sich die Reise nach Italien und Sizilien für Goethe mehr als gelohnt. Damals hat er allerdings so gut wie alle vor den Kopf gestoßen. Muss er sich wieder bei Nacht und Nebel aus dem Staub machen? Kann sich der Mensch nicht einmal bei helllichtem Tag und winkend auf den Weg machen? Charlotte von Stein, angeblich die Selbstbeherrschung in Person, soll erbleicht sein, als Goethe plötzlich weg war. Zehn Jahre lang war sie seine engste Vertraute, sein »Engel«, seine »Schwester oder Frau« und jetzt ahnungslos und gedemütigt vor dem gesamten Hof. »Mir ist's wie einem Kinde, das erst wieder leben lernen muss«, erklärt sich der Geliebte aus der Ferne. Das wird sie nicht beflügelt haben, hatte Frau von Stein doch bereits mehrere eigene Kinder.

Bestürzt ist auch Arbeitgeber Carl August über seinen Superminister, der sich nicht nur ohne Beurlaubung, sondern ohne ein Wort und unbefristet abgeseilt hat. Trotzdem hat er dem flüchtigen Spitzenverdiener die Bezüge fast zwei Jahre lang nachgeschickt. Nur Philipp Seidel, Goethes langjähriger Sekretär, ist eingeweiht und wird zu Hause alles für den Abwesenden regeln. Und zwar so, dass dieser ein »immer zu Erwartender ist«. So hatte es der Flüchtige eingefädelt. »Aberglaube, dass er nicht hinkomme, wenn jemand darum wisse«, rechtfertigt Eckermann Jahrzehnte später Goethes seltsames Verhalten.

Für seinen »poetischen Bildungstrieb« setzt Goethe alles aufs Spiel, den Job, den Ruf, die Freundschaften.
»Früh drei Uhr stahl ich mich aus Karlsbad, weil man mich sonst nicht fortgelassen hätte«, lautet am 3. September 1786 der erste Satz der »Italienischen Reise«, seinen Reise-

aufzeichnungen. Das stimmt wahrscheinlich, denn Goethe hatte sich im Herzogtum unverzichtbar gemacht. Die zahlreichen Ämter und Aufgaben, die er seit zehn Jahren rund um die Uhr übernommen hat, haben ihn ausgebrannt. Die Ideen bleiben aus. Goethe reagiert bemerkenswert radikal und konsequent auf diese Schaffenskrise: »Flucht nach Italien, um sich zu poetischer Produktivität wieder herzustellen«, heißt es 1829 zu Eckermann.

Wieder reist Goethe inkognito. Heute hätte er keine Chance, sich irgendwo länger unerkannt aufzuhalten. Damals wussten nur wenige, wie der berühmte Dichter des »Werther« aussah. Aber auch damals, witzigerweise, konnte er seiner Identität nicht so leicht entkommen. Schon in Regensburg erkennt ihn »ein Ladenbedienter aus der Montagischen Buchhandlung«, der vorher in Weimar gearbeitet hatte. »Ich muss nun machen, dass ich wegkomme«, schreibt er ins Reisetagebuch an Charlotte von Stein. »Ich hab es ihm aber grade ins Gesicht, mit der größten Gelassenheit, geleugnet, dass ich's sei.« So plante er, mit der fremden Identität des Malers Jean Philippe Möller der *ganze* Goethe zu werden. Nichts weniger als eine »Wiedergeburt« war der Sinn der Reise. Dazu machte er einen radikalen Schnitt. Niemand kennt ihn in der Fremde, niemand weiß zu Hause, wo er ist. Er kann ganz von vorne anfangen. Aber alles ist bis ins Kleinste heimlich vorbereitet: seit Monaten Italienisch aufgefrischt, Landkarten und Reiseführer studiert, die Route festgelegt. Die kennt er vom Vater, wie fast alles von Italien. Der Sohn aber bettet seine Reise in einen fast magischen Bedeutungszusammenhang.

Goethe war bei Reiseantritt, 1786, 37 Jahre alt. Er zog Bilanz und setzte sich bis zum 40. Lebensjahr genaue Ziele. Er wollte ein »ganzer« Mensch werden und dazu gehörte für ihn zuallererst eine achtbändige Werkausgabe. Es fehlten noch ganze vier Bände, vieles war immer noch Fragment. Dann war da noch ein ganz anderes und äußerst schwieriges Kapitel: Die Beziehung zu Frauen hatte bis dahin – er ist immerhin für die damalige Zeit schon im fortgeschrittenen Erwachsenenalter – noch keine richtige Erfüllung gefunden. Ein enormer Erwartungsdruck, der auf dieser Reise lastet.

Der Plan beruhte einzig darauf, dass Goethe überzeugt war, dass er endlich seinen Kindheitstraum erfüllen und die antike Kunst und mediterrane Natur selbst erleben musste, damit die Reise wie eine hochpotente Kur wirken würde.

Er war von klein auf »leidenschaftlich jeder natürlichen Fortbewegungsart zugetan« und hatte sich schon öfter durch lange Fußmärsche und Wanderungen »geheilt« (s. Kap. III). Außerdem hatte ihm der Vater immer wieder von diesem »Paradies« erzählt und dabei leuchtende Augen bekommen. Und natürlich hatte die Reise in den Süden schon bei anderen, weniger empfänglichen Menschen nachweislich ihre Wirkung getan.

»Mir ist jetzt nur
um die sinnlichen Eindrücke zu tun«

Er reist mit der Postkutsche. Die Route führt über Verona, Venedig, Florenz nach Rom und Neapel. Schon am Brenner holt er bedeutungsvoll einen literarischen Entwurf aus dem Koffer:

> Jetzt sondere ich ›Iphigenien‹ aus dem Paket und nehme sie mit in das schöne, warme Land als Begleiterin. Der Tag ist so lang, das Nachdenken ungestört, und die herrlichen Bilder der Umwelt verdrängen keineswegs den poetischen Sinn, sie rufen ihn vielmehr, von Bewegung und freier Luft begleitet, nur desto schneller hervor.

Damit die Reise die hohen Erwartungen überhaupt erfüllen kann, setzt er Zeichen und spannt ein magisches Netz von Bedeutungen. Das macht er intuitiv und nicht zum ersten Mal. Auch wie er seine flaue Lebenslust und fehlende Inspiration wieder aktiviert, weiß er genau. Aus Trient heißt es schon acht Tage nach dem Aufbruch:

> Mir ist jetzt nur um die sinnlichen Eindrücke zu tun, die kein Buch, kein Bild gibt. Die Sache ist, daß ich wieder Interesse an der Welt nehme, meinen Beobachtungsgeist versuche und prüfe, wie weit es mit meinen Wissenschaften und Kenntnissen geht, ob mein Auge licht, rein und hell ist, wie viel ich in der Geschwindigkeit fassen kann, und ob die Falten, die sich in mein Gemüt geschlagen und gedrückt haben, wieder auszutilgen sind. Schon jetzt, daß ich mich selbst bediene, immer aufmerksam, immer gegenwärtig sein muß, gibt mir diese wenigen Tage her eine ganz andere Elastizität des Geistes; ich muß mich um den Geldcours bekümmern, wechseln, bezahlen, notieren, schreiben, anstatt daß ich sonst nur dachte, wollte, sann, befahl und diktierte.

Goethe vergleicht die Bilder, die er im Kopf hat, mit der Realität, die Reproduktionen aus dem elterlichen Haus mit den Originalen. Nichts Imaginäres, Virtuelles würde den ersehnten vitalen Schub auslösen, sondern nur die sinnliche Erfahrung und das Sehen mit »eigenen Augen«. Das heißt, auch den Alltag selber organisieren, Socken waschen, einkaufen, mit den Kutschern verhandeln. Dem unmittelbaren Erleben folgen Einträge ins Tagebuch, das er regelmäßig überarbeitet. Goethe führt Gespräche mit Kennern, liest nach, sucht Orte mehrfach auf, forscht, bis er glaubt, die Zusammenhänge zu verstehen. Er orientiert sich zwar an dem damals beliebten Reiseführer »Historisch-kritische Nachrichten von Italien« von Johann Jacob Volkmann, lädt aber die »Dinge«, die ihm »entgegenkommen«, mit enthusiastischen Beschwörungsformeln auf. Volkmann, noch ein Vertreter der »statistischen Zeiten«, vermisst die antiken Stätten exakt nach Länge, Breite, Höhe und Fassungsvermögen. Das war Goethe nicht genug.

Gewiss nimmt er Italien einseitig wahr. Forscher haben sich ergiebig darüber aufgeregt. Er rufe nur ab, was er ohnehin schon weiß. Goethe habe das reale Italien überhaupt nicht wahrgenommen, nur die antiken Spuren rausgefiltert, Landschaft und Menschen idealisiert, die hässlichen Seiten ausgeblendet, wie die sozialen Gegensätze etwa. Ja, Goethe sei überhaupt »nicht wirklich in Italien« gewesen.

»Als wenn ich von einer Grönlandfahrt zurückkäme«

Noch ein anderes, damals bahnbrechendes Buch half Goethe dabei, Kunst und Natur des südlichen Landes zu idealisieren: der Band »Geschichte der Kunst des Altertums« des Altertumsforschers Johann Joachim Winckelmann. Der hatte die griechische Antike als ästhetisches und sittliches Vorbild für seine Zeitgenossen entdeckt. Mit Winckelmanns These: »Rom ist die hohe Schule für alle Welt« fiebert Goethe der Stadt entgegen. Winckelmann vertrat auch die damalige »Klimatheorie«, die vom heiteren südlichen Himmel ein ganzheitliches Leben ableitete. Dazu gehörte die Vorstellung, dass Italien für die benachteiligten »Nordländer« die eigentliche Heimat sei und sie im Norden in Wahrheit in der Verbannung lebten. Goethe kehrte also in sein eigentliches Ursprungsland zurück. Schon am 11. September 1786 notierte er in Trient: »Es ist mir, als wenn ich hier geboren und erzogen wäre und nun von einer Grönlandfahrt von einem Walfischfang zurückkäme.« Sicher hat es auch mit den begeisterten Erzählungen des Vaters zu tun, dass er sich wie zu Hause fühlt. So überspringt er alles Fremde und Irritierende und klammert sich an vermeintlich Bekanntes.

Er klagt über »unser trauriges nördliches Schicksal«, dem »aller Lebensgenuß« geraubt ist, darüber, dass wir »arme nordische Krüppel« sind, die sich im Idealfall »an griechischen und römischen Mustern aufrichten« können. »Wir im Norden« können uns höchstens als »unglückliche Nachahmer quälen«, weil wir fern dem Mittelmeer »leider mehr in der Kritik als im Anschauen« leben müssen. Kurz, das Südliche mit seinen Spuren der griechischen und römischen Vergangenheit im mediterranen Klima war das bessere Andere für eine als minderwertig erlebte nordische Heimat. Dieses sich Verzehren nach dem Süden lag also in der »nordischen« Luft, die bis heute Reisende in den Süden treibt. 1783, drei Jahre vor der Italienreise, hat Goethe seine Sehnsucht nach dem südlichen Arkadien in einem heute allseits bekannten Gedicht ausgedrückt. Später legt er es der Figur Mignon aus dem Bildungsroman »Wilhelm Meisters Lehrjahre« in den Mund.

> Kennst du das Land, wo die Zitronen blühn,
> Im dunkeln Laub die Goldorangen glühn,
> Ein sanfter Wind vom blauen Himmel weht,
> Die Myrte still und hoch der Lorbeer steht,
> Kennst du es wohl?
>   Dahin! Dahin
> Möcht' ich mit dir, o mein Geliebter, ziehn!
>
> Kennst du das Haus? auf Säulen ruht sein Dach,
> Es glänzt der Saal, es schimmert das Gemach,
> Und Marmorbilder stehn und sehn mich an:
> Was hat man dir, du armes Kind, getan?
> Kennst du es wohl?
>   Dahin! Dahin
> Möcht' ich mit dir, o mein Beschützer, ziehn!

> Kennst du den Berg und seinen Wolkensteg?
> Das Maultier sucht im Nebel seinen Weg;
> In Höhlen wohnt der Drachen alte Brut,
> Es stürzt der Fels und über ihn die Flut:
> Kennst du ihn wohl?
>   Dahin! Dahin
> Geht unser Weg; o Vater, laß uns ziehn!

Dann, bei der allerersten Begegnung mit einem Bauwerk der römischen Antike, dem Amphitheater von Verona, ist Goethes Vorstellungskraft am Ende:

»Als ich hineintrat, mehr noch aber, als ich oben auf dem Rande umher ging, schien es mir seltsam, etwas großes und doch eigentlich nichts zu sehen.« Es dürfe »nicht leer gesehen, sondern ganz voll von Menschen« sein, beeilt er sich auszuführen und lässt in dem Steingebilde das großartige antike Bauwerk erstehen, das in seiner Seele »ein Bild macht«. Eine andere bemerkenswerte Eigenheit Goethes ist es, die Landschaft durch die Augen berühmter Maler wahrzunehmen, so als wäre sie für sich gesehen nichts:

> Meine alte Gabe die Welt mit Augen desjenigen Malers zu sehen, dessen Bilder ich mir eben eingedrückt, brachte mich auf einen eignen Gedanken. Es ist offenbar, daß sich das Auge nach den Gegenständen bildet, die es von Jugend auf erblickt, und so muß der venezianische Maler alles klarer und heiterer sehn als andere Menschen.

Kein Wunder, dass Goethes Landschaftsbeschreibungen eigentlich Bildbeschreibungen sind. Vielleicht auch, weil er die Landschaft immer nach idealen Bildmotiven zum Zeichnen absucht. Immer wieder ist vom »malerischen Auge« die Rede. »Man sah keine Natur mehr, sondern nur Bilder.« Und ebenso vergleicht er Kunstwerke, Stadtlandschaften und die Natur mit bedeutender Dichtung. Rom sieht er wie ein »Palimpsest« aus vergangenen Zeitschichten,

»als wenn man den Homer aus einer zum Teil verloschenen, beschädigten Handschrift herausstudieren sollte«. Selbst den Vesuv in Neapel liest er wie einen Text: »Wir hatten nun einen Text vor uns, welchen Jahrtausende zu kommentieren nicht hinreichen.« Ein Vulkan als Text, dafür können sich heutige Vulkanologen erwärmen.

Eine Wiedergeburt nach Goethes »Manier« ist harte Arbeit. Immer wieder heißt es in den Briefen, »ich sehe und lerne«. Er »sieht«, »tut die Augen auf«, »mein Auge fängt sich gut an zu bilden«, »ich übe mein Aug und meinen innern Sinn«. Die »Italienische Reise« lasse sich als »Bildungsgeschichte des Auges lesen«, bringt ein Goethe-Experte diese Lust am Sehen auf den Punkt. In den Tagebucheinträgen für Charlotte von Stein wimmelt es von Verben, die seinen Eifer bezeugen: »Ich eilte«, »ich suchte«, »ich sah«, »ich studierte eifrig«, »ich lernte«, »ich machte mir einen Begriff von . . .«.

Sein erstes italienisches Idol wird der Renaissance-Baumeister Andrea Palladio, dessen Villen und Schlösser im Stil der römischen Antike Goethe zwischen Vicenza und Venedig genauestens studiert. Palladio hat sich »erst mit unglaublicher Mühe an den Alten herangebildet, um sie alsdann durch sich wiederherzustellen«. Am meisten beeindruckt ihn, dass Palladio die christlichen Kirchen nicht im herrschenden Zeitgeist, »nach der Form der alten Basiliken« baute, sondern im Stil der »alten Tempelform«. Palladio war, und das ist das höchste Lob Goethes, »von der Existenz der Alten durchdrungen und fühlte die Kleinheit und Enge seiner Zeit wie ein großer Mensch, der sich nicht hingeben, sondern das übrige soviel als möglich nach seinen edlen Begriffen umbilden will«. Beschreibt er da nicht sich selbst? Auch Goethe sucht sich seine Vorbilder, um sie dann »nach [seiner] Manier« umzuformen.

»Alle Träume meiner Jugend
seh ich nun lebendig«

Die Fahrt nach Rom, dem ersten großen Ziel, dauert fast zwei Monate. Die Reise ist anstrengend, die Kutsche langsam auf den schlechten Straßen und Wegen, oft läuft Goethe einfach nebenher. Die Grenzkontrollen durch die vielen einzelnen italienischen Herzogtümer sind schikanös und zeitraubend, Überfälle von Räubern und Wegelagerern keine Seltenheit. Goethe hat mehr Glück als etliche seiner Kollegen, die, manchmal sogar nach mehreren Überfällen, Rom völlig mittellos erreichen. Goethe klagt nie, jedenfalls nicht auf dem Papier.

Am 29. Oktober 1786 kommt er endlich an. Und zieht gleich bei dem deutschen Maler Johann Heinrich Wilhelm Tischbein und noch zwei weiteren Malern am Corso ein. Im selben Haus hat heute das Goethe-Museum »Casa di Goethe« das damalige Wohngemeinschaftsleben anschaulich dokumentiert.

Die erste und dringendste Aufgabe nach der Ankunft ist, die vor den Kopf Gestoßenen zu Hause zu beschwichtigen. Goethe steht unter Rechtfertigungsdruck, doch sein taktisches Geschick findet für jeden Adressaten den richtigen Ton. Dem Freundeskreis in Weimar beschreibt er seine Flucht nach Rom wie einer, der, fast ohne sein Zutun, von tausend Furien über den Brenner gehetzt wurde:

> Ja ich bin endlich in dieser Hauptstadt der alten Welt angelangt! Über das Tyroler Gebirg bin ich gleichsam weggeflogen, Verona, Vicenz, Padua, Venedig habe ich gut, Ferrara, Cento, Bologna flüchtig und Florenz kaum gesehn. Die Begierde nach Rom zu kommen war so groß, wuchs so sehr mit jedem Augenblicke, daß kein Bleibens mehr war, und ich mich nur drei Stunden in Florenz aufhielt. Nun

bin ich hier und ruhig und wie es scheint auf mein ganzes Leben beruhigt. Denn es geht, man darf wohl sagen, ein neues Leben an, wenn man das Ganze mit Augen sieht, das man teilweise in- und auswendig kennt. Alle Träume meiner Jugend seh ich nun lebendig, wohin ich gehe finde ich eine Bekanntschaft in einer neuen Welt, es ist alles wie ich mir's dachte und alles neu (...) Ich empfehle mich mit der Bitte, mir ein gnädiges und freundschaftliches Andenken zu erhalten und vorerst den Ort meines Aufenthaltes niemand zu entdecken.

Charlotte von Stein wurde schon vorher im Reisetagebuch versöhnlich gestimmt:

Und da ich bloß zu reisen scheine, um dir zu erzählen, so setz ich mich nun hin, da es Nacht ist, dir mancherlei vorzusagen (...) hätte ich meinen Entschluß nicht gefaßt, den ich jetzt ausführe, so wär' ich rein zugrunde gegangen: zu einer solchen Reife war die Begierde, diese Gegenstände mit Augen zu sehen, in meinem Gemüt gestiegen.

Und aus Rom:

Laß dich's nicht verdrießen meine Beste, daß dein Geliebter in die Ferne gegangen ist, er wird dir besser und glücklicher wiedergegeben werden.

Was schreibt er dem Herzog?

Endlich kann ich den Mund auftun und meine Freunde mit Frohsinn begrüßen. Verzeihen Sie mir das Geheimnis und die gleichsam unterirdische Reise hierher. Kaum wagte ich mir selbst zu sagen, wohin ich ging, selbst unterwegs fürchtete ich noch, und nur unter der Porta del Popolo war ich mir gewiß, Rom zu haben.

Und laßt mich nun auch sagen, dass ich tausendmal, ja beständig eurer gedenke in der Nähe der Gegenstände, die ich allein zu sehen niemals glaubte. (...) Ja, die letzten Jahre wurde es eine Art von Krankheit, von der mich nur der Anblick und die Gegenwart heilen konnte. (...) Die Begierde, dieses Land zu sehen, war überreif: da sie befriedigt ist, werden mir Freunde und Vaterland erst wieder recht aus dem Grunde lieb und die Rückkehr wünschenswert, ja um desto wünschenswerter, da ich mit Sicherheit empfinde, daß ich so viele Schätze nicht zu eignem Besitz und Privatgebrauch mitbringe, sondern daß sie mir und andern durch das ganze Leben zur Leitung und Fördernis dienen sollen.

Eine diplomatische Meisterleistung. Er schlägt existenzielle Töne an und verspricht einen Gewinn für die Allgemeinheit. Bald wird er auch Erfolge melden, damit die Minister zu Hause nicht umsonst »für ihn schwitzen«, wie der selten reisende Schiller stichelt. Der Herzog jedenfalls schluckt's. Doch erst im Januar 1787 erhält Goethe die offizielle Beurlaubung.

Und an Sekretär Seidel, seinen »Schutzgeist«, geht der merkwürdige Satz im ersten Brief aus Rom:

> Das Gesetz und die Propheten sind nun erfüllt und ich habe Ruhe von den römischen Gespenstern auf Zeitlebens. Lebe wohl. Liebe mich. Goethe!

Am selben Tag schreibt er auch seiner Mutter:

> Wie wohl mir's ist, daß sich so viele Träume und Wünsche meines Lebens auflösen, dass ich nun die Gegenstände in der Natur sehe, die ich von Jugend auf in Kupfer sah, und von denen ich den Vater so oft erzählen hörte, kann ich Ihnen nicht ausdrücken.

Und wie antwortet die beste aller Mütter?

> Jubilieren hätte ich vor Freude mögen, daß der Wunsch, der von frühester Jugend in deiner Seele lag, nun in Erfüllung gegangen ist.

Hat sich jemals eine Mutter so über eine Reise ihres Sohnes gefreut?

Im Einwohnermeldeamt des Kirchenstaats ließ er sich als Filippo Möller, Maler, 32, eintragen. Um fünf Jahre jünger hat er sich gemacht! Das Inkognito war hier dringend notwendig, denn der Vatikan hatte den »Werther« wegen des Selbstmord-Themas auf den Index gesetzt, und Goethe hätte mit einer Ausweisung aus dem Kirchenstaat rechnen müssen, wenn die geistlichen Herren von seiner Anwesenheit erfahren hätten. Aber dass in Italien keine Werther-Epidemie ausbrechen würde, da war sich Goethe sicher:

> Alsdann schien mir auch der Gegenstand des Selbstmordes ganz außer dem Kreise italienischer Begriffe zu liegen. Daß man andere totschlage, davon hatte ich fast Tag für Tag zu hören, daß man sich aber selbst das liebe Leben raube, oder es nur für möglich hielte, davon sei mir noch nichts vorgekommen.

Tatsächlich sind während seines Aufenthaltes in Rom jährlich ungefähr 560 Morde nachgewiesen. New York erscheint heute fast ein Hort der Sicherheit im Vergleich zum Kirchenstaat von damals.

Ein permanentes Ärgernis sind Goethe die ausgelassenen Touristen, die schon damals nach Rom strömen und sich den Ort nicht mühsam genug »aneignen«: »Gott sei Dank, daß mir von diesen Zugvögeln künftig keiner mehr imponiert, wenn er mir im Norden von Rom spricht, keiner mir die Eingeweide mehr erregt.« Gemeint sind die Söhne des europäischen Adels, die die »Grand Tour« zu einer vergnüglichen Bildungsreise nutzen. Diese Art zu reisen war für Goethe unter Niveau. Doch auch über ihn ist Unglaubliches und – zwar von ihm selbst – zu lesen. In den »Römischen Elegien«, einem der bedeutendsten literarischen Werke der Reise. Hier zum Beispiel gleich die erste der insgesamt zwanzig Elegien:

Römische Elegien
I.
Saget, Steine, mir an, o sprecht, ihr hohen Paläste!
  Straßen, redet ein Wort! Genius, regst du dich nicht?
Ja, es ist alles beseelt in deinen heiligen Mauern,
  Ewige Roma; nur mir schweiget noch alles so still.
O wer flüstert mir zu, an welchem Fenster erblick' ich
  Einst das holde Geschöpf, das mich versengend erquickt?
Ahn' ich die Wege noch nicht, durch die ich immer und immer,
  Zu ihr und von ihr zu gehe, opfre die köstliche Zeit?
Noch betracht' ich Kirch' und Palast, Ruinen und Säulen,
  Wie ein bedächtiger Mann schicklich die Reise benutzt.
Doch bald ist es vorbei, dann wird ein einziger Tempel,
  Amors Tempel nur sein, der den Geweihten empfängt.
Eine Welt zwar bist du, o Rom; doch ohne die Liebe
  Wäre die Welt nicht die Welt, wäre denn Rom auch nicht Rom.

Die Elegien enthalten, so heißt es, was Goethe in Rom wirklich erlebt hat. Sie seien genau die Kehrseite der Briefe nach Weimar, vor allem derjenigen an Charlotte von Stein. Vielleicht ist das »Doppelleben«, wie einige Wissenschaftler es nennen, einfach ein ganzheitliches Bildungserlebnis?

»Und ich zähle einen zweiten Geburtstag«

Als Goethe 1813 den Berg von Notizen und Aufzeichnungen der Reise überarbeitet, ist es ihm wichtig, seine Italienreise als beispielhaftes Bildungserlebnis an die Leser zu bringen. Man begegnet auf Schritt und Tritt einem sich plagenden Goethe, der fast zwanghaft seine Checkliste abarbeitet. Schon seine Briefe nach Weimar klingen oft wie persönlich gefärbte Arbeitsberichte. Das Lernen sei so mühsam, er müsse sozusagen zurück in die erste Klasse:

> Man hat außer Rom keinen Begriff wie man hier geschult wird. Man muß sozusagen wiedergeboren werden und man sieht auf seine vorigen Begriffe wie auf Kinderschuhe zurück,

schreibt er an seinen Freund Herder, mit dem er in engem Briefkontakt steht. Zugleich führt er aber vor, wie er diesem Lernprozess eine magische Bedeutung zu geben weiß:

> Wasserleitungen, Bäder, Theater, Amphitheater, Rennbahn, Tempel! Und dann die Paläste der Kaiser, die Gräber der Großen – Mit diesen Bildern hab ich meinen Geist genährt und gestärkt. (...) und so steigt der alte Phönix Rom wie ein Geist aus seinem Grabe, doch ist's Anstrengung statt Genußes und Trauer statt Freude. Gewiß man muß sich einen eignen Sinn machen Rom zu sehn, alles ist nur Trümmer, und doch, wer diese Trümmer nicht gesehn hat, kann sich von Größe keinen Begriff machen. So sind Musea und Gallerien auch nur Schädelstätten, Gebeinhäuser und Rumpfkammern; aber was für Schädel.

Selbst Schädel sind hier von großer Bedeutung,

> denn an diesen Ort knüpft sich die ganze Geschichte der Welt an, und ich zähle einen zweiten Geburtstag, eine wahre Wiedergeburt, von dem Tage, da ich Rom betrat.

Zu glauben, das Ziel sei jetzt erreicht, die Sehnsucht gestillt, der Mann zufrieden, wäre ein großer Irrtum. Nein, man hätte es sich denken können. Goethe steht erst am Anfang:

> Und doch ist das alles mehr Mühe und Sorge als Genuß. Die Wiedergeburt, die mich von innen heraus umarbeitet, wirkt immer fort. Ich dachte wohl, hier was Rechts zu lernen; daß ich aber so weit in die Schule zurückgehen, daß ich so viel verlernen, ja durchaus umlernen müßte, dachte ich nicht (...) je mehr ich mich selbst verleugnen muß, desto mehr freut es mich. Ich bin wie ein Baumeister, der einen Turm aufführen wollte und ein schlechtes Fundament gelegt hatte; er wird es beizeiten gewahr und bricht gern wieder ab, was er schon aus der Erde gebracht hat, seinen Grundriss sucht er zu erweitern, zu veredeln, sich seines Grundes mehr zu versichern, und freut sich schon im voraus der gewissern Festigkeit des künftigen Baues.

Goethe, ein »schlechtes Fundament«? Schlichte Koketterie. Man darf ihm einfach nicht alles glauben. Zum Glück kann er am 10. Januar 1787 auch den ersten poetischen Ertrag dieser wunderschönen Anstrengung vermelden. Die ›Iphigenie‹ [ist] endlich fertig geworden. Ich habe mich daran ganz stumpf gearbeitet. (...) ›Iphigenia‹ in Jamben zu übersetzen, hätte ich nie gewagt, wäre mir in Moritzens »Prosodie« nicht ein Leitstern erschienen. Und so hat mich denn diese Arbeit (...) ein völliges Vierteljahr unterhalten und aufgehalten, mich beschäftigt und gequält. Es ist nicht das erste Mal, daß ich das Wichtigste nebenher tue, und wir wollen darüber nicht weiter grillisieren und rechten.

In Rom ein klassisches Drama zu schreiben, was ist daran so quälerisch? Übertreibt er nicht wieder maßlos?

Mit Karl Philipp Moritz, dem Autor des ersten »psychologischen Romans«, dem »Anton Reiser«, hat sich Goethe in Rom gut befreundet und in ihm einen »Bruder« gesehen (s. Kap. VI). Mit der »Iphigenie« in Versform ist er zum Klassiker geworden. Jetzt könnte er mal zufrieden sein.

»Hier ist mehr als alles« – (Aus)rasten in Neapel

Goethes Vater, Johann Caspar Goethe, war 1740 in Neapel, der Sohn kommt im Februar 1787 dort an: »Bei ganz rein heller Atmosphäre kamen wir Neapel näher; und nun fanden wir uns wirklich in einem andern Lande.« Hier kann er sich nicht mehr an Bekanntes klammern.

> Man sage, erzähle, male, was man will, hier ist mehr als alles. Die Ufer, Buchten und Busen des Meeres, der Vesuv, die Stadt, die Vorstädte, die Kastelle, die Lusträume! – Wir sind auch noch abends

in die Grotte des Posilipo gegangen, da eben die untergehende Sonne zur andern Seite hereinschien. Ich verzieh es allen, die in Neapel von Sinnen kommen, und erinnerte mich mit Rührung meines Vaters, der einen unauslöschlichen Eindruck besonders von denen Gegenständen, die ich heut zum erstenmal sah, erhalten hatte. Und wie man sagt, daß einer, dem ein Gespenst erschienen, nicht wieder froh wird, so konnte man umgekehrt von ihm sagen, daß er nie ganz unglücklich werden konnte, weil er sich immer wieder nach Neapel dachte. Ich bin nun nach meiner Art ganz stille und mache nur, wenn's gar zu toll wird, große, große Augen.

Neapel wirkt Wunder. Jetzt hat er sich wahrhaftig verändert. Er wird geselliger, er sieht, dass es seltsam ist, »wenn man in die Welt geht, um allein bleiben zu wollen«. Er gerät in einen »Taumel« in dieser völlig anderen Welt mit ihrer überwältigenden Vegetation und dem unsicheren vulkanischen Boden. »Man wünscht zu denken und fühlt sich dazu zu ungeschickt.« Ganze drei Mal, wie könnte es anders sein, treibt es ihn auf den Vesuv. Unbedingt will er sehen, wo genau die Lavamassen austreten. Denn der Vulkan ist aktiv. Unter Lebensgefahr robbt Goethe sich an den Rand des Kraters und kann gerade noch rechtzeitig in Deckung gehen, bevor ein Asche- und Steinregen auf ihn niederprasselt. Tischbein, den er mit hinaufschleppt, nimmt ihm diese Abenteuer ernsthaft übel. Von einem Gespräch mit den Göttern ist diesmal nichts überliefert.

Neapel ist so »unsagbar schön«, dass Goethe eine Beschreibung ablehnt. Zur Feder greift er trotzdem:

> Man mag sich hier an Rom gar nicht zurückerinnern; gegen die hiesige freie Lage kommt einem die Hauptstadt der Welt im Tibergrunde wie ein altes, übelplaziertes Kloster vor.

So schnell lässt er den eben noch idealisierten Ort fallen. Dafür wird Neapel gewaltig aufgeladen:

> Daß kein Neapolitaner von seiner Stadt weichen will, daß ihre Dichter von der Glückseligkeit der hiesigen Lage in gewaltigen Hyperbeln singen, ist ihnen nicht zu verdenken, und wenn auch noch ein paar Vesuve in der Nachbarschaft stünden.

Mit den Neapolitanern kommt Goethe gut zurecht: »Hier sind mir die Menschen alle gut, wenn sie auch nichts mit mir anzufangen wissen.«
Beim Maler Philip Hackert, der am Hof von Neapel angestellt ist, nimmt er Zeichenunterricht. »Sie haben Anlage, aber Sie können nichts machen. Bleiben Sie achtzehn Monate bei mir, so sollen Sie etwas hervorbringen, was Ihnen und andern Freude macht«, schlägt Hackert vor.
Immer wieder sieht Goethe sich auf der Reise vor die Entscheidung gestellt, ob Malen oder Dichten sein wahres Talent sei. Es ist hier, wo ihm sein Bildungsplan und die Selbstkontrolle wohltuend entgleiten. Vorübergehend.

> Neapel ist ein Paradies, jedermann lebt in einer Art von trunkner Selbstvergessenheit. Mir geht es ebenso, ich erkenne mich kaum, ich scheine mir ein ganz anderer Mensch. Gestern dacht' ich: ›Entweder du warst sonst toll, oder du bist es jetzt‹.

Und nach zwei Wochen in Neapel:

> Wenn man in Rom gern studieren mag, so will man hier nur leben; man vergißt sich und die Welt, und für mich ist es eine wunderliche Empfindung, nur mit genießenden Menschen umzugehen.

Goethe im »Taumel« und »trunken«, »vergißt sich und die Welt«. Man glaubt es kaum.

> Wenn ich Worte schreiben will, so stehen mir immer Bilder vor Augen des fruchtbaren Landes, des freien Meeres, der duftigen Inseln, des rauchenden Berges, und mir fehlen die Organe, das alles darzustellen. (...) Ich habe viel gesehen und noch mehr gedacht: die Welt eröffnet sich mehr und mehr, auch alles, was ich schon lange

weiß, wird mir erst eigen. Welch ein früh wissendes und spät übendes Geschöpf ist der Mensch!

In Neapel widerfahren Goethe die wunderlichsten Dinge, die in seiner »Italienischen Reise« mit Vergnügen nachzulesen sind. Hier wird er sich plötzlich selbst fremd. Er hat nämlich schwere Entscheidungsprobleme: Soll er nach Sizilien weiterreisen oder nicht? Der Vater ist nur bis Neapel gekommen. Sollte es stimmen, dass der Sohn, wie der Psychoanalytiker K. R. Eissler mutmaßt, Schwierigkeiten hat, seinen Vater auch auf diesem Gebiet zu übertrumpfen? Die Italienreise bis Neapel war schließlich des Vaters ureigenster Höhepunkt im Leben.

> Noch nie bin ich so sonderbar in einem Entschluß hin und her gebogen worden. Heute kommt etwas, das mir die Reise anrät, morgen ein Umstand, der sie abrät. Es streiten sich zwei Geister um mich.

Im selben Brief wird die Umarbeitung des »Tasso« in Versform angekündigt, auch wenn ihm

> niemand für die unendlichen Bemühungen dankt. (...) Lieber würf' ich ihn ins Feuer, aber ich will bei meinem Entschluß beharren, und da es einmal nicht anders ist, so wollen wir ein wunderlich Werk daraus machen.

Dieser Starrsinn ist zu bewundern, seine Unabhängigkeit von der Meinung anderer und dass er alles »nach seiner Manier« machen muss. Dann tauchen aber doch die »Götter« wieder auf:

> Über meine sizilianische Reise halten die Götter noch die Waage in Händen; das Züngeln schlägt herüber und hinüber.

Tatsächlich bestrafen die »Götter« Goethes Entschluss, die Reise fortzusetzen, mit einer schrecklichen Überfahrt nach Sizilien, auf der er fürchterlich seekrank wird. Als er seine

Aufzeichnungen Jahre später für die Veröffentlichung aufbereitet, schildert er, wie gelassen er die erste Seekrankheit nimmt:

> Ich begab mich in meine Kammer, wählte die horizontale Lage, enthielt mich außer weißem Brot und rotem Wein aller Speisen und Getränke und fühlte mich ganz behaglich. Abgeschlossen von der äußern Welt, ließ ich die innere walten, und da eine langsame Fahrt vorauszusehen war, gab ich mir gleich zu bedeutender Unterhaltung ein starkes Pensum auf. Die zwei ersten Akte des »Tasso«, in poetischer Prosa geschrieben, (...) hatten etwas Weichliches, Nebelhaftes, welches sich bald verlor, als ich nach neueren Ansichten die Form vorwalten und den Rhythmus eintreten ließ.

Die ersten beiden Akte des »Tasso« will er bei stürmischer See und schwer seekrank in Versform umgeschrieben haben? Seemannsgarn vom Dichterfürsten!

Goethe hat sich ja oft waghalsig in gefährliche Situationen gestürzt. Enttäuschend schlapp ist aber, dass er, der auf festem Boden gern die Meeresmetaphorik für seelische Erschütterungen wählte, bei der ersten realen Seefahrt sofort seekrank wird. Hat die Magie des Wortes in Neapel aufgehört zu wirken?

Nach fünf Tagen bei »beständigem Gegenwind« betritt Goethe Sizilien am 2. April 1787.

»Italien ohne Sizilien macht gar kein Bild in der Seele«

Von den Bauten der authentisch griechischen Antike – die meisten der bisher gesehenen waren römische Bauten nach griechischem Vorbild – ist er maßlos enttäuscht. Seit dem

8. Jahrhundert vor Christus gründeten griechische Städte Kolonien in Unteritalien und Sizilien. So entstanden ebendort echte griechische Bauwerke. Schon in Paestum bei Neapel hatten Goethe die dorischen Tempel befremdet: Die »stumpfen, kegelförmigen, enggedrängten Säulenmassen« fand er »lästig ja furchtbar«. Die Tempelreste von Segesta und Agrigent auf Sizilien zum Beispiel, die damals noch nicht restauriert waren, nennt er »Schutthaufen«. Hier versagen die Beschwörungsformeln. Seine Obsession für die Bauten der »Antike« schlägt nach mehreren Enttäuschungen um: »Wir taten ein feierliches Gelübde, nie wieder nach einem mythologischen Namen unser Wegeziel zu richten.« Den bedeutendsten Tempelstätten, die ihm sein Reiseführer für Sizilien, der »gute Riedesel«, empfiehlt, geht er vorsorglich aus dem Weg und begründet dies mit einer »gewissen eigensinnigen Grille«. Dafür überwältigt ihn die Natur, die »Fruchtbarkeit des Landes«. Wer sie gesehen hat, »der hat sie auf sein ganzes Leben«. Nicht die Überreste der Antike, sondern die Gärten versetzen ihn hier ins Altertum:

> In dem öffentlichen Garten unmittelbar an der Reede brachte ich im stillen die vergnügtesten Stunden zu. Es ist der wunderbarste Ort von der Welt. Regelmäßig angelegt, scheint er uns doch feenhaft; vor nicht gar langer Zeit gepflanzt, versetzt er ins Altertum.

Das ist das Höchste, was Goethe auf der Reise erlebt, das wahre Arkadien ist erreicht:

> »Aber der Eindruck jenes Wundergartens war mir zu tief geblieben; die schwärzlichen Wellen am nördlichen Horizonte, ihr Anstreben an die Buchtkrümmungen, selbst der eigene Geruch des dünstenden Meeres, das alles rief mir die Insel der seligen Phäaken in die Sinne sowie ins Gedächtnis. Ich eilte sogleich, einen Homer zu kaufen, jenen Gesang mit großer Erbauung zu lesen und eine Übersetzung aus dem Stegreif Kniepen vorzutragen.«

Der Garten der Villa Giulia in Palermo erinnert ihn an den paradiesähnlichen Garten des Phäakenkönigs Alkonoos, des Vaters der Nausikaa, wie ihn Homer im VII. Gesang der »Odyssee« beschrieben hat. Sofort beginnt Goethe ein »griechisches« Drama, das er »Nausikaa« nennt, zu dem Verse wie diese gehören, die federleicht die Atmosphäre ausdrücken: »Ein weißer Glanz ruht über Land und Meer/ Und duftend schwebt der Äther ohne Wolken.«
Das Drama ist mit nur drei Szenen des ersten Aktes Fragment geblieben. Nach Sizilien hat Goethe die Arbeit abgebrochen.

Im selben Garten ist ihm auch die »alte Grille wieder eingefallen: ob ich nicht unter dieser Schar die Urpflanze entdecken könnte?« Hier habe ihm, schreibt er, die »Vorstellung von der ursprünglichen Identität aller Pflanzenteile vollkommen« eingeleuchtet. Hier werde er sie finden, die »Urpflanze«, um »welche [ihn] die Natur selbst beneiden soll« (s. Kap. XIII). Im Garten der Villa Giulia glaubt Goethe, Natur und Kunst perfekt vereint zu sehen.

Die Reise durch Sizilien – meistens zu Pferd – gerät zu einem einzigen Rausch von Höhenansichten, Aussichten und Überblicken. Die üppige Vegetation stand in voller Frühlingsblüte.

Am 13. April 1787 fällt dann der berühmte Satz: »Italien ohne Sizilien macht gar kein Bild in der Seele: hier ist erst der Schlüssel zu allem.« Der Schlüssel wozu? Wohl zur Urpflanze, zum wahren Griechentum, könnte man meinen, aber seltsamerweise folgt danach ein Lob auf das Wetter und das sizilianische Essen.

Auf der Rückfahrt per Segelschiff nach Neapel schlagen die »Götter« wieder zu. Erneut wird Goethe schwer seekrank und entgeht nur knapp einem Schiffbruch, den er allerdings angeblich verschläft. In seinen Erinnerungen nimmt er erneut die »horizontale Stellung an« – und zeigt, wie gut er mit Enttäuschungen umgehen kann:

> In dieser Lage wollte mir unsere ganze sizilianische Reise in keinem angenehmen Lichte erscheinen. Wir hatten doch eigentlich nichts gesehen, als durchaus eitle Bemühungen des Menschengeschlechts, sich gegen die Gewaltsamkeit der Natur, gegen die hämische Tücke der Zeit und gegen den Groll ihrer eigenen feindseligen Spaltungen zu erhalten. Die Karthager, Griechen und Römer und so viele nachfolgenden Völkerschaften haben gebaut und zerstört. Selinunt liegt methodisch umgeworfen; die Tempel von Girgenti niederzulegen, waren zwei Jahrtausende nicht ausreichend, Catania und Messina zu verderben, wenige Sekunden, wo nicht gar Augenblicke. Diese wahrhaft seekranken Betrachtungen eines auf der Woge des Lebens hin und wider Geschaukelten ließ ich nicht Herrschaft gewinnen.

»Ich bin in dem, was meines Vaters ist«

Was dieser Reisende in Italien auch sucht, ist die Fähigkeit zu »dauerhaftem Glück«. Er trägt seine Faust-Figur, der er dieses innerste Problem der ewigen Unzufriedenheit auflädt, schon seit Jahren mit sich herum. Aber auch in Italien geht die Arbeit am Faust-Manuskript nicht weiter. Zurück in Rom am 6. Juni 1787 ist er alles andere als zufrieden, sondern geradezu in Panik, das Erlebte wieder zu verlieren und zu vergessen. Die Reise könnte schließlich sogar umsonst gewesen sein: Er »brauchte wenigstens noch ein Jahr in Rom (...) sonst bring' ich wieder einen halben Freund zurück«. Der »Zweite Römische Aufenthalt«, wie Goethe die Zeit von Juni 1787 bis April 1788 nennt, ist ein zweites breit angelegtes Bildungsprojekt, eine noch intensivere Arbeit am Selbst: botanische Studien wechseln mit Zeichnen, weitere Galerien und Museen werden besucht, Gemmen und andere Kunststücke erworben, »Egmont« fertig geschrieben, gewandert, gemalt in Frascati:

> Ich finde mich immer mehr in mich zurück und lerne unterscheiden, was mir eigen und was mir fremd ist. Ich bin fleißig und nehme von allen Seiten ein und wachse von innen heraus.

Seltsamerweise fühlt er sich umso fremder, je länger er in Rom ist. Knebel gesteht er, dass er »mit den Künsten und der Natur immer verwandter und mit der Nation immer fremder« werde. Am meisten zeigt sich sein Unverständnis in seinem Bericht über den römischen Karneval. Er sei »ohnedies schon ein so isoliertes Wesen und mit diesem Volke« habe er »gar nichts gemein«. Eine Woche zuvor hat er sich die schwierige Aufgabe vorgenommen, beim Herzog um Verlängerung des Aufenthaltes zu bitten.

> Ich erwartete Ihr Schreiben um über meinen ferneren Aufenthalt etwas Festes zu beschließen, nun glaube ich nicht zu fehlen, wenn ich Sie ersuche: mich noch bis Ostern in Italien zu lassen. Mein Gemüt ist fähig in der Kunstkenntnis weit zu gehen, auch werde ich von allen Seiten aufgemuntert, mein eignes kleines Zeichentalentchen auszubilden und so möchten diese Monate eben hinreichen meine Einsicht und Fertigkeit vollkommner zu machen. Jetzt werden Architektur und Perspektiv, Komposition und Farbengebung der Landschaft getrieben, Sept. und Oktbr. möchte ich im Freien dem Zeichnen nach der Natur widmen, Nov. und Dez. der Ausführung zu Hause, dem Fertigmachen und Vollenden. Die ersten Monate des künftigen Jahres, der menschlichen Figur, dem Gesichte pp. Ich wünsche und hoffe es nur wenigstens so weit zu bringen, wie ein Musikliebhaber, der wenn er sich vor sein Notenblatt setzt, doch Töne hervorbringt die ihm und andern Vergnügen machen, so möchte ich fähig werden eine Harmonie aufs Blatt zu bringen um andere mit mir zu unterhalten und zu erfreuen. Ich weiß zu sehr, wie ängstlich es ist, wenn man eine gewisse Fähigkeit in sich spürt und

> einem das Handwerk gänzlich mangelt, sie auszulassen und auszuüben.
>
> Bis Ostern werde ich es so weit gebracht haben, um alsdann für mich weiter gehen zu können. Denn gewisse Dinge sind es die man von andern lernen und annehmen muß. Dieses macht den Aufenthalt in Rom so angenehm, weil so viele Menschen sich hier aufhalten, die sich mit Denken über Kunst, mit Ausübung derselben zeitlebens beschäftigen und wohl kein Punkt sein kann, über den man nicht von einem oder dem andern Belehrung erwarten könnte. Noch eine andre Epoche denke ich mit Ostern zu schließen: meine erste (oder eigentlich meine zweite) Schriftsteller-Epoche. Egmont ist fertig, und ich hoffe bis Neujahr den Tasso, bis Ostern Faust ausgearbeitet zu haben, welches mir nur in dieser Abgeschiedenheit möglich wird. Zugleich hoffe ich sollen die kleinen Sachen, welche den fünften, sechsten und siebenten Band füllen fertig werden und mir bei meiner Rückkehr ins Vaterland nichts übrig bleiben, als den achten zu sammeln und zu ordnen. Somit werde ich auch dieser Verbindlichkeit los und kann an etwas Neues, kann mit Ernst an Wilhelm gehn, den ich Ihnen recht zu erb und eigen schreiben möchte.

Mit »Wilhelm« ist der »Wilhelm Meister« gemeint, der heute als der bedeutendste Bildungsroman in der deutschen Literatur gilt und genau die Summe von Goethes italienischem Bildungsprojekt darstellt (s. Kap. XII). Ihn verspricht er dem Herzog zu widmen, und zu dessen Beruhigung liefert er einen exakten Arbeitsplan für die noch verbleibende Zeit mit. Der Herzog sagt auch diesmal nicht Nein.

Zur selben Zeit ist der »Egmont« endlich fertig, den er schon 1775 in Frankfurt vor der Abreise nach Weimar, also vor 13 Jahren, angefangen hat (s. Kap. V). Ein weiteres Ziel der Reise hat sich auch in diesen Tagen erfüllt. Goethe erhält die ersten vier Bände der achtbändigen Werksammlung, der »Schriften«, die der Verleger Göschen zu seinem Geburtstag am 28. August 1787 veröffentlicht hat. Dieser Geburtstag ist übrigens ausgelassen in Goethes Garten in seiner Abwesenheit gefeiert worden. Goethe ist sehr gerührt und schreibt nach Weimar:

> Es ist mir wirklich sonderbar zumute, daß diese vier zarten Bändchen, die Resultate eines halben Lebens, mich in Rom aufsuchen. Ich kann wohl sagen: es ist kein Buchstabe drin, der nicht gelebt, empfunden, genossen, gelitten, gedacht wäre, und sie sprechen mich nun alle desto lebhafter an. Meine Sorge und Hoffnung ist, daß die vier folgenden nicht hinter diesen bleiben.

Dabei fällt ihm gleich ein, wie er seine schleppende Arbeit an den noch ausstehenden Werken beschleunigen könnte: Für den »Tasso« müsse er sich »im Laufe dieses Jahres in eine Prinzessin verlieben«, und sich »dem Teufel ergeben, um den ›Faust‹ schreiben zu können«. So mühsam ist das Leben, wenn man immer erst erleben muss, was man schreiben will.

Er sei eben nur »fast ein andrer Mensch als vorm Jahr«, klingt es eher zaghaft, oder: »Jetzt gehen hier erst meine Studien an, und ich hätte Rom gar nicht gesehen, wenn ich früher weggegangen wäre.«

Dass Goethe den Herbst im wunderschönen Frascati, umgeben von Freunden, mit Angelika Kauffmann, der berühmten Malerin, in einer wunderschönen Villa in herrlichster Landschaft verbringt, kann man, wenn überhaupt, zwischen den Zeilen lesen. Von Frascati aus schreibt er auch den biblisch klingenden Satz, wie glücklich er ist, weil er »in dem [ist], was [seines] Vaters ist«. Dass er auch etwas anderes außer Arbeit erlebt, soll offensichtlich niemand in Weimar wissen.

Goethe muss schwer erträgliche didaktische Züge entwickelt haben. Seine eigene Art zu reisen überträgt er erbarmungslos auf andere. Seinem Freund Herder beschreibt er das am 25. Dezember 1787, frei von Selbstzweifeln, so:

> Ganz abgeschnitten von der Welt, hab' ich eine Zeitlang allein gestanden. Nun hat sich wieder ein enger Kreis um mich gezogen, die alle gut sind, alle auf dem rechten Wege, und das ist nur das Kennzeichen, daß sie es bei mir aushalten können, mich mögen, Freude an meiner Gegenwart finden, je mehr sie denkend und

handelnd auf dem rechten Wege sind. Denn ich bin unbarmherzig, unduldsam gegen alle, die auf ihrem Wege schlendern oder irren und doch für Boten und Reisende gehalten werden wollen. Mit Scherz und Spott treib' ich's so lang, bis sie ihr Leben ändern oder sich von mir scheiden.

Viele sind es nicht, die seinem pädagogischen Eros erliegen.

»Nur in Rom empfunden, was eigentlich ein Mensch sei«

Die Episode mit der schönen Mailänderin, die viele Germanistenherzen noch immer höher schlagen lässt, ist Goethe in der »Italienischen Reise« nicht mal ein paar Seiten wert. Im Oktober 1787 verliebt er sich auf den ersten Blick und umgekehrt genauso. Nur um gleich zu erfahren, dass er sich wieder in eine Werther-Situation manövriert hat. Das schöne Mädchen, zu deren Englischlehrer er sich sofort aufschwingt, ist schon »versprochen«. Und Goethe zieht sich notgedrungen zurück. Trotzdem hat wohl diese kurze intensive Verliebtheit seinen Enthusiasmus für die »größte Sache überhaupt« entzündet, für den menschlichen Körper in Form der Skulpturen, denen er in Rom auf Schritt und Tritt begegnet. Wieder schafft er es, einen neuen Höhepunkt zu inszenieren:

> Das Interesse an der menschlichen Gestalt hebt nun alles andre auf. (...) Ich bin nun recht im Studio der Menschengestalt, welche das non plus ultra alles menschlichen Wissens und Tuns ist. Meine fleißige Vorbereitung im Studio der ganzen Natur, besonders die Osteologie, hilft mir starke Schritte machen. Jetzt seh' ich, jetzt genieß' ich erst das Höchste, was uns vom Altertum übrigblieb: die Statuen.

Immer wenn er sich wieder mit voller Energie auf einen neuen Lerngegenstand, eine neue Herausforderung stürzen kann, ist er glücklich. Zur gleichen Zeit hat sich Goethe jedoch, wie etliche Forscher in mühsamen Recherchen herausgefunden haben, noch intensiver für »das Höchste« seiner Gegenwart und nicht des Altertums interessiert. In detektivischer Kleinarbeit in Archiven und Bibliotheken, Amtsstuben und Kirchenregistern hat erst vor Kurzem der italienische Germanist Roberto Zapperi anhand einer überraschend vollständigen Quellenlage tatsächlich so etwas wie ein römisches Doppelleben Goethes zutage gefördert, das die Leser die Augen reiben macht. Verblüffend ist, dass einer mit einer falschen Identität so viele Spuren hinterlassen hat. So gut wie jeden Schritt, den Goethe in Rom als Maler Möller tat, hat Zapperi nachgewiesen. Noch verblüffender ist allerdings, wie groß Goethes Verstellungs- und Schauspielkunst gewesen sein muss. Die Hauptidee war ja, mit Hilfe einer anderen Identität, als ein anderer gleichsam, er selbst zu werden!

Verständlicherweise hat Goethe dieses andere Leben in Rom nicht in seine »Italienische Reise« aufgenommen. Denn gute 30 Jahre später, bei der endgültigen Bearbeitung seiner Reiseaufzeichnungen, war ihm vor allem daran gelegen, anhand seiner Art zu reisen einen exemplarischen Bildungsweg zu zeigen und nicht, wie man ein Doppelleben führt. Eine ideale Synthese hat er uns jedoch in den »Römischen Elegien«, seinem ersten Gedicht-Zyklus, hinterlassen. Hier die V. Elegie:

V.

Froh empfind' ich mich nun auf klassischem Boden begeistert,
  Vor- und Mitwelt spricht lauter und reizender mir.
Hier befolg' ich den Rat, durchblättre die Werke der Alten
  Mit geschäftiger Hand, täglich mit neuem Genuß.
Aber die Nächte hindurch hält Amor mich anders beschäftigt;
  Werd' ich auch halb nur gelehrt, bin ich doch doppelt beglückt.

Und belehr' ich mich nicht, indem ich des lieblichen Busens
Formen spähe, die Hand leite die Hüften hinab?
Dann versteh' ich den Marmor erst recht: ich denk' und vergleiche,
Sehe mit fühlendem Aug', fühle mit sehender Hand.
Raubt die Liebste denn gleich mir einige Stunden des Tages,
Gibt sie Stunden der Nacht mir zur Entschädigung hin.
Wird doch nicht immer geküßt, es wird vernünftig gesprochen;
Überfällt sie der Schlaf, lieg' ich und denke mir viel.
Oftmals hab' ich auch schon in ihren Armen gedichtet
Und des Hexameters Maß leise mit fingernder Hand
Ihr auf den Rücken gezählt. Sie atmet in lieblichem Schlummer,
Und es durchglühet ihr Hauch mir bis ins Tiefste die Brust.
Amor schüret die Lamp' indes und denket der Zeiten,
Da er den nämlichen Dienst seinen Triumvirn getan.

»Amors Tempel« ist erreicht. Aber ist nicht wieder, zwar auf ideale Weise, Lernen angesagt, damit der Marmor besser verstanden wird? In dieser Elegie hat Goethe jedenfalls seine Vorstellung von einer erfüllten »Ganzheit« formuliert, indem er sich bewusst in die Tradition der Elegie stellt, einer antiken Gedichtform. »Ganzer« kann er nicht mehr werden. Aber von »dauerhaftem Glück« kann wieder nicht die Rede sein. Die Heimreise lässt sich nicht noch einmal aufschieben. Für den Abschied von Rom zitiert er in einem dramatischen Finale die dritte Elegie des großen Ahnherrn der Exilerfahrung, des Dichters Ovid, aus dessen Buch »Tristia«. Natürlich war auch der Mond dabei, als Goethe an seinem letzten Abend am 22. April 1788 von Rom Abschied nimmt:

> Auf eine besonders feierliche Weise sollte jedoch mein Abschied aus Rom vorbereitet werden; drei Nächte vorher stand der volle Mond am klarsten Himmel, und sein Zauber, der sich dadurch über die ungeheure Stadt verbreitet, so oft empfunden, ward nun aufs eindringlichste fühlbar. Die großen Lichtmassen, klar, wie von einem milden Tage beleuchtet, mit ihren Gegensätzen von tiefen Schatten, durch Reflexe manchmal erhellt, zur Ahnung des Einzelnen, setzen uns in einen Zustand wie von einer andern, einfachern, größern

Welt. (...) Und wie sollte mir gerade in solchen Augenblicken Ovids Elegie nicht ins Gedächtnis zurückkehren, der, auch verbannt, in einer Mondnacht Rom verlassen sollte.

Goethe war gut 650 Tage unterwegs, hat etwa 5000 Kilometer zurückgelegt und fährt mit der sicheren Gewissheit nach Weimar zurück, »daß [er] eigentlich zur Dichtkunst geboren« ist. Das war aber nicht die einzige Frucht der Reise. Viel später hat er die Zeit in Rom zur besten seines Lebens erklärt:

> Ja, ich kann nur sagen, daß ich nur in Rom empfunden habe, was eigentlich ein Mensch sei. Zu dieser Höhe, zu diesem Glück der Empfindung bin ich später nie wieder gekommen; ich bin, mit meinem Zustande in Rom verglichen, eigentlich nie wieder froh geworden.

»Jeden kleinen Katzenschiss bewundert der«

Wieder eine goethesche Übertreibung. Zwar ist die Rückkehr nach Weimar mehr als enttäuschend. Wie ein Fremder fühlt er sich zu Hause. Aber schon am 12. Juli 1788 lernt er Christiane Vulpius kennen. Dass sie, von einfacher Herkunft und im herkömmlichen Sinn ungebildet, Goethes Lebenspartnerin wird, verschlägt der Hofgesellschaft die Sprache, nur um den größten Klatschskandal loszutreten. Aber nach Italien hat er den Mumm zu dieser unkonventionellen Beziehung. Er ist »sinnlich« geworden, wie es hieß. Da stört es ihn nicht wirklich, dass er mit Christiane in ein Haus außerhalb der Stadtmauern verbannt wird. Das Paar hat mehrere Kinder, von denen nur der erste Sohn August, geboren am 25. Dezember 1789, überlebt. August von Goethe fuhr 1830 als 40-jähriger, schwer kranker Mann nach Italien, um im Sehnsuchtsland von Großvater und Vater wieder gesund zu werden. Er überlebte die Reise nicht und starb in Rom, wo er auf dem protestantischen Friedhof an der Cestius-Pyramide begraben wurde. Während seines Rom-Aufenthaltes hat Augusts Vater einmal gescherzt, dass er am liebsten auf dem Friedhof neben der Cestius-Pyramide sein Grab hätte.

In der ersten Zeit nach der Italienreise stellt sich die ersehnte Schöpferkraft nicht ein, obwohl ihn der Herzog von den lästigsten Verwaltungsaufgaben befreit hat. Goethe packt alle Entwürfe weg und richtet seine gesamte Energie auf seine naturwissenschaftlichen Interessen. Er hatte ja die Wahl (s. Kap. XIII).

Die Werte der klassischen Antike aber haben ihm lebenslang »Solidität« gegeben. Einige Jahre später kam die nachhaltige Wirkung der Reise zur Entfaltung. Als jenes »glückliche Ereigniß« geschah, die Freundschaft mit Schiller, war die »poetische Produktivität« wieder voll hergestellt. Selbst als Goethe sich viel später wieder für ganz andere Dinge interessiert, für die Vielheit von Kulturen mehr als für die »Ganzheit« des Individuums, waren ihm diese Erfahrungen ein verlässliches Fundament (s. Kap. XIV).

Bei der Bearbeitung des umfangreichen Materials in den Jahren 1812/13, mehr als 30 Jahre nach der Reise, wird ihm klar, dass seine Art zu reisen nicht mehr zeitgemäß ist. Paris und London, moderne Metropolen, trafen den Nerv der Zeit mehr als Rom. So wie sich heute Künstler eher in New York, Shanghai oder Kalkutta als im »alten Europa« inspirieren lassen. Dennoch wurde die »Italienische Reise« im 19. Jahrhundert das meistgelesene Werk Goethes. Generationen fuhren seine Route nach, nahmen Italien mit seinen Augen wahr, um auf ihrer Bildungsreise durch die mediterrane Kultur eine Ahnung von »Ganzheit« zu spüren, um den wachsenden Übeln der Moderne besser standhalten zu können. Nicht zuletzt hatte Goethe mit seinen Reiseaufzeichnungen auch im Sinn, das vormoderne Lebensgefühl während seines einzigartigen Bildungserlebnisses in die Moderne hinüberzuretten.

200 Jahre später hat ein Dichter mit der Rom-Idealisierung deutscher Künstler und Bildungsreisender gründlich abgerechnet. Für ihn ist die Stadt nicht Erfüllung und Höhepunkt des Lebens, sondern ein Unort, eine große Täuschung. In seinem Collage-Text »Rom, Blicke« versammelt Rolf Dieter Brinkmann Beweise aller Art für den Zivilisationsmüll, den er in Rom vorfindet. »Eine derart schäbige und wirkliche Szene könnte man sich gar nicht allein im Zimmer ausdenken! Runtergekommen: das hockte in jeder Einzelheit und strömt nichts aus.« Auf Goethe ist er wütend und neidisch zugleich:

> Man müsste es wie Göthe machen, dieser Idiot: alles und jedes gut finden/was der für eine permanente Selbststeigerung gemacht hat, ist unglaublich, sobald man das italienische Tagebuch liest: jeden kleinen Katzenschiss bewundert der und bringt sich damit ins Gerede.

Goethe hat, wie wir genau wissen, nur bestimmte Objekte »bewundert«. Aber Brinkmann zeigt sich hier als Chronist einer Entwicklung, die Goethe schon früh vorhersah: »Übereilung« und »Ungeduld« und der Mangel an sinnlicher Erfahrung, wie er es im berühmten Brief an Carl Friedrich Zelter vom 6. Juni 1825 (s. Kap. XIV und XVI) formuliert hat, sind der Grund für »verwirrende Rede zu verwirrendem Handel«, für Irrtum und Gewalt. Trotzdem schließt der Brief an Zelter fast mit einem aufmunternden Ton:

> Laß uns soviel als möglich an der Gesinnung halten in der wir herankamen, wir werden, mit vielleicht noch wenigen, die Letzten sein einer Epoche, die sobald nicht wiederkehrt. Und so allem Guten und Echten empfohlen!
> Treu beharrlich
> Goethe

X.

Eine ungewöhnliche Kleinfamilie

Claudia Kaiser

»Du bist mein Liebstes auf der Welt« – Goethe und Christiane Vulpius

Es ist Liebe auf den ersten Blick. 1788, kurz nach seiner Rückkehr aus Italien, trifft Goethe Christiane: hübsch, dunkelhaarig, 23 Jahre jung. Als Bittstellerin tritt sie ihm im Park an der Ilm entgegen, da ihr Bruder, der sich als Autor von Unterhaltungsromanen über Wasser hält, gerade wieder in Schwierigkeiten steckt und sie sich von Goethe Hilfe erhofft. Eine charakteristische Szene, denn Christiane ist nach dem Tod des Vaters für sich und ihre kleinen Halbgeschwister verantwortlich und unterstützt nebenbei noch den geliebten älteren Bruder. Goethe versorgt den jungen Mann tatsächlich mit Geld, hält ihn sich aber sonst vom Leib. Das ungewöhnliche Mädchen dagegen holt er zu sich ins Haus. An diese denkwürdige erste Begegnung erinnert das Gedicht »Gefunden«, und er schreibt es für Christiane 1813, also ganze 25 Jahre später:

Gefunden

Ich ging im Walde
So für mich hin,
Und nichts zu suchen,
Das war mein Sinn.

Im Schatten sah ich
Ein Blümchen stehn,
Wie Sterne leuchtend,
Wie Äuglein schön

Ich wollt es brechen,
Da sagt' es fein:
Soll ich zum Welken
Gebrochen sein?

Ich grub's mit allen
Den Würzlein aus,
Zum Garten trug ich's
Am hübschen Haus.

Und pflanzt' es wieder
Am stillen Ort;
Nun zweigt es immer
Und blüht so fort.

Wer noch das Gedicht vom traurigen »Heidenröslein« im Kopf hat (s. Kap. III), atmet erleichtert auf. Dieses Mädchen, also »Blümchen« in der Symbolik der Zeit, verendet nicht durch die Hand eines Knaben, sondern gedeiht in sorgsamer Obhut. Insgesamt zwar ein sehr netter Liebesbeweis, aber mit Blick auf ihre reale Lebensbeziehung etwas zu idyllisch dargestellt. Christiane und der 16 Jahre ältere Goethe sind nämlich ein höchst unkonventionelles Paar und kämpfen um ihre gesellschaftliche Anerkennung.

Warum? Das soziale Gefälle ist riesig. Christiane Vulpius, ärmliche Kleinbürgerin und den Hunger gewohnte Halbwaise, arbeitet als Blumennäherin in einem hochmodernen Betrieb, der eigentlich Schule hätte machen sollen. Aber nur arme Frauen müssen arbeiten, und in der patriarchalischen Gesellschaft ist das Bild eines jungen Mädchens, das mit seinem Lohn die Familie ernährt, absolut neu und schockierend. Außerdem ist Christiane ungebildet. Es hapert schon auffällig bei der Rechtschreibung, und die literarischen Werke ihres späteren Ehemannes kriegt sie nur am Rande mit. Durch die Brille der Ständegesellschaft betrachtet also taugt sie bestenfalls für eine Affäre, aber ausgerechnet Christiane – die »Vulgus«, wie die Weimarer schimpfen – angelt sich den großen Goethe!

Die eigentlich so harmlose und herzliche Christiane sorgt in Weimar 28 Jahre lang für Aufruhr. Sowohl sie als auch Goethe leiden zwar einerseits unter der Ächtung, fordern sie aber andererseits auch heraus. Es beginnt damit, dass der quicklebendige »Bettschatz« nachts zu ihm ins Haus schleicht. Frau von Stein rümpft die Nase, Goethe sei »sinnlich geworden«. Der arbeitet gerade an seinen »Römischen Elegien« und die erotischen, für damalige Verhältnisse geradezu pornographischen Verse bezieht jeder auf sein turbulentes Liebesleben, das er im kleinen Weimar kaum geheim halten kann. So kommen auch die Bettreparaturen ans Licht, die Christiane gerade in Auftrag gibt und die, wie man lästert, mit Goethes Zeilen über »des geschaukelten Betts lieblichen knarrenden Ton« korrespondieren.

Die Situation eskaliert, als Christiane zu Goethe ins Haus zieht, denn ohne Trauschein ist das »Hurerei« und strafbar. Goethe, der sich nach dem lockeren Leben in Italien auf Weimar nur unter der Bedingung wieder einließ, hier eine »Künstler«-Existenz zu führen, hat seine Grenzen ausgereizt. Zwar drückt der Herzog, selbst ein stadtbekannter Frauenheld, zunächst noch ein Auge zu. Aber als 1789 Goethes Sohn August zur Welt kommt und jetzt auch die Herzogin darüber mäkelt, dass der Dichter ihr sein »Kind alle Tage vor der Nase herumtragen« lasse, setzt er Goethe vor die Tür. Für den verwöhnten Dichter ist die Zwangsräumung ein Schock: öffentlich gemaßregelt und verspottet, mit vierzig zum ersten Mal Vater und mit quengelndem Baby, mit der Geliebten, deren Schwester und Tante verbannt in ein Jägerhaus außerhalb der Stadt!

Goethe rettet sich nach Italien und Schiller prophezeit düster: »Man vermutet aber stark, daß er nicht mehr zurückkommen werde.« Doch Goethe ist ein Stratege. Fast drei Jahre schmeichelt er sich bei Carl August ein, bis er nach Weimar zurückkehren darf, wahrscheinlich als Belohnung dafür, dass er den Herzog bei seinen Feldzügen begleitet, als Frontberichterstatter oder »FeldPoet«, wie Soldaten den ungewöhnlichen Kameraden bezeichnen. Goethe schreibt 1792 während des Feldzugs in Frankreich nach Hause:

Ich habe dir schon viele Briefchen geschrieben und weiß nicht wenn sie nach und nach bei dir ankommen werden. Ich habe versäumt die Blätter zu numerieren und fange jetzt damit an. Du erfährst wieder daß ich mich wohl befinde, du weißt daß ich dich herzlich lieb habe. Wärst du nur jetzt bei mir! Es sind überall große breite Betten und du solltest dich nicht beklagen wie es manchmal zu Hause geschieht. Ach! mein Liebchen! Es ist nichts besser als beisammen zu sein. Wir wollen es uns immer sagen wenn wir uns wieder haben. Denke nur! Wir sind so nah an Champagne und finden kein gut Glas Wein. Auf dem Frauenplan solls besser werden, wenn nur erst mein Liebchen Küche und Keller besorgt.

Sei ja ein guter Hausschatz und bereite mir eine hübsche Wohnung. Sorge für das Bübchen und behalte mich lieb.

Behalte mich ja lieb! denn ich bin manchmal in Gedanken eifersüchtig und stelle mir vor: daß dir ein andrer besser gefallen könnte, weil ich viele Männer hübscher und angenehmer finde als mich selbst. Das mußt du aber nicht sehen, sondern du mußt mich für den besten halten weil ich dich ganz entsetzlich lieb habe und mir außer dir nichts gefällt. Ich träume oft von dir, allerlei konfuses Zeug, doch immer daß wir uns lieb haben. Und dabei mag es bleiben.

Bei meiner Mutter hab ich zwei Unterbetten und Kissen von Federn bestellt und noch allerlei gute Sachen. Mache nur daß unser Häuschen recht ordentlich wird, für das andre soll schon gesorgt werden. In Paris wirds allerlei geben, in Frankfurt gibts noch ein zweites Judenkrämchen. Heute ist ein Körbchen mit Liqueur abgegangen und ein Päckchen mit Zuckerwerk. Es soll immer was in die Haushaltung kommen. Behalte mich nur lieb und sei ein treues Kind, das andre gibt sich. Solang ich dein Herz nicht hatte was half mir das übrige, jetzt da ichs habe möcht ichs gern behalten. Dafür bin ich auch dein. Küsse das Kind. Grüße Meyern und liebe mich.

Im Lager bei Verdun, d. 10. Sept. 1792. G.

Christianes Antwort ist nicht erhalten, aber sie wird so ähnlich ausgefallen sein wie folgender Brief: Goethe ist wieder als Beobachter der ihm so verhassten Waffengänge unterwegs, diesmal bei der Belagerung von Mainz. Zunächst entschuldigt sich Christiane dafür, dass sie von sich aus Goethes Mutter angeschrieben hat – nach damaligen Höflichkeitsregeln eigentlich eine Grenzüberschreitung –, aber ihr Instinkt trügt sie nicht, denn Catharina Elisabeth Goethe reagiert auffallend souverän auf die unkonventionelle Liebe ihres Sohnes. So liest sich das bei Christiane am 7. Juni 1793:

> Lieber, ich habe das schöne Tuch und alles erhalten und mich herzlich gefreut, aber der Gruß von der lieben Mutter ging mir über alles, ich habe vor Freuden darüber geweint. Ich habe was ohne Dein Wissen gethan, ich habe an die liebe Mutter geschrieben und mich bei ihr bedankt, mein Herz ließ mir es nicht anders zu, ich mußte schreiben, Du wirst doch nicht böse darüber? Der Brief wird nun freilich nicht recht sein, aber bitte die liebe Mutter, daß sie nicht böse auf mich wird, und sage ihr, daß ich es nicht besser kann. Ach, Lieber, wenn Du nur hier wärst und sähest, wie ich mich über das alles freue, aber am meisten freu ich mich, daß die liebe Mutter nicht böse auf mich ist, das macht mich sehr glücklich, denn das hat mich noch mannichmal betrübt. Im Stillen habe ich darüber nachgedacht. Itzo fehlt mir nichts als Du, mein Lieber, daß mich mit Dir freuen könnte und ich Dich an mein Herz drücken könnte und Dir sagen könnte, wie ich Dich immer herzlicher liebe und Du mein einziger Gedanke bist, denn jede Freude ist nur halb, wenn Du nicht dabei bist. Komm nur recht bald wieder. (...) Bald hätte ich Dir vergessen zu schreiben, daß der Kleine sich sehr freut über sein *abc* Buch und will das *abc* lernen, er sagt: »Daß ich auch was kann, wenn der liebe Vater wiederkömmt.« Aber Du sollst ihm ja einen Säbel und eine Flinte mitbringen. Leb wohl und gehe nicht in Gefahr und denke an uns und behalte mich lieb, ich liebe Dich über alles. Leb wohl, Du Liebster. V.

Eine Familienidylle? Ja und nein. Vier ihrer sehnlich erwarteten Kinder sterben während oder kurz nach der Geburt, wegen Blutunverträglichkeit, wie man heute vermutet: »Der arme Kleine hat uns gestern schon wieder verlassen, und wir müssen nun suchen durch Leben und Bewegung diese Lücke auszufüllen«, schreibt Goethe, der eigentlich in so persönlichen Dingen sehr wortkarg ist, einmal an Frau Schiller. Christiane ist in allem ein Anker für Goethe und manchmal dankt er ihr herzlich dafür: »Da fehlt es nicht, daß ich mich

Christiane Vulpius. Zeichnung Goethes, 1788/1789. Goethe stilisiert Christiane hier nach antikem Muster.

Deiner und aller Liebe und Treue erinnere, die Du an mir thust.« Oft speist er sie aber auch mit Komplimenten oder Ausreden ab und macht die Tür hinter sich zu.

Im Alter wird Goethe seine Liebe zur Spruchdichtung entdecken, schlichte Verse, in denen er an den volkstümlichen Sprichwortschatz anknüpft. Hier folgt so etwas wie eine Kontaktanzeige voll selbstkritischer Ironie. Über Liebesbeziehungen nämlich schreibt Goethe diese berühmten Verse, viel zitiert, da nichts seine eigene Position als Ehemann besser zu charakterisieren scheint:

> Ich wünsche mir eine hübsche Frau,
> Die nicht alles nähme gar zu genau,
> Doch aber zugleich am besten verstände,
> Wie ich mich selbst am besten befände.

Auch Goethes eigene »hübsche Frau« kann die Hände nicht in den Schoß legen, sie versorgt die Familie und wird Managerin des Goethebesitzes – zwei große Haushalte, zwei Gärten, »Krautland« und ein Landgut hat sie gegen ihren Nähtisch als Putzmacherin getauscht und als spätere »Frau Geheimrätin« einen sozialen Senkrechtstart hingelegt. Trotzdem bleibt sie bodenständig. Sie pflückt Kirschen und backt daraus Kuchen, pflanzt vom Hofgärtner geschickten Spargel und Gurken und, wenn die nicht angehen, gleich ein zweites Mal. Sie hält ihrem Mann den Rücken für seine Arbeit frei, sie lässt ihn wochenlang zur Kur ins mondäne Karlsbad oder zu Arbeitstreffen mit Schiller nach Jena reisen. Christiane beliefert ihn, wenn er von dort über das Essen mäkelt, aus Küche und Keller mit Leckereien und rät dem Gourmet routiniert: »Laß dir ein paar junge Hasen schießen, und es gibt auch schon in Jena junge Hühner, habe ich gehört.« Sie bringt seine Erbschaftsangelegenheiten zum Abschluss, schickt ihn in Kriegszeiten in Sicherheit, sie organisiert sich tatkräftig Waffen, wenn sie ohne männliche Begleitung nach Hause kutschiert und macht sich daraus noch einen Spaß:

> Da kamen etliche Husaren-Officiers zu uns an den Wagen und unterhielten sich mit mir. (...) Es wurde auch über die Pistolen gesprochen, die ich, wie ich Soldaten kommen sahe, ein bißchen weiter als sonst herausgucken ließ. Sie waren gar nicht garstig; wär ich nicht so betrübt gewesen, daß Du nicht bei mir warst, es hätte gewiß ein bißchen Äugelchen gegeben.

Im Katastrophenjahr 1806 siegen die Franzosen bei Jena und Auerstedt und fallen in Weimar ein. Kein Haus bleibt verschont, es wird geplündert, gemordet und in Brand gesteckt. Christianes Bruder, dem Goethe immer wieder unter die Arme gegriffen hat und der endlich einen eigenen Hausstand bilden und heiraten konnte, hat Hab und Gut verloren, und seine junge Frau flüchtet aus Angst vor weiteren Vergewaltigungen in den Wald. Auch in Goethes Haus dringen französische Soldaten ein, bedrohten den Hausherrn mit der Waffe und Christiane soll sich todesmutig dazwischengeworfen haben.

Goethe selbst schweigt sich aus zu den traumatischen Ereignissen dieser Nacht. Einige Tage später und nach immerhin 18 Jahren wilder Ehe entschließt er sich aber endlich zur Heirat, und das, wie böse Zungen kommentieren, als Dank für Christianes Leibschutz. Doch tatsächlich ordnet Goethe jetzt einiges in seinen Papieren und seinem Leben. Möglicherweise fühlt er in dieser schwierigen Zeit die ganze Labilität seines Daseins und will den äußeren Umstürzen Bindungen entgegensetzen.

Damit ist die Mesalliance zwar offiziell legitimiert, aber es kommt wieder zum Skandal. Die Weimarer Gesellschaft will sich einfach nicht mit Goethes mittlerweile »dicken Hälfte« arrangieren, die gern kegelt, trinkt, bis zum Umfallen tanzt und die auch der nicht gerade abstinent lebende Goethe – ein passionierter Rotweintrinker – manchmal mit erhobenem Zeigefinger ermahnt, ihre Tage doch mit »mäßigem Genuß« zu beschließen.

Zu Goethes Ehejahren gehören solche Krisen und natürlich auch diverse Flirts. Wie Philologen errechnet haben wollen, kommt in seinem Werk das Wort »Liebe« am häufigsten vor. Wer das nicht nachzählen will, dem sei versichert, dass auf jeden Fall das Verliebtsein fast an der Tagesordnung war und für den Dichter so wichtig wie das tägliche Brot. Dazu ein Beispiel: In Wilhelmine Herzlieb etwa verguckt er sich sofort, diese erst 18-jährige Pflegetochter eines Verlegers aus Jena löst sogar eine wahre »Sonettenwut« bei ihm aus. Hören wir in einige Schlussverse dieser streng reglementierten Gedichtform hinein, die ganz andere Töne anschlagen als die urwüchsig-komische Spruchdichtung zuvor:

> Ich mag vom heut'gen Tag dir nichts vertrauen,
> Wie sich im Sinnen, Wünschen, Wähnen, Wollen
> Mein treues Herz zu dir hinüberwendet:
>
> So stand ich einst vor dir, dich anzuschauen,
> Und sagte nichts. Was hätt' ich sagen sollen?
> Mein ganzes Wesen war in sich vollendet.

Wunderschöne, verheißungsvolle Worte aus dem Sonett »Die Liebende abermals«, inspiriert durch die junge Wilhelmine, 1807 und damit ein Jahr nach seiner Hochzeit mit Christiane! – Zum Glück ist die auch kein Kind von Traurigkeit, wirft »Äugelchen« auf attraktive Schauspieler und hat sich im Laufe der Zeit mit Goethes Marotten ganz gut abgefunden.

Doch schon zehn Jahre nach der Eheschließung verliert Goethe seine Frau durch ein Nierenversagen. Ein qualvolles fünftägiges Sterben, das Christianes Bruder beschreibt, mit »Blutkrämpfen der schrecklichsten Art«, während derer sie sich vor Schmerzen die Zunge durchbeißt. Goethe hält sich wie immer vom Krankenbett fern, weicht ihren Schreien bis ins hinterste Zimmer aus und formuliert eher trocken, um sich seinen Gefühlen nicht zu sehr auszuliefern: »Letzter fürchterlicher Kampf ihrer Natur«. Erst drei Jahre vorher hat er ihr das schlichte Liebesgedicht »Gefunden« geschickt. Aber die Spannbreite seiner Gefühle für die viel geschmähte Christiane wird erst deutlich durch diese Grabinschrift, die er ihr Widmet:

> Den 6. Juni 1816
>
> Du versuchst, o Sonne, vergebens,
> Durch die düstern Wolken zu scheinen!
> Der ganze Gewinn meines Lebens
> Ist, ihren Verlust zu beweinen.

»Ganz charmirt von ihm« –
August von Goethe

Von Christianes Tod ist auch der Sohn August tief getroffen: mittlerweile ein stattlicher junger Mann von 26 Jahren. Wie sah seine Kindheit aus? Im Dezember 1789 wird August geboren und wächst zu einem sehr hübschen Jungen heran, dem alle Wünsche von den Augen abgelesen werden: Federmesser, Bergmannstracht, »Haare aus dem Maule des Walfisches«, bleierne Säbel für seine Theaterbühne. »Halte ihm allerlei Thiere, da er Freude daran hat«, so Goethe an Christiane, und schon bevölkern Eichhörnchen, Habicht, Tauben und Rotkehlchen den Garten. Der Zehnjährige schreibt dem Vater eifrig:

> Ich danke Ihnen vielmals für die schönen jungen Nüsse, von welchen mir schon einige recht gut geschmeckt haben. (...) Ich befinde mich mit meinen Vögeln recht wohl, nur daß für meinen Magen immer besser gesorgt wird als für die Mägen meiner Vögel.

Später heißt es einmal: »Eine Betrübniß muß ich Ihnen auch sagen«, wieder an Goethe, »daß unsere Schlange bei der Häutung gestorben ist.« Aber von solchen Tiefschlägen einmal abgesehen, haben Vater und Sohn dieselbe Freude an der Naturbeobachtung und tauschen sich darüber minutiös aus. Sie haben auch dieselben Freunde und Freundinnen. Von Kindesbeinen an besucht August Goethes alte Liebe, Charlotte von Stein. Der »liebe August«, wie er noch lange als junger Mann genannt wird, versieht seinen diplomatischen Dienst bestens, er kittet die beiden wieder zusammen, und Charlotte schreibt entzückt:

> Sein kleiner August kommt jetzt oft als Spielkamerad vom kleinen Schiller zu mir. Er scheint ein gutes Kind. (...) Ich kann manchmal in ihm die vornehmere Natur des Vaters und die gemeinere der

Mutter unterscheiden. Einmal gab ich ihm ein neu Stück Geld; er drückte es an seinen Mund vor Freuden und küsste es, welches ich sonst am Vater auch gesehen habe. Ich gab ihm noch ein zweites Stück, und da rufte er aus: »Alle Wetter!«

Ob das eine wirklich als »gemein« und das andere als »vornehm« zu interpretieren ist, sei dahingestellt – wahrscheinlich reagiert Frau von Stein immer noch säuerlich auf ihre »Konkurrentin« Christiane. Trotzdem wirft sie gerne ein Auge auf Augusts Erziehung, worum Goethe sie dringend gebeten hat:

> Erlauben Sie auch ferner meinem armen Jungen, daß er sich Ihrer Gegenwart erfreuen und sich an Ihrem Anblick bilden dürfe. Ich kann nicht ohne Rührung daran denken daß Sie ihm so wohl wollen.

Bei den Steins spielt August nämlich mit Kindern der Weimarer Elite, etwa mit den Schiller-Söhnen Karl und Ernst: eine Gelegenheit, sich zu »bilden« nach Goethes ungewöhnlicher Bildungsauffassung, von der noch bei seinem Roman »Wilhelm Meisters Lehrjahre« (s. Kap. XII) zu hören sein wird. Was das schulische Lernen anlangt, geht es »etwas wild« zu, wie gemunkelt wird, zumindest lässt Goethe seinem Sohn ungewöhnlich viel Freiheit:

> Mein August wächst und hat zu gewissen Dingen viel Geschick: zum Schreiben, zu Sprachen, zu allem was angeschaut werden muß, so wie er auch ein sehr gutes Gedächtniß hat. Meine einzige Sorge ist blos, das zu cultiviren was wirklich in ihm liegt und alles was er lernt ihn gründlich erlernen zu lassen. Unsere gewöhnliche Erziehung jagt die Kinder ohne Noth nach so viel Seiten hin und ist Schuld an so viel falschen Richtungen, die wir an Erwachsenen bemerken.

Tatsächlich entwickelt August eine Vorliebe für alles Anschauliche, er fängt Insekten und beobachtet sie, er legt umfangreiche Sammlungen von Steinen und Hölzern an.

Auch die schöngeistigen Interessen kommen nicht zu kurz, und so begleitet er schon als Achtjähriger seine Mutter in die Komödie:

> Am vorigen Sonnabende bin ich im Schauspielhause gewesen und habe *Cosa rara* gesehen. Die vielen Jäger, welche theils rothe, theils gelbliche Jäckchen anhatten, mit langen Spießen und Säbeln bewaffnet und mit schön glänzenden Waldhörnern versehen waren, haben mir sehr gut gefallen. Herr Benda machte mir aber nicht viel Spaß, denn er sang so lange Arien, wobei mir die Zeit lang wurde; doch gefiel mir dieß von ihm, daß er Steine in eine Stube warf, wo vier Leute aßen. Am Montage nach Mittag war ich mit Herrn Eiserten, dem kleinen Kästner und Fritzen im alten Garten, wo wir zuerst den Ball spielten und Veilchen suchten; hierauf bewaffneten wir uns mit Rechen und Hacken und fingen an, mein kleines Gärtchen von Laub und Unkraut zu reinigen, so daß es nun recht hübsch aussieht.

Von dieser Art sind eine Menge Berichte überliefert, denn bei aller sonstigen Liberalität legt Goethe größten Wert darauf, dass August von klein auf Aufsätze verfasst. Auch später hält er Tagesereignisse penibel fest, und die Berichte des dann selbstständig umherreisenden August genießt der allmählich bequemer werdende Vater als Fenster zur Welt und in Bereiche, die ihm sonst verschlossen bleiben.

Einen richtigen Lehrer und systematischen Unterricht erhält August erst mit etwa acht Jahren – zum Glück hat der Großvater in Frankfurt diesen Schlendrian nicht mehr erlebt! Doch auch jetzt glänzt August nicht gerade mit Leistungen. Während einer Privatstunde wird er beim Schlafen erwischt, und als der 15-jährige August dann das öffentliche Weimarer Gymnasium besucht und sich zum ersten Mal mit Gleichaltrigen messen muss, beurteilt ihn der Leiter:

> Von Goethe ist weder unfähig, noch ganz unaufmerksam; weiß aber wegen seines unverantwortlichen häufigen Versäumens der Schulstunden viel weniger, als sich von ihm erwarten und fordern lässt. (...) Er hat zu Hause für die Schule sehr wenig gearbeitet.

Dem Schulabschluss scheint August gelassen ins Auge zu blicken. Als Sohn des Staatsministers kommt er nämlich mit oder ohne glänzende Noten, ja sogar ohne Abschlusszeugniss an ein Amt. Also begleitet er den Vater munter auf Dienstreisen, überzeugt davon, dass man hier mehr lerne als in der Schule, und Goethe freut sich ausgiebig über die »praktische Natur« seines heranwachsenden Sohnes. Vielleicht freut es den Dichter auch, mit solchen Schuleskapaden drückende Erinnerungen an die eigene strenge Kinderstube abzuschütteln. Jedenfalls vertritt Goethe seine erstaunlich liberale Pädagogik immer wieder in seinem Werk, und das nicht nur in seinem Bildungsroman »Wilhelm Meisters Lehrjahre« (s. Kap. XII). Auch in Gedichten wie diesem warnt er kritisch:

> Denn wir können die Kinder nach unserem Sinne nicht formen;
> So wie Gott sie uns gab, so muß man sie haben und lieben,
> Sie erziehen aufs beste und jeglichen lassen gewähren.
> Denn der eine hat die, die andern andere Gaben;
> Jeder braucht sie, und jeder ist doch nur auf eigene Weise
> Gut und glücklich.

Doch wer jetzt den Eindruck gewinnt, August habe sich mit einem solchen Vater leicht getan, der irrt. Zu beneiden war August wirklich nicht. Der Name Goethe »ziert und drückt«, wie ein Freund der Familie formulierte. Augusts Messlatte liegt extrem hoch. Er wird herumgereicht, erwartungsvoll gemustert, und das Ergebnis lautet gnadenlos: »Genialisch wie sein Vater ist er nicht.«

Auch gesellschaftlich gibt es Riesenprobleme, vor allem seit seinem elften Lebensjahr, als Goethe ihn offiziell als Sohn anerkennt. August sitzt zwischen den Stühlen. Mit seinem Vater geht er an den Hof, zu illustren Bällen und mimt sogar den Amor beim Maskenumzug zum Geburtstag der Herzogin – während seine Mutter, mit der er lange ein Herz und eine Seele war, geächtet zu Hause sitzt.

Zurück zu Augusts Schulkarriere. Mit 18 beendet er die, denn sein Vater plant für ihn ein Jurastudium in Heidelberg. Jura ist grundlegende Voraussetzung dafür, dass August, genauso wie Goethe selbst, in den Dienst des Herzogs Carl August treten kann. Auf einmal muss alles schnell gehen. Hat Goethe vorher die Zügel schießen lassen, so hält er den jungen Mann jetzt an strammer Leine und hetzt ihn durch Ausbildungs- und Verbeamtungsinstanzen. Er zieht alle Register, um mithilfe des Herzogs die seinem Sohn »zugedachte Gnade zu beschleunigen«. August muckt nicht auf.

Er kommt nur nie mit dem Geld aus, und da lässt Vater Goethe ihn manchmal zappeln:

> Es ist freilich was Eignes, so allein in der Welt zu stehen und alles baar bezahlen zu müssen, da man zu Hause so vielen Hinterhalt und Ausflüchte hat. Er mag sich noch ein wenig hinhelfen, damit er sieht, was das Geld werth ist; dann kann man ihm ja wohl mit etwas Außerordentlichem beispringen.

Für Reisen allerdings schießt ihm Goethe gerne ein Taschengeld zu und erhält vom sonst so nüchternen Sohn im April 1809 einen ziemlich lebendigen Reisebericht, den er stolz in Weimar herumzeigt. Hier ein Auszug:

> Den 2^t dieses Monats reisete ich mit noch drey andern von Heidelberg ab. Wir fuhren diesen Tag nach Heilbronn. Es wurde mir ganz eigen zu Muthe, als ich diese alte Stadt durchwanderte, in welcher Götz auch gewaltet und gelebt hatte. Da ich aber in den Thurm trat, in welchem er vier Jahre gefangen gesessen, da habe ich beynahe die Steine seiner Kammer geküßt, und was mich noch am mehrsten freute, waren meine Freunde, welche von gleichem Gefühl mit mir beseelt waren. Seine Handschrift konnten wir nicht zu sehen bekommen, weil der Archivar verreist war. Zu Heilbronns Annehmlichkeit gehören auch noch seine Töchter denn ich habe noch in keiner Stadt so viele schöne Mädchengesichter erblickt, ob ich gleich nur einen halben Tag da verweilte.

Den 3ᵗ früh gingen wir zu Fuß nach Jaxthausen, welches 6 Stunden davon entfernt liegt. Unterwegs stießen wir bey Neustadt auf eine Linde deren Aeste eine Laube von 153 Schritten im Umfang bildeten und von 120 steinernen Säulen getragen wurden. Das Jaxtthal ist sehr angenehm und Jaxthausen liegt bezaubernd schön. Die jetzigen Herren von Berlichingen haben zwey neue Schlösser daselbst erbaut, welche sie bewohnen; das Stammschloß aber wird nur von einem Verwalter bewohnt. Es ist ganz so wie es der Kupferstich auf meiner Stube zeigt und ich bin selbst auf dem Standpunct gewesen von wo aus es gezeichnet ist.

Bald schreibt sich August an der Universität des nahe gelegenen Jena ein, was Goethe ziemlich argwöhnisch beobachtet. Er kontrolliert seinen Sohn jetzt bis ins Privatleben, verbietet ihm jeden Kontakt zu den brandaktuellen politischen Studentenvereinen – erwartet aber zugleich, dass August mehr auf eigenen Beinen stehe. »Ich will ihm seinen Sommer nicht verderben«, so eröffnet Goethe der nachgiebigeren Christiane,

> Du brauchst ihm hiervon nichts merken zu lassen; aber wenn es so fortgeht, so muß er auf Michael wieder in eine andere Welt, nach Göttingen, oder wohin es auch sein mag.

Doch dazu kommt es erst gar nicht. Nach kurzem Hineinschnuppern ins Jurastudium verlässt August die Universität ganz und wird als erst 20-jähriger Jurist Kammer-Assessor mit fester Aussicht auf ein zukünftiges Amt.

Gleichzeitig wächst er in sein zweites Amt hinein: Stellvertreter seines Vaters. Der ordentliche August, der mit Zahlen ohnehin viel besser umgehen kann, übernimmt zuverlässig die Geschäfte, kümmert sich um den väterlichen Besitz und die gesellschaftlichen Pflichten, er wird Freimaurer wie sein Vater und tritt in die Intendanz des Hoftheaters ein. – Aber ist er damit glücklich? Eigene Lebenspläne kommen eindeutig zu kurz, genauso wie Verabredungen mit seinen Freundinnen. Mehrfach flattern Kurznotizen wie diese zu Ottilie von Pogwisch, seiner späteren Frau:

> Wann ich heute früh kommen werde kann ich nicht genau bestimmen da mich Vater in Beschlag genommen.

Auch wenn »Vater« es gut mit ihm gemeint hat und es damals üblich war, in dessen Fußstapfen zu treten – August leidet unter seiner ungewöhnlichen Familiensituation, er leidet auch unter seinem außergewöhnlichen Vater und manche Beobachter behaupten sogar, er habe ihn gehasst.
Werfen wir abschließend einen Blick auf eins von Augusts Gedichten! August dichtet nämlich, auch wenn seinen Vater das genierte, er dichtete zu festlichen Gelegenheiten, so, wie es damals üblich war, und dann auch mal etwas Intimeres. Was er da heimlich schreibt – keine hohe Kunst, sondern einfache, konventionalisierte Verse –, erlaubt einen Einblick in seine Gefühlswelt. Die sieht ziemlich düster aus. August liefert in verschiedenen Bildern auch eine Erklärung dafür, eigentlich eine Schuldzuweisung. Sein Leben lang durfte er nie sein eigener Herr sein, hat ein Schattendasein geführt. Ob ihm ein Ausbruch gelingt?

> Ich will nicht mehr am Gängelbande
> Wie sonst geleitet seyn,
> Und lieber an des Abgrunds Rande
> Von jeder Fessel mich befreien.
> (...)
> Zerrissnes Herz ist nimmer herzustellen,
> Sein Untergang ist sichres Loos;
> Es gleicht vom Sturm gepeitschten Wellen
> Und sinkt zuletzt in Thetis Schooß.
>
> D'rum stürme fort in deinem Schlagen,
> Bis auch der letzte Schlag verschwand.
> Ich geh' entgegen bess'ren Tagen,
> Gelös't ist hier nun jedes Band!

»Kämen sie getrost herein« – Goethes Haus am Frauenplan

Die Goethes sind nicht nur eine ungewöhnliche Familie. Sie wohnen auch reichlich merkwürdig. Wer zum ersten Mal die fürstliche Treppe ihres Domizils beschreitet, kommt aus dem Staunen nicht heraus: Ist das hier ein Museum oder ein Wohnhaus? Die Wände sind üppig dekoriert mit Gemälden, Reliefs und Repliken von Renaissancefresken, die Goethe in Italien zum ersten Mal im Original sieht. Überdimensionale Großplastiken, wie der »kolossale Junokopf«, den Goethe als seine »erste Liebschaft in Italien« in hohen Ehren hält, beeindrucken den manchmal regelrecht eingeschüchterten Gast, und wohin der seinen Blick auch schweifen lässt, überall stößt er auf Kunst und »Merkwürdigkeiten«: in Vitrinen Porzellan und Gläser, alles Unikate und häufig Geburtstagsgeschenke für den berühmten Dichter. Ein eigener Raum zeigt Goethes Sammlung farbenprächtiger Majolika – italienische Keramik aus dem 16. Jahrhundert –, und für das »Büstenzimmer« hat Goethe allein 16 Büsten zusammengetragen, vor allem die seiner nächsten Freunde wie Schiller und Herder. Das sogenannte »große Sammlungszimmer« ist heute Gemälden vorbehalten, und vieles erinnert an Goethes Zeit in Italien und die Vorliebe des Hausherrn für Antike und Renaissance.

25 000 Kunstgegenstände hat der Dichter gesammelt. Klein fing er an, als er mit 26 Jahren nach Weimar zog: Zwar alles andere als ein armer Schlucker, was ihm bei seinem gesellschaftlichen Aufstieg sehr von Vorteil war – aber am Anfang musste er sich, da das erste Gehalt mit Verzögerung kam und sein Vater den Umzug nach Weimar boykottierte, schnell von Freunden Geld leihen.

Mit dem Sammeln beginnt Goethe, sobald er es sich

leisten kann, und wächst auch darin dem auch schon ehrgeizigen Vater weit über den Kopf. Seine Zeitgenossen zerreißen sich den Mund darüber, wie trickreich er die Beutezüge plant. Goethe überschreitet Finanz- und Schamgrenzen, etwa wenn er sich wieder einmal Antiquitäten ausleiht und einfach »vergisst«, sie zurückzugeben. So geschehen bei der Gemmensammlung der Fürstin Gallitzin, von der er sich doch nach fünf Jahren schweren Herzens trennen muss. Loslassen kann er nur dadurch, dass er diesen Schmucksteinen eine Beschreibung in seiner Kunstzeitschrift »Propyläen« widmet und sie dadurch wenigstens symbolisch in Besitz nimmt. Goethe will die schönen Dinge nämlich nicht nur im Regal haben, sondern auch im Kopf, er will sie abspeichern und vollends »begreifen«:

> Ich habe nicht nach Laune oder Willkür, sondern jedesmal mit Plan und Absicht zu meiner eignen folgerechten Bildung gesammelt und an jedem Stück meines Besitzes etwas gelernt.

Das klingt vernünftig und ist sicher ein wesentlicher Aspekt seines Sammelwahns – als »kunsthistorisches, geologisches, archäologisches etc. Institut« hat ein heutiger Forscher sein Haus auch bezeichnet. Doch mancher munkelt, Goethe gäbe sich damit auch psychischen Halt. Sammeln und Ordnen als Therapie gegen Krisen? Sichern, Sichverankern in unsicherer Zeit? Sich selbst eine Kontinuität geben?

Den Sammler als faszinierenden Menschentypus verewigt Goethe auch in seinem Werk. »Unverkennbar« ist dabei, so beobachtet Schiller untrüglich, »dass Sie in diesen Charakter am meisten von Ihrer eigenen Natur gelegt haben«. In »Wilhelm Meisters Lehrjahren« zum Beispiel:

> Einen köstlichen Gebrauch haben Sie von des Großvaters Sammlung zu machen gewußt; sie ist ordentlich eine mitspielende Person und rückt selbst an das Lebendige.

Kunstsammlungen als lebendige Personen. Kein Wunder, dass es die Nachfahren graust! Mussten sie ganz ruhig sitzen in Goethes geheiligten Räumen? Oder schrecklich langweilige Erklärungen anhören? »Goethe-Gerümpel«, schimpft später der älteste Enkel Walther über das Erbe, das er in einem groß angelegten Befreiungsschlag am liebsten komplett unter den Hammer bringen will.

Heute ist Goethes Haus fast unverändert in Weimar zu besichtigen. Auch jetzt hat man gerade so viel Platz, um etwa zwei Prozent des Kunstnachlasses zu zeigen. Der Rest lagert in Spezialschränken. Genauso wie früher, als Goethe nach Tisch ausgewählte Gäste ins rötlich gestrichene Bilderkabinett lud, um sich über zeitgenössische Grafiken zu beugen und Geschmacksfragen zu diskutieren. Schlägt man Goethes Aufsätze zur Kunst auf, etwa »Der Sammler und die Seinigen«, so bekommt man eine Vorstellung davon:

> Gestern meldete sich bei uns ein Fremder an, dessen Name mir nicht unbekannt, der mit als ein guter Kenner gerühmt war. Ich freute mich bei seinem Eintritt, machte ihn mit meinen Besitzungen im allgemeinen bekannt, ließ ihn wählen und zeigte vor. Ich bemerkte bald ein sehr gebildetes Auge für Kunstwerke, besonders für die Geschichte derselben. Er erkannte die Meister so wie ihre Schüler, bei zweifelhaften Bildern wußte er die Ursachen seines Zweifels sehr gut anzugeben, und seine Unterhaltung erfreute mich sehr.

Noch andere Kunstverständige treten dazu und sofort entspinnt sich eine hitzige Diskussion. Der Gast ist von äußerstem »Haß gegen alle Manieristen«, der Gastgeber dagegen hat unter den Manieristen gerade seine Lieblingsbilder. Nur das Dazutreten einer schönen Nichte verhindert den Eklat. – Ein anschauliches Beispiel dafür, an welchen Themen sich die Intellektuellen im klassischen Weimar entzünden. Politik ist tabu. Bald wird man den Klassikern vorwerfen, dass sie sich im Elfenbeinturm abkapseln. Auch wenn es natürlich eine Ehre ist, mit Goethe selbst über Kunst zu plaudern.

Vielen Gästen allerdings verschlägt es erst einmal den Atem im Haus am Frauenplan. Eine »Kühle der Angst« überfällt sie in Goethes gesammelter Pracht. Dies Haus ist ein »Pantheon mit Bildern und Statuen«, so der bescheidenere Schriftstellerkollege Jean Paul, und der Götterliebling Goethe thront mittendrin. Auch Herder registriert neidisch: Goethe »macht ein adlig Haus«. Allein die Bibliothek mit ihren 5500 Bänden aus drei Jahrhunderten ist für einen Privatmann gigantisch. Für Kunst lässt Goethe Beziehungen spielen, verhandelt als Agent für Herzog Carl August und bereichert nebenbei seine eigene Sammlung. Als die napoleonischen Truppen sich zurückziehen und ganz Deutschland hasst, was irgendwie französisch ist, fallen die Preise für französische Kunstwerke in den Keller. Eilig kauft Goethe Meister wie Jean-Antoine Watteau und François Boucher für ein Spottgeld.

Im Haus am Frauenplan residiert Goethe 50 Jahre. Der Allroundkünstler überlässt nichts dem Zufall, als das barocke Anwesen nach seinem Geschmack und mit herzoglichem Geld umgebaut wird, und entwirft zum Beispiel das klassizistische Treppenhaus selbst. Sein Domizil ist Wallfahrtsort und Kontaktbörse zugleich, die berühmtesten Intellektuellen und Künstlerprominenten geben sich hier die Türklinke in die Hand. Goethe lebt gern auf großem Fuß und ist in guten Zeiten fast täglich Gastgeber, seinem Lebensmotto entsprechend: »Nicht aus Büchern, sondern durch lebendigen IdeenTausch, durch heitre Geselligkeit müsst ihr lernen!«

Wie bescheiden Goethe allerdings in seinen Privatzimmern haust, ahnt niemand. Da, wo er arbeitet, schreibt und schläft, sieht es geradezu spartanisch aus, kaum ein Bild hängt an der Wand. Ein Beobachter kommentiert das so: Goethe geht als Privatmann in die hinteren Zimmer und kommt als Dichterfürst zum Vorderhaus wieder heraus.

Darf seine »kleine unheilige Familie«, wie er selbst sie charakterisiert, in den Repräsentationsgemächern aufkreuzen? August schon und Christiane möbliert sich eigene Zimmer im Hinterhaus – dort blickt sie von einem Fenster direkt in den Garten, von einem anderen in den Hof. In dieser Schaltzentrale überwacht sie das Kommen und Gehen der sieben Angestellten, der Lieferanten, der Kutscher und Gäste, organisiert aus dem Hintergrund die Partys, auf denen sie selbst nicht erscheint. Bald nach ihrem Tod wird ihre Habe aufgelöst und macht Platz für weitere Sammlungen des Hausherrn.

Goethe lebt hier auf der Schwelle zwischen Privatsphäre und Öffentlichkeit. Das Repräsentieren gelingt ihm souverän, gemäß dem Wahlspruch seines Hauses am Frauenplan. Der klingt zwar einladend, aber doch ein bisschen zu treuherzig bei all der Familienproblematik hinter seiner Prachtfassade:

> Warum stehen sie davor?
> Ist nicht Thüre da und Thor?
> Kämen sie getrost herein
> Würden wohl empfangen seyn.

»Wollten Sie mich nicht besuchen?« –
Zu Gast: Friedrich Schiller

Unter allen Schätzen in seinem Haus hütet Goethe einen wie »ein Heiligtum«: einen der letzten Briefe Schillers. In seinem Testament verfügt er:

> Alle Aufmerksamkeit verdient das Kästchen (...) es enthält Originalbriefe meiner Korrespondenz mit Schiller, welche erst im Jahre 1850 herausgegeben werden sollen.

18 Jahre nach seinem Tod werfen die gespannten Leser endlich einen Blick hinein. In gut tausend Briefen haben sich beide Dichter fast täglich angefeuert und waren sich gegenseitig die besten Kritiker. Ohne diese Briefe gäbe es wohl weder Goethes »Faust« noch Schillers »Wallenstein«, große literarische Werke, die parallel entstehen und deren Helden sich ineinander spiegeln.

Es ist eine komische Freundschaft. Goethe hält hartnäckig am »Sie« fest, Schiller vergisst schon mal Goethes Geburtstag und regelmäßig die Grüße an Christiane. Bei Schiller ist Erstes sicher Vergesslichkeit und Zweites Absicht. Was heute als schlechtes Benehmen gelten würde, konnte in der damaligen Ständegesellschaft niemand weiter übel nehmen. Aber auch Goethe zeigte sich lange angewidert von Schiller, dem Autor der »Räuber«, der für seinen Geschmack den Sturm und Drang und das Genietreiben weit über die gebührliche Zeit hinaus strapaziert hat. Erst 1794 wird Goethe warm mit ihm:

> Wollten Sie mich nicht (...) besuchen? bei mir wohnen und bleiben? Sie würden jede Art von Arbeit ruhig vornehmen können. Wir besprächen uns in bequemen Stunden, sähen Freunde die uns am ähnlichsten gesinnt wären und würden nicht ohne Nutzen scheiden. Sie sollten ganz nach Ihrer Art und Weise leben und sich wie zu Hause möglichst einrichten. Dadurch würde ich in den Stand gesetzt Ihnen von meinen Sammlungen das Wichtigste zu zeigen, und mehrere Fäden würden sich zwischen uns anknüpfen.

Goethe hat oft Gäste in seinem herrschaftlichen Haus, denn wann immer ihm ein Thema unter den Nägeln brennt, ruft er Spezialisten zu sich und diskutiert tagelang mit ihnen. Auch Schiller lässt sich nicht lange bitten. Der kleinbürgerliche Aufsteiger allerdings, der selbst eine Adelige geheiratet hat, setzt sich wochenlang an den wohlgedeckten Tisch, ohne Christiane eines Blickes zu würdigen. Doch der literarischen Zusammenarbeit scheint das nicht zu schaden, mit

Schiller gewinnt der oft einsame große Goethe endlich einen guten Freund. – Wie sind die beiden zusammengekommen? Es war im Sommer 1794. Schiller will Goethe zur Mitarbeit an seiner Zeitschrift »Die Horen« verlocken und Goethe sagt endlich zu. Aber erst als die beiden sich in Jena bei einer Sitzung der »Naturforschenden Gesellschaft« treffen und gemeinsam den Heimweg antreten, bricht das Eis. Goethe hört Schiller zum ersten Mal richtig zu. Der hat ein intensives Philosophiestudium im Rücken, sein Lieblingsautor ist Immanuel Kant, und so argumentiert er als überzeugter Idealist und blendender Redner, dass Goethes Vorstellung einer Urpflanze eine »Idee« sei und keine »Erfahrung«. Goethe zuckt zusammen. Abstraktionen sind ihm ein Graus, er definiert sich als »hartnäckiger Realist«, er hat die sogenannte Urpflanze aus vielen fein beobachteten Gesetzmäßigkeiten der Natur abgeleitet, und für ihn ist sie objektiv vorhanden, nicht subjektiv erdacht. Schon will sich der »alte Groll« zwischen den beiden Denkern wieder regen – da reicht Goethe vermittelnd die Hand: »Das kann mir sehr lieb sein, daß ich Ideen habe ohne es zu wissen, und sie sogar mit Augen sehe.«

Der Grundstein ist gelegt. Schiller umwirbt Goethe weiter heftig mit Briefen wie diesem:

> Erwarten Sie bei mir keinen großen materialen Reichtum von Ideen; dies ist es, was ich bei Ihnen finden werde. Mein Bedürfnis und Streben ist, aus wenigem viel zu machen, und wenn Sie meine Armut an allem, was man erworbene Erkenntnis nennt, einmal näher kennen sollten, so finden Sie vielleicht, dass es mir in manchen Stücken damit mag gelungen sein. Weil mein Gedankenkreis kleiner ist, so durchlaufe ich ihn eben darum schneller und öfter und kann eben darum meine kleine Barschaft besser nutzen und eine Mannigfaltigkeit, die dem Inhalte fehlt, durch die Form erzeugen. Sie bestreben sich, Ihre große Gedankenwelt zu simplifizieren, ich suche Varietät für meine kleine Besitzungen. Sie haben ein Königreich zu regieren, ich nur eine etwas zahlreiche Familie von Begriffen, die ich herzlich gern zu einer kleinen Welt erweitern möchte.

Goethe lässt sich auf den Ton gegenseitiger Bewunderung ein. Als Schiller ihm die erste Hälfte seiner »Briefe über die ästhetische Erziehung des Menschen« schickt, zeigt er einen ganz neuen Hang zu überschwänglichen Lobesäußerungen:

> Das mir übersandte Manuskript habe sogleich mit großem Vergnügen gelesen, ich schlurfte es auf Einen Zug hinunter. Wie uns ein köstlicher, unsrer Natur analoger Trank willig hinunter schleicht und auf der Zunge schon durch gute Stimmung des Nervensystems seine heilsame Wirkung zeigt, so waren mir diese Briefe angenehm und wohltätig, und wie sollte es anders sein? da ich das was ich für recht seit langer Zeit erkannte, was ich teils lebte, teils zu leben wünschte auf eine so zusammenhängende und edle Weise vorgetragen fand. Auch Meyer hat seine große Freude daran, und sein reiner, unbestechlicher Blick war mir eine gute Gewähr. In diesem behaglichen Zustande hätte mich Herders beiliegendes Billet beinahe gestört, der uns, die wir an dieser Vorstellungs-Art Freude haben, einer Einseitigkeit beschuldigen möchte. Da man aber im Reiche der Erscheinungen es überhaupt nicht so genau nehmen darf, und es immer schon tröstlich genug ist mit einer Anzahl geprüfter Menschen, eher zum Nutzen als Schaden seiner selbst und seiner Zeitgenossen, zu irren, so wollen wir getrost und unverruckt so fort leben und wirken und uns in unserm Sein und Wollen ein Ganzes denken, um unser Stückwerk nur einigermaßen vollständig zu machen. Die Briefe behalte ich noch einige Tage, um sie nochmals mit Meyern zu genießen.
> Hier folgen die Elegien. Ich wünschte daß Sie sie nicht aus Händen gäben, sondern sie denen, die noch über ihre Admissibilität zu urteilen haben vorläsen. Alsdann erbitte ich mir sie zurück, um vielleicht noch einiges zu retouchieren. Finden Sie etwas zu erinnern; so bitte ich es anzuzeigen.
> Die Epistel wird abgeschrieben und folgt mit einigen Kleinigkeiten bald; dann muß ich eine Pause machen, denn das dritte Buch des Romans fordert meine Aufmerksamkeit. Noch habe ich die Aushängebogen des ersten nicht, sobald sie anlangen sind sie bei Ihnen.
> Wegen des Almanachs werde ich Ihnen den Vorschlag tun: ein Büchelchen Epigrammen ein- oder anzurücken. Getrennt bedeuten sie nichts, wir würden aber wohl aus einigen Hunderten, die mit-

unter nicht produzibel sind, doch eine Anzahl auswählen können die sich aufeinander beziehen und ein Ganzes bilden. Das nächste Mal daß wir zusammenkommen, sollen Sie die leichtfertige Brut im Neste beisammen sehen.

Leben Sie recht wohl und lassen mich unter den Ihrigen gegenwärtig sein.

W[eimar,] d. 26ten Oktbr. 94.   Goethe.

Es hat endgültig gefunkt zwischen den beiden. Goethe sieht sich und Schiller als spannungsvoll aufeinander bezogene »Pole«, die nichts mehr verbindet als »die ungeheure Kluft zwischen unsern Denkweisen«. Auch äußerlich sind sie ein ungleiches Paar: Schiller blond, lang, schlaksig und oft schlampig – schon weil er immer krank ist, mit dem Schlafrock als bevorzugtem Kleidungsstück. Goethe dunkel, stattlich, ganz Gentleman und aus ganz anderen Gründen in langen Überröcken, weil er darunter nämlich seine zu kurzen Beine versteckt. Ein riesiger sozialer und ökonomischer Abstand klafft zwischen beiden. Der schon von Haus aus begüterte Goethe verdient das Zehnfache von dem, was der einst bettelarme Schiller zurzeit als Professor für Geschichte in Jena bezieht. Jetzt endlich verbünden sich der unnahbare, von Schiller mit einer »stolzen Prüden« verglichene Goethe und das zehn Jahre jüngere Freundschaftsgenie, und zum ersten Mal ist es ein Mann, an dem Goethe sich verjüngt:

> Sie haben mir eine zweite Jugend verschafft und mich wieder zum Dichter gemacht, welches zu sein ich so gut wie aufgehört hatte.

Also wieder eine Häutung, ein Neubeginn! Die Rettung für Goethe mit dem Burnout-Syndrom, der jetzt vom dynamischen Schiller mitgezogen wird. Sie begründen die international erfolgreichste Literaturwerkstatt. Goethe schließt den Roman »Wilhelm Meisters Lehrjahre« ab, schreibt »Hermann und Dorothea« und das Drama »Die natürliche

Tochter«. Schiller startet eine Erfolgsserie mit »Maria Stuart«, »Die Jungfrau von Orleans« und »Wilhelm Tell«. Dichtung, Drama, Roman, Publizistik, Philosophie und Ästhetik blühen auf, Goethe und Schiller werden zu Architekten der Weimarer Klassik.

Die Welt blickt nach Weimar. Doch hinter der hehren Klassik, die dem Städtchen den würdigen Titel »Ilm-Athen« einbringt, stecken immense und zum Teil ganz banale Aufbauarbeiten. Die »Weimarer Riesen« kämpfen täglich um das Fundament ihrer Arbeit, mit den Schauspielern zum Beispiel, und Goethe ist oft so genervt, dass er autoritär durchgreift. Eigentlich, lässt er verlauten, »sollte mir kein Huhn auf's Theater, das ich nicht selbst ausgebrütet hätte«. Auch das Publikum ist ein wunder Punkt, denn die Klassiker sind schon zur Zeit der Klassik eine schwierige Lektüre, und die Autoren versuchen händeringend, sich mit Elitezeitschriften die Leser auf ihr Niveau heranzuziehen: mit Schillers »Horen« und Goethes »Propyläen«. Aber wer liest schon Journale mit solch anspruchsvollen Namen? Der Normalleser schmökert in Kitschromanen, und Theaterfans entspannen sich lieber bei den damals höchst erfolgreichen Familien- und Rührstücken, die unseren heutigen Seifenopern ähneln.

Goethe und Schiller, beide wütend und gekränkt, bilden das scharfzüngigste Kampfduo der damaligen Presse. 1796 kontern sie mit ihren »Xenien« nach dem Vorbild des antiken Dichters Martial. In kurzen, satirischen Versen rechnen sie hier mit Lesern, Kritikern und Schriftstellerkollegen ab und begleichen auch ziemlich alte Rechnungen. Mit Nicolai zum Beispiel. Goethe hatte schon über den »Werther« (s. Kap. IV) mit ihm gestritten und attackiert jetzt dessen Reisejournalismus:

> Schreiben wollt' er, und leer war der Kopf, da besah er sich
>   Deutschland;
> Leer kam der Kopf zurück, aber das Buch war gefüllt.

Heute sind die »Xenien« nicht mehr so prickelnd zu lesen, aber damals haben sie den Verkauf der Zeitschriften angekurbelt, denn das Publikum wollte sich diesen hochaktuellen Schlagabtausch unter Prominenten nicht entgehen lassen. Doch auch heute noch ist es spannend, Goethe und Schiller bei ihrer Arbeit über die Schulter zu sehen. Die gut 900 »Xenien« sind eine echte Gemeinschaftsproduktion ihrer Literaturwerkstatt, und Goethe erinnert sich:

> Freunde wie Schiller und ich, jahrelang verbunden, mit gleichen Interessen, in täglicher Berührung und gegenseitigem Austausch, lebten sich ineinander so sehr hinein, daß überhaupt bei einzelnen Gedanken gar nicht die Rede und Frage sein konnte, ob sie dem einen gehörten oder dem andern. Wir haben viele Distichen gemeinschaftlich gemacht, oft hatte ich den Gedanken und Schiller machte die Verse, oft war das Umgekehrte der Fall, und oft machte Schiller den einen Vers und ich den andern.

Noch heute grübeln die Literaturwissenschaftler darüber, aus wessen Feder welche Xenien in den berühmten Doppelversen, den »Distichen«, stammen; angeblich war Goethe der harmlosere Streiter. Vielleicht sollte man sich an Goethes salomonisches Urteil halten: Bei einer Arbeitsharmonie wie zwischen ihm und Schiller – wie kann da »von Mein und Dein die Rede sein«! Wobei, das muss man ehrlicherweise hinzufügen, Goethe in seinem sentimentalen Rückblick ihre Beziehung auch ein bisschen verklärt.

Arbeitsprojekte hätten die beiden noch für mehrere Jahrzehnte gehabt, doch 1805 stirbt Schiller nach zehn Jahren hochaktiver Gemeinsamkeit. Goethe wird mit einem Schlag alt:

> Ich dachte mich selbst zu verlieren, und verliere nun einen Freund und in demselben die Hälfte meines Daseins. Eigentlich sollte ich eine neue Lebensweise anfangen; aber dazu ist in meinen Jahren auch kein Weg mehr.

Zum Glück ist das ein vorübergehendes seelisches Tief. Und 1826 ist Schiller bei Goethe ein allerletztes Mal zu Gast: als Totenschädel. Der beliebte Dichter, den man damals in aller Eile unter die Erde gebracht hat, soll endlich in ein repräsentatives Grab umgebettet werden. Schillers Gebeine werden also aus dem verfallenden Billigsarg zusammengetragen und einer Reinigung unterzogen. Goethe mit seinen besonderen Beziehungen gelingt es, sie sich für einige Zeit ins Haus zu holen. Wilhelm von Humboldt, Schillers Intimfreund, plaudert unter dem Siegel der Verschwiegenheit eine skurrile Begebenheit aus:

> Heute nachmittag habe ich bei Goethe Schillers Schädel gesehen. Goethe und ich (...) haben lange davor gesessen, und der Anblick bewegt einen gar wunderlich. Was man lebend so groß, so teilnehmend, so in Gedanken und Empfindungen bewegt vor sich gesehen hat, das liegt nun so starr und tot wie ein steinernes Bild da. Goethe hat den Kopf in seiner Verwahrung, er zeigt ihn niemand. Ich bin der einzige, der ihn bisher gesehen, und er hat mich sehr gebeten, es hier nicht zu erzählen. (...) Jetzt liegt er auf einem blausamtenen Kissen; und es ist ein gläsernes Gefäß darüber, das man aber abnehmen kann. Man kann sich wirklich an der Form dieses Kopfes nicht satt sehen. Wir hatten einen Gipsabguß von Raffaels Schädel daneben.

Auch bei Goethe mischen sich in dieser Begegnung emotionale Rührung, weitreichende Reflexionen über den Tod, über Religion und das Göttliche im Menschen und genauso naturwissenschaftliches Interesse, waren doch Schädelbetrachtungen und entsprechende charakterliche Schlussfolgerungen in seiner Zeit hochaktuell. Goethe macht daraus ein Gedicht. Er, der für sein äußerst kompliziertes Verhältnis zum Tod bekannt ist, der aus Prinzip nie auf Begräbnisse geht, rückt auch in seinen Versen das lyrische Ich weit weg von seiner eigenen Person und vermeidet jeden konkreten Hinweis auf Schiller selbst. Hier die Schlusszeilen aus diesem 1826 entstandenen Gedicht, das erst nach Goethes Tod den Titel »Bei Betrachtung von Schillers Schädel« erhält:

> Wie mich geheimnisvoll die Form entzückte!
> Die gottgedachte Spur, die sich erhalten!
> Ein Blick, der mich an jenes Meer entrückte,
> Das flutend strömt gesteigerte Gestalten.
> Geheim Gefäß! Orakelsprüche spendend,
> Wie bin ich wert, dich in der Hand zu halten,
> Dich höchsten Schatz aus Moder fromm entwendend
> Und in die freie Luft zu freiem Sinnen,
> Zum Sonnenlicht andächtig hin mich wendend.
> Was kann der Mensch im Leben mehr gewinnen,
> Als daß sich Gott-Natur ihm offenbare?
> Wie sie das Feste läßt zu Geist verrinnen,
> Wie sie das Geisterzeugte fest bewahre.

So viel zu Goethes Trauerarbeit. Als Goethe seine eigene Grabstätte plant, will er mit seinem Freund Schiller zusammenliegen. Das Grab seiner Frau Christiane ist inzwischen verfallen.

XI.

»So löset sich der Fluch«
Klassik contra Chaos

Claudia Kaiser

»Die Geister werd' ich nun nicht los« – »Erlkönig«, »Der Zauberlehrling«

Heute würde man das Patchwork-Familie nennen: Goethe holt sich Fritz, den jüngsten Sohn der Charlotte von Stein, ins Haus und erzieht ihn wie einen eigenen. Goethe liebt bekanntlich Kinder und Jugendliche und er liebt es, sie zu erziehen. Das mit Fritz geschieht Jahre, bevor sein leiblicher Sohn August geboren wird, der die Verhältnisse ja wieder umdreht und zwischen dem Goetheschen und dem von Steinschen Hause pendelt.
In einer Nacht des Jahres 1782 setzt Goethe den siebenjährigen Fritz auf sein Pferd und jagt die malerischen Ufer der Ilm entlang. Ein Ritt, der beiden Gänsehaut macht, der in Goethe eine alte dänische Volksballade wachruft und eine brandaktuelle Nachricht: Erst vor kurzem las er vom tragischen Fall eines Vaters, dem auf dem Weg zum Arzt sein Kind unter den Händen gestorben ist. Goethe komponiert all das zu einem seiner berühmtesten Gedichte, auf der ganzen Welt gelesen und mit Heinrich Heines »Lorelei« ein Synonym für deutsche Lyrik – der »Erlkönig«, so heißt die Ballade von 1782:

Erlkönig

Wer reitet so spät durch Nacht und Wind?
Es ist der Vater mit seinem Kind;
Er hat den Knaben wohl in dem Arm,
Er faßt ihn sicher, er hält ihn warm. –

Mein Sohn, was birgst du so bang dein Gesicht? –
Siehst, Vater, du den Erlkönig nicht?
Den Erlenkönig mit Kron' und Schweif? –
Mein Sohn, es ist ein Nebelstreif. –

»Du liebes Kind, komm, geh mit mir!
Gar schöne Spiele spiel' ich mit dir;
Manch' bunte Blumen sind an dem Strand;
Meine Mutter hat manch' gülden Gewand.«

Mein Vater, mein Vater, und hörest du nicht,
Was Erlenkönig mir leise verspricht? –
Sei ruhig, bleibe ruhig, mein Kind!
In dürren Blättern säuselt der Wind. –

»Willst, feiner Knabe, du mit mir gehn?
Meine Töchter sollen dich warten schön;
Meine Töchter führen den nächtlichen Reihn
Und wiegen und tanzen und singen dich ein.«

Mein Vater, mein Vater, und siehst du nicht dort
Erlkönigs Töchter am düstern Ort? –
Mein Sohn, mein Sohn, ich seh' es genau;
Es scheinen die alten Weiden so grau. –

»Ich liebe dich, mich reizt deine schöne Gestalt;
Und bist du nicht willig, so brauch' ich Gewalt.« –
Mein Vater, mein Vater, jetzt faßt er mich an!
Erlkönig hat mir ein Leids getan! –

Dem Vater grauset's, er reitet geschwind,
Er hält in Armen das ächzende Kind,
Erreicht den Hof mit Mühe und Not;
In seinen Armen das Kind war tot.

Zerstörerische Mächte buhlen um den Sohn. Kriegt ihn wirklich ein Naturgeist zu fassen? Oder sind es Fieberphantasien, wie der Vater beschwichtigt? Das Unbewusste enthüllt sich in eindringlichen Bildern, entfesselte Naturgewalten korrespondieren mit erotischem Verlangen. Doch warum sind Natur und Sexualität so bedrohlich? Und ist der Junge wirklich so spröde? Oder erblickt er gerade das, was er begehrt? Goethe stößt mit diesem Gedicht wieder an Tabugrenzen. Es war damals skandalös, ein Kind mit erotischen Phantasien darzustellen, erst viel später hat Sigmund

Freud in seinen kulturrevolutionären Schriften von kindlicher Sexualität zu sprechen gewagt.

Zurück zum »Erlkönig«: Raubt er den Jungen wirklich für seine Töchter? Oder ist er schwul? Gerade das ist eine Lesart unserer Zeit. Heute legen sich Gay-Shops das Label »Erlkönig« zu, und moderne Persiflagen zielen gerade auf den pädophilen Übergriff ab: »Und jetzt, au weia, jetzt grapscht er mich an − /Ich glaub, er hat was Gemeines getan!« Sogar dass Goethe selbst eine pädophile Ader gehabt hätte, ist geraunt worden und dass seine Erziehungsleidenschaft nur Fassade war.

Goethes Gedicht rührt an existenzielle Themen. Themen, die konservative Leser schockieren, Jugendliche in Bann schlagen und die über Jahrhunderte von Künstlern immer wieder gegen den Strich gebürstet werden: Erwachen der Sexualität − »Frühlings Erwachen«, wie Frank Wedekind im letzten Jahrhundert sein unter die Haut gehendes Drama nannte −, Strafe, Liebe und Tod. Auch Vater-Kind-Beziehung, Verdrängung, Macht und Gewalt gehören dazu und die weite Welt des Übersinnlichen.

In Goethes Werk leben besonders Kinder, Künstler und feinfühlige Frauen auf vertrautem Fuß mit kosmischen Kräften. Sie pendeln die Strahlung der Elemente aus, erfühlen geheime Schwingungen und tändeln mit Elementarwesen.

Auch im »Erlkönig« findet der Naturgeist nur beim sensiblen Jungen Gehör. Der Vater hat seinen Zugang zur feinstofflichen Welt längst gekappt. Er stellt den Typus des nüchternen, praktisch veranlagten Verstandesmenschen dar, der den Spuk schlagfertig mit Sacherklärungen pariert. Ein typischer Vertreter der Aufklärung, der keine Augen dafür hat, was offenbar nicht nur den fiebrigen Jungen der Ballade, sondern auch den Autor Goethe fasziniert: das Unbewusste und die Gefühlstiefen der menschlichen Seele. Die heutige Psychologie erlebte damals unter dem Begriff »Erfahrungsseelenkunde« ihre zaghaften Anfänge.

Wer Goethes Herkunftsfamilie näher kennt, fragt sich gleich: Zeichnet Goethe in der Vaterfigur des Gedichts vielleicht Züge seines eigenen Vaters, des trockenen Pedanten, der, wie Goethe sich spöttisch erinnert, seine Laute länger stimmte, als er sie spielte? Im »Erlkönig« verstehen sich Vater und Sohn nur oberflächlich, und in Goethes eigenem Elternhaus hing oft der Haussegen schief. Kein Wunder bei so gegensätzlichen Typen wie dem strikt auf Ordnung und Vernunft pochenden Familienoberhaupt und einem aufstrebenden Künstlergenie wie Goethe, das aus unergründlichen Inspirationsquellen schöpft, das, wie man ihm ehrfürchtig nachsagt, schlafwandlerisch die schönsten Gedichte »vom Baum schüttelt«, wo andere – Schiller voran – ihre »Muse kommandieren« müssen.

Nicht zu übersehen ist dabei, dass der Götterliebling Goethe von einer sehr gefährlichen Gabe zehrt. Wenn die »Fühlfäden unserer Seele über … körperliche Grenzen hinausreichen können«, wenn Antennen zu unsichtbaren Welten existieren, dann sind Krisen programmiert. Goethe hat das selbst hautnah erfahren, und der feinfühlige Junge im Gedicht »Erlkönig« überlebt seine Krankheit und Visionen nicht.

Mit dem »Erlkönig« hat Goethe die »naturmagischen Balladen« erfunden, elektrisierende Gedichte über Elfen, okkulte Mächte oder eine Nixe, die einen Fischer verführt – »klassische Horror-Gedichte«, wie heute lästerliche Zungen sagen. Die Themen waren damals absolut neu. In diesen Gedichten ist die Natur emotional und mystisch aufgeladen, spiegelt die Außenwelt die Innenwelt der Charaktere. All das sind wirklich hochkarätige Dichterfinessen, die schon der junge Goethe in seinem kreativen Durchbruch während des Sturm und Drang entwickelt und seither meisterhaft beherrscht.

Zur Zeit der Klassik geht Goethe mit solchen Inhalten trockener um. Im Jahr 1797, von der Nachwelt unter »Balladenjahr« verbucht, stacheln Goethe und Freund Schiller sich wieder gegenseitig an und produzieren reihenweise Balladen. Von Goethe betreten jetzt die noch heute viel gelesene »Braut von Korinth«, »Der Gott und die Bajadere« und der sogar von Walt Disney verfilmte »Zauberlehrling« die Weltbühne. Hier ist die Lieblingsballade so vieler Lehrbücher:

Der Zauberlehrling

Hat der alte Hexenmeister
Sich doch einmal wegbegeben!
Und nun sollen seine Geister
Auch nach meinem Willen leben.
Seine Wort' und Werke
Merkt' ich und den Brauch,
Und mit Geistesstärke
Tu' ich Wunder auch.

    Walle! walle
    Manche Strecke,
    Daß zum Zwecke
    Wasser fließe,
    Und mit reichem, vollem Schwalle
    Zu dem Bade sich ergieße!

Und nun komm, du alter Besen!
Nimm die schlechten Lumpenhüllen!
Bist schon lange Knecht gewesen;
Nun erfülle meinen Willen!
Auf zwei Beinen stehe,
Oben sei ein Kopf,
Eile nun und gehe
Mit dem Wassertopf!

    Walle! walle
    Manche Strecke,
    Daß zum Zwecke
    Wasser fließe,
    Und mit reichem, vollem Schwalle
    Zu dem Bade sich ergieße!

Seht, er läuft zum Ufer nieder;
Wahrlich! ist schon an dem Flusse,
Und mit Blitzesschnelle wieder
Ist er hier mit raschem Gusse.
Schon zum zweiten Male!
Wie das Becken schwillt!
Wie sich jede Schale
Voll mit Wasser füllt!

 Stehe! stehe!
 Denn wir haben
 Deiner Gaben
 Vollgemessen! –
 Ach, ich merk' es! Wehe! wehe!
 Hab' ich doch das Wort vergessen!

Ach, das Wort, worauf am Ende
Er das wird, was er gewesen.
Ach, er läuft und bringt behende!
Wärst du doch der alte Besen!
Immer neue Güsse
Bringt er schnell herein,
Ach! und hundert Flüsse
Stürzen auf mich ein.

 Nein, nicht länger
 Kann ich's lassen;
 Will ihn fassen.
 Das ist Tücke!
 Ach! nun wird mir immer bänger!
 Welche Miene! welche Blicke!

O, du Ausgeburt der Hölle!
Soll das ganze Haus ersaufen?
Seh' ich über jede Schwelle
Doch schon Wasserströme laufen.
Ein verruchter Besen,
Der nicht hören will!
Stock, der du gewesen,
Steh doch wieder still!

Willst's am Ende
Gar nicht lassen?
Will dich fassen,
Will dich halten,
Und das alte Holz behende
Mit dem scharfen Beile spalten.

Seht, da kommt er schleppend wieder!
Wie ich mich nun auf dich werfe,
Gleich, o Kobold, liegst du nieder;
Krachend trifft die glatte Schärfe!
Wahrlich, brav getroffen!
Seht, er ist entzwei!
Und nun kann ich hoffen,
Und ich atme frei!

Wehe! wehe!
Beide Teile
Stehn in Eile
Schon als Knechte
Völlig fertig in die Höhe!
Helft mir, ach! ihr hohen Mächte!

Und sie laufen! Naß und nässer
Wird's im Saal und auf den Stufen.
Welch entsetzliches Gewässer!
Herr und Meister! hör' mich rufen! –
Ach, da kommt der Meister!
Herr, die Not ist groß!
Die ich rief, die Geister,
Werd' ich nun nicht los.

»In die Ecke,
Besen! Besen!
Seid's gewesen!
Denn als Geister
Ruft euch nur zu seinem Zwecke
Erst hervor der alte Meister.«

Wieder eine hochdynamische Aktion, wieder Magie und ein zwischenmenschlicher Konflikt, zwischen Schüler und Meister diesmal. Und welcher Schüler will eine so überlegene Autorität nicht mal austricksen? Welcher Jugendliche will nicht mal seine Stärke messen oder Geister provozieren?

»Heiter« nennt Schiller die Tonlage dieser Ballade, und tatsächlich ist der Emanzipationsversuch des kleinen Lehrlings von drastischer Komik, mündet in einen orgiastischen Wasser- und Wortschwall und dann, selten genug, in ein Happy End. Die heutigen, an »Harry Potter« geschulten Leser können sich unter dem hilflosen Lehrling sofort einen täppischen Schulversager in Hogwarts vorstellen, der sich mit seinem unüberlegten Streich keinen sehnlicheren Wunsch erfüllt als eine volle Badewanne.

Goethe schreibt seinen »Zauberlehrling« 15 Jahre später als den »Erlkönig«, und dessen schwüle Verführungskunst wird auf einige Minusgrade herabgekühlt. Der »Zauberlehrling« vermittelt eine ernste Botschaft: Grenzen sind notwendig, Egozentrik und Selbstüberschätzung schwere Verhaltensfehler. Niemand darf ungestraft den Mund voll nehmen, niemand ungestraft fordern, es solle »nach seinem Willen« gehen. Der Leser des »Zauberlehrlings« tritt ins noble Reich klassischer Ideale: Angemessenheit, Selbstbeherrschung, Ordnung und Balance werden hier vor Augen geführt.

So also rettet die Klassik aus der Krise. Nur das Maßhalten im wahrsten Sinn des Wortes, genau wie es der Meister verkörpert, führt zum guten Ende. Der kleine Lehrling wird sich noch lange bilden und vervollkommnen müssen, um so weit zu kommen – ein zentrales Thema übrigens für die Hauptfigur im Bildungsroman »Wilhelm Meister« (s. Kap. XII), den Goethe im Jahr zuvor herausgegeben hat. Auch in dieser Ballade spürt man die Sympathie des reiferen Goethe, des »schönen Hexenmeisters«, wie Wieland früher von ihm schwärmte, für den Alten.

Dem gelingt, was die Vatergestalt im »Erlkönig« nicht vermochte: Er besiegt Chaos und Spuk mit wenigen souveränen Worten.

Goethes Gedicht wird mannigfaltig ausgelegt, unter anderem als Kommentar zur Französischen Revolution. Lief die mit ihrem blutigen Terror nicht auch aus dem Ruder? Hätte man sie durch vernünftiges Maßhalten nicht verhindern können? Seit dem 19. Jahrhundert liest man den »Zauberlehrling« auch zunehmend als Warnung vor allzu sorglosem Umgang mit Wissenschaft und Technik. Nach dieser Interpretation legt Goethe seinen Finger in immer noch offene Wunden. Die Schere zwischen Erfindungen und globalen Konsequenzen geht heute sogar noch weiter auseinander, prinzipielle Fragen sind nach wie vor ungelöst: Rächt sich die Natur am Menschen, der sie zu beherrschen sucht? Wie ist es zum Beispiel mit der modernen Atom- oder Gentechnik – haben wir die denn wirklich im Griff?

Der schon zu Goethes Zeit viel zitierte Vers: »Die ich rief, die Geister,/ Werd' ich nun nicht los« bewahrt sich bis heute seinen sprichwörtlichen Charakter.

»Es ziemt dem edlen Mann der Frauen Wort zu achten« – »Iphigenie auf Tauris«

Kaum ein Schriftsteller wagte sich an so skandalöse Beziehungen wie Goethe: Heiratsschwindler in »Stella«, Partnertausch in den »Wahlverwandtschaften«, Pädophilie im »Erlkönig« und im Drama »Die Geschwister« wollen Bruder und Schwester heiraten. Das Publikum war schockiert. Besonders die Gefühle für Schwester und Geliebte sind bei Goethe merkwürdig auswechselbar.

Herder sagte einmal: »Das Leben eines Autors ist der

beste Commentar seiner Schriften« – und auf niemand trifft das mehr zu als auf seinen Freund Goethe. Dessen Werk ist auffallend autobiographisch, und seine Liebe zur Schwester Cornelia höchst intensiv, sogar von inzestuösen Schattierungen wird heute manchmal gesprochen. Goethe selbst gibt nicht viel preis. Höchstens so viel: In der Kindheit gab es nur einen »Magneten, der von jeher stark auf mich wirkte; es war meine Schwester.«

Was hat das mit »Iphigenie auf Tauris« zu tun? Goethes Drama zeigt so eine »magnetische« Geschwisterbeziehung und verarbeitet Autobiographisches. 1779, bei der Uraufführung der Prosafassung, ließ Goethe es sich nicht nehmen, selbst die Rolle ihres Bruders Orest zu spielen. Ihm steckte noch der Schmerz über den frühen Tod seiner geliebten Schwester Cornelia in den Knochen, und Goethe muss laut dem berühmten Weimarer Arzt Christoph Wilhelm Hufeland absolut überzeugend gewirkt haben:

> Nie werde ich den Eindruck vergessen, den er als Orestes im griechischen Kostüm in der Darstellung seiner Iphigenia machte; man glaubte Apollo zu sehen.

Orest und seine Schwester Iphigenie im gleichnamigen Drama sind Jugendliche in einer Orientierungskrise. Da könnten beim Autor Erinnerungen aus Frankfurt hochgespült worden sein. Aber Goethe lehnt sich natürlich auch an den alten Mythos an, und danach ist Iphigenie eine Tochter aus hohem Haus und mit einem Götterfluch geschlagen, der für die Familie katastrophale Folgen hat. Schon die Vorgeschichte des Stücks ist ein Vater-Tochter-Drama. Als Gegenleistung für günstige Winde hat die mächtige griechische Göttin Diana Iphigenies Tod von deren Vater Agamemnon gefordert, ist aber schon befriedigt, als dieser nur Anstalten macht, ihrem Befehl zu gehorchen. Iphigenie erinnert sich:

> Sie lockten mit der Mutter mich ins Lager,
> Sie rissen mich vor den Altar und weihten
> Der Göttin dieses Haupt – sie war versöhnt!
> Sie wollte nicht mein Blut und hüllte rettend
> In eine Wolke mich.

Iphigenie ist nur knapp dem Schicksal entronnen, vom eigenen Vater der Diana geopfert zu werden. Doch wird sie von derselben Göttin wundersam gerettet und ins Ausland gebracht. Ihre ganze Familie hält sie für tot, was eine Kette von Racheakten auslöst, in welcher erst die Mutter Klytämnestra ihren Ehemann Agamemnon umbringt und daraufhin Iphigenies Bruder Orest seine Mutter Klytämnestra. Das ist die blutrünstige Vorgeschichte von Goethes »Iphigenie«, die wir vor allem durch den antiken Tragödienschreiber Euripides kennen.

Es war übrigens wieder äußerst mutig von Goethe, dieses antikisierende und in seiner Art völlig neue Drama einem erstaunten und auch leicht überforderten Publikum zu präsentieren. Obwohl griechische Literatur und Mythologie noch fest im Ausbildungskanon verankert waren, konnte schon Goethe kaum darauf hoffen, mit so einem elitären Bildungsstück größere Massen zu begeistern, und heute fällt es wieder um einiges schwerer, das zwar kurze, aber komplizierte Drama zu begreifen.

Wir beschäftigen uns mit der zweiten Fassung von 1786. Goethe hatte das eigentlich schon fertige Drama in »schlotternder Prosa« noch mal in den Koffer nach Italien gesteckt und dort in Verse umgeschrieben.

Wie fängt es an? Während Goethe voller Fernweh nach Italien fährt, ist Heimweh ein roter Faden durch das spannende Stück. Iphigenie stellt sich zu Beginn mit ihrem berühmten Klagemonolog vor:

> Denn ach mich trennt das Meer von den Geliebten
> Und an dem Ufer steh ich lange Tage,
> Das Land der Griechen mit der Seele suchend,
> Und gegen meine Seufzer bringt die Welle
> Nur dumpfe Töne brausend mir herüber.
> Weh dem, der fern von Eltern und Geschwistern
> Ein einsam Leben führt!

Iphigenie lebt jetzt auf Tauris, wo sie der Göttin Diana als Priesterin dient und mit ihrer engelhaft-»reinen« Ausstrahlung neue Religionsrituale durchsetzt. Als Erstes gelingt es ihr, einen gruseligen alten taurischen Brauch abzuschaffen: jeden Fremden auf Dianas Altar zu opfern. Dabei mag auch Iphigenies weibliche Ausstrahlung im Spiel gewesen sein, denn gestützt werden ihre Reformen vom König der Taurier, Thoas, der zwar vom Alter her ihr Vater sein könnte, sie aber jetzt zu heiraten begehrt. Sollte sie sich weigern, so seine kaum verhüllte Erpressung, wird der blutige Brauch wieder eingeführt und an zwei jungen Griechen, die kurz zuvor auf der Insel gelandet sind, in alter Strenge vollzogen.

Bald stellt sich heraus, dass es sich bei den gerade entdeckten Griechen um Iphigenies Bruder Orest und seinen Freund handelt. Orest ist mit einer lebenswichtigen Mission nach Tauris gekommen, er will sich selbst von quälerischen »Rachegeistern« und seinen Familienclan vom schicksalhaften Götterfluch befreien. Ein Orakel des Gottes Apoll hat ihm dazu geweissagt:

> Bringst du die Schwester die an Tauris' Ufer
> Im Heiligtume wider Willen bleibt,
> Nach Griechenland; so löset sich der Fluch.

Wie so viele Orakelsprüche muss auch dieser erst mal richtig gedeutet werden, denn »Schwester« hat hier einen Doppelsinn und kann sowohl Orests Schwester Iphigenie meinen als auch Apolls Schwester, die Göttin Diana. Da Orest

Iphigenie aber für tot hält, glaubt er Apolls Weisung zu erfüllen, indem er den Tauriern das Tempelbild der Diana stiehlt und nach Griechenland verschifft. Doch bevor er aktiv werden kann, fällt er in eine dramatische psychische Krise. Orest ist zutiefst zermürbt vom Schicksal seiner Familie, er bereut den Mord an seiner Mutter und fürchtet das Todesurteil, das Thoas über ihn verhängt hat:

> Mit jedem Schritt wird meine Seele stiller.
> Als ich Apollen bat das gräßliche
> Geleit der Rachegeister von der Seite
> Mir abzunehmen, schien er Hülf und Rettung
> Im Tempel seiner vielgeliebten Schwester
> Die über Tauris herrscht, mit hoffnungsreichen,
> Gewissen Götterworten zu versprechen,
> Und nun erfüllet sich's daß alle Not
> Mit meinem Leben völlig enden soll.
> Wie leicht wird's mir, dem eine Götterhand
> Das Herz zusammendrückt, den Sinn betäubt,
> Dem schönen Licht der Sonne zu entsagen.
> Und sollen Atreus' Enkel in der Schlacht
> Ein siegbekröntes Ende nicht gewinnen,
> Soll ich wie meine Ahnen, wie mein Vater
> Als Opfertier im Jammertode bluten;
> So sei es! (...)
> Laßt mir so lange Ruh, ihr Unterirdschen
> Die nach dem Blut ihr, das von meinen Tritten
> Hernieder träufend meinen Pfad bezeichnet;
> Wie losgelaßne Hunde spürend hetzt;
> Laßt mich, ich komme bald zu euch hinab;
> Das Licht des Tags soll euch nicht sehn, noch mich.

Orest ist so verzweifelt, dass ihm sogar noch der Opfertod als gnädiges Ende erscheint. Goethe hat ja viele Existenzkrisen bei seinen Protagonisten beschrieben – man denke nur an seinen jungen Romanhelden Werther –, doch in der

»Iphigenie«, dem Schlüsseldrama der Weimarer Klassik, hat sich sein Weltbild radikal geändert: Hier sucht man vergebens nach einer Beschönigung der Lebensmüdigkeit oder nach einer Kultivierung egozentrischen Schmerzes. Orest, das entspricht Goethes neuer klassischer Lebensphilosophie, muss so schnell wie möglich seine Depressionen überwinden und ins praktische Leben zurückkehren. Hier im Zeitraffer, wie er das schafft – in erster Linie mithilfe seiner Schwester Iphigenie, der er rührend dankt:

> von dir berührt
> War ich geheilt, in deinen Armen faßte
> Das Übel mich mit allen seinen Klauen
> Zum letztenmal und schüttelte das Mark
> Entsetzlich mir zusammen, dann entfloh's
> Wie ein Schlange zu der Höhle. Neu
> Genieß ich nun durch dich das weite Licht
> Des Tages.

Die »schöne Seele« Iphigenie hat Orest erfolgreich in die menschliche Gemeinschaft zurückgeführt. Solche Szenen übrigens lasen eingeweihte Zeitgenossen als verschlüsselte Liebeserklärung an Charlotte von Stein. War nämlich Cornelia die erste Vorlage für die Geschwisterbeziehung dieses Dramas, so war die zweite Vorlage Charlotte von Stein, von Goethe als »meine Schwester oder meine Frau« bezeichnet und geliebt. Beide, sowohl Cornelia als auch Charlotte, haben den psychisch oft gebeutelten Dichter immer wieder gestützt und aufgerichtet, genauso wie Orest durch Iphigenie Rettung findet.

Wie schafft dieses junge Mädchen das alles? Jetzt fordert Orest noch von ihr, Thoas zu belügen, das Tempelbild der Göttin Diana zu stehlen und mit ihm bei Nacht und Nebel zu fliehen. Iphigenie schwankt. Sie wünscht sich zwar nichts sehnlicher, als in die Heimat zurückzukehren, hängt aber auch an Freunden auf Tauris, die ihr gerade noch vertrauensvoll ins Gewissen geredet haben. Hier ihr verzweifelter Versuch, einen kühlen Kopf zu bewahren – und sich zugleich ein bisschen zu rechtfertigen:

> Meinen Bruder
> Ergriff das Herz mit einziger Gewalt,
> Ich horchte nur auf seines Freundes Rat,
> Nur sie zu retten drang die Seele vorwärts.
> Und wie den Klippen einer wüsten Insel
> Der Schiffer gern den Rücken wendet; so
> Lag Tauris hinter mir. Nun hat die Stimme
> Des treuen Manns mich wieder aufgeweckt,
> Daß ich auch Menschen hier verlasse, mich
> Erinnert. Doppelt wird mir der Betrug
> Verhaßt. O bleibe ruhig meine Seele!
> Beginnst du nun zu schwanken und zu zweifeln,
> Den festen Boden deiner Einsamkeit
> Mußt du verlassen! Wieder eingeschifft
> Ergreifen dich die Wellen schaukelnd, trüb
> Und bang verkennest du die Welt, und dich.

Jetzt fällt auch Iphigenie in eine Krise, die sie, um es stark verkürzt vorwegzunehmen, aber zugleich als Bewährungsprobe meistert. Sie befindet sich in einem geradezu exemplarischen Zwiespalt zwischen Pflicht und Neigung, wie Zeitgenossen es mit dem philosophischen Vokabular des großen Stichwortgebers Immanuel Kant ausgedrückt hätten. Ihre mitleidheischende seelische Notlage gehört zu den Höhepunkten in Goethes Drama:

> So hofft ich denn vergebens, hier verwahrt,
> Von meines Hauses Schicksal abgeschieden,
> Dereinst mit reiner Hand und reinem Herzen
> Die schwer befleckte Wohnung zu entsühnen.
> Kaum wird in meinen Armen mir ein Bruder
> Vom grimmgen Übel wundervoll und schnell
> Geheilt. Kaum naht ein lang erflehtes Schiff
> Mich in den Port der Vaterwelt zu leiten;

> So legt die taube Not ein doppelt Laster
> Mit ehrner Hand mir auf: das heilige,
> Mir anvertraute viel verehrte Bild
> Zu rauben und den Mann zu hintergehen,
> Dem ich mein Leben und mein Schicksal danke.
> O daß in meinem Busen nicht zuletzt
> Ein Widerwillen keime! Der Titanen,
> Der alten Götter tiefer Hass auf euch
> Olympier, nicht auch die zarte Brust
> Mit Geierklauen fasse! Rettet mich
> Und rettet euer Bild in meiner Seele.

Hochtrabende, altmodisch klingende Formulierungen, die aber Sorgen entspringen, mit denen auch heute noch Millionen von Menschen leben. Goethes Heldin Iphigenie kämpft, so scheint es, auf verlorenem Posten: als Fremde und Flüchtling und außerdem als Frau in streng patriarchalischer Gesellschaft. Sie ist ein Mensch ohne Rechte und empfindet sich auch so. Immer wieder klagt sie über den Verlust an Selbstbestimmung, auf Tauris erlebt sie den »zweiten Tod« und niemals »gewöhnt sich« ihr »Geist hierher«. Zu Beginn des Dramas blickte sie als sich zivilisiert dünkende Griechin noch ziemlich arrogant auf die Taurier hinab. Den Hochmut muss sie fahren lassen, als sie von Orest erfährt, dass ihre Familienmitglieder sich gegenseitig mit Mord und Totschlag ins Grab gebracht haben. Und war sie nicht selbst als halbes Kind vom Vater als Blutopfer vorgesehen? Kein Grund mehr also, blutige Gewalt als Merkmal »barbarischer« Taurier anzusehen, aber Grund genug, ihr Heimatland erstmals kritisch zu beleuchten und vor allem auch ihre guten Erfahrungen auf Tauris zu bedenken. Und Grund genug, Vorurteile abzubauen und eigene Wege zu gehen.

Iphigenie ist eine beeindruckende Persönlichkeit. Sie überwindet alle Schwierigkeiten mit Charakterstärken, die im Drama »Reinheit« oder »Sittlichkeit« heißen. Zum Entsetzen ihres Bruders enthüllt sie König Thoas ihren Fluchtplan, bittet ihn offen um die Heimreise nach Griechenland und legt ihr aller Leben in seine Hand:

> laß durch diese Rede
> Aus einem graden treuen Munde dich
> Bewegen! Sieh uns an! Du hast nicht oft
> Zu solcher edeln Tat Gelegenheit.
> Versagen kannst du's nicht, gewähr es bald.

Entgegen dem Männerdenken, das auf Gewalt und Schwerterziehen ausgerichtet ist, wird hier ein Appell an Vernunft und Moral formuliert, wie es seit der Aufklärung kaum jemand geschickter tat. Iphigenie wickelt Thoas um den Finger. Der alte König bricht erst mal in Zorn aus und lässt die Griechen dann so schnell ziehen, dass man sich als Leser leise fragt: War dieser gütige Herr wirklich eine Gefahr? Der blutgebietende Herrscher Thoas entpuppt sich schlussendlich, um mit Goethe zu reden, als genauso »verteufelt human« wie alle in diesem Drama.

Humanität ist eines der großen Ideale der Klassik. Frieden kehrt ein, und diesen – genauso wie ihre Bildung zu besseren, humanen Menschen – verdanken die Männer Iphigenie:

> Da alle Rettung auf der weiten Erde
> Verloren schien, gibst du uns alles wieder.

Die Retterin Iphigenie bekehrt das Böse mit hoher moralischer Integrität. Das ist typisch Klassik: Freiheit durch Selbstüberwindung, nicht durch Gewalt oder Betrug. Iphigenie ist ein mutiges junges Mädchen, die Verführungen widersteht, ihre Familie aus der Tragödie rettet, eine Insel reformiert, Völkerverständigung einleitet und die selbst unter Todesangst ihre Probleme so löst, dass sie niemand anderem schadet.

Goethe hat mit Iphigenie eine wirklich erstaunliche Heldin geschaffen. Viel später erklärt er seinem Sekretär Eckermann, Frauengestalten seien »das einzige Gefäß, was uns Neueren noch geblieben ist, um unsere Idealität hineinzugießen. Mit den Männern ist nichts zu tun.«

Es gibt viele klassische Ideale, die auf den ersten Blick verstaubt wirken, auf den zweiten aber ganz moderne Werte meinen und auch heute das soziale Leben regeln könnten: im täglichen Umgang, in der Schule, im Beruf. Klassisches Denken sieht auf die Gemeinschaft. Es verbietet den Egotrip, auch das wilde Sichbehaupten, wie es Goethe selbst noch im Sturm und Drang kultiviert und beschrieben hat, etwa im einzelgängerischen Selbsthelfertum seines Jugenddramas »Götz«. Beim Klassiker Goethe ist derjenige frei und glücklich, der für ein friedliches Miteinander sorgt. Auch das Vertrauen in Erziehung – Fürstenerziehung, wie sie Iphigenie bei Thoas geglückt ist – gehört zur Klassik. Mit Charme nötigt sie Thoas sogar noch einen Abschiedssegen ab, seine letzten Worte lauten: »Lebt wohl!«

»Iphigenie auf Tauris« weist über die Klassik hinaus. »Kann uns zum Vaterland die Fremde werden?«, so heißt eine Kernfrage bei Goethe und daran lässt sich jede Menge weiterer Fragen knüpfen: Wie verhalten sich Fremdheit und Identität zueinander? Sympathie und Abgrenzung? Wie kann man sich Iphigenies Problematik heute vorstellen – hätte sie heute türkische Verwandte? Läge dann Tauris in Berlin? Ist »Heimat« ein Synonym für Schutz und Vertrautheit? Oder ist das eine Illusion? Goethes Drama führt die Problematik vor Augen, entzieht sich aber einer konkreten Antwort und kommentiert die Fragen mit resignativem Unterton: »Das ist's, warum mein blutend Herz nicht heilt.«

Iphigenie ist ein traumatisiertes Mädchen zwischen zwei Kulturen, die ihre widersprüchlichen Gefühle zu ordnen versucht. Zum Glück über Worte, kein »Lost in Silence«, keine Aggressionen. Der Schluss bleibt hintergründig offen, ihr Drama ist vielleicht noch nicht zu Ende. »Dir ist fremd das Vaterland geworden«, warnt sie ein kluger taurischer Freund vor der Heimreise. Wie wird es ihr in der Heimat gehen, wenn sie zurückgekehrt ist? Wird man sie als Griechin akzeptieren? Wird sie sich da nicht auch fremd fühlen, ist sie nicht im Grunde ihres Herzens heimatlos?

Wegen seiner modernen Bezüge wird Goethes »Iphigenie auf Tauris« heute in vielen Ländern der Erde aufgeführt, in deutschen Schulen mit ausländischen Kindern diskutiert, und es gibt sogar aktualisierte Neufassungen verschiedener ausländischer Autoren. Auch Goethe hat mit dem Drama einen aktuellen Diskurs fortgesetzt, nämlich den der Aufklärung über den Umgang mit Fremdem. Die Aufklärung forderte Respekt vor den Mitmenschen und die Achtung anderer Nationen, Kulturen und Religionen, so wie es schon Lessing in seinem beispielgebenden Drama »Nathan der Weise« thematisiert hatte.

In seiner »Iphigenie« schlägt Goethe eine Brücke zwischen verschiedenen Kulturen, und das bleibt zeit seines Lebens ein Herzenswunsch. Fast 40 Jahre später notiert Goethe zu seiner orientalisch inspirierten Gedichtsammlung, dem »West-östlichen Divan«, was auch seine griechische Iphigenie hätte sagen können: »Das Land, das die Fremden nicht beschützt, geht bald unter.«

XII.

»Mich selbst,
ganz wie ich da bin, auszubilden«
»Wilhelm Meisters Lehrjahre«

Claudia Kaiser

»Daß das alles für mich nur auf dem Theater zu finden ist«

Heute schimpfen Eltern, wenn Kinder fernsehen oder zu lang am Computer spielen. Vater Johann Goethe dagegen wurde wütend, wenn es seinen Sohn mal wieder ins Theater trieb:

> Meine Leidenschaft zu dem französischen Theater wuchs mit jeder Vorstellung; ich versäumte keinen Abend, ob ich gleich jedesmal, wenn ich nach dem Schauspiel mich zur speisenden Familie an den Tisch setzte und mich gar oft nur mit einigen Resten begnügte, die steten Vorwürfe des Vaters zu dulden hatte: das Theater sei zu gar nichts nütze, und könne zu gar nichts führen.

Doch trotz dieser Schimpftiraden liebte Goethe die Bühne und profitierte sein Leben lang davon, als detailversessener Theaterdirektor in Weimar zum Beispiel. Hier ist Goethe Mann für alles. Er sorgt für die Lichtregie, und bei den Kostümen von Mozarts »Zauberflöte« kümmert er sich darum, dass »die Pfoten der Affen ... nicht schlottern«. Auch gegen die berüchtigten Jenaer Studenten, echte Theater-Hooligans, die mit Trommeln und Auf- und Absetzen ihrer Hüte die Theaterwachen provozieren, fällt ihm etwas ein:

> Man stelle auf die rechte Seite (...) zwei Husaren, man befehlige diese (...) daß sie keinen Hut auf dem Kopf, selbst vor Anfang des Stücks, leiden. Sollte irgendeiner anfangen Lärm zu machen, so muß er gewarnt und, wenn er fortfahren sollte, hinausgeschleppt werden.

Das vielseitige Amt des Theaterdirektors versieht Goethe von 1791 bis 1817, und damit so lange wie kein anderes. Er schießt eigenes Geld vor, um in Bad Lauchstädt die Sommerspielstätte auszubauen, er spielt selbst im Amateurtheater, tritt als Tänzer und Pantomime auf und spricht immer wieder von der Lust, sich »zu verkleiden«. Auch beruflich schlüpft er oft in neue Rollen, ist zugleich Dichter, Zeichner, Architekt, Theaterdirektor, Wissenschaftler und Minister.

Goethe – ein Maskenkünstler. Identitäten zu wechseln fasziniert ihn, genauso wie seinen berühmten Romanhelden Wilhelm Meister. »Wilhelm Meisters Lehrjahre« bezeichnen Wissenschaftler heute als »stellvertretenden Lebenslauf«, Goethe selbst als »Pseydo Confession«. Über 50 Jahre fasziniert ihn die Figur. In den Jahren 1777 bis 1785 widmet er sich dem unvollendeten Erstling »Wilhelm Meisters theatralische Sendung«, 1796 bringt er »Wilhelm Meisters Lehrjahre« zum Abschluss. »Wilhelm Meisters Wanderjahre« folgen 1821 in einer ersten Fassung und 1829 in einer zweiten. Die »Meister«-Romane spannen einen Bogen von Goethes früher Weimarer Zeit bis zum Alter, saugen alles auf, was den Autor beschäftigt, machen die »wiederholten Pubertäten des Genius« mit und lassen ihn seufzen:

> Mein Roman (…) gleicht einem Strickstrumpf der bey langsamer Arbeit schmutzig wird.

Zum Glück werden die »Lehrjahre« der lang ersehnte Publikumserfolg und machen Goethe nach dem Riesenerfolg des »Werther« wieder zum Dichter der Nation.

Worum geht es? Zunächst ums Theater. Als Mutter Elisabeth in Frankfurt den Roman kapitelweise wie »confect« am Sonntag genießt, fühlt sie sich in die Kindheit ihres Sohns zurückversetzt. »Kinder müssen Komödien haben und Puppen«, zitiert Wilhelm seine Mutter zu Beginn des Romans, und in diesem Satz erkennt Elisabeth sich sofort wieder. Das Marionettenspiel weckt in Wilhelm die Sehnsucht nach dem Theater, und genauso war es früher beim kleinen Goethe. Und wie bei Goethe widerspricht im Roman der künstlerische Berufswunsch den väterlichen Zielvorgaben. Als Wilhelm sich in die hübsche Schauspielerin Mariane verliebt und ganz neue Lebensverhältnisse kennenlernt, kommt ihm sein Elternhaus doppelt spießig vor:

> Er glaubte den hellen Wink des Schicksals zu verstehen, das ihm durch Marianen die Hand reichte, sich aus dem stockenden, schleppenden bürgerlichen Leben herauszureißen, aus dem er schon so lange sich zu retten gewünscht hatte. Seines Vaters Haus, die Seinigen zu verlassen, schien ihm etwas Leichtes. Er war jung und neu in der Welt, und sein Mut, in ihren Weiten nach Glück und Befriedigung zu rennen, durch die Liebe erhöht. Seine Bestimmung zum Theater war ihm nunmehr klar; das hohe Ziel, das er sich vorgesteckt sah, schien ihm näher, indem er an Marianens Hand hinstrebte, und in selbstgefälliger Bescheidenheit erblickte er in sich den trefflichen Schauspieler, den Schöpfer des künftigen Nationaltheaters, nach dem er vielfältig hatte seufzen hören.

Ein junger Mann schlüpft aus dem Familiennest und sucht die Rolle fürs Leben. Die Welt des Wandertheaters mit ihrer lockeren Lebensmoral, mit wechselnden Liebschaften, einer Schar unehelicher Kinder und dauerndem Ortswechsel war damals für brave Bürgersöhne erstaunlich bis unwiderstehlich:

> Mit Komödianten Umgang zu haben, Komödiantenweiber zu besuchen, Komödianten ihre Rolle abzuschreiben und dergleichen, ist einem Gymnasiasten durchaus unanständig.

So warnt der sittenstrenge Herder aus täglicher Erfahrung seine Schüler. Er war nicht als einziger Leser schockiert darüber, in welch schlechter Gesellschaft – Goethes Schwager spricht sogar von »Bordell« – Goethe seinen sympathischen Außenseiter lebensnotwendige Erfahrungen sammeln lässt.

Doch abgesehen vom miserablen Ruf der Schauspieler herrschte in weiten Kreisen Deutschlands sogar größte

Theaterbegeisterung. Das Drama galt als höchste dichterische Gattung, die Bühne war Hoffnungsträger für die nationale Geschmacksbildung und eine »moralische Anstalt«, wie Schiller es griffig nannte. Ganz Deutschland befand sich im »Nationaltheater«-Fieber. Die Bedingungen dafür waren eine feststehende Bühne und ein festes Ensemble – also weit mehr, als die üblichen Wanderbühnen zu bieten hatten. Lessing als prominentester Vorkämpfer des bürgerlichen Nationaltheaters hatte früher schon gerufen: »Wir haben keine Schauspieler. Wir haben keine Zuhörer.« Sie hatten auch keine feststehende Bühne, und das erste Großunternehmen eines deutschen Nationaltheaters mit Stücken nach gutbürgerlicher Moral ging 1768 in Hamburg schon nach einem Jahr pleite.

Weimar richtet 1791 eine stehende Bühne ein mit Goethe als Leiter. Dessen perfektionistischer »realistischer Tic« kommt dem Theaterroman zugute, und selbst der kritische Herder lobt darin die »Wahrheit der Scenen«. Goethe machte man in Theaterdingen eben nichts vor. Er lässt Wilhelm als frischgebackenen Schauspieler Fechten üben und mit der attraktiven Kollegin Philine flirten, die für die damaligen Verhältnisse eine typische Theaterfrau ist. Schauspieler bildeten eine Randgruppe, die sich nicht in das Schubladensystem der Ständegesellschaft einordnen ließ, und die sympathische Philine verkörpert das bei jedem Auftritt. Sie lebt von Luft und Liebe, hat zwar kein Geld, aber auch keine Sorgen, sie amüsiert sich mit dem vermögenden Adel und ist doch absolut unbestechlich, sie zeigt sich selbstbewusst und modern mit ihrem unerschöpflichen Repertoire an provokativen Befreiungsgesten gegen jegliche Konvention.

Wilhelm motiviert in der »Hamlet«-Aufführung Philine und seine anderen Kollegen zur absoluten Höchstleistung, startet in der Hauptrolle durch wie eine Rakete und hat nach den ersten Erfolgen genug Rückgrat, um sich bei den Daheimgebliebenen zu rechtfertigen:

> Ich habe nun einmal gerade zu jener harmonischen Ausbildung meiner Natur (...) eine unwiderstehliche Neigung. Ich habe (...) durch Leibesübung viel gewonnen; ich habe viel von meiner gewöhnlichen Verlegenheit abgelegt und stelle mich so ziemlich dar. Ebenso habe ich meine Sprache und Stimme ausgebildet, und ich darf ohne Eitelkeit sagen, daß ich in Gesellschaften nicht mißfalle. Nun leugne ich Dir nicht, daß mein Trieb täglich unüberwindlicher wird, eine öffentliche Person zu sein, und in einem weitern Kreise zu gefallen und zu wirken. Dazu kömmt meine Neigung zur Dichtkunst und zu allem, was mit ihr in Verbindung steht, und das Bedürfnis, meinen Geist und Geschmack auszubilden. (...) Du siehst wohl, daß das alles für mich nur auf dem Theater zu finden ist, und daß ich mich in diesem einzigen Elemente nach Wunsch rühren und ausbilden kann. Auf den Brettern erscheint der gebildete Mensch so gut persönlich in seinem Glanz als in den obern Klassen.

Der unerfahrene Stubenhocker hat sich gemausert und spätpubertäre Schüchternheiten überwunden. Bei dem nun folgenden Lobgesang auf den Adel allerdings glaubt man seinen Augen nicht zu trauen. Wilhelm ist geblendet von der Repräsentationskultur in höheren Kreisen. Während, so Wilhelms bittere und etwas neidische Erkenntnis, der Bürger arbeitet und Leistungen erbringen muss, erfüllt der Adelige seinen Lebenszweck in Glanz und Repräsentation:

> In Deutschland ist nur dem Edelmann eine gewisse allgemeine, wenn ich sagen darf, personelle Ausbildung möglich. Ein Bürger kann sich Verdienst erwerben und zur höchsten Not seinen Geist ausbilden; seine Persönlichkeit geht aber verloren. (...) Indem es dem Edelmann, der mit den Vornehmsten umgeht, zur Pflicht wird, sich selbst einen vornehmen Anstand zu geben, indem dieser Anstand, da ihm weder Tür noch Tor verschlossen ist, zu einem freien Anstand wird, da er mit seiner Figur, mit seiner Person, es sei bei Hofe oder bei der Armee, bezahlen muß, so hat er Ursache, etwas auf sie zu halten. (...) Eine gewisse feierliche Grazie bei gewöhnlichen Dingen (...) kleidet ihn wohl. (...) Er ist eine öffentliche Person, und je ausgebildeter seine Bewegungen, je sonorer seine Stimme, je gehaltner und gemessener sein ganzes Wesen ist, desto vollkommner ist er.

Der Bürger dagegen wird nur als Schauspieler zur »öffentlichen Person«. Öffentlichkeit, Beifall – heute haben Glamour und Blitzlichtgewitter sicher genauso magnetische Wirkung auf Schauspieler oder Politiker – ermöglichen Wilhelm, aus dem vom Adel diktierten Hintergrund hervorzutreten. Der Bürger begnügt sich jetzt nicht mehr mit einer kleinen Nebenrolle auf der Bühne der Welt, sondern will etwas darstellen, er will gehört und gesehen werden.

Goethe beschreibt hier in der Welt des Romans eines seiner eigenen Traumata. Als er vor 20 Jahren nach Weimar zog, musste er als junger, unerfahrener und ungestümer Bürgerlicher bei Hof Benehmen lernen und ist trotz des liebevollen Coachings seiner Freundin Charlotte von Stein sicher mehrfach ins Fettnäpfchen getreten.

Wilhelm Meister also macht seine ersten konkreten Erfahrungen mit dem bewunderten Adel zunächst auf dem Schloss eines Grafen. Eine hochwillkommene Gelegenheit,

> die große Welt näher kennen zu lernen, in der er viele Aufschlüsse über das Leben, über sich selbst und die Kunst zu erlangen hoffte.

Wieder etwas für die Selbstfindung und Selbstbestätigung! Nachdem ihnen der Graf den Auftrag für eine Theatervorführung erteilt hat, sind die Schauspieler alle, wenn auch aus unterschiedlichen Gründen, wie von Sinnen:

> Das Schloß des Grafen stand ihnen wie ein Feengebäude vor der Seele, sie waren die glücklichsten und fröhlichsten Menschen von der Welt.

Kurz darauf landen sie auf dem Boden der Realität. Ein Regenguss hatte sie nass bis auf die Knochen ankommen lassen, und nun werden sie in einem schäbigen, ungeheizten Nebengebäude einquartiert, ohne Licht und ohne Mahlzeit. Das ist leider der absolut passende Auftakt für ihre höchst unbedeutende Nebenrolle im Schloss. Wie sie zunächst ganz gut verdrängen, blicken die Adeligen nämlich von Anfang an naserümpfend auf die kunterbunte Truppe herab. Die Schauspieler werden bezeichnenderweise nach Tafel vor die hohen Herrschaften gefordert. Sie schätzten sich es zur größten Ehre und bemerkten es nicht, daß man zu ebenderselben Zeit durch Jäger und Bediente eine Anzahl Hunde hereinbringen und Pferde im Schloßhofe vorführen ließ.

Schauspieler dienen also hier bestenfalls als Staffage und stoßen auf kein echtes Interesse – zumindest auf kein künstlerisches, denn erotisch knistert es durchaus, wenn beide sozialen Kreise miteinander in Kontakt kommen. Selbst Wilhelm macht da mit, allerdings mit der für ihn typischen Zurückhaltung – er landet gerade mal einen schmachtenden Kuss auf der Wange der langweiligen Gräfin. Nach triumphalen Hoffnungen sieht sich die Truppe urplötzlich mit einem Geldbeutel vor die Tür gesetzt.

So harmlos dieser Konflikt war, weist er doch auf eine unüberbrückbare Kluft zwischen Adel und Bürgertum hin. Goethe hat die Szenerie aus der Perspektive der 80er-Jahre des 18. Jahrhunderts geschrieben, also noch vor der Französischen Revolution. Ein blutiger Aufstand der Straße war nichts für den vorsichtigen Großbürger, doch forderte Goethe gesellschaftliche Reformen für ein friedliches Zusammenleben aller Stände, die, so hoffte er zumindest, Revolutionen unnötig machen würden.

Für seinen Romanhelden Wilhelm bedeutet die enttäuschende Erfahrung mit dem Adel einen neuen Schub in seiner Persönlichkeitsbildung. Dabei geht es um prinzipielle Fragen: Wie kann ich mich als Bürger emanzipieren? Wie verschaffe ich mir Respekt? Und das nicht mithilfe des Adels, der von oben herab gnädig etwas zuteilt. – Da Goethe selbst seinen Roman als literarisches Bekenntnis versteht, soll kurz erinnert werden: Genau solche Fragen musste auch Goethe in Weimar unter schmerzhaften Erfahrungen lösen, und er lässt Wilhelm ganz ähnlich reifen in seinem »Musterbuch der Selbstbewusstseins-Entwicklung«, wie Martin Walser den großen Roman nennt.

Um bei Goethe selbst zu bleiben: Als Theaterdirektor wirft er nach vielen Höhen und Tiefen das Handtuch. Später sagt er zu Eckermann, nur Schiller und »seinen Sachen zuliebe« habe er sich überhaupt so lange noch mit der Bühne befasst:

> Ich schrieb meine Iphigenie und meinen Tasso und dachte in kindischer Hoffnung, so würde es gehen. Allein es regte sich nicht und rührte sich nicht und blieb alles wie zuvor (...) es fehlten die Schauspieler, um dergleichen mit Geist und Leben darzustellen, und es fehlte das Publikum, dergleichen mit Empfindung zu hören und aufzunehmen.

Alle diese Enttäuschungen vermittelt Goethe uns auch über seine Romanfigur. Wilhelm stürzt in eine schwere Krise und ihm wird bewusst, dass er auf der Bühne fehl am Platz war. Selbst in die Schauspieltruppe war er nie richtig integriert, er war ein Außenseiter, ein, wie man sich heute vorstellen könnte, Bonze in Markenkleidung, er war der misstrauisch beäugte, vornehme Bürgersohn, der sich seine gönnerhaften Geldspenden leisten konnte und nicht wie seine Kollegen auf Gedeih und Verderb von der Schauspielerei abhing:

> In kurzer Zeit war das ganze Verhältnis, das wirklich eine Zeitlang beinahe idealistisch gehalten hatte, so gemein, als man es nur irgend bei einem herumreisenden Theater finden mag. Und leider in dem Augenblicke, als Wilhelm durch Mühe, Fleiß und Anstrengung sich mit allen Erfordernissen des Metiers bekannt gemacht und seine Person sowohl als seine Geschäftigkeit vollkommen dazu gebildet hatte, schien es ihm endlich in trüben Stunden, daß dieses Handwerk weniger als irgend ein anders den nötigen Aufwand von Zeit und Kräften verdiene.

Wilhelm Meisters Schöpfer Goethe hatte irgendwann den »Wahn... ein deutsches Theater zu bilden« überwunden. Auch für Wilhelm ist das Theater nur eine kurze Station in seinem Leben.

Ein Aussteiger macht Karriere

> Mich selbst, ganz wie ich da bin, auszubilden, das war dunkel von Jugend auf mein Wunsch und meine Absicht.

Mit diesem berühmten Spruch schreibt Wilhelm Meister sich in die Literaturgeschichte ein. Alles mitnehmen, alle Begabungen entfalten, absolute Selbstverwirklichung – das hätte auch der junge Goethe für sich fordern können. Bildungsromane sind Romane über Jugendliche, und Trendsetter Goethe hat diese Gattung erfunden.

Ein Bildungsroman erzählt, wie ein junger Mensch – meistens ein junger Mann, die Frauen sind höchstens Bildungskatalysatoren – sich die Hörner abstößt, in Krisen fällt und sich schließlich in der Gesellschaft zurechtfindet. Aber »Bildung« holt man sich nicht in der Schule oder in Klavierstunden. Der selber hochgelehrte Goethe überrascht wieder mit unkonventionellen Ansichten:

> Soll ich sagen wie ich es denke? So scheint mir es bildet
> Nur das Leben den Mann und wenig bedeuten die Worte.

Auch Wilhelm Meister stürzt sich ins Leben, in Arbeitsteams, in Freundschaften und in die Liebe, er saugt Eindrücke auf wie ein Schwamm in diesem voluminösen Roman mit seinen unzähligen Personen und Schicksalen: »Der Mensch ist dem Menschen das Interessanteste.« Er lauscht Lebensbeichten, tappt in einen One-night-Stand mit seiner Kollegin, verhindert einen Mordanschlag und vergiftet aus Versehen fast seinen Sohn. Die »Lehrjahre« haben mit Sex and Crime so viel von einem unmoralischen Abenteuerroman, dass die Eltern der Goethezeit das Buch vor ihren unverheirateten Töchtern wegschlossen, um sie nicht auf dumme Gedanken zu bringen.

Heute macht sich darüber keiner mehr Sorgen. Aber noch heute kann man von Wilhelm Meister lernen, wie man Karriere macht, ohne sich zu verbiegen. Und wie man sich bildet, ohne ein Fachidiot oder vertrockneter Stubengelehrter zu werden. Wilhelm fällt die Stufen hinauf, weil er für alles offen ist, weil er Sicherheiten aufgibt und mutig seinen Traum verfolgt:

> Mir glüht die ganze Seele bei dem Gedanken, endlich einmal aufzutreten und den Menschen in das Herz hineinzureden, was sie so lange zu hören sehnen.

Wilhelm – vom Vater auf den Beruf Kaufmann festgenagelt – tarnt seiner Familie gegenüber seine Theatertournee als Geschäftsreise. Die kleine Schauspielerin Mariane hat er der Untreue verdächtigt und ohne Aussprache in seinem Heimatort sitzen gelassen. Später plagen ihn Gewissenbisse:

> Ihr Stand, ihre Schicksale haben sie tausendmal bei mir entschuldigt. (...) Wer weiß, in was für einen Zustand ich sie versetzt habe, und erst nach und nach fällt mir's aufs Gewissen, in welcher Verzweiflung, in welcher Hilflosigkeit ich sie verließ!

Da hat er leider recht. Mariane und auch sein Vater sterben allein zu Hause während seines Selbsterfahrungstrips. Wilhelm ist also kein strahlendes Vorbild, sondern ein typischer, leicht überforderter »Gotheheld«, eigentlich ein »armer Hund«, wie ihn der Autor ironisch nennt, und damit der Realität auf sympathische Art viel näher als etwa Schillers abgehobene Heroen. Seine Höhenflüge brechen schnell zusammen: »Wilhelm fing an zu wittern, daß es in der Welt anders zugehe, als er es sich gedacht.«

Wie aber geht es zu in der Welt? Wilhelm wird zum vorsichtigen Aussteiger. Er orientiert sich weit über das, was seine gutbürgerliche Kinderstube an Perspektiven zu bieten hat, hinaus an gesellschaftlichen Zukunftsvisionen, an durch

Literatur vermittelten Menschenbildern, er landet beruflich und privat in den skurrilsten Beziehungen und Alternativprojekten, die sich niemand für den braven Nachfolger eines etablierten Geschäftsmannes hätte erträumen lassen. Theater ist für den sensiblen jungen Mann auch eine Möglichkeit, sich wirksam – und zugleich ganz modern – zu therapieren: Rollenspiel als Selbstfindung und Grenzüberschreitung, das gefährlichere Kicks überflüssig macht. Bei Wilhelm wird besonders Shakespeares Dramenfigur Hamlet zu seinem Alter Ego:

> Auch glaubte ich in den Geist der Rolle einzudringen, wenn ich die Last der tiefen Schwermut gleichsam auf mich nähme und unter diesem Druck meinem Vorbilde durch das seltsame Labyrinth so mancher Launen und Sonderbarkeiten zu folgen suchte. So memorierte ich, und so übte ich mich und glaubte nach und nach mit meinem Helden zu einer Person zu werden.

Aber bevor es ernst wird, steigt Wilhelm aus seiner Identifikation mit dieser Dramenfigur wieder aus. Er überwindet zugleich Eigenschaften, von denen er vorher glaubte, sie mit Hamlet gemein zu haben, die aber seine weitere Entwicklung behindern – seinen Fatalismus zum Beispiel. Genauso heilsam wirken auf ihn die nächtelangen Diskussionen mit der zartbesaiteten Kollegin Aurelie, für die er am Bettrand den Therapeuten spielt. Aurelie geht noch viel mehr als Wilhelm in ihrer Shakespeare-Rolle auf; sie steigert sich krankhaft in die Figur der Ophelia hinein, sieht hier ihre eigene Liebes- und Lebensenttäuschung vorgebildet und sucht den Tod. Für den weichherzigen Wilhelm wieder ein tiefer Schock. Alle diese gefühlszerrissenen, problematischen Naturen stehen ihm besonders nahe, so nahe sogar, dass Forscher sie heute als »pathologische Abspaltungen« seiner Persönlichkeit bezeichnen. Als kleine Anti-Bildungsromane könnte man deren gescheiterte Lebensläufe verstehen, und in ihrem düsteren Licht bricht sich Wilhelms letztlich glückender Werdegang.

In der bunten Welt der Schauspieler wird Wilhelm auch alleinerziehender Vater. Alles unter dem Aspekt »Bildung«, wohlgemerkt, denn, so belehrt uns eine Romanfigur, »was sogar die Frauen an uns ungebildet zurücklassen, das bilden die Kinder aus, wenn wir uns mit ihnen abgeben«. Wilhelm gründet eine höchst ungewöhnliche Familie, zunächst als Adoptivfamilie mit dem schillernden alten »Harfner« und dem zwitterhaften Mädchen Mignon, das er einer Seiltänzergruppe abkauft:

> »Mein Kind!« rief er aus, »mein Kind! Du bist ja mein! Wenn dich das Wort trösten kann. Du bist mein! Ich werde dich behalten, dich nicht verlassen!« (...) »Mein Vater!« rief sie, »du willst mich nicht verlassen! willst mein Vater sein! – Ich bin dein Kind!« Sanft fing vor der Türe die Harfe an zu klingen; der Alte brachte seine herzlichsten Lieder dem Freunde zum Abendopfer, der, sein Kind immer fester in Armen haltend, des reinsten, unbeschreiblichsten Glückes genoß.

Wieder eine Idylle auf dünnem Eis. Mignon und der Harfner sind krankhaft-gefühlvolle Künstlerfiguren, die beim hilfsbereiten Wilhelm wieder starke Beschützerinstinkte auslösen. Und nicht nur er hegt besondere Sympathie für sie, denn als Goethes Buch erschien, haben die Romantiker vor allem diese Szenen geliebt und deren Protagonisten ins Herz geschlossen. Goethe allerdings trennt sich ziemlich dramatisch von beiden Figuren und lässt Mignon und den Harfner als »Fremdlinge« in dieser nüchternen Welt einen schmerzlichen Romantod erleiden.

Doch wie geht es weiter mit Wilhelm selbst? Er findet im Laufe seiner »Lehrjahre« heraus, dass er auch noch ein leibliches Kind hat, den kleinen Felix, den ihm die Schauspielerin Mariane hinterließ. Mariane ist bekanntlich tot, Felix pendelt seit längerem zwischen mehreren Bezugspersonen, und nun erfolgt endlich die Zusammenführung von

Vater und Sohn – äußerst unkonventionell wieder, wie alles in diesem unkonventionellen Roman und keineswegs geeignet, Anhänger eines bürgerlichen Familiennestes beruhigt aufatmen zu lassen. Wilhelm erhält Felix als krönenden Abschluss einer Bildungsinitiation. In dieser gewöhnungsbedürftigen Szene steht Wilhelm kleinlaut vor dem mächtigen Abbé der Turmgesellschaft – einem Verein weiser Frauen und Männer. Wie Wilhelm nicht ohne Schock erfährt, hat dieser heimlich seine Ausbildung beobachtet, ihn auch während seiner Schauspieltournee nie aus den Augen gelassen und schreitet jetzt, einigermaßen zufrieden mit seiner Entwicklung, zu einer Art theoretischen Prüfung. Wilhelm spricht zuerst:

»Darf ich eine Frage tun?« – »Ohne Bedenken! und Sie können entscheidende Antwort erwarten, wenn es eine Angelegenheit betrifft, die Ihnen zunächst am Herzen liegt und am Herzen liegen soll.« – »Gut denn! Ihr sonderbaren und weisen Menschen, deren Blick in so viele Geheimnisse dringt, könnt ihr mir sagen, ob Felix wirklich mein Sohn sei?« – »Heil Ihnen über diese Frage!« rief der Abbé, indem er vor Freuden die Hände zusammenschlug: »Felix ist Ihr Sohn! (...) Heil dir, junger Mann! deine Lehrjahre sind vorüber; die Natur hat dich losgesprochen.«

Auch diese Charakterprüfung hat der Lehrling dieses Bildungsromans bestanden. Doch »Wilhelm Schüler«, so Goethe selbst, »der, ich weiß nicht wie, den Namen Meister erwischt hat«, steht gegen Schluss des Romans an einem Tiefpunkt seines Selbstbewusstseins. Über eine Ehe will er sich retten, und grundehrlich bekennt er der patenten Therese, bevor er ihr den Heiratsantrag macht:

Leider hab' ich (...) nichts zu erzählen als Irrtümer auf Irrtümer, Verirrungen auf Verirrungen, und ich wüßte nicht, wem ich die Verworrenheiten, in denen ich mich befand und befinde, lieber verbergen möchte, als Ihnen.

Aber alle seine Irrwege entpuppen sich als notwendige Stufen zur Bildung seiner Individualität, die bei ihm glücklicherweise mit seinem sozialen Aufstieg zusammenfällt. So löst sich alles, zumindest vordergründig, in romanhafter Harmonie auf. Wilhelm findet nach jugendlichen Protesten, Euphorien, Illusionen und Depressionen am Schluss doch noch ein gemütliches, warmes Plätzchen. Und spiegelt das nicht auch ein bisschen den Lebensweg seines Autors Goethe wider, der es immer geschafft hat, sich gesellschaftlichen Erwartungen anzupassen und trotzdem auf seinem ureigenen Weg weiterzuentwickeln?!

Wilhelm bekommt jetzt auch seine Traumfrau – natürlich nicht ohne Partnertausch, das wäre zu normal in dieser normenkritischen Biographie. Also nicht die tüchtige Therese, die er aus Vernunftgründen an seiner Seite wünschte, um sich ein wenig an sie anzulehnen, nein, er bekommt seine fast aufgegebene große Liebe Natalie und mit ihr wieder eine Adelige. Als »Wallfahrt zum Adelsdiplom« hat man schon früh Wilhelms Karriere verspottet, in der neben idealistischer Leidenschaft durchaus auch die gesellschaftliche Anerkennung zum Motor wird. Wilhelm landet zum Schluss mit Frau und Kind auf reichen Herrensitzen, er katapultiert sich in den ideensprühenden Reformadel der Turmgesellschaft, der ihm faszinierend neue Berufs- und Lebensperspektiven eröffnet, auf die er selbst nie gekommen wäre.

> »Ich weiß, daß ich ein Glück erlangt habe, das ich nicht verdiene, und das ich mit nichts in der Welt vertauschen möchte.«

So seine gutmütigen Schlussworte. Ein Schluss, der für künftige Jahrhunderte Maßstäbe setzt für den so typisch und unübersetzbar deutschen Begriff »Bildungsroman«, der neben anderen deutschen Worten wie »Schadenfreude« oder »Waldsterben« das internationale Vokabular bereichert. Ein

Fünkchen Wahrheit liegt auch in Hegels sarkastischem Kommentar dazu:

> Mag einer auch noch so viel sich mit der Welt herumgezankt haben, umhergeschoben worden sein – zuletzt bekömmt er meistens doch sein Mädchen und irgendeine Stellung, heiratet und wird Philister so gut wie die anderen auch.

»Hier oder nirgend ist Amerika«

Goethes Roman sprengt Normen. Freund Schiller bilanziert hochzufrieden die drei skandalösen »Mißheiraten« zwischen Adeligen und Bürgern:

> Es ist übrigens sehr schön, daß Sie, bei aller gebührenden Achtung für gewisse äußere positive Formen, sobald es auf etwas rein Menschliches ankommt, Geburt und Stand in ihre völlige Nullität zurückweisen.

Wilhelm erwischt mit Natalie nicht nur eine blaublütige, sondern auch emanzipierte Frau jenseits von Rollenkonventionen. Die eigenwillige, ökonomisch selbstständige »schöne Amazone« bringt mit Fachkompetenz und Führungsqualitäten den schüchternen Wilhelm zum Erröten. Frauen in Hosenrollen – Therese in Jäger-, Mariane in ihrer Offizierskleidung und Mignon in kultivierter Zweigeschlechtlichkeit: Goethe provoziert seine Leser wieder einmal. Schon mit der positiven Darstellung Marianes, die über Freier ihr Schauspielerinnengehalt aufbessern muss, handelt er gegen das bürgerliche Keuschheitsgebot und wirbt um Respekt für käufliche Mädchen.

Unwiderlegt bleibt auch die scharfe Sozialkritik von Marianes Kupplerin, die dem wohlversorgten Bürgersohn Wilhelm die Leviten liest:

> Wenn Ihr schimpfen wollt, so geht in Eure großen vornehmen Häuser, da werdet Ihr Mütter finden, die recht ängstlich besorgt sind, wie sie für ein liebenswürdiges, himmlisches Mädchen den allerabscheulichsten Menschen auffinden wollen, wenn er nur zugleich der reichste ist. Seht das arme Geschöpf vor seinem Schicksale zittern und beben und nirgends Trost finden, als bis ihr irgendeine erfahrene Freundin begreiflich macht, daß sie durch den Ehestand das Recht erwerbe, über ihr Herz und ihre Person nach Gefallen disponieren zu können.

Überall im Roman streut Goethe solch bissigen Kommentare ein. Kritik an gesellschaftlich sanktionierten Unmenschlichkeiten, Gedankengut, wie es radikalisiert die amerikanische Unabhängigkeitsbewegung und Französische Revolution formulieren! Besonders der Turmgesellschaft brennen revolutionäre Ideen unter den Nägeln. So schreibt Lothario, eines ihrer wichtigsten Mitglieder, mitten aus dem Freiheitskampf der nordamerikanischen Kolonien:

> Ich werde zurückkehren und in meinem Hause, in meinem Baumgarten, mitten unter den Meinigen sagen: Hier oder nirgend ist Amerika!

Lothario, übrigens auch ein lebenslustiger Frauenheld, ist einer der abenteuerlichsten Avantgardisten der Klassik. Als er aus Nordamerika, dem viel bewunderten Land mit einer ganz neuen, freien Gesellschaftsordnung, heimkehrt, bringt er frischen Wind in die ohnehin schon progressive Turmgesellschaft:

> Ich übersehe sehr deutlich, daß ich in vielen Stücken bei der Wirtschaft meiner Güter die Dienste meiner Landleute nicht entbehren kann, und daß ich auf gewissen Rechten strack und streng halten muß; ich sehe aber auch, daß andere Befugnisse mir zwar sehr vorteilhaft, aber nicht ganz unentbehrlich sind, so daß ich davon meinen Leuten auch etwas gönnen kann. Man verliert nicht immer, wenn man entbehrt. (...) Werde ich meine Einkünfte nicht noch höher treiben? Und soll ich diesen wachsenden Vorteil allein genießen? Soll

ich dem, der mit mir und für mich arbeitet, nicht auch in dem Seinigen Vorteile gönnen, die uns erweiterte Kenntnisse, die uns eine vorrückende Zeit darbietet?

Soziale Gerechtigkeit, Motivierung der Mitarbeiter, Dynamisierung der Wirtschaft – das klingt gut. Aber Lotharios Plädoyer steht in größtem Widerspruch zur rückständigen deutschen Realität. Die Bauern unterstanden bis ins 19. Jahrhundert ihrem Feudalherrn noch als Leibeigene, mit hohen Abgaben, mit Arbeitsdiensten und Erbuntertänigkeit. Ohne herrschaftliche Erlaubnis durften sie weder ihr Land verkaufen noch wegziehen, weder heiraten noch ihr Gut weitervererben. Goethe fordert durch seine Romanfigur Lothario die Abschaffung der Grundherrschaft und eine dringend notwendige Agrarreform, die sich auch in der Realität Sachsen-Weimars nur schleppend durchsetzte.

> Was hat der Bauer in den neuern Zeiten, wo so viele Begriffe schwankend werden, für einen Hauptanlaß, den Besitz des Edelmanns für weniger gegründet anzusehen als den seinigen?

So wieder Lothario. Der adelige Revoluzzer und Jungunternehmer verspricht sich letztendlich aber auch Profit von den Reformen auf eigenem Grund und Boden. Zum Sozius wählt er sich Wilhelms raffgierigen Jugendfreund, den Kaufmann Werner, der fast karikaturartig das ökonomische Kalkül verkörpert. Mit diesem frühesten Bourgeois der deutschen Literatur plant Lothario eine Kapitalisierung der Landwirtschaft. Der adelige Großgrundbesitz soll in freien Besitz umgewandelt werden, er soll frei verkäuflich und käuflich werden, und Lothario würde sogar auf das adelige Privileg der Steuerfreiheit verzichten,

> wenn uns der Staat gegen eine billige regelmäßige Abgabe das Lehns-Hokuspokus erlassen und uns mit unsern Gütern nach Belieben zu schalten erlauben wollte.

Der Weg für moderne Spekulationsgeschäfte wäre dann frei. Für Goethe sind das positive, vorwärtsweisende Kräfte, die sich gegen die feudalistischen Strukturen richten. Mit heutigem Blick betrachtet deutet er mit der geschäftlichen Partnerschaft zwischen Werner und Lothario allerdings auch schon etwas an, was die Gesellschaft im 19. Jahrhundert schwer belastet: die, wie ein Forscher es nennt, »unheilige Liaison zwischen bürgerlichem Kapital und großgrundbesitzendem Adel«.

Jedenfalls ist für Goethes Roman typisch, dass er aktuelle Probleme in dieser Zeit politischen Umbruchs illustriert. Vergleicht man die »Lehrjahre« als Roman der Klassik mit der »Iphigenie«, dem normgebenden Drama der Klassik, so sind beide von ganz anderem Strickmuster. Die »Iphigenie« schwebt weit über der konkreten Wirklichkeit und sie hat Goethe noch aufstöhnen lassen: »Es ist verflucht, der König von Tauris soll reden als wenn kein Strumpfwürker in Apolda hungerte.«

In den »Lehrjahren« dagegen geht es auch um harte Fakten – und sie werben für den sozialen Fortschritt. Amerika ist dabei ein sozialutopisches Traumland. Im Folgeroman »Wilhelm Meisters Wanderjahre« erwirbt die Turmgesellschaft weite nordamerikanische Landstriche für reformwillige Ansiedler. In den »Lehrjahren« begnügt sie sich mit einer deutschen Miniaturutopie, für die sie begabte Jugendliche wie Wilhelm heranbildet. Den muss man aber immer etwas anschieben – die Turmgesellschafter bitten ihn zum Beispiel händeringend in ihr amerikanisches Arbeitsprojekt:

> »Nach Amerika?« versetzte Wilhelm lächelnd; »ein solches Abenteuer hätte ich nicht von Ihnen erwartet, noch weniger, daß Sie mich zum Gefährten ausersehen würden.«

So werden also noch gegen Schluss des Romans völlig neue Lebensperspektiven aufgezeigt. Denn so viel Wilhelm auch schon erreicht hat, zu einer runden, verantwortungsvollen

Persönlichkeit fehlt ihm noch ein ganz wesentlicher Baustein – und es ist wieder ein Mitglied der Turmgesellschaft, das ihm diese Erkenntnis vermittelt und auf die Sprünge hilft:

> Es ist gut, daß der Mensch, der erst in die Welt tritt, viel von sich halte, daß er sich viele Vorzüge zu erwerben denke, daß er alles möglich zu machen suche; aber wenn seine Bildung auf einem gewissen Grade steht, dann ist es vorteilhaft, wenn er sich in einer größern Masse verlieren lernt, wenn er lernt, um anderer willen zu leben und seiner selbst in einer pflichtgemäßen Tätigkeit zu vergessen. Da lernt er erst sich selbst kennen.

»Tätigkeit« – nicht nur für die Turmgesellschaft ein geradezu magisches Wort. Das ist wieder dem Autor aus der Seele gesprochen, dem Frühaufsteher und Workaholic Goethe. »Besser laufen als faulen«, kalauert er auch mal und »Tätigkeit« ist für ihn in jeder Hinsicht von größter Bedeutung, unter anderem ein therapeutisches Schlagwort, wenn es darum geht, Krisen in den Griff zu bekommen.

Romanheld Wilhelm macht seinen sozialen Klimmzug in eine hochkultivierte Gesellschaft der Tätigen, Handelnden und Nützlichen. Selbst die von Wilhelm so bewunderten adeligen Damen Therese und Natalie sind sich nicht zu fein, als Gutsverwalterin oder Erzieherin zu arbeiten. Das wahrhaft gebildete Individuum, so die Botschaft des Romans, findet die Balance zwischen Ego und Gemeinschaft und fördert sich selbst, indem es sich an konkreten Gemeinschaftsaufgaben beteiligt. Das sind typisch klassische Vorstellungen, wie sie die »Lehrjahre«, *der* Roman der Klassik, variantenreich propagieren:

> Der Mensch ist nicht eher glücklich, als bis sein unbedingtes Streben sich selbst eine Begrenzung bestimmt.

Wobei das, sieht man einmal auf Goethes eigenes »Streben«, entsagungsvoller klingt, als es ist, hat er sich doch in Weimar noch ziemliche Freiheiten geleistet! Selbstbegrenzung ist zugleich eine politische Direktive, und im Roman fordert wieder Lothario Rücksicht auf die sozial Schwachen wie die Bauern. Hier geht es schlichtweg um Geld:

> Wir könnten manches vom Kapital entbehren, wenn wir mit den Interessen weniger willkürlich umgingen.

Gesellschaftlicher Fortschritt durch freiwillige Einschränkung egoistischer Interessen – hätten so Revolutionen, hätte so die folgenschwere Französische Revolution vermieden werden können? Goethe geht das jahrelang im Kopf herum. Mit Revolutionären hat er sich nicht solidarisiert. Aber er war, wie er später seinem Sekretär Eckermann bekennt, in jedem Fall alles andere als »ein Freund herrischer Willkür«:

> Auch ich war vollkommen überzeugt, daß irgend eine große Revolution nie Schuld des Volkes ist, sondern der Regierung. Revolutionen sind ganz unmöglich, sobald die Regierungen fortwährend gerecht und fortwährend wach sind, so daß sie ihnen [den Bürgern] durch zeitgemäße Verbesserungen entgegenkommen und sich nicht so lange sträuben, bis das Notwendige von unten her erzwungen wird.

»Zeitgemäße Verbesserungen« – wo führt man die leichter ein als in von Grund auf neuen Kolonien? Geht Wilhelm also jetzt nach Amerika? Das verrät uns Goethe erst in »Wilhelm Meisters Wanderjahren«.

Zwischen Freiheit und Führung

Was macht den Menschen glücklich? Goethe hat darauf eine überraschende Antwort: Glücklich wird, wer seinem Bildungstrieb folgt. »Entelechie« war sein Schlagwort dafür, von altgriechisch »telos«, was so viel heißt wie »Ziel« und

»Erfüllung«. »Entelechie« bedeutet, dass jedes Individuum sein Ziel in sich trägt und zur Vollendung führt. Bei aller Abneigung gegen graue Theorie lehrt Goethe doch eine komplexe Lebensphilosophie. Mit der hat er schon seine Zeitgenossen sprachlos gemacht und für gläubige Christen war sie ein Tiefschlag. Goethe zieht keine Trennungslinie zwischen Mensch, Tier und Pflanze. Naturvölker wie die Indianer Nordamerikas hätten hier einen Geistesverwandten. Ob Planet, Mineral oder der Romanheld Wilhelm Meister: alles »Erscheinungen in der Natur, die ich Seelen nennen möchte«. Manchmal nennt er sie mit dem Philosophen Gottfried Wilhelm Leibniz auch »Monaden«:

> Es folgt hieraus, daß es Weltmonaden, Weltseelen, wie Ameisenmonaden, Ameisenseelen gibt, und daß beide in ihrem Ursprunge, wo nicht völlig eins, doch im Urwesen verwandt sind. Jede Sonne, jeder Planet trägt in sich eine höhere Intention, einen höhern Auftrag, vermöge dessen seine Entwickelungen ebenso regelmäßig und nach demselben Gesetze, wie die Entwickelungen eines Rosenstockes durch Blatt, Stil und Krone, zustande kommen müssen (...) Es ist immer nur dieselbe Metamorphose oder Verwandlungsfähigkeit der Natur, die aus dem Blatte eine Blume, eine Rose, aus dem Ei eine Raupe und aus der Raupe einen Schmetterling heraufführt.

Die Weiterentwicklung einem »höhern Auftrag« gemäß geht nach Goethe sogar noch weit über das irdische Leben hinaus:

> Wirken wir fort bis wir (...) vom Weltgeist berufen in den Äther zurückkehren! Möge dann der ewig Lebendige uns neue Tätigkeiten, denen analog in welchen wir uns schon erprobt, nicht versagen! Fügt er sodann Erinnerung und Nachgefühl des Rechten und Guten was wir hier schon gewollt und geleistet, väterlich hinzu, so würden wir gewiß nur desto rascher in die Kämme des Weltgetriebes eingreifen. Die entelechische Monade muß sich nur in rastloser Tätigkeit erhalten; wird ihr diese zur anderen Natur so kann es ihr in Ewigkeit nicht an Beschäftigung fehlen.

Goethes Lieblingsvorstellung, die Entelechie, hängt nach der antiken Philosophie eng mit »Tätigkeit« zusammen. »Die Griechen nannten Entelecheia ein Wesen das immer in Function ist, (...) Die Function ist das Dasein in Tätigkeit gedacht.« Und auch diesen Gedanken greift Goethe zentral auf: Was oder besser wer immer tätig ist – dazu zählt der rastlose Goethe selbst an erster Stelle –, ist unsterblich und »kein tüchtiger Mensch läßt seiner Brust den Glauben an Unsterblichkeit rauben!«.

Aber das nur am Rande. Was Goethe uns im »Wilhelm Meister« erzählt, ist also elementarer Teil seines Weltverständnisses und zugleich nur minimaler Ausschnitt einer unendlichen Bildungskurve. Als 1813 in der Weimarer Nachbarschaft der überaus erfolgreiche Schriftsteller Christoph Martin Wieland stirbt, lässt sich der sonst emotional so zugeknöpfte Goethe zu einem erstaunlichen Bekenntnis hinreißen:

> Ich würde mich so wenig wundern, daß ich es sogar meinen Ansichten gemäß finden müßte, wenn ich einst diesem Wieland als einer Weltmonade, als einem Stern erster Größe, nach Jahrtausenden wieder begegne und sähe und Zeuge davon wäre, wie er mit seinem lieblichen Lichte alles, was ihm irgend nahe käme, erquickte und aufheiterte.

Sein Gesprächspartner lenkt das Gespräch dann auf etwas nachweisbarere Gedanken, aber immerhin hat er es notiert. Bei hoch entwickelten Monaden, so Goethe, geht es nach dem letzten irdischen Tod mit dem Aufstieg erst so richtig los.

Dem noch mit recht irdischen Problemen behafteten Wilhelm Meister gelingt erst einmal die Gratwanderung zwischen Selbstverwirklichung und Einordnung in die Gesellschaft. Auch er ist bei weitem nicht fertig mit seiner Entwicklung. Viele Leser störte das. Vor allem den Testleser Schiller macht sichtlich nervös, dass Goethe uns den Helden am Ende nicht etwa als Arzt oder zupackenden Landwirt vorführt, dass man Wilhelm seinen Dienst für die Gemeinschaft »auf eine ferne Zukunft kreditieren« muss. Goethe kontert charmant:

> Was Sie von Meister sagen verstehe ich recht gut, es ist alles wahr und noch mehr. Gerade seine Unvollkommenheit hat mir am meisten Mühe gemacht.

Er zeigt den noch »unvollkommenen« Meister mitten auf seinem entelechischen Weg – und als Goethe endlich in der Endphase seines Schreibens steckt, lässt er sich vom hier ganz anders denkenden Schiller nicht mehr über die Schulter schauen. Wilhelm hat in seinen Lehrjahren zum Schluss so viel begriffen, dass er seine Unfertigkeit ganz gelassen nimmt. Selbstbewusst formuliert er Goethes Bildungsidee:

> Wehe jeder Art von Bildung, welche die wirksamsten Mittel wahrer Bildung zerstört und uns auf das Ende hinweist, anstatt uns auf dem Weg selbst zu beglücken!

Der Weg ist das Ziel – eine auch heute viel zitierte Weisheit – und bei Menschen zieht sich der Weg in die Länge. Denn Mensch, Tier und Pflanze bilden sich laut Goethe zwar nach demselben entelechischen Prinzip, und manche Forscher gehen sogar so weit, einige wichtige Werke Goethes, sogar seine Autobiografie »Dichtung und Wahrheit«, als Bildungswege zu interpretieren, die demselben Gesetz wie die »Metamorphose der Pflanze« folgen. Doch sieht Goethe seinen Wilhelm Meister sicher anders als ein sich entfaltendes Samenkorn. Im Gegensatz zum pflanzlichen und tierischen Lebensweg erfordert die menschliche Bildung nämlich sehr viel Leistung:

> Die Tiere werden durch ihre Organe belehrt. Der Mensch belehrt seine Organe.

Der Mensch ist nicht willenlos den Naturprozessen unterworfen, er trägt Verantwortung und hat die Freiheit, sich selbst zu bestimmen. Wenn alles gelingt, wenn sittliche Entscheidungen fallen – dann ist »das letzte Produkt der sich immer steigernden Natur ... der schöne Mensch«.

Zurück zu Wilhelm Meister: Er hat sein Bildungsziel vor Augen, er trifft voller Elan freie Entscheidungen. Doch gleichzeitig glaubt er als »alter Hoffer«, wie Schiller ihn ironisch bezeichnet, fest an eine wohlmeinende höhere »Führung« oder an sein »Schicksal«:

> Muß ich nicht das Schicksal verehren, das mich ohne mein Zutun hierher an das Ziel aller meiner Wünsche führt? Geschieht nicht alles, was ich mir ehemals ausgedacht und vorgesetzt, nun zufällig ohne mein Mitwirken?

Ein Widerspruch? Wie sich zum Schluss herausstellt, steht hinter vielen solcher schicksalhaften »Zufälle«, über die Wilhelm sich den Kopf zerbricht, die Turmgesellschaft. Deren graue Eminenzen – der »Abbé« und der »Oheim« – halten eine Art Masterplan für Wilhelms Leben in Händen.

Zur Turmgesellschaft noch einige Worte. Diese Vereinigung von Frauen und Männern mit hohen Idealen agiert viel im Verborgenen, was sie recht undurchsichtig macht, und sucht ihren Nachwuchs, indem sie sich so hoffnungsvolle Zöglinge wie Wilhelm Meister auswählt, um sie in einer wohldosierten Mischung aus Freiheit und Führung heranzubilden. Bei Goethe ist die Turmgesellschaft eine ehrwürdige Institution. Doch der Leser des 21. Jahrhunderts, der von totaler Selbstverantwortung ausgeht, wehrt sich innerlich gegen diese Gesellschaft und empfindet ihre ideologisch legitimierte Dauerüberwachung als entmündigend. Stellen wir uns vor, uns würde jemand im Schlafzimmer bespitzeln, wie es Wilhelm passiert – wir würden Strafanzeige erstatten!

Die »Lehrjahre« wiederum vermitteln den Eindruck, es sei gut, wenn eine übergeordnete Institution auf die Menschen aufpasse. Sogar einen »Lehrbrief« drückt die Turmgesellschaft dem erfolgreichen Prüfling in die Hand, was bei Goethe und seinem nonchalanten Umgang mit Bildungseinrichtungen und deren Zeugniskultur wiederum fast spießig wirkt. Zwar handelt es sich bei der Turmgesellschaft um eine Gemeinschaft von Idealisten, um Menschen, die absolut dem Guten verpflichtet sind, trotzdem erscheint ihre Menschenlenkung wie eine spiegelbildliche Verkehrung der absolutistischen Regierung. Möglicherweise hat Goethe sich in der Zeit gesellschaftlichen Umbruchs ein Leben ganz ohne Manipulation von oben noch nicht vorstellen können.

Allerdings war er auch in der Realität aktives Mitglied in etlichen solcher elitären Vereinigungen – ob Rosenkreuzer, Illuminaten, Freimaurer –, wie so viele andere Künstler, Intellektuelle und sogar Könige seiner Zeit. Ihr Ziel war es, Gesellschaft und Kirche neu zu gestalten, sich sozialen und erzieherischen Aufgaben zu widmen – genau so, wie Goethe durch die Turmgesellschaft verkündet. Einerseits war es mutig von ihm, sich hier zu outen, denn Geheimorden wurden wegen ihres internationalen politischen Einflusses immer wieder verboten. Andererseits war es auch ein kluger Schachzug, was den Verkauf seines Romans anlangt, denn das Logenwesen gehörte gerade wieder zu den brandaktuellen Themen.

Im Roman findet Wilhelm seine Position zwischen Freiheit und Führung. Das menschliche Bildungsziel wird uns wieder vom weisen Oheim, einem der großen Turmideologen, ans Herz gelegt, ein Aufruf zur aktiven Selbstbestimmung in üppiger Rhetorik:

> Das ganze Weltwesen liegt vor uns wie ein großer Steinbruch vor dem Baumeister. (...) Alles außer uns ist nur Element, ja, ich darf wohl sagen, auch alles an uns; aber tief in uns liegt diese schöpferische

Kraft, die das zu erschaffen vermag, was sein soll, und uns nicht ruhen und nicht rasten läßt, bis wir es außer uns oder an uns auf eine oder die andere Weise dargestellt haben.

Wohlgemerkt »auf eine oder die andere«, eben individuelle Weise. Noch ein wichtiger philosophischer Begriff in Goethes Zeit: das Individuum, das jetzt wieder neu erfunden wird. Wie wird es unverwechselbar, wie entwickelt es sich, wie verhält sich das Einzelne zum Ganzen, wie verhält sich das Einzelne zur Umwelt?

Goethe hat mit Herder zusammen seinen Bildungsbegriff entwickelt, und das besonders vor dem Hintergrund Leibnizscher Philosophie. Leibniz, in Deutschland der erste große Denker der Neuzeit, eine Berühmtheit in ganz Europa und Universalgenie in Diensten des braunschweigischen Herzogs, überstrahlte mit seiner Metaphysik und Erkenntnislehre das 17. und 18. Jahrhundert. Keiner der Dichter und Denker kam an ihm vorbei. Goethe greift nicht nur auf dessen Monaden- und Entelechiebegriff zurück, sondern auch auf dessen Lehre der Individualität, zu welcher vor allem Unverwechselbarkeit und dynamische Entwicklung gehören. Genau so charakterisierte Monaden – eine jede »von jeder anderen verschieden« und aktiv auf dem Weg zur Vervollkommnung – beseelen nach Leibniz das ganze Universum in »prästabilierter Harmonie«. Alles Einzelne ist integriert in das Ganze, jede kleinste, einzelne Monade spiegelt mehr oder minder deutlich die ganze Welt.

Für Goethe genügend Problemstoff für sein anspruchsvolles Romanprojekt und vor allem genügend Reibungsflächen für das von ihm geschaffene Individuum Wilhelm Meister! In der Zeit, in der die schon ziemlich komplexe »Monade Wilhelm« seine weitere entelechische Entwicklung antritt, muss sich nämlich das Individuum als eigenständiges Subjekt mit persönlichen Charakterzügen gegenüber mächtigen Institutionen behaupten: gegenüber Kirche und absolutistischer Regierung an erster Stelle. »Bildung« fällt niemand mehr in den Schoß, indem er zum Beispiel brav zur Sonntagsmesse geht. Ein Held in einer Welt, in der sich die alten politischen und religiösen Bindungen auflösen, muss seinen Lebensweg individuell suchen und mancher scheitert daran. Die »Lehrjahre« zeigen eine Vielzahl solcher höchst komplizierten Individualitäten und Grenzgänger, die nicht mehr ihre durch Geburt und Rang, noch nicht einmal durch ihr Geschlecht vorgeprägten Rollen erfüllen. Kein Wunder, dass die Leser danach fiebern, sich in Goethes hochaktuellem Bildungsroman zu spiegeln!

Bei Goethe gibt es kein Patentrezept fürs Glück. Selbst die klugen Mitglieder der Turmgesellschaft widersprechen einander, und Goethe überzieht ihre höchst unterschiedlichen Biographien mit einem Schleier der Ironie. In seinem in vieler Hinsicht revolutionären Bildungsroman setzt Goethe sich über kleinliche Hierarchien und Konventionen, über enge gesellschaftliche Denkmuster hinweg. Bildung entsteht, wenn jeder in der Gemeinschaft seine Anlagen entfaltet. Jedes Detail ist kostbar, jede Entwicklungsstufe hat ihre Bedeutung fürs Ganze, alles ist notwendig miteinander verkettet. Bildung ist so vielfältig wie das Leben selbst:

> Nur alle Menschen machen die Menschheit aus, nur alle Kräfte zusammengenommen die Welt. Diese sind unter sich oft im Widerstreit, und indem sie sich zu zerstören suchen, hält sie die Natur zusammen und bringt sie wieder hervor. Von dem geringsten tierischen Handwerkstriebe bis zur höchsten Ausübung der geistigsten Kunst, vom Lallen und Jauchzen des Kindes bis zur trefflichsten Äußerung des Redners und Sängers, vom ersten Balgen der Knaben bis zu den ungeheuren Anstalten, wodurch Länder erhalten und erobert werden, vom leichtesten Wohlwollen und der flüchtigsten Liebe bis zur heftigsten Leidenschaft und zum ernstesten Bunde, von dem reinsten Gefühl der sinnlichen Gegenwart bis zu den leisesten Ahnungen und Hoffnungen der entferntesten geistigen Zukunft, alles

das und weit mehr liegt im Menschen und muß ausgebildet werden; aber nicht in einem, sondern in vielen. Jede Anlage ist wichtig, und sie muß entwickelt werden. Wenn einer nur das Schöne, der andere nur das Nützliche befördert, so machen beide zusammen erst einen Menschen aus. (...) Eine Kraft beherrscht die andere, aber keine kann die andere bilden; in jeder Anlage liegt auch allein die Kraft, sich zu vollenden.

XIII.

»Mit Leib und Seel in Stein«
Der Naturforscher Goethe

Cornelia Gyárfás

Ballonleidenschaft und mehr

»In Weimar haben wir einen Ballon auf Montgolfierische Art steigen lassen, 42 Fuß hoch und 20 im größten Durchschnitt. Es ist ein schöner Anblick.« Goethe ist 34 Jahre, als er auf Weimars Wiesen mit Heißluftballons experimentiert. Das sieht aus wie verspätete Lust am Drachensteigen, gehört aber zu seinen naturwissenschaftlichen Studien. Goethe ist nicht nur Poet, Politiker, Kunstkritiker, Regisseur und Orientalist, sondern auch Naturforscher. Für ihn und das intellektuelle Dream-Team in Weimar und Jena (bestehend unter anderem aus Friedrich Schiller, dem Chemiker Johann Wolfgang Döbereiner, den Medizinern Christoph Wilhelm Hufeland und Justus Loder, den Philosophen Carl Leonhard Reinhold, Johann Gottlieb Fichte, Friedrich Wilhelm Joseph Schelling und Georg Friedrich Wilhelm Hegel) ist selbstverständlich, was heute wieder gefragt ist: die Verbindung zwischen Geistes- und Naturwissenschaften. Um 1800 werden Natur und Kultur als Einheit aufgefasst. Fächergrenzen sind noch durchlässig, die Spezialisierung beginnt gerade erst. Auch Amateurforscher haben ihren Platz.

Goethe und seine Kollegen in Thüringen sind nicht die einzigen Grenzgänger. Der amerikanische Staatsmann und Autor Benjamin Franklin (1706–1790) zum Beispiel ist als Amateurphysiker so erfolgreich, dass er unter anderem den Blitzableiter und die Bifokalbrille erfindet. Nicht gerade eine Neuerung, die Goethe begrüßt hätte, hasst er doch Brillen und erträgt kaum jemanden in seiner Nähe, der eine auf der Nase hat, und hat selbst einfach lange Glück mit seinem »Zentralorgan«, dem Auge. Denn in das Blickfeld geraten müssen Goethe die Dinge, wörtlich genommen; »Sinnlichkeit« ist das Zauberwort, also Erfassen mithilfe der menschlichen Sinne. Schiller gefällt das nicht: »Er betastet zuviel«, urteilt er leicht abschätzig über Goethe. Der will keinen Unterschied machen zwischen dem, was er »Erscheinung« und »Wesen« der Dinge nennt. Im Gedicht »Allerdings« von 1820 heißt es: »Natur hat weder Kern/ Noch Schale,/Alles ist sie mit einem Male«. Fragt sich nur, wie man der Natur am besten auf die Spur kommt. Goethe versucht es mit intelligentem Beobachten und anschaulichem Beschreiben. Für ihn entsteht Wissen aus der Vertrautheit mit den Dingen, nicht aus Experimenten oder logischen Schlüssen. An Herzog Ernst II. von Sachsen-Gotha schreibt er im Dezember 1780: »Bei dieser Sache, wie bei tausend ähnlichen, ist der anschauende Begriff dem wissenschaftlichen unendlich vorzuziehen.« Und bekennt sich gleichzeitig zur Teamarbeit: »Jede richtig aufgezeichnete Bemerkung ist unschätzbar für den Nachfolger, indem sie ihm von entfernten Dingen anschauende Begriffe gibt, die Summe seiner eigenen Erfahrungen vermehrt und aus mehreren Menschen gleichsam ein Ganzes macht.«

Am Schreibtisch grübelt Goethe allerdings eher selten über seinen Ideen. Mindestens den Blick aus dem Fenster braucht er, die meisten Einsichten gelingen unter freiem Himmel und an frischer Luft, »da ich einmal nichts aus Büchern lernen kann«. Eine gewagte Behauptung, denn Goethe sammelt natürlich eifrig Bücher. Nicht nur privat liest er viel, auch die berühmte Hofbibliothek in Weimar nutzt er intensiv und beaufsichtigt über 35 Jahre lang die Bibliotheksgeschäfte.

Goethe forscht besessen und detailliert und bringt in seinem klaren und konkreten Stil Geologie, Botanik, Zoologie und Anatomie auch literarisch in Bestform. Erstaunlich ist, dass er seine Arbeiten zu Optik und Farbenlehre als den Kern seines Lebenswerks betrachtet. Solche Aussagen hängen oft von Goethes Stimmung und Tagesform ab. Bei anderer Gelegenheit ist das »poetische Talent« allen anderen übergeordnet, die restlichen Aktivitäten werden »falsche Tendenzen« genannt. Letztlich verbindet »poetischer Bildungstrieb« Dichtung und Naturforschung. Immer geht es um Weltwahrnehmung, um den grundsätzlichen Zusammenhang aller Arten von Erfahrung und Erkenntnis. Und, zum Glück: »Wissenschaft und Kunst gehören der Welt an, und vor ihnen verschwinden die Schranken der Nationalität.«

Goethes ganzheitlicher Blick auf die Natur interessierte die modernen Naturwissenschaften lange nicht. Manchmal würde er jedoch lohnen. »In der lebendigen Natur geschieht nichts, was nicht in einer Verbindung mit dem Ganzen stehe, und wenn uns die Erfahrungen nur isoliert erscheinen, wenn wir die Versuche nur als isolierte Fakta anzusehen haben, so wird dadurch nicht gesagt, daß sie isoliert seien«, erkennt Goethe schon 1792. Er sieht seine Arbeit als ein »Gespräch« mit der Natur und ist auch als bekennender Naturschützer seiner Zeit weit voraus. Mensch und natürliche Umwelt befinden sich in wechselseitiger Abhängigkeit, und Goethe ist denen nicht »grün«, die nicht behutsam mit der Natur umgehen. Damit berührt er eine Überlebensfrage der Menschheit. Und das lange bevor wir Menschen und Tieren die Lebensgrundlagen zu entziehen beginnen, indem wir die Erde schneller ausbeuten, als sie sich erholen kann. Natürlich hat Goethe die Idee von der Einheit von Mensch und Natur nicht erfunden, er kennt die Wissenschaftsgeschichte ziemlich gut. Er hat Platon gelesen, Spinoza und Leibniz. Freund Herder und der Schweizer Naturhistoriker Charles Bonnet haben ihn ebenfalls beeinflusst.

Goethe macht sich auf und fügt eigene Erfahrungen hinzu, schreibt naturkundliche Abhandlungen mit autobiographischem Hintergrund. Er beschreibt, wann, wo, bei welchem Wetter, in welcher Stimmung und mit welchem Begleiter Zusammenhänge im entscheidenden Augenblick (wörtlich zu nehmen!) erkannt werden. Das betrifft Steine, Pflanzen, Tiere, Farben oder Wolken. Jede Menge Objekte und Organismen, die das »Naturganze« ausmachen. Goethe versucht, anschauliche Grundformen, ein überall gültiges Bauprinzip zu finden. Was zunächst chaotisch aussieht, kann er so in Ordnung bringen. 1820 veröffentlicht er dazu das Gedicht »Parabase«.

> Freudig war, vor vielen Jahren,
> Eifrig so der Geist bestrebt,
> Zu erforschen, zu erfahren,
> Wie Natur im Schaffen lebt.
> Und es ist das ewig Eine,
> Das sich vielfach offenbart;
> Klein das Große, groß das Kleine,
> Alles nach der eignen Art.
> Immer wechselnd, fest sich haltend;
> Nah und fern und fern und nah;
> So gestaltend, umgestaltend –
> Zum Erstaunen bin ich da.

In der Natur findet Goethe Schönheit und Struktur, das »Beständige im Wandel«, die langsame geordnete Verwandlung. Die Natur ist immer das Verlässliche, daran kann er sich festhalten. Die große Geschichte der Völker und die kleine der menschlichen Seele machen Angst. Sie sind chaotisch, irrational, oft absurd, selten vorhersehbar. Die Naturforschung wird für Goethe zum »Bollwerk gegen den aufgeregten Zeitgeist.« Die intensive Beschäftigung mit der natürlichen Umwelt markiert außerdem Goethes entschiedene Wende zum Objektiven und Realen. Die lässt sich seit der zweiten Reise in die Schweiz im Jahre 1779 (s. Kap. V) deutlich beobachten.

»Die Consequenz der Natur tröstet schön über die Inconsequenz der Menschen«, schreibt Goethe im April 1785 an Knebel. Also wendet er sich der Naturforschung immer dann verstärkt zu, wenn Politik, Geschäfte, Schreibblockaden oder Beziehungen frustrieren. »Denn leider in allen übrigen irdischen Dingen lösen einem die Menschen gewöhnlich wieder auf was man mit großer Sorgfalt gewoben hat, und das Leben gleicht jener beschwerlichen Art zu wallfahrten, wo man drei Schritt vor und zwei zurück tun muß.« Dagegen hilft das »monströse Runkelrübenblatt« genauso wie »Die Faultiere und die Dickhäutigen«. Und hat Goethe das Gefühl, auf dem Urgrund der Erde zu stehen, kann er mit der Angst vor Zerstörung, Erschütterung und Vergänglichkeit besser umgehen:

> Auf einem hohen nackten Gipfel sitzend und eine weite Gegend überschauend, kann ich mir sagen: Hier ruhst du unmittelbar auf einem Grunde, der bis zu den tiefsten Orten der Erde hinreicht, keine neuere Schicht, keine aufgehäufte zusammengeschwemmte Trümmer haben sich zwischen dich und den festen Boden der Urwelt gelegt.

Eine ziemlich neue Erfahrung übrigens, denn erst um 1700 beginnt man vom »beschränkten Horizont« eines Menschen zu sprechen. Goethe nutzt alle Möglichkeiten, sich einen Überblick zu verschaffen. Eine Reizüberflutung, auf die sein Körper mit Schwindel und Seekrankheit antwortet. Umso erfreulicher die Sicherheit, die das vermeintliche »Urgestein« Granit als Fundament bietet, von dem aus sich neue Horizonte öffnen. Der Aufsatz »Über den Granit«, verfasst 1784, verbindet Poesie, Geologie und Autobiographie:

> Ich fürchte den Vorwurf nicht, daß es ein Geist des Widerspruches sein müsse, der mich von Betrachtung und Schilderung des menschlichen Herzens, des jüngsten, mannigfaltigsten, beweglichsten, veränderlichsten, erschütterlichsten Teiles der Schöpfung, zu der Beobachtung des ältesten, festesten, tiefsten, unerschütterlichsten Sohnes der Natur geführt hat. (...) Ja man gönne mir, der ich durch die Abwechslungen der menschlichen Gesinnungen, durch die schnellen Bewegungen derselben in mir selbst und in andern manches gelitten habe und leide, die erhabene Ruhe, die jene einsame stumme Nähe der großen, leise sprechenden Natur gewährt, und wer davon eine Ahndung hat, folge mir.

Der Ziegenrücken. Zeichnung Goethes während seiner dritten Harzreise, 1784. Besonders interessieren Goethe die geometrischen Formen, in die sogenannt »Klüfte« den Granitfelsen teilen

Die stumme Nähe der Natur mit ihren langsamen Abläufen schützt vor einer Welt, die verstört. Alles passiert für Goethes Geschmack viel zu schnell, gewalttätig und unüberlegt. Granit bedeutet Ruhe, Unerschütterlichkeit, Kontemplation, Einsamkeit. Ein Urphänomen aus Stein, ein manchmal ziemlich pathetisches Symbol für Dauer:

> So einsam, sage ich zu mir selber, indem ich diesen ganz nackten Gipfel hinabsehe und kaum in der Ferne ein geringwachsendes Moos erblicke, so einsam, sage ich, wird es dem Menschen zumute, der nur den ältesten, ersten, tiefsten Gefühlen der Wahrheit seine Seele öffnen will.

Um was für eine Wahrheit geht es? Goethe glaubt sich auf Tuchfühlung mit der Urgeschichte. Was er spürt, ist so etwas wie die Substanz der Zeit, die tröstliche Gleichzeitigkeit von erlebtem Augenblick und unendlicher Vergangenheit.

»Außerordentliches Weltereignis« – Tsunami am Tejo

Nicht immer garantiert die Natur Stabilität und Dauer. Bereits der sechsjährige Goethe erlebt auch hier Erschütterungen. Er begegnet den Naturgewalten zum ersten Mal in den Berichten über das Erdbeben von Lissabon vom 1. November 1755. Wie im fernen Portugal die Erde, bringt es in Frankfurt das Gottesbild des kleinen Johann Wolfgang ins Wanken: »Gott, der Schöpfer und Erhalter Himmels und der Erden ... hatte sich, indem er die Gerechten mit den Ungerechten gleichem Verderben preisgab, keineswegs väterlich bewiesen.« Blitzschnell verbreitet sich die Nachricht in Europa und nicht nur Goethe wird »die Güte Gottes einigermaßen verdächtig«.

> Durch ein außerordentliches Weltereignis wurde jedoch die Gemütsruhe des Knaben zum erstenmal im tiefsten erschüttert. Am ersten November 1755 ereignete sich das Erdbeben von Lissabon, und verbreitete über die in Frieden und Ruhe schon eingewohnte Welt einen ungeheuren Schrecken. Eine große prächtige Residenz (...) wird ungewarnt von dem furchtbarsten Unglück betroffen. Die Erde bebt und schwankt, das Meer braust auf, die Schiffe schlagen zusammen, die Häuser stürzen ein, Kirchen und Türme darüber her, der königliche Palast zum Teil wird vom Meer verschlungen, die geborstene Erde scheint Flammen zu speien: denn überall meldet sich Rauch und Brand in den Ruinen.

Eine gewaltige Erschütterung, in jedem Sinn, für den ganzen Kontinent und das ganze Zeitalter. Man lebt nicht länger in der »besten aller möglichen Welten«, wie der Philosoph Gottfried Wilhelm Leibniz noch wenige Jahrzehnte vorher behauptet hat. Der gütige, gerechte Gott gerät ins Zwielicht, der Optimismus der Aufklärung auch, und in Europa beginnt man, Ursachen und Folgen von Naturkatastrophen zu beschreiben, zu messen und zu untersuchen. Immanuel Kant folgert aus der Katastrophe: »Der Mensch muß sich in die Natur schicken lernen.« Goethe sieht das genauso. Ihn hätte entsetzt und befremdet, dass heute Millionen Menschen in Megastädten an stark erdbebengefährdeten Punkten der Erde leben. Und er hätte sich nicht träumen lassen, dass weniger als 200 Jahre nach seinem Tod Experten befürchten, dass seine geliebten Schweizer Berge irgendwann wie die Bergwüsten Afghanistans aussehen werden. Folge eines Klimawandels, den wir mit verursachen und der in den Hitzewellen, Wirbelstürmen und Flutwellen der letzten Jahre beginnt alle zu betreffen und fast allen bewusst zu werden.

»Meine Felsen Spekulationen« – Geologie

Von »Jugend auf [ist mir] Anarchie verdrießlicher gewesen als der Tod selbst«, schreibt Goethe. Zu seinen persönlichen Strategien gegen Chaos und Gewalt gehören Ordnung und Systematik. Die über 18 000 Steine, die er mit scharfem Blick und Hämmerchen sammelt, nach Hause trägt und lagert, sind lohnende Objekte und können noch heute im Weimarer Goethehaus besichtigt werden.

Goethes heiße Liebe zu den spröden Steinen hat auch ganz praktische Gründe: Schließlich ist er für den Bergbau verantwortlich und auch für die Straßen im Herzogtum und deren Belag. »Was ich nicht erlernt hab, das hab ich erwandert«: Die Reisen und Wanderungen dienen nicht nur der Selbsterkenntnis, sondern auch der Gier nach geologischen und mineralogischen Beutestücken. »Von den Fesseln des Hofs entbunden in die Freyheit der Berge« ist kein Weg zu steinig, keine Felswand zu steil, kein Aufstieg zu waghalsig. Ein erster Höhepunkt beim Steinesammeln ist die Harzreise im Winter 1777 (s. Kap. VI) und Goethe ist begierig darauf, Frau von Stein nach seiner Rückkehr alles zu erzählen und sie so nach seiner »Art auf den Gipfel des Felsens« zu führen und ihr die »Reiche der Welt und ihre Herrlichkeit« zu zeigen. »Jetzt leb ich mit Leib und Seel in Stein und Bergen, und bin sehr vergnügt über die weiten Aussichten die sich mir auftun ... Die Welt kriegt mir nun ein neu ungeheuer Ansehn«, schreibt er aus Ilmenau, und das ist durchaus zweideutig auf Minerale und die Freundin gleichermaßen zu beziehen. Nachvollziehbar, dass die Begeisterung für den *Stein* bei manchen Beobachtern zum running gag wird. Auch Frau von *Stein* bemüht sich ja in diesen Jahren unerschütterlich mäkelnd, dem labilen Goethe Extravaganzen auszutreiben und Manieren beizubringen. Schon bevor er sie kennenlernt, hat Goethe sich zum Schattenriss der späteren Geliebten notiert: »Stein – Festigkeit«, allerdings auch »Nachgiebige Festigkeit«. Sollte er bei ihr doch nicht auf Granit gebissen haben? Jedenfalls beißt er sich nicht die Zähne aus. Weder an der spröden Geliebten noch an den Felsen. Im Gegenteil: »Durch seine Vorstellung wird jedes äußerst interessant ... die gehässigen Knochen ... und das öde Steinreich«, schreibt Charlotte von Stein.

Auf dem Brocken oder vor dem gewaltigen Alpenpanorama in der Schweiz stellen sich die Fragen von selbst: Wie ist die Erdrinde aufgebaut, woher kommen die gewaltigen Felsmassive und welches Gestein war als Erstes da? Die Realität ist es, die Goethe interessiert und nicht mehr Glück oder Verstörung durch die Natur wie in der empfindsamen Werther-Phase. Beim Klettern klärt sich alles: »Jeder Weg in unbekannte Gebirge bestätigte die alte Erfahrung, daß das Höchste und das Tiefste Granit sei, daß diese Steinart ... die Grundfeste unserer Erde sei.« Das Wort »Grundfeste« ist wichtig, »Granit« nennt Goethe den Grund seines Daseins, ein steingraues Symbol für etwas, das besonders fest sein soll, langsam wächst und nicht zur Disposition gestellt werden kann.

Herder dagegen reagiert gelangweilt und verbittet sich mitsamt seiner Frau Caroline »Steingespräche«, als der Dichterfreund ihm ankündigt, mit schwerem Gepäck zurückzukehren. Herder selbst hat die Vorhänge der Kutsche zugezogen, als er durch die Alpen reiste, und er spottet über Goethe: »Da war der Mensch gar nichts, der Stein alles.« Also kein Kandidat für die Handlangerdienste, die Goethe, zurück von der zweiten Reise in die Schweiz, 1780 fordert. Niemand ist sicher vor seinen mineralogisch motivierten Bettelbriefen. Die Dichterin Sophie von La Roche in Koblenz soll etwas zusammentragen, schreibt Goethe fordernd: »Da ich kein Brod verlange sondern nur Erz und Steine geht das ia wohl.« Und Freund Merck in Darmstadt soll tauschen: »Wer mir von seiner Gegend aus helfen will, soll von hier aus eine complette Gebirgsart und Erzsammlung haben.«

Netzwerke braucht Goethe dringend und er nutzt sie ein Leben lang sehr geschickt. Alle seine Unternehmungen kommentiert er in zahlreichen Briefen und Gesprächen, manche Resultate werden allerdings auch zurückgehalten, »damit sie mir nicht weggeschnappt werden«. Nebenbei ist Goethe in Weimar mal wieder Trendsetter: Alle Welt, auch die Damen, macht sich mit Korb und Hämmerchen auf die Suche. Auch als kleine Liebesgabe taugen Steinchen, so an den vermutlich nur mäßig begeisterten Schiller unter Beigabe eines Gedichts:

> Dem Herren in der Wüste bracht'
> Der Satan einen Stein,
> Und sagte: Herr, durch Deine Macht,
> Laß es ein Brötchen seyn!
>
> Von vielen Steinen sendet dir
> Der Freund ein Musterstück,
> Ideen gibst du bald dafür
> Ihm tausendfach zurück.

Karl August Böttiger, gehässiger Chronist der gehobenen Gesellschaft Weimars und nicht immer auf entspanntem Fuß mit Goethe, macht sich lustig: »Eine der lächerlichsten Genieperioden war die bergmännische in Weimar ... Alles mineralogisirte. Selbst die Damen fanden in den Steinen hohen Sinn.«

Goethe bezieht natürlich auch Stellung im erbitterten Glaubenskrieg seiner Zeitgenossen über die Frage der Erdentstehung und kommt beim Dichten oft darauf zurück. Eine »heiße theoretische Stelle« nennt er es selbst und beschäftigt sich damit erwartungsgemäß besonders intensiv unmittelbar nach der Französischen Revolution. Als Anhänger des Freiberger Geologen Abraham Gottlob Werner ist Goethe ein Neptunist reinsten Wassers. Das ist durchaus wörtlich zu nehmen und bedeutet: Alle Gesteine, auch Granit, sind Ablagerungen aus einem allmählich zurückgehenden Ozean, der ursprünglich die ganze Erde bedeckte (Goethe irrt hier, weder ist Granit ein Sedimentgestein noch das älteste der Erde). Ein langsamer gleichmäßiger Prozess: Goethes Lieblingsidee in allen Bereichen und für ihn in jeder Beziehung das Gegenteil der gewaltsamen Ausbrüche, mit denen die Gegenpartei der Vulkanisten das Aussehen der Erdoberfläche erklären will. Goethe liebt Hypothesen, die ohne Gewalt auskommen, und bezieht daher auch sein Politikmodell aus den stufenweisen Veränderungen, die er in allen Naturbereichen zu erkennen glaubt. Das Erdinnere interessiert ihn nur als solider unveränderlicher Untergrund. Die ganze »Feuerlehre« entspricht nicht der Natur, die er »im Herzen« trägt! Ein Blatt im Nachlass verrät, dass »er einen solchen wilden willkürlichen Erdboden nicht bewohnen, wenigstens nicht betrachten werde«.

1820 beschreibt Goethe, wie er sich vorstellt, dass Berge sich verändern:

Mein Abscheu vor gewaltsamen Erklärungen, die man auch hier mit reichlichen Erdbeben, Vulkanen, Wasserfluten und andern titanischen Ereignissen geltend zu machen suchte, ward auf der Stelle vermehrt, da mit einem ruhigen Blick sich gar wohl erkennen ließ, daß durch teilweise Auflösung wie teilweise Beharrlichkeit des Urgesteins, durch ein daraus erfolgendes Stehenbleiben, Sinken, Stürzen, und zwar in ungeheuern Massen, diese staunenswürdige Erscheinung ganz naturgemäß sich ergeben habe.

Goethe selbst stößt uns darauf, warum die Steinmassen ein derart magisches Gewicht für ihn haben. Er dreht sich mit ihnen im Kreis, kann sie beurteilen mit seinem »ruhigen Blick« und verdankt genau ihnen diese Ruhe. Die verteidigt er verbissen und will sie von keiner Eruption gestört sehen.

Wütend fällt auch seine Reaktion aus auf Alexander von Humboldts Aufsatz »Über den Bau und die Wirkungsart der Vulkane in verschiedenen Erdstrichen« von 1823. Der Verfasser ist inzwischen bekennender Vulkanist, und Goethe verliert die letzten Bundesgenossen; langsam wird es ihm ungemütlich auf seinem verlorenen Posten: »Ursprünglich eignen Sinn/Laß Dir nicht rauben!/Woran die Menge glaubt,/ist leicht zu glauben.« So dichtet er sich Mut zu und verflucht die Idee der »vermaledeiten Polterkammer«. Vergessen die vielen lauschigen Stunden mit den Brüdern Humboldt und mit Schiller in Jena, das gemeinsame Sezieren und Experimentieren. Goethe wird boshaft und Globetrotter Humboldt kann von Glück sprechen, nicht allzu oft zu Hause in Preußen zu sein:

> Nun meldet neulichst auch Herr von Humboldt (...): der Altai sei auch einmal gelegentlich aus dem Tiefgrund heraufgequetscht worden. Und ihr könnt Gott danken, dass es dem Erdbauche nicht irgendeinmal einfällt sich zwischen Berlin und Potsdam auf gleiche Weise seiner Gärungen zu entledigen.

Als Bilder für die von Goethe immer gefühlte Angst vor der eigenen Gefährdung, vor einem Verlust des mühsam erarbeiteten Gleichgewichts taugen die Feuer spuckenden Berge aber schon: »Wir schlafen sämmtlich auf Vulkanen.« Im Alter kurt Goethe vorzugsweise in Böhmen. Mineralogisch ist die Gegend sehr ergiebig und so kann er an seine jungen Jahre anknüpfen. In »Bewegungen von Morgens bis Abends im Wandeln und Fahren, Eilen und Begegnen, Irren und Finden«, berichtet er Marianne von Willemer 1823 aus Marienbad. Da ist Goethe immerhin 74 Jahre, der Irrtum gehört auch in diesem hohen Alter zum Glück (!) immer noch dazu, manchmal belohnt dafür ein Volltreffer: im Vorjahr war es ein »fossile(r) Backzahn, wahrscheinlich vom Mammut«. Dass Goethe, der »Steinalte«, sich auch die Ehe wieder zutraut, wird dann allerdings zum harten Brocken für seine Umgebung! (S. Kap. XV)

»Weder Gold noch Silber, aber ein Knochen« – Von Menschen und Affen

Um Strukturen, und zwar gemeinsame anatomische bei Menschen und Tieren, geht es Goethe auch bei seinen Ausflügen zu den Medizinern in Jena. Er hört Anatomie und seziert mutig selber. 1781 berichtet er seinem Chef Carl August: »Zwei Unglückliche waren uns eben zum Glück gestorben, die wir denn auch ziemlich abgeschält und von ihrem sündigen Fleische geholfen haben.« Wenige Jahre später berichtet Goethe begeistert von einem außergewöhnlichen Fund: »Weder Gold noch Silber, aber ein Knochen.« Es handelt sich um das »os intermaxillare am Menschen« und als Erster erfährt am 27. März 1784 Freund Herder davon. Dessen »Ideen zur Philosophie der Geschichte der Menschheit« verdankt Goethe eine Menge. Unter anderem die Überzeugung vom »ungeheuren Alter der Erde« und der Veränderlichkeit der Natur. Frau von Stein liest daraus: »Herders neue Schrift macht wahrscheinlich, daß wir erst Pflanzen und Tiere waren.« Sehr verkürzt und noch zu beweisen. Goethe jedenfalls ist ganz aus dem Häuschen: »Ich habe eine solche Freude, daß sich mir alle Eingeweide bewegen«, und bittet den Adressaten, die aufregende Entdeckung erst einmal geheim zu halten, »es ist wie der Schlußstein zum Menschen, fehlt nicht, ist auch da!«.

Was bedeutet das? Goethe wie auch Herder – und der ist immerhin Pfarrer – leben in einer Zeit, in der die biblische Schöpfungsgeschichte ganz wörtlich ausgelegt wird. Der Schöpfergott hat demnach vor ungefähr 6000 Jahren jedes Lebewesen einzeln erschaffen, und der Mensch hat in der Schöpfung eine absolute Sonderstellung. Aber nicht nur Goethe zweifelt – »auf gleiche Weise hinderte die fromme Denkart« – und ahnt, dass der Weg vom Affen zum Menschen nicht weit sein kann. Die Ähnlichkeiten in Anatomie und Verhalten sind einfach zu auffällig. In der Vorlesung des Jenaer Mediziners Justus Christian Loder hört Goethe vom entscheidenden anatomischen Merkmal zur Unterscheidung von Mensch und Tier. Zwischenkieferknochen oder Schnauzenknochen heißt der mittlere Teil des Oberkiefers bei den Tieren. Der trägt die oberen Schneidezähne, fehlt angeblich beim Menschen und trennt deswegen »Vernunft und Brutalität«. Goethe lässt das Thema keine Ruhe, er seziert und untersucht. Ein Embryoschädel bringt endgültig Klarheit.

Der Mittelteil des Oberkiefers ist beim Menschen mit den anderen beiden Kieferteilen verwachsen, aber die feinen Nähte zwischen Eck- und zweitem Schneidezahn lassen sich noch nachweisen. Goethe möchte jetzt endlich anerkannt werden, auch in der Fachwelt. Führende europäische Anatomen und Naturforscher erhalten Abschriften der Abhandlung. Überbringer ist Johann Heinrich Merck, Freund und Konkurrent zugleich, der selber nicht nur Bücher rezensiert, sondern auch über »La Giraffe« oder »Von dem

Krokodil mit dem langen Schnabel« schreibt. Goethe verschenkt dazu die Zeichnung eines Walrosskiefers (er besitzt den Schädel eines ausgewachsenen Tieres) und versucht »bey Gelegenheit des Walsrosses ... auf eine bescheidene und ehrbare Art in euren Orden« aufgenommen zu werden.

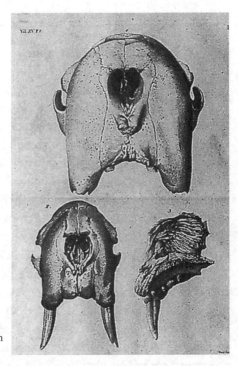

Der Zwischenkieferknochen hier vom Walross. Kupferstich im Auftrag Goethes

Vergeblich, die Reaktionen sind pikiert bis herablassend. Akademische Gepflogenheiten, denkt der beleidigte Goethe: »Einem Gelehrten von Profession traue ich zu daß er seine fünf Sinnen abläugnet. Es ist ihnen selten um den lebendigen Begriff der Sache zu thun, sondern um das was man davon gesagt hat.« An Knebel schreibt er:

> Hier schicke ich dir endlich die Abhandlung aus dem Knochenreiche, und bitte um deine Gedancken drüber. Ich habe mich enthalten das

Resultat, worauf schon Herder in seinen Ideen deutet, schon ietzo mercken zu lassen, daß man nämlich den Unterschied des Menschen vom Thier in nichts einzelnem finden könne. Vielmehr ist der Mensch aufs nächste mit den Thieren verwandt. Die Übereinstimmung des Ganzen macht ein iedes Geschöpf zu dem was es ist. (...) Und so ist wieder iede Creatur nur ein Ton eine Schattirung einer grosen Harmonie.

Goethe lässt sich nicht entmutigen, allerdings formuliert er seine aufregenden Beobachtungen sehr vorsichtig. Eine »Schattirung einer grosen Harmonie« ist keine eindeutige Äußerung dazu, wie die Entwicklung des Lebens auf der Erde abgelaufen ist. Goethe interessiert die tiefere Verwandtschaft der Lebewesen, er ist zufrieden, »wenn ein allgemeiner Typus, ein allgemeines Schema ausgearbeitet und aufgestellt würde, welchem sowohl Menschen als Thiere untergeordnet blieben«. Also beschreibt er Ähnlichkeiten. Das von ihm gefundene fehlende Glied »Zwischenkieferknochen«, heute längst offiziell »sutura incisiva Goethei« genannt, untermauert seine Überzeugung von der »nächsten« Verwandtschaft von Mensch und Tier. Die Krone der Schöpfung auf dem menschlichen Kopf beginnt zu wackeln. Erst 1820 übrigens erscheint die Abhandlung mit dem umständlichen Titel: »Dem Menschen wie den Tieren ist ein Zwischenknochen der obern Kinnlade zuzuschreiben« in der von Goethe herausgegebenen Zeitschrift »Zur Morphologie«. Wie die Geschichte weiterging, ist bekannt. Charles Darwin, der selber in Goethe einen seiner Wegbereiter sah, macht in seiner Evolutionstheorie den Menschen endgültig zum Vetter der übrigen Primaten. Bis zum Jahre 2005 dauert es, bis Forscher in der Lage sind, das Schimpansen-Genom zu entschlüsseln. Jetzt wissen wir, dass der nächste Verwandte des Menschen uns auch genetisch sehr nahe steht: 96 bis 99 Prozent der Erbinformation sind identisch! Goethe hat vor 200 Jahren deutlicher Position bezogen als viele Menschen heute.

»Alles ist Blatt« – Botanik

Die Suche nach den einheitlichen Strukturprinzipien in der Natur hält Goethe weiter in Atem. Botanisch kommt er 1786 bis 1788 in Italien entscheidend weiter. In seinem Tagebuch schreibt er zum Besuch im botanischen Garten von Padua im September 1786:

> Schöne Bestätigungen meiner botanischen Ideen hab ich wieder gefunden. Es wird gewiß kommen und ich dringe noch weiter. Nur ists sonderbar und manchmal machts mich fürchten, daß so gar viel auf mich gleichsam eindringt, dessen ich mich nicht erwehren kann daß meine Existenz wie ein Schneeball wächst, und manchmal ists als wenn mein Kopf es nicht fassen noch ertragen könnte, und doch entwickelt sich alles von innen heraus, und ich kann nicht leben ohne das.

Fast zu viele Eindrücke also, trotzdem wird kein Garten in Italien ausgelassen, die »Botanik übe ich auf Wegen und Stegen«, das »Pflanzenreich raßt einmal wieder in meinem Gemüthe, ich kann es nicht einen Augenblick loswerden«. Was Goethe so dringend sucht, verrät eine Tagebuchnotiz aus Sizilien, dort fällt ihm am 17. April 1787 im öffentlichen Garten von Palermo

> die alte Grille wieder ein: Ob ich nicht unter dieser Schaar die Urpflanze entdecken könnte? Eine solche muß es denn doch geben! Woran würde ich sonst erkennen, daß dieses oder jenes Gebilde eine Pflanze sei, wenn sie nicht alle nach einem Muster gebildet wären.

Die heiß ersehnte Urpflanze findet Goethe nicht, aber »nach dem was ich bei Neapel, in Sizilien, von Pflanzen und Fischen gesehen habe, würde ich, wenn ich zehn Jahr jünger wäre, sehr versucht sein eine Reise nach Indien zu machen«. Mit 40 Jahren traut Goethe sich das leider nicht mehr zu, aber auch so sammelt er eine Menge Stoff für seinen »Versuch die Metamorphose der Pflanzen zu erklären«, den er 1790 vorlegt.

Worum geht es? Goethe sieht Unmengen von verschiedenen Pflanzen. Die kann man ordnen, zum Beispiel nach den Kriterien von schön, hässlich oder nützlich. Oder nach dem Bau ihrer Fortpflanzungsorgane, wie es das berühmte und heute noch gebrauchte Klassifikationssystem von Carl von Linné macht. Goethe findet es zu schematisch und stört sich nicht, wie viele Zeitgenossen, an der »Unzucht im Pflanzenreich«.

Goethe geht anders vor. Ihm geht es nicht um Unterschiede, ihm geht es um Ähnlichkeiten. Seine »Morphologie« sucht mithilfe der »anschauenden Urteilskraft« ein Grundmuster für alle Pflanzen und ihr Wachstum. Aufgeregt berichtet er am 8. Juli 1787 aus Rom an Frau von Stein:

> Sage Herdern daß ich dem Geheimnis der Pflanzenzeugung und Organisation ganz nah bin und daß es das Einfachste ist was nur gedacht werden kann. Unter diesem Himmel kann man die schönsten Beobachtungen machen. Sage ihm daß ich den Hauptpunkt wo der Keim stickt ganz klar und zweifellos entdeckt habe. (...) Die Urpflanze wird das wunderlichste Geschöpf von der Welt über welches mich die Natur selbst beneiden soll.

Der Knackpunkt, »wo der Keim stickt«, ist das Blatt, »die verschiedenscheinenden Organe der sprossenden und blühenden Pflanze« entwickeln sich alle daraus. Lieblingsideen Goethes wie Bewegung, Biegsamkeit, Verwandlung, Prozess, »Polarität« und »Steigerung« beschreiben den Vorgang. Das Urbild Blatt wird für Goethe zum »Schlüssel«, mit dem »kann man alsdann noch Pflanzen ins Unendliche erfinden, die konsequent sein müssen, das heißt: die, wenn sie auch nicht existieren, doch existieren könnten«.

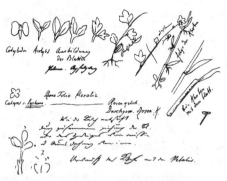

Die Metamorphose der Pflanze vom Samen bis zur Blüte. Federzeichnung Goethes, 1790

Heute wissen wir, dass jede einzelne Zelle ein vollständiges Exemplar der genetischen Bauanleitung für das ganze Lebewesen enthält. Goethes »Urform« kommt als »Blatt« aus der Anschauung. Als Kern, aus dem sich alles entwickeln lässt, begegnen wir ihm in der heutigen Stammzellenforschung. Die Intuition hat den Dichter aus Weimar nicht getrogen.

Und wie die einzelnen Pflanzenorgane entstehen, welches das »Pflanzen-Blüh-Gen« ist, das zur Produktion einer aufwendigen Blüte statt eines weiteren grünen Laubblattes führt, das übrigens ergründen Biologen heute gerade erst.

Mit Goethe stimmen sie darin überein, dass Veränderungen der Umweltbedingungen in der Evolution eine wichtige Rolle spielen. Goethe nennt es das »Gesetz der äußeren Umstände, wodurch Pflanzen modifiziert werden«. »Licht, Schatten, Trockenheit, Feuchte, Hitze, Wärme, Kälte, Frost« gehören zu den »Bedingungen, die über dem Erdkreis auf sie einwirken«, und die Pflanzen besitzen »eine glückliche Mobilität und Biegsamkeit«, sich »danach bilden und umbilden zu können«.

In seiner Elegie »Metamorphose der Pflanzen« packt Goethe die ganze Pflanzenkunde elegant in Distichen. Das Gedicht wird 1799 erstmals gedruckt, Goethe hat es seiner späteren Frau Christiane gewidmet. Hier ein Ausschnitt:

Dich verwirret, Geliebte, die tausendfältige Mischung
Dieses Blumengewühls über dem Garten umher;
Viele Namen hörest du an, und immer verdränget
Mit barbarischem Klang einer den andern im Ohr.
Alle Gestalten sind ähnlich, und keine gleichet der andern;
Und so deutet das Chor auf ein geheimes Gesetz,
Auf ein heiliges Rätsel. O könnt' ich dir, liebliche Freundin,
Überliefern sogleich glücklich das lösende Wort!
Werdend betrachte sie nun, wie nach und nach sich die Pflanze,
Stufenweise geführt, bildet zu Blüten und Frucht.
Aus dem Samen entwickelt sie sich, sobald ihn der Erde
Stille befruchtender Schoß hold in das Leben entläßt,
Und dem Reize des Lichts, des heiligen, ewig bewegten,
Gleich den zärtesten Bau keimender Blätter empfiehlt.
Einfach schlief in dem Samen die Kraft; ein beginnendes Vorbild
Lag, verschlossen in sich, unter die Hülle gebeugt,
Blatt und Wurzel und Keim, nur halb geformet und farblos;
Trocken erhält so der Kern ruhiges Leben bewahrt,
Quillet strebend empor, sich milder Feuchte vertrauend,
Und erhebt sich sogleich aus der umgebenden Nacht.
Aber einfach bleibt die Gestalt der ersten Erscheinung;
Und so bezeichnet sich auch unter den Pflanzen das Kind.
Gleich darauf ein folgender Trieb, sich erhebend, erneuet,
Knoten auf Knoten getürmt, immer das erste Gebild.
Zwar nicht immer das gleiche: denn mannigfaltig erzeugt sich,
Ausgebildet, du siehst's, immer das folgende Blatt,
Ausgedehnter, gekerbter, getrennter in Spitzen und Teile,
Die verwachsen vorher ruhten im untern Organ.
Und so erreicht es zuerst die höchst bestimmte Vollendung,
Die bei manchem Geschlecht dich zum Erstaunen bewegt.
Viel gerippt und gezackt, auf mastig strotzender Fläche,
Scheinet die Fülle des Triebs frei und unendlich zu sein.

Um die »Urpflanze« geht es auch im ersten längeren Gespräch Goethes mit Schiller. Im Juli 1794 treffen sich die beiden eher zufällig nach einem Vortrag in der »Naturforschenden Gesellschaft« in Jena. Ziemlich verkrampft ist diese Begegnung verlaufen, von der Goethe in seinem 1817 veröffentlichten Aufsatz »Glückliches Ereignis« berichtet:

Wir gelangtem zu seinem Hause, das Gespräch lockte mich hinein; da trug ich die Metamorphose der Pflanzen lebhaft vor, und ließ, mit manchen charakteristischen Federstrichen, eine symbolische Pflanze vor seinen Augen entstehen. Er vernahm und schaute das alles mit großer Teilnahme, mit entschiedener Fassungskraft; als ich aber geendet, schüttelte er den Kopf und sagte: »Das ist keine Erfahrung, das ist eine Idee.« Ich stutzte, verdrießlich einigermaßen; denn der Punkt, der uns trennte, war dadurch aufs strengste bezeichnet (...) der alte Groll wollte sich regen, ich nahm mich aber zusammen und versetzte: »Das kann mir sehr lieb sein, daß ich Ideen habe ohne es zu wissen, und sie sogar mit Augen sehe.«

Goethe spricht zwar von einer »symbolischen Pflanze«, aber besteht darauf, dass er eine »Idee mit Augen sehe«. Für ihn ist sein Bauplan, der alle Möglichkeiten der Natur umfasst, Realität. Reichlich unbescheiden nimmt Goethe hier für sich ein »intuitiv« oder »urbildlich« genanntes Verständnis in Anspruch, das der Philosoph Kant in seiner »Kritik der Urteilskraft« nur einem göttlichen Verstand zugebilligt hat.

Goethe beschreibt seine eigene Methode so:

Denn das bloße Anblicken einer Sache kann uns nicht fördern. Jedes Ansehen geht über in ein Betrachten, jedes Betrachten in ein Sinnen, jedes Sinnen in ein Verknüpfen, und so kann man sagen, daß wir schon bei jedem aufmerksamen Blick in die Welt theoretisieren. Dieses aber mit Bewußtsein, mit Selbstkenntnis, mit Freiheit und (...) mit Ironie zu tun (...) eine solche Gewandtheit ist nötig, wenn die Abstraktion, vor der wir uns fürchten, unschädlich und das Erfahrungsresultat, das wir hoffen, recht lebendig und nützlich werden soll.

Schiller, philosophisch geschult, pocht im Fall der Urpflanze auf Präzision und besteht darauf, dass der Ältere hier spekuliert. Auch wenn sich die beiden neuen Bekannten an diesem Sommerabend nicht auf eine gemeinsame Erkenntnistheorie einigen können, arbeiten sie als Dichter in den nächsten zehn Jahren überaus erfolgreich zusammen (s. Kap. X).

Von der Pflanzenkunde ist der Weg nicht weit zu Goethes poetischer Praxis. Auch hier soll sich das Allgemeine, die Idee, das Gemeinte aus dem Bild, dem Besonderen ergeben. Das »symbolische Schauen« hilft dem Menschen und dem Dichter, sich in der Welt zurechtzufinden. Es verankert ihn sozusagen in der Realität. Zentral für jemanden wie Goethe, der sich so oft als gefährdet erlebt. Seine Dichtung ist »gegenständlich«, sie geht (fast) nie von einer Idee aus, die er illustrieren will, sondern immer sind konkrete Erfahrungen der Auslöser, wozu Naturerlebnisse, Liebe, politische oder historische Ereignisse gehören. Oder Dinge und Erinnerungsorte. In einem Brief an Schiller vom 16. August 1797 berichtet Goethe über symbolisch-bedeutende Gegenstände. Sie stimmen ihn »sentimental« und »als Repräsentanten von vielen andern« assoziiert er sofort »Ähnliches und Fremdes«. Er macht alle Erfahrungen am »Zeichenhaften« fest. Er überblendet das Bild des großväterlichen Hofes mit dem des eigenen Hauses. Er sucht nach dem Bau der potenziellen Urpflanze in den unterschiedlichsten Pflanzenformen. Er erkennt gleichbleibende Muster, nach denen seine Liebschaften verlaufen, und er erkennt in der Lagerung der Gesteine ein Modell für die politische Praxis. Er betrachtet fremde Lebensläufe und sieht »brüderliche« Gemeinsamkeiten mit dem eigenen. Goethe nennt das Verfahren: »Wiederholte Spiegelungen«.

»Ehe der Mensch war, war der Urstier« – Zoologie

Goethe hält immer die Augen offen. Als er auf seiner zweiten Italienreise am Strand von Venedig spazieren geht, findet er 1790 einen »glücklich geborstenen Schafschädel, der mir ... jene große früher von mir erkannte Wahrheit:

die sämtlichen Schädelknochen seien aus verwandelten Wirbelknochen entstanden, abermals bestätigte«. Die Stelle des Blatts, das in der Botanik so anschaulich die Rolle der sich entfaltenden Urform spielt, wird hier von dem starren Wirbelknochen eingenommen. Aber es geht ja schließlich um Skelette, und für die Evolutionsmorphologie des 19. Jahrhunderts wird Goethes Wirbeltheorie des Schädels eine nicht geringe Rolle spielen.

Natürlich ist Goethe auch dem Urtier als Repräsentanten aller späteren Tiere und »Idee des Tiers« auf der Spur. Denn das »Leben kehrt ebenso gut in der kleinsten Maus wie im Elefanten-Koloß ein und ist immer dasselbe«. Zu Forschungszwecken muss ein Elefantenschädel aus Kassel ausgeliehen werden, in Jena hält Goethe ihn »im innersten Zimmergen versteckt damit man mich nicht für toll halte. Meine Hauswirthinn glaubt es sey Porzellan in der ungeheuren Kiste.« Dabei bleibt es nicht, Goethe sammelt alle Arten von Tierskeletten. »Ältere und neuere Überbleibsel versammelte ich um mich her ... denn im Gerippe wird uns ja der entschiedne Charakter jeder Gestalt sichtbar und für ewige Zeiten aufbewahrt.« Im besonders kalten Winter 1794/95 hört Goethe wieder Anatomie in Jena, der Hörsaal ist eisig, die Tierkadaver sind besonders gut konserviert. Einem befreundeten Studenten diktiert er seinen »Ersten Entwurf einer allgemeinen Einleitung in die vergleichende Anatomie, ausgehend von der Osteologie« unter der Bettdecke hervor. Das jahrelange Sezieren und Präparieren hat ein Ergebnis: Die Anordnung der Körperteile ist bei allen Säugetieren gleich. Diese einheitliche Struktur ist für Goethe der Schlüssel für das »allgemeine Gesetze, wornach die lebendigen Wesen sich organisieren«. Die Funktion des Organs entscheidet über Größe und Form. »So sind ... Hals und Extremitäten auf Kosten des Körpers bei der Giraffe begünstigt, dahingegen beim Maulwurf das Umgekehrte stattfindet.«

Heute wissen wir, dass die Erbinformation vorgibt, wie

und zu welchem Zeitpunkt sich die Organe entwickeln. Diese komplizierten Kontrollmechanismen sind bei den verschiedensten Tieren und auch dem Menschen sehr ähnlich. Goethes Intuition ist oft verblüffend, die zeitgenössischen Reaktionen auf seine naturwissenschaftlichen Ansichten sind allerdings meist so enttäuschend, dass Goethe die eigene Zeitschrift braucht, um sie veröffentlichen zu können.

»Purpur fordert Grün« – Zur Farbenlehre

Eine hitzige Kontroverse entfacht Goethe mit seinen Arbeiten zur Optik. Jahrzehntelang dreht sich bei ihm eine Menge um das Licht und um die Farben. Fast alles, wenn man seinen eigenen Worten glauben darf: »Auf alles, was ich als Poet geleistet habe, bilde ich mir gar nichts ein ... Daß ich aber in meinem Jahrhundert in der schwierigen Wissenschaft der Farbenlehre der einzige bin, der das Rechte weiß, darauf tue ich mir etwas zugute«, gesteht er seinem Sekretär Eckermann im Februar 1829. Einleuchtend, dass für jemanden, der die Wahrnehmung ins Zentrum seines Lebens stellt, alles, was mit Licht und dem »sonnenhaften« Auge zu tun hat, besonders attraktiv ist. Schon auf der Harzreise von 1777 macht Goethe die ersten Beobachtungen zur Farbenlehre. Maltechnische und kunsttheoretische Gespräche und Untersuchungen in Rom erhellen ab 1786 das optische Dunkel weiter. 1791 ist es so weit und die ersten »Beiträge zur Optik« werden veröffentlicht. Die drei Teile »Zur Farbenlehre« erscheinen von 1808–1810. Freunde und Mitarbeiter Goethes haben zugearbeitet. Mit Übersetzungen, Vorarbeiten und aufmunternden Worten.

Worum geht es? Goethe schaut eines Tages im Jahr 1790 durch ein Prisma auf eine weiße Wand, erwartet die Farben des Regenbogens und sieht – fast nichts! Darauf folgt einer jener Geistesblitze, in der Sprache Goethes ein »entschiedenes Aperçu«, die ihn so oft leiten, gelegentlich auch in die falsche Richtung. Er erklärt das Licht zum nicht zerlegbaren Urphänomen und die Farben zu »Trübungen« des Lichts durch Bestandteile der Luft. Goethe rennt gegen eine gewaltige Autorität an. Bereits über hundert Jahre zuvor hat der englische Mathematiker und Physiker Isaac Newton entdeckt, dass weißes Licht aus zahllosen Farbkomponenten besteht. Die werden von einem Prisma verschieden stark gebrochen, wodurch sich das Licht in seine Bestandteile aufspalten lässt. Goethe hat keine Dunkelkammer und keinen gebündelten Lichtstrahl verwendet; das Licht wie Newton durch ein winziges Loch in eine Camera obscura zu »quälen«, kommt für Goethe nicht infrage. Bei Newton trifft der schmale Lichtstrahl im dunklen Raum auf ein Prisma, und auf einem dahinterliegenden weißen Schirm werden die Regenbogenfarben sichtbar. Goethe kennt keine Zweifel an seiner unvollkommenen Versuchsanordnung: Er wagt die Denkmalschändung, nennt Newton »fratzenhaft« und »schändlich« und dichtet Spottverse auf ihn:

> Möget ihr das Licht zerstückeln,
> Farb' um Farbe draus entwickeln,
> Oder andre Schwänke führen,
> Kügelchen polarisieren,
> Daß der Hörer ganz erschrocken,
> Fühlet Sinn und Sinne stocken.
> Nein! Es soll euch nicht gelingen,
> Sollt uns nicht beiseite bringen,
> Kräftig, wie wir's angefangen,
> Wollen wir zum Ziel gelangen.

Nie besonders zugänglich für Kritik an seiner Arbeit, bleibt Goethe unbelehrbar, reagiert auf Einwände besonders »verdrießlich« und befremdet seine Umwelt. »Er hat keine Freiheit über seine eigenen Sachen und wird stumm, wenn man im mindesten tadelt.« Der Weimarer Klatschkolumnist Böttiger überliefert uns das allgemeine Kopfschütteln: »Seine Versuche ... erregen bei Kennern ... viel Achselzucken, und bei den Spöttern bon mots.«

Liegt es daran, dass Goethe keine Ahnung von Mathematik hat und viele Berechnungen Newtons einfach nicht versteht? Da hatte der Vater im vielseitigen Ausbildungsplan des Sohnes wohl entschieden geschlampt. Liegt es an Goethes Abneigung gegen physikalische Apparaturen: »Die Fernröhre und Mikroskope verwirren den reinen Menschensinn«?

Oder liegt die Ursache tiefer? Manche Interpreten beobachten eine eigene Logik in Goethes einsamer Verbohrtheit, sehen ihn in einer Zwangslage und sprechen von seiner »Lichttheologie«: Newton zu akzeptieren hätte bedeutet, die eigenen geistigen Grundlagen zu verraten. Das Absolute und Reine, das Licht, die Sonne, das zentrale Organ Auge, das alles darf nichts »Dunkles« enthalten, nichts Zusammengesetztes sein, wie das »ekelhafte Newtonische Weiß«. Schiller schreibt über Goethe, dass dieser »Helle und Klarheit« liebt und »Verworrenheit« hasst. Goethe hat immer an sich gearbeitet und sich bemüht, die dunklen und verworrenen Aspekte in seinem Leben zu überwinden. Und die gescheiterten Ausgaben seiner selbst, von denen so viele seine Nähe suchen, von sich fernzuhalten. Die Farbenlehre berührt sein Weltbild und vor allem sein mühsam errichtetes Selbstbild. Übelkeit, Schwindel, Angst, Verwirrung werden durch eine Haltung überwunden, die Mühe kostet und die wir heute noch mit der Klassik verbinden. Deswegen geht es ihm gar nicht darum, Newtons und seine eigenen Interessen klar zu unterscheiden. Das hätte nahegelegen. Newton untersucht das Licht unabhängig von der menschlichen Wahrnehmung als abstraktes physikalisches Problem. Für Goethe sind Farben sinnliche Empfindungen. Ihn interessiert nicht Physik, sondern Physiologie und Psychologie. Er will sich das Weiß rein bewahren, und das am besten draußen:

> Leidenschaftlich ohnehin mit diesen Gegenständen beschäftigt, machte mir's die größte Freude, dasjenige hier unter freiem Himmel so frisch und natürlich zu sehen, weshalb sich die Lehrer der Physik schon fast hundert Jahre mit ihren Schülern in eine dunkle Kammer einzusperren pflegten.

Um dem weißen Licht die verschiedenen Farben abzuluchsen, hilft das Prinzip der Polarität, das für Goethes gesamtes Denken zentral ist. Diesmal geht es um den Gegensatz von Licht und Dunkel. In Goethes eigenen Experimenten entstehen »Farbsäume«, wenn schwarze und weiße Kanten aneinanderstoßen. Zwei ganz reine Farben, Gelb und Blau, symbolisieren den Urkontrast von Licht und Finsternis. Durch Mischung, Verdichtung, Verdunkelung kommen die anderen Farben hinzu. Sehen können wir die Farben, weil Bestandteile der Luft das Licht »trüben«.

Regenbogen (produziert er selber mit der Feuerwehrspritze), Tropfen, Pfützen, Scherben, Schatten sind Goethes Material, die »sinnlich-sittliche« Wirkung der Farbe auf den Menschen erprobt er an sich selbst. Also etwa die beruhigende Wirkung von Grün, das »Würde und Anmut vereinigende Rot«, Überlegungen, die von Schiller begeistert aufgenommen werden. Genauso wie im 20. Jahrhundert von den Anthroposophen und von den Malern des Bauhauses, etwa Klee und Kandinsky.

Im Ganzen ist es verständlich, dass der Dichter aus Weimar als Naturkundler lange als hoffnungslos antiquiert galt. Er stellt in dieser Kontroverse die geistigen Grundlagen und die Arbeitsweise der modernen Naturwissenschaften insgesamt infrage, wenn er glaubt, Naturphänomene seien nicht messbar und »ein Versuch könne nichts beweisen«.

Historisch gesehen steht Goethe damit auf der Seite der Verlierer. Auch mit seinem Pochen auf Erfahrungen der

Wirklichkeit, die den Einsatz des eigenen Körpers brauchen. Die nehmen rasant ab, auch wenn Goethe noch nichts von Zeiten ahnt, wo mit »künstlicher Intelligenz« ausgestattete Roboter den menschlichen Körper mechanisch, sensorisch und intellektuell nachahmen und vielleicht übertreffen. Goethe spürt, dass der Vorstellung von der Machbarkeit aller Dinge und der »Abstraktion, vor der wir uns fürchten«, die Zukunft gehört. Problematisch an der auf Abstraktion fixierten Vernunft ist für ihn die Vernachlässigung der sinnlichen Erfahrung. Der Physiker Werner Heisenberg schreibt:

> Wir werden von Goethe auch heute noch lernen können, daß wir nicht zugunsten des einen Organs, der rationalen Analyse, alle anderen verkümmern lassen dürfen; daß es vielmehr darauf ankommt, mit allen Organen, die uns gegeben sind, die Wirklichkeit zu ergreifen.

Wir müssen uns inzwischen mit der Abschätzung von Technikfolgen beschäftigen und haben erfahren, wie gefährlich es sein kann, alles am Messbaren und am Machbaren zu orientieren. Goethe lag hier ziemlich richtig, mit seinem Wunsch nach einem verantwortlichen Umgang mit der Natur übrigens auch. Ausgerechnet den von ihm besonders geliebten Thüringer Wald, Rückzugsort aus gesellschaftlichen Zwängen, würde er nach Jahrzehnten des Waldsterbens nicht wiedererkennen.

In diesem Sinn nimmt der alte Dichter in den »West-östlichen Divan« das »Vermächtnis altpersischen Glaubens« auf, ein Gedicht, das auch von der Würde der Elemente handelt und von Goethe als einem Vordenker modernen ökologischen Denkens:

> Habt ihr Erd' und Wasser so im Reinen,
> Wird die Sonne gern durch Lüfte scheinen,
> Wo sie, ihrer würdig aufgenommen,
> Leben wirkt, dem Leben Heil und Frommen.

XIV.

Goethe geht fremd
Eine ernsthafte Affäre im »West-östlichen Divan«

Christiana Engelmann

»Denn freilich mußte der Deutsche stutzen«

Denn freilich mußte der Deutsche stutzen, wenn man ihm etwas aus einer ganz anderen Welt herüberzubringen unternahm.

Tatsächlich reiben sich die Leser die Augen, als sie 1816 im »Morgenblatt für gebildete Stände« Folgendes sehen: »Westöstlicher Divan oder Versammlung deutscher Gedichte in stetem Bezug auf den Orient«. Klang das nach Goethe? Er sei außerdem »schon im Orient angelangt« und »selbst ein Muselmann« geworden, erfuhren sie weiterhin. Das machte stutzig. Seinem Verleger Friedrich Cotta hatte Goethe das Projekt so erklärt:

> Meine Absicht ist dabei, auf heitere Weise den Westen und Osten, das Vergangene und das Gegenwärtige, das Persische und Deutsche zu verknüpfen, und beiderseitige Sitten und Denkarten übereinander greifen zu lassen.

Auch als der »Divan« schließlich 1819 erscheint, ist das Befremden groß. Kaum einer begreift den »Geniestreich« des 70-jährigen Dichters. Der umfangreiche Prosateil mit ausführlichen Erläuterungen, die Goethe der »Gedichtsammlung« – das bedeutet das persische Wort »Divan« – nachschiebt, verhilft zu keiner günstigeren Aufnahme. Nur wenige sind begeistert, Heinrich Heine und Georg Friedrich Hegel gehören immerhin dazu. Noch hundert Jahre später liegen beim Verlag ganze Stapel der Erstausgabe, und selbst heute sind der »Divan« sowie die »Noten und Abhandlungen«, so der Titel der Erläuterungen, diese »genialste und unauffälligste Poetik in deutscher Sprache«, wenig bekannt und in ihrer Brisanz weit unterschätzt. Und das, obwohl Goethe vorführt, wie ein Dialog zwischen Ost und West trotz der kulturellen Ungleichzeitigkeit gelingen kann. Was den aus damaliger Sicht »greisen« Dichterfürsten dazu trieb, in die Rolle des Orientreisenden und Muselmanns zu schlüpfen und sein Spiel zu treiben, ist auch heute noch ungewöhnlich.

»Hegire« heißt das Gedicht, das Goethe der aus zwölf »Büchern« bestehenden Gedichte-Sammlung voranstellt. Flucht liegt wieder in der Luft!

Hegire

Nord und West und Süd zersplittern,
Throne bersten, Reiche zittern,
Flüchte du, im reinen Osten
Patriarchenluft zu kosten,
Unter Lieben, Trinken, Singen
Soll dich Chisers Quell verjüngen.

Dort, im Reinen und im Rechten,
Will ich menschlichen Geschlechten
In des Ursprungs Tiefe dringen,
Wo sie noch von Gott empfingen
Himmelslehr' in Erdesprachen
Und sich nicht den Kopf zerbrachen.

Wo sie Väter hoch verehrten,
Jeden fremden Dienst verwehrten;
Will mich freun der Jugendschranke:
Glaube weit, eng der Gedanke,
Wie das Wort so wichtig dort war,
Weil es ein gesprochen Wort war.

Will mich unter Hirten mischen,
An Oasen mich erfrischen,
Wenn mit Karawanen wandle,
Schal, Kaffee und Moschus handle;
Jeden Pfad will ich betreten
Von der Wüste zu den Städten.

Bösen Felsweg auf und nieder
Trösten, Hafis, deine Lieder,
Wenn der Führer mit Entzücken
Von des Maultiers hohem Rücken
Singt, die Sterne zu erwecken
Und die Räuber zu erschrecken.

Will in Bädern und in Schenken,
Heil'ger Hafis, dein gedenken,
Wenn den Schleier Liebchen lüftet,
Schüttelnd Ambralocken düftet.
Ja, des Dichters Liebeflüstern
Mache selbst die Huris lüstern.

Wolltet ihr ihm dies beneiden
Oder etwa gar verleiden,
Wisset nur, daß Dichterworte
Um des Paradieses Pforte
Immer leise klopfend schweben,
Sich erbittend ew'ges Leben.

Ein Reisender macht sich also auf, im Osten Zuflucht zu suchen, wo noch stabile Verhältnisse herrschen und auch sonst alles anders und besser ist. Dort erwarten den Flüchtigen Lebenslust und Verjüngung. Er wird den Anfängen der Kultur auf den Grund gehen und die Wiege von Religion und Sprache erforschen. Er wird Menschen begegnen, die die Tradition schätzen und Widerstand gegen Fremdherrschaft leisten, und sie werden den Mann aus dem Westen mit einer geselligen Gesprächskultur beleben. Dieser ist begierig, die fremden Gebräuche zu erproben und ganz in das Leben der Einheimischen einzutauchen. Mithilfe von Hafis' Gedichten wird er in der Fremde bestehen, Räuber verjagen und sogar keusche Mädchen betören. Kurz, er ist entschlossen, den gesamten Radius von Fremdheit zu durchmessen. Neid und Missgunst können sich die Daheimgebliebenen sparen, da einem Dichter ohnehin schon ein Platz im Himmel sicher ist.

Goethe, der das Reisen, das In-Bewegung-Sein liebt, begibt sich diesmal auf eine imaginäre Reise in eine fremde Kultur mit einem fremden Autor-Kollegen als Reiseführer, dem persischen Dichter Hafis aus dem 14. Jahrhundert. Die poetische Flucht im »West-östlichen Divan« hat mindestens zwei Gründe: Goethes wachsender Überdruss am nachnapoleonischen Europa und an der eigenen dichterischen Stagnation.

Nach den »Befreiungskriegen« im Jahre 1813 fürchtet er ein zerfallendes Europa und verspürt ein tiefes Unbehagen an der europäischen, besonders der deutschen Kultur. Einem Freund erklärt er seine Fluchtgedanken so: »Man flüchtet aus der Zeit in ferne Jahrhunderte und Gegenden, wo man sich etwas Paradiesähnliches erwartet.« Goethe vermisst Schwung und Aufbruchstimmung im kleinen Weimar. Fort aus dem Provinznest, aus dem abgestandenen Kulturkreis, so klingt auch der entschlossene Rhythmus des Gedichts. Abenteuer in einer völlig fremden Kultur sollen den seit Schillers Tod versiegten Schreibfluss wieder beleben. Für die Zeitgenossen steht fest, dass Goethe, die fraglos größte lebende Dichterikone, seine produktivsten Jahre hinter sich hat. Ihm aber liegt nichts ferner als der Ruhestand. Und zum Glück droht ihm keine Pensionsgrenze. Wie in jungen Jahren treibt ihn Ruhelosigkeit um. Das fünfmal wiederholte »ich will/mich« im Gedicht gleicht einer Selbstbeschwörung zu Aufbruch und Veränderung.

»Abends Ostküste von Sumatra«

Außerdem war etwas Einschneidendes passiert: Den leidenschaftlichen Bewunderer der griechischen Antike hatte eine »Faszination des Überseeischen« gepackt. Seit einiger Zeit las er die Berichte von Johann Christian Hüttner, einem »Kulturvermittler« mit Sitz in London. Im Auftrag des anglophilen Herzogs Carl August schickte er fast 20 Jahre lang regelmäßig Berichte über interessante anglo-amerikanische Neuerscheinungen nach Weimar, vor allem Reisebeschreibungen aus aller Welt. Und falls Goethe dies wünschte, ein Exemplar für die herzogliche Bibliothek. Auch daran wird deutlich, wie gut sich Carl August über die Vorgänge ausserhalb seines kleinen Herzogtums auf dem Laufenden hielt. Bei Goethe überrascht das ohnehin nicht. So erfuhr er direkt aus dem Zentrum des britischen Imperiums das Neueste aus Kultur und Politik. Am liebsten aber waren ihm Reiseberichte der Abenteurer und Fernreisenden, die die Verhältnisse in den fernen Ländern schilderten und in satte exotische Lebenswelten einbetteten. So kann man in Goethes Tagebüchern immer wieder Einträge wie diesen finden: »Abends Ostküste von Sumatra.«

Die 147 Bände, die Goethe von 1814 bis 1829 für die Bibliothek bestellt hat und die ungefähr zwei Monate von London bis zum Haus am Frauenplan unterwegs waren, sind heute noch in der Herzogin-Anna-Amalia-Bibliothek zu sehen. Das 3000seitige Kompendium galt lange Zeit als verschollen, bis es erst 1999 wieder auftauchte. Jetzt können Forscher anhand der Ausleihlisten genau untersuchen, welchen Band Goethe wie lange und wie oft ausgeliehen hat. Der »Divan«, so heißt es, trägt deutliche Spuren dieser außereuropäischen Lektüreerfahrung. Und nicht nur der »Divan«, wie die beiden Porträts auf der folgenden Seite zeigen.

Diese außereuropäische Literatur, die über die »Hüttner-Connection« in das Haus am Frauenplan eindrang, trug also maßgeblich dazu bei, dass aus dem Griechenverehrer ein Orientfahrer wurde, dass der ältere Goethe an der Einzigartigkeit der klassischen Ästhetik – J.J. Winckelmann hätte

Ein ferner Fürst und der »Dichterfürst«

sich im Grab umgedreht – langsam zu zweifeln begann und dass er während des weiteren Veränderungsprozesses einen echten »global turn« vollzog. Dieser Goethe ist auch heute noch den meisten Lesern fremd.

Die radikale Lernerfahrung, die Goethe im fortgeschrittenen Alter macht, vollzieht sich geradezu bilderbuchartig, wie Lernpsychologen bestätigen würden: entschlosssen noch mal von vorne anzufangen, einen völligen Neuanfang zu wagen, weil er sich fühlt »wie ein Kind, das mit einer Muschel den Ozean in sein Grübchen schöpfen will«. So schreibt er es einem Freund. Dazu kommt die erste Reise in die Vaterstadt Frankfurt nach 17 Jahren, dann ein überwältigendes Leseerlebnis und – Liebeslaune! Die Folge ist: Der »Divan« fließt ihm buchstäblich aus der Feder. Kindlich übermütig klingt auch das kurze Gedicht »Freisinn« aus dem ersten Buch des »Divan«:

Freisinn

Laßt mich nur auf meinem Sattel gelten!
Bleibt in euren Hütten, euren Zelten!
Und ich reite froh in alle Ferne,
Über meiner Mütze nur die Sterne

Da ist einer zu allem entschlossen: Noch trägt er eine Mütze, bald wird's der Turban sein.

»Uns in eine grenzenlose Freiheit zu versetzen«

Dass Goethe für seine Ausbruchsphantasien den Orient wählte, hat mehrere Gründe: Schon zu seiner Zeit galt der Orient in bestimmten Kreisen als Projektionsfläche für Sehnsüchte nach paradiesischen Gegenwelten, Rausch und Exotik. Genauso wie dieses Bedürfnis auch heute noch ferne und möglichst fremde, exotische Länder erfüllen, galt damals der Orient als Gegenwelt zur Trostlosigkeit daheim. Als Kind hatte Goethe die »Märchen aus Tausendundeiner Nacht« geliebt, die ihm seine Mutter vorlas. Von seinem Freund Herder hatte er in der Jugend gelernt, dass der Orient der Ort des Ursprungs des Menschengeschlechts und der Sprache sei und die Bibel die Kulturgeschichte des alten Orients. Und im Mai des Jahres 1814 schenkte ihm sein Verleger ein zweibändiges Büchlein, den »Diwan« des persischen Dichters Mohammet Schemseddin Hafis aus dem 14. Jahrhundert. Nirgends waren zu Goethes Zeit Christen und Muslime in kriegerische Konflikte verstrickt, so dass er ungetrübt von arabischer Kultur schwärmen konnte. In Hafis erkannte er einen Zwillingsbruder und Seelenfreund, der unter vergleichbaren Bedingungen geschrieben hatte. So hatte Hafis während der Eroberungskriege Timurs unbeirrt weiter von Rosen, Nachtigall, Wein und Liebe gesungen und wurde dafür »von Fürsten geehrt, von Freunden geliebt«. »Lieben, Trinken, Singen« war sein Motto und das gefiel Goethe. Vor allem aber die Farbigkeit und Sinnlichkeit seiner Poesie.

Der »West-östliche Divan« ist ein Mischprodukt, bei dem ein Dichter des frühen 19. Jahrhunderts mit einem orientalischen Dichter aus dem 14. Jahrhundert eine Reise durch Raum und Zeit unternimmt.

Einen Wirbelsturm, der durch das beschauliche Leben des Dichters und Staatsmannes fegt, lösen die zwei ganz realen Reisen aus, die Goethe im Sommer 1814 und 1815 in seine Heimatstadt und in die Gegend des Rheins, Mains und Neckars unternimmt. In der Forschung heißt diese heiße Zeit im Leben Goethes oft trocken »Goethes Reisen ins Rhein- und Maintal in den Jahren 1814 und 1815«. Das vermittelt nicht den Hauch einer Ahnung, was in dem Weimarer Muselmann wirklich vorging.

Während dieser im Juli 1814 real nach Westen fährt, bricht er dichtend in den Osten auf. Während er in der Kutsche die thüringische Landschaft durchquert, vermengen sich seine Wahrnehmungen der Landschaft draußen mit den Leseeindrücken des »Diwan« von Hafis drinnen. Auf unwegsamen Straßen reist er nach Westen, auf dem Schoß schreibend in die Gegenrichtung. Aber da sind noch zwei letzte Punkte, die für die Entstehungsgeschichte des »Divan« unabdingbar sind: Auf Goethes Reiseplan stehen zwei Einladungen, eine der Brüder Boisserée in Heidelberg und eine des Frankfurter Bankiers Willemer. Außerdem schwebte ihm noch etwas ganz anderes vor, wie es in einer Strophe des Gedichts »Phänomen« im ersten Buch heißt:

> So sollst du, muntrer Greis,
> Dich nicht betrüben,
> Sind gleich die Haare weiß,
> Doch wirst du lieben.

Wirklich phänomenal, wie Goethe seine Bedenken zu beschwichtigen und sich anzufeuern weiß. Die Gedichte »Phänomen« und »Liebliches« sind beide am 25. Juli 1814 auf dem Weg nach Frankfurt entstanden. Das wissen wir so genau, weil Goethe viele Divan-Gedichte mit Ort und Datum ihres Entstehens versehen hat. Die ersten Gedichte schreibt er schon nach wenigen Kilometern, und seinem Freund Knebel meldet er ekstatisch:

> Ich segne meinen Entschluß zu dieser Hegire, denn ich bin dadurch der Zeit und dem lieben Mittel-Europa entrückt, welches für eine große Gunst des Himmels anzusehen ist, die nicht einem jeden widerfährt.

Und seiner Schwiegertochter Ottilie erklärt er die Bedeutung der Gedichte so: »Ihre Bestimmung [der Gedichte] ist, uns von der bedingenden Gegenwart abzulösen und uns für den Augenblick dem Gefühl nach in eine grenzenlose Freiheit zu versetzen.«

Liebliches

> Was doch Buntes dort verbindet
> Mir den Himmel mit der Höhe?
> Morgennebelung verblindet
> Mir des Blickes scharfe Sehe.
>
> Sind es Zelte des Vesires,
> Die er lieben Frauen baute?
> Sind es Teppiche des Festes,
> Weil er sich der Liebsten traute?
>
> Rot und weiß, gemischt, gesprenkelt
> Wüßt' ich Schönres nicht zu schauen;
> Doch wie, Hafis, kommt dein Schiras
> Auf des Nordens trübe Gauen?

Ja, es sind die bunten Mohne,
Die sich nachbarlich erstrecken
Und, dem Kriegesgott zum Hohne,
Felder streifweis freundlich decken.

Möge stets so der Gescheute
Nutzend Blumenzierde pflegen,
Und ein Sonnenschein, wie heute,
Klären sie auf meinen Wegen!

Es ist ein nebelverhangener Morgen, die Sicht verschwommen. Wie durch einen unscharfen Filter gesehen, verschmelzen die reale thüringische und die fiktive persische Landschaft, so dass der Reisende an seiner flimmernden Wahrnehmung zweifelt: Sieht er orientalische Zelte, die Schemen eines Hochzeitsfestes, von denen er gerade liest? Er ist so ergriffen von der farbigen Schönheit der Landschaft, den leuchtend roten Mohnfeldern, dass er glaubt, die blühenden Gärten von Hafis' Heimatort Schiras im Morgennebel zu erkennen. Bis sein Blick sich schärft und die Mohnfelder von Erfurt klar hervortreten.

Antithetisch sind im Gedicht Liebe, Hochzeit und bunte Lebendigkeit dem Orient zugeordnet, trübes Licht, Nebel und kriegerische Zerstörung dem Westen. Die letzte Strophe enthält die tröstliche Hoffnung, die in der lebenserhaltenden Kultivierung des Landes, der Kulturarbeit gegen die sinnlose Zerstörung durch die politischen Kräfte liegt. Die Abweichung der beiden Orient-Strophen, die jeweils nur den 2. und 4. Vers reimen, im Gegensatz zu den regelmäßigen Kreuzreimen der anderen Strophen, bringt einen Hauch von Desorientierung in das ordentliche Gebilde. Schließlich fallen noch einige seltsame Vokabeln in der ersten Strophe auf. »Morgennebelung«, »verblindet« und »scharfe Sehe«, so als ob sich die Verunsicherung der optischen Wahrnehmung auch auf das Sprachvermögen gelegt hätte. Das »Ja« des 13. Verses leitet eine eigentümliche Feststellung ein, die Bekräftigung eines Irrtums mit der richtigen Wahrnehmung. Eine andere ausgefuchste Lesart schlagen Interpreten vor, die für das »Lesbarwerden einer Landschaft« als Thema des Gedichts werben. Das ist nicht weit hergeholt, denn die orientalische Verwirrung führt am Schluss des Gedichts zu Klarsicht und Erkenntnis. Damit wird der Text selbst Teil jener Kulturarbeit, die sich »unbeirrbar der kriegerischen Destruktion entgegenstellt«. Die Mohnfelder bedecken sanft die Schlachtfelder der eben vergangenen Napoleonischen Kriege. Es herrscht Frieden, und der Dichter kann reisen, zum Beispiel in die Heimatstadt.

»Zwischen zwei Welten schwebend«

Frankfurt ist seit der Aufhebung der napoleonischen Blockade wieder eine freie Stadt. Die Rückkehr zum eigenen Ursprung löst bei Goethe einen unglaublichen Kräftezuwachs aus, denn er ist von der Vitalität seiner Heimatstadt begeistert, in der man »in einem so schönen Elemente schweben und mitwirken« kann. Doch wirkmächtiger ist die imaginäre Reise im Kopf, das Eintauchen in die orientalische Poesie, die an die Quelle seiner eigenen Schaffenskraft rührt. Goethe verliert, im besten Sinne, alle lähmende Bodenhaftung und steigert sich mit Haut und Haar in die orientalische Gegenwelt. An seinen Schwager Schlosser schreibt er:

> Ich habe mich gleich in Gesellschaft der persischen Dichter begeben, ihren Scherz und Ernst nachgebildet. Schiras, als den poetischen Mittelpunkt, habe ich mir zum Aufenthalte gewählt, von da ich meine Streifzüge nach allen Seiten ausdehne. (...) Wenig fehlt, daß

ich noch Arabisch lerne, wenigstens soviel will ich mich in den Schreibzügen üben, daß ich die Amulette, Talismane, Abraxas und Siegeln in der Urschrift nachbilden kann. In keiner Sprache ist vielleicht Geist, Wort und Schrift so uranfänglich zusammengekörpert.

»Zwischen zwei Welten schweben« ist für den »greisen Goethe«, wie er damals genannt wurde, eine wahre Frischzellenkur. Über seine realen Reisen hat er kein bisschen realistischer und enthusiastischer geschrieben als über diese imaginäre Fahrt. Tatsächlich fing er auch an, Arabisch zu lernen.

Warum ist es ausgerechnet Mohammet Schemseddin Hafis, der bei Goethe diesen Schaffensschub auslöst? Goethe hat ja schon eine Reihe von Werken der früharabischen Dichtung gelesen, aber Hafis war endlich einer auf Augenhöhe, das hatte Goethe seit einiger Zeit bei Freunden und Zeitgenossen vermisst. In den Tag- und Jahresheften 1815 notiert er:

> Wenn ich früher den hier und da in Zeitschriften mitgeteilten einzelnen Stücken dieses herrlichen Poeten nichts abgewinnen konnte, so wirkten sie doch jetzt zusammen desto lebhafter auf mich ein, und ich mußte mich dagegen produktiv verhalten, weil ich sonst vor der mächtigen Erscheinung nicht hätte bestehen können. Die Einwirkung war zu lebhaft.

Viel später, im Gespräch mit Eckermann, beschreibt er die Folgen dieser literarischen Begegnung selbstverliebt:

> Geniale Naturen erleben eine wiederholte Pubertät, während andere Leute nur einmal jung sind. Als mich in der glücklichen Zeit nach dem Befreiungskriege die Gedichte des Divan in ihrer Gewalt hatten, war ich produktiv genug, um oft an einem Tage zwei bis drei zu machen; und auf freiem Felde, im Wagen oder im Gasthof, es war mir alles gleich.

Zur Pubertät gehört auch das Verlieben. Und noch bevor Goethe Marianne von Willemer kennenlernt, sind die ersten Liebesgedichte auf dem Papier, darunter auch das bedeutendste, »Selige Sehnsucht«, geschrieben am 31. Juli 1814, vermutlich auf der Fahrt.

Selige Sehnsucht

Sagt es niemand, nur den Weisen,
Weil die Menge gleich verhöhnet,
Das Lebend'ge will ich preisen,
Das nach Flammentod sich sehnet.

In der Liebesnächte Kühlung,
Die dich zeugte, wo du zeugtest,
Überfällt dich fremde Fühlung,
Wenn die stille Kerze leuchtet.

Nicht mehr bleibest du umfangen
In der Finsternis Beschattung,
Und dich reißet neu Verlangen
Auf zu höherer Begattung.

Keine Ferne macht dich schwierig,
Kommst geflogen und gebannt,
Und zuletzt, des Lichts begierig,
Bist du Schmetterling verbrannt.

Und so lang du das nicht hast,
Dieses: Stirb und werde!
Bist du nur ein trüber Gast
Auf der dunklen Erde.

Tut ein Schilf sich doch hervor,
Welten zu versüßen!
Möge meinem Schreibe-Rohr
Liebliches entfließen!

In der Goethe-Forschung wird »Selige Sehnsucht« häufig als »eines der schwierigsten und rätselhaftesten Gedichte« Goethes bezeichnet. Geht man aber mit den Bildern des

Gedichts spielerisch um und probiert verschiedene Versuchsanordnungen, verliert es seine Rätselhaftigkeit. Formal sind es wieder die Divan-typischen vierzeiligen und vierhebig trochäischen Strophen mit dem durchgängigen Kreuzreim, mit kleinen Variationen in den zwei Versen in der letzten Strophe mit dem scheinbar paradoxen Imperativ »Stirb und werde! ... Auf der dunklen Erde.« Das Bild des Schmetterlings, der, vom Licht fasziniert, in der Flamme verbrennt, ist ein gängiges Motiv in der arabischen Poesie. Dort bedeutet es die absolute Hingabe und Selbstaufgabe in der Liebe. Untersucht man das Gedicht nach dieser Lesart, bleiben zwar noch rätselhafte Passagen, aber eine Aussage könnte lauten: Was im Leben zählt, ist, sich in der Liebe zu verschwenden, statt die Gefühle mit Kalkül auf Sparflamme zu halten. Letzeres bedeutet, sein Leben zu verfehlen. Die radikale Ernsthaftigkeit der Hingabe ist allerdings nur Auserwählten vorbehalten.

Es könnte aber auch von der Hingabe an ein anderes Objekt die Rede sein. Wenn man beispielsweise bedenkt, dass Goethe selbst »Selige Sehnsucht« an das Ende des ersten Buches gestellt hat und »Hegire«[*] an den Anfang, legt er damit eine andere Lesart nahe. »Hegire« würde so die Anleitung zu einer riskanten Grenzerfahrung in unmittelbar erfahrener orientalischer Sinnlichkeit enthalten. In der letzten Strophe dagegen kündigt der Aufbrechende die Unsterblichkeit der Literatur an. In »Selige Sehnsucht« lesen wir gleichsam das Resümee des Prozesses einer radikalen Entäußerung im Schaffensprozess des Dichtens. Nur die Eingeweihten – und die Auserwählten – werden begreifen,

---

[*] »Hegire« ist die französische Schreibweise des arabischen Wortes »higra«, das »Flucht«, »Emigration« bedeutet. Die Bezeichnung für die Emigration des Propheten Mohammed von Mekka nach Medina im Jahre 622, mit der die islamische Zeitrechnung, vergleichbar der westlichen mit der Geburt Christi, beginnt.

dass es nicht nur die unbedingte Hingabe an das Schaffen verlangt, sondern auch die Selbstaufgabe in der Erfahrung des anderen, um eine Wiedergeburt auf einer höheren Stufe zu erleben. Eine Entäußerung hat der Dichter riskiert und eine »erneute künstlerische Selbstbestimmung« erlebt, »die sich über jenes eigenproduktive ›Entgegenhalten‹ vollzieht«. So könnte man das »Stirb und Werde!« verstehen. Wer nicht sein ganzes Leben einsetzt, so die Lehre des Dichters, bleibt mittelmäßig und vergeudet seine Talente.

Goethe hatte vom 25. bis zum 31. Juli 1814 den ersten Schaffensschub. So könnte man die Platzierung der beiden Gedichte – und das gesamte erste »Buch des Sängers« – als die Beschreibung einer Wiedergeburt im Schaffensprozess deuten: Das Gedicht »Selige Sehnsucht« setzt ein mit einer Selbstanrede, die dem Dichter rät, sich nur mit seinesgleichen über die Erfahrung eines radikalen Schöpfungsprozesses zu verständigen. Normalsterbliche verstehen davon so gut wie nichts. Verstehen nichts vom Verbrennen in der Hingabe bei der Zeugung eines Werkes. Die »fremde Fühlung« erlebt der Dichter in der intensiven Erfahrung der Inspiration, die in der Grenzüberschreitung süchtig auf erneutes Schaffen macht. In der 4. Strophe wird die Aneignung des »Fremden« ein leichtes Spiel genannt, bei dem im Prozess der Hingabe an das Neue das Eigene aufgegeben wird. Das heißt auch, dass das schöpferische Ich Scheitern und Absturz riskiert. Die Tatsache, dass Goethe diesem Gedicht vorher zwei andere Titel gegeben hatte, zunächst »Selbstopfer«, dann »Vollendung«, bestätigt die Beschreibung eines kreativen Schöpfungsprozesses.

Die Inspirationsquelle, die Goethe in Hafis gefunden hat, sollte ihn noch zu weiteren Veränderungen und Ideen führen. Die Verjüngungskur hat zu einer physischen, emotionalen und poetischen Neubelebung geführt, die sich in einer neuen Schreibart, neuen Themen und Motiven äußert.

»Bist du Schmetterling verbrannt« –
Das »Buch Suleika«

Die orientalische Dichtung passe exakt zu seinem Alter, zu seiner »Denkweise, Erfahrung und Umsicht«, lobt Goethe. Und ein weiterer Vorzug sei, sie lade dazu ein, »in Liebesangelegenheiten so albern zu sein, als nur immer die Jugend«.

Das »Buch Suleika« enthält eine Liebesgeschichte, die auch heute noch atemberaubend und außergewöhnlich ist und uns den »Großpapa« so albern wie ernsthaft und rücksichtslos zugleich zeigt. Aber ernsthaft dabei ist vor allem Marianne von Willemer.

Als Goethe Marianne von Willemer kennenlernt, heißt sie noch Maria Jung, und im Vergleich zu ihm ist sie tatsächlich sehr jung, gerade 31 Jahre alt. Sie ist die Gefährtin des Frankfurter Bankiers Ernst von Willemer, der die österreichische Schauspielerin vier Wochen nach Goethes Auftauchen schnell heiratet. Allerdings um sie dann dem Gast großzügig für das gemeinsame Dichten zu überlassen. Willemer ist begeisterter Goethe-Fan, vor allem des »Wilhelm Meister«, so dass schließlich die beiden älteren Herren sie »unsere Mariane« nach der Mariane im »Wilhelm Meister« nennen.

Goethe verbringt den Sommer 1814 in der Gerber-Mühle, dem Landhaus von Willemers. Marianne liest auch Hafis und steigt mit voller Hingabe auf das orientalische Rollenspiel »Hatem und Suleika« ein, das Goethe sich für sein Orienterlebnis ausgedacht hat. Sie schenkt ihm sogar einen Turban. Der alte Goethe ist so verstört von der Macht der Gefühle und der tiefen Leidenschaft, dass er nur hinter der Maske des orientalischen Prinzen aus »Tausendundeiner Nacht« das poetisch-erotische Spiel treiben kann. Im Maskenspiel ist er absoluter Meister, und das Gegenüber sollte auf der Hut sein:

Sulpiz Boisserée: *Auf der Gerbermühle* 1817

Da du nun Suleika heißest,
Sollt' ich auch benamset sein.
Wenn du deinen Geliebten preisest,
Hatem! das soll der Name sein.

So eröffnet der ehrwürdige Dichterfürst das orientalische Spiel, das er mit Marianne inszeniert. Hatte nicht Goethe vor Aufbruch in den Orient angekündigt, dass er »dabei auch die Rolle des Kindes spielen sollte«? Und naturgemäß folgt die Pubertät, die für Goethe ganze fünf Jahre dauern sollte. Sicher war Marianne für Abenteuer dieser Art eine leicht entflammbare Frau, denn sie schlüpft nahtlos in die Rolle, die ihr Goethe andichtet. Aber sie ist nicht nur »seine« Suleika, sie wird auch zur ebenbürtigen Dichterin. Was für ein ungewöhnlicher Glücksfall für den Dichter, neben der poetischen Inspiration durch Hafis eine so begabte und verwandlungsfähige Geliebte und Muse zu finden, die seine poetische Orientreise zum Höhepunkt bringen würde. So sind im Kapitel »Buch Suleika« des »Divan« die wunderschönsten Liebes-Dialog-Gedichte zwischen Hatem und Suleika versammelt. Die meisten sind um die zweite Reise in die Rhein-Main-Gegend im Sommer 1815 entstanden. Dieses Kapitel ist das umfangreichste des ganzen Zyklus und das einzige, das Goethe als »abgeschlossen« bezeichnet hat.

Hatem

Nicht Gelegenheit macht Diebe,
Sie ist selbst der größte Dieb;
Denn sie stahl den Rest der Liebe,
Die mir noch im Herzen blieb.

Dir hat sie ihn übergeben,
Meines Lebens Vollgewinn,
Daß ich nun, verarmt, mein Leben
Nur von dir gewärtig bin.

Doch ich fühle schon Erbarmen
Im Karfunkel deines Blicks
Und erfreu' in deinen Armen
Mich erneuerten Geschicks.

Hatem/Goethe plagt jetzt doch der Altersunterschied. Er hat sich bisher schon großzügig in der Liebe verausgabt und sieht sich des letzten Quäntchens Freiheit beraubt: Er ist abhängig, aber zugleich verjüngt. Hier klingt wieder das Motiv der Wiedergeburt durch Selbstverlust an.

Die Dialogpartnerin korrigiert mit der kräftigen Stimme einer selbstbewussten Dichterin die sonderbare Sicht des Dichters:

Suleika

Hochbeglückt in deiner Liebe,
Schelt' ich nicht Gelegenheit;
Ward sie auch an dir zum Diebe,
Wie mich solch ein Raub erfreut!

Und wozu denn auch berauben?
Gib dich mir aus freier Wahl;
Gar zu gerne möcht' ich glauben –
Ja, ich bin's, die dich bestahl.

Was so willig du gegeben,
Bringt dir herrlichen Gewinn,
Meine Ruh', mein reiches Leben
Geb' ich freudig, nimm es hin!

Scherze nicht! Nichts von Verarmen!
Macht uns nicht die Liebe reich?
Halt' ich dich in meinen Armen,
Jedem Glück ist meines gleich.

Das ist das berühmteste Gedicht des Dialogs, der sich über Seiten fortsetzt und für sich spricht. Und es ist nicht das einzige Gedicht, das Marianne selbst geschrieben hat. Als Goethe den folgenden Sommer 1815 wieder im Landhaus der Willemers verbringt und dort seinen Geburtstag auf orientalische Weise feiert, trifft er auf eine selbstbewusste Suleika. Ehemann Willemer ist auch weiterhin kein Spielverderber. Schließlich hat er den »Werther«, »Stella« und den »Wilhelm Meister« gründlich gelesen und weiß, dass er im Abenteuer einer Dreierbeziehung nicht schlecht wegkommen würde. Vielleicht fühlt er sich einfach auch geschmeichelt, mit dem großen Dichter die Frau zu teilen. Als Goethe in diesem Sommer nach Heidelberg zu den Brüdern Boisserée reist, folgt ihm das Ehepaar. Und als der Dichter nach Weimar zu Ehefrau und Arbeitsplatz zurückkehrt, verabreden Marianne und er, sich bei jedem Vollmond »zu treffen«. Sie tauschen weiterhin Gedichte per Post aus – als Hatem und Suleika und nicht als Marianne und Wolfgang. Sie schreibt Sehnsuchtsgedichte, er verändert sie manchmal leicht, so dass einige gemeinsame Verse entstehen.

Suleika

Nimmer will ich dich verlieren!
Liebe gibt der Liebe Kraft.
Magst du meine Jugend zieren
Mit gewalt'ger Leidenschaft.

Ach! Wie schmeichelt's meinem Triebe,
Wenn man meinem Dichter preist:
Denn das Leben ist die Liebe,
Und des Lebens Leben Geist.
(...)
Bist du von deiner Geliebten getrennt
Wie Orient vom Okzident,
Das Herz durch alle Wüste rennt;
Es gibt sich überall selbst das Geleit,
Für Liebende ist Bagdad nicht weit.

Bagdad – welch ungewöhnlicher Sehnsuchtsort aus heutiger Sicht.

Marianne musste allerdings schon im nächsten Sommer erfahren, was im realen Leben die Verse »Meine Ruh', mein reiches Leben/Geb' ich freudig, nimm es hin!« bedeuten. Sie war offensichtlich aus der Rolle gefallen, hatte Spiel mit Ernst verwechselt.

Als Goethe nämlich zum dritten Mal, im Sommer 1816, wie zugesagt, an den Main fahren will – Ehefrau Christiane ist gerade sechs Wochen tot –, hat seine Kutsche nach kurzer Strecke einen Achsenbruch. Er deutet den Unfall als böses Omen und kehrt wieder nach Weimar zurück. An die Willemers schickt er diese Absage:

> Am 20. Juli früh 7 Uhr fuhr ich mit Hofrath Meyer von Weimar ab, um 9 Uhr warf der Fuhrknecht höchst ungeschickt den Wagen um, die Achse brach, mein Begleiter wurde an der Stirn verletzt, ich blieb unversehrt. Hierbey blieb nichts übrig als nach Weimar zurückzukehren, wo wir denn auch gegen 1 Uhr wieder anlangten.

Goethe kann sich zu keiner weiteren Reise zu den Willemers mehr entschließen. Selbst als der Ehemann ihn verzweifelt bittet, doch wegen »ihrer Mariannes Gesundheit« zu kommen, lehnt der Dichter ab. Vielleicht weil er hier zum ersten Mal die umgekehrte Werther-Situation erlebt. Man stelle sich vor, Albert hätte Werther um eine Begegnung mit Charlotte angefleht. Goethe war jetzt Witwer, vielleicht war ihm die erneute Nähe zu Marianne zu riskant. Außerdem war der »Divan« so gut wie fertig. Der »Divan« war, wie der Schweizer Goethe-Forscher Muschg folgert, auch ein »Raub am lebendigen Leben«. Es gehöre »zum Erschreckenden dieser großen Dichtung, wie graziös sie diese Schuld zu verwinden weiß«. Vornehm schiebt er der Dichtung in die Schuhe, wo er den Dichter meint. Die beiden Sommer 1814 und 1815 haben Goethe verjüngt und wieder zum Dichter gemacht. Die Liebe und Marianne hatten ihren Dienst an der Poesie getan. Marianne ist zwar auch zur Dichterin, aber ihres Lebens nicht mehr froh geworden. Goethe schickt ihr zwei Jahre vor seinem Tod ihr Gedicht »Hochbeglückt in deiner Liebe« zurück, das er, wie die anderen auch, ohne ihren Namen zu nennen, in den »Divan« aufgenommen hat.

»Kein wirksameres Mittel als das Zusammenarbeiten« – Goethe geht fremd in fremden Texten

Schreibt Goethe ab, räubert er in fremden Texten und Kulturen? Sieht ganz so aus. Mariannes Urheberschaft hat er ohne Not verschwiegen. Was hat er von Hafis' »Diwan« abgekupfert? Kein ganzes Gedicht, aber vereinzelte Verse, Motive und Bilder; abgeschaut hat er sich die lockere und heitere Stimmung sowie ein typisch orientalisches Stilmittel, das völlig gegen den Strich der Weimarer Poetik ging: die geradezu skandalöse Verbindung von Niedrigem und Höchstem in ein und demselben Gedichtezyklus. So stehen im »Divan« derbe Trinklieder neben leidenschaftlicher Liebeslyrik, schlichte Spruchweisheiten neben anspruchsvollen Gedichten über Sinnlichkeit und geistige Liebe, Irdisches und Himmlisches.

Hafis' Tabubrüche – deftige Aufforderungen zu illegalem »Trinken« etwa – verleiten Goethe zum Über-die-Stränge-Schlagen mit einem Knaben im homoerotisch getönten »Schenkenbuch«. Aber ein Plagiator ist Goethe deswegen noch nicht. Er lobt seinen Meister Hafis unablässig und im Zyklus der zwölf Bücher widmet er ihm das »Buch Hafis«. Hier nur ein Beispiel für Goethes Respekt für den Meister:

Unbegrenzt

(...)
Du bist der Freuden echte Dichterquelle,
Und ungezählt entfließt dir Well' auf Welle.
Zum Küssen stets bereiter Mund,
Ein Brustgesang, der lieblich fließet,
Zum Trinken stets gereizter Schlund,
Ein gutes Herz, das sich ergießet.

Und mag die ganze Welt versinken,
Hafis, mit dir, mit dir allein
Will ich wetteifern! Lust und Pein
Sei uns, den Zwillingen, gemein!
Wie du zu lieben und zu trinken,
Das soll mein Stolz, mein Leben sein.

Nun töne Lied mit eignem Feuer!
Denn du bist älter, du bist neuer.

Mehr als Bruder, Zwilling soll ihm der persische Dichter sein. Aber ohne das »eigne Feuer«, ohne eigene Gedanken geht es eben nicht und ohne fremde Quellen auch nicht.

Noch etwas erklärt Goethes recht sorglosen Umgang mit fremdem Geistesgut. Erst 1839 wurde im Herzogtum ein Gesetz »zum Schutze des Eigenthums an Werken der Wissenschaft und Kunst« verabschiedet. Goethe selbst hat kein Problem damit, weder als »Täter« noch als »Opfer«. Eckermann erklärt er seinen Standpunkt so:

> Ich verdanke meine Werke keineswegs meiner eigenen Weisheit, sondern Tausenden von Dingen und Personen außer mir, die mir dazu das Material boten (...) und ich hatte weiter nichts zu tun, als zuzugreifen und das zu ernten, was andere für mich gesäet hatten.

Es scheint, als habe er sich fast gefreut, wenn andere von ihm abschrieben, wie im Fall von Sir Walter Scott:
»Walter Scott benutzte eine Szene meines ›Egmont‹, und er hatte Recht dazu, und weil es mit Verstand geschah, so ist er zu loben.« Klopstock nannte Goethe einmal einen »gewaltigen Nehmer«, der bei den Werken anderer auftankte, wenn ihm nichts mehr einfiel. Auch als Intendant des Weimarer Hoftheaters bearbeitete Goethe die Dramen einfach so, als hätten sie keine Verfasser. Alle deutschen und ausländischen Stücke wurden für die Inszenierung von einem Team bearbeitet und je nach Bedarf verändert, ohne dass der Autor ein Mitspracherecht gehabt hätte. Goethe war überzeugt, dass ein

> Stück nicht einem Verfasser (angehört), es ist vielmehr eine gesellige Arbeit, wie solche schon seit geraumer Zeit bei uns herkömmlich sind. (...) Solche geselligen Arbeiten sind der Stufe, worauf die Kultur unseres Vaterlandes steht, vollkommen angemessen. (...) Nach unserer Überzeugung gibt es kein größeres und wirksameres Mittel zu wechselseitiger Bildung als das Zusammenarbeiten überhaupt.

Der reife Goethe hält viel von Teamarbeit und versteht literarische Texte als kollektive Leistung. Da wären ihm heute Scharen von Anwälten auf den Fersen. Souverän und höchst sympathisch klingt jedoch sein Resümee der eigenen Lebensleistung:

> Ich sammelte alles (...) was Natur und was Menschen schufen, alles habe ich verarbeitet; alles was ich schrieb wurde mir durch unzählige Wesen und Dinge vermittelt; Weise und Toren, Dummköpfe und geistreiche Leute, Kinder und Erwachsene brachten mir, und meist ohne es zu ahnen, ihre Gedanken, ihr Können, ihre eigenen Erfahrungen; oft säten sie, was ich erntete; mein Lebenswerk ist das einer Vielheit von Wesen aus der ganzen Natur; es trägt den Namen Goethe.

Diese reife Selbstdefinition äußerte er, natürlich im Gespräch mit Eckermann, am 17. Februar 1832. Und wahrscheinlich bezieht er seine Empfehlung vom »freien Gebrauch aller Talente« nicht nur auf die eigenen, sondern auch auf die der anderen. Eben ein »gewaltiger Nehmer«, aber Geben und Nehmen nehmen sich bei Goethe nichts.

»Was will der Großpapa weiter?«

Ende des 20. Jahrhunderts wird Goethe Zielscheibe kritischer Kulturwissenschaftler, die in den neu entstandenen universitären »Departments of Postcolonial Studies« interkulturelle Beziehungen und besonders den Umgang mit dem Fremden untersuchen. Im »Divan« habe sich Goethe an fremden Kulturen bereichert, sie ausgebeutet, lautet der Vorwurf. Er »speist sich im Orient«, geht der renommierte Kulturwissenschaftler Edward Said mit ihm ins Gericht. Goethe liefere das Paradebeispiel für koloniale Aneignung, für den typisch westlichen Blick auf das Fremde, der aus der überlegenen Perspektive die Deutungsmacht über den Orient ausübe. Kurz, der »Divan« sei eine asymmetrische Kulturbegegnung. »Echte Interkulturalität« sei von Goethe damals auch nicht zu erwarten gewesen, meinten andere nachsichtig.

Natürlich ist der Umgang mit dem Fremden, die Beziehung zwischen Eigenem und Fremdem immer einen genauen Blick wert. Aber gerade im Fall des »Divan« hat sich Goethe fast vorbildlich verhalten – von der Geschichte mit Marianne von Willemer selbstverständlich abgesehen.

In den »Noten und Abhandlungen – Zu besserem Verständnis des West-östlichen Divans« beschreibt er seine Annäherung an das Fremde genau:

> Am liebsten aber wünschte der Verfasser vorstehender Gedichte als ein Reisender angesehen zu werden, dem es zum Lobe gereicht, wenn er sich der fremden Landesart mit Neigung bequemt, deren Sprachgebrauch sich anzueignen trachtet, Gesinnungen zu teilen, Sitten aufzunehmen versteht. Man entschuldigt ihn, wenn es ihm auch nur bis auf einen gewissen Grad gelingt, wenn er immer noch an einem eignen Akzent, an einer unbezwinglichen Unbiegsamkeit seiner Landsmannschaft als Fremdling kenntlich bleibt. In diesem Sinne möge nun Verzeihung dem Büchlein gewährt sein!

Natürlich kann man nicht für bare Münze nehmen, was er zu tun glaubt. Aber hier hat er nicht viel falsch gemacht. Er lässt das Fremde als Anderes bestehen, erkennt den Dichter Hafis als Inspirationsquelle an und versucht die fremde Kultur zu begreifen. Wohl kaum jemand hat sich auf eine imaginäre Reise so gut vorbereitet wie Goethe.

Wem hat er denn geschadet? Hafis' Werk ist im Westen angelangt, und Goethes Gedichte bilden einen gelungenen Brückenschlag im Dialog der beiden Kulturen. Goethes positives Orientbild zielt auf Verständigung, wechselseitiges Kennenlernen und produktiven Austausch:

> Wer sich selbst und andre kennt,
> Wird auch hier erkennen:
> Orient und Okzident
> Sind nicht mehr zu trennen.

> Sinnig zwischen beiden Welten
> Sich zu wiegen, lass' ich gelten;
> Also zwischen Ost und Westen
> Sich bewegen sei zum Besten!
>
> (aus dem Nachlaß)

Dass Goethe dabei einen gewaltigen Inspirationsschub und frische Lebenslust erfährt, ist auch hart erarbeitet, und das sollten Neider, wie er selbst in »Hegire« schon vorhersieht, einfach anerkennen oder eben selber machen. Heute sehen Forscher Goethes Verhältnis zum Fremden distanzierter und wohlwollender. Einer setzte Goethes »Divan« jüngst mit leichter Ironie an die Spitze des »Heiligenkalenders des Multikulturalismus«, noch vor Lessings Ringparabel! Der Goethe-Forscher Stefan Blessin formuliert Goethes Leistung so: »Daß Goethe sich den Orient anverwandeln und sich der arabischen Welt bis zur Ununterscheidbarkeit nähern konnte – ich halte es für den größten, aber unwiederholbaren Glücksfall der deutschen Literatur!«

Denn auch mit dem Islam kommt Goethe bestens zurecht. Er ist ihm sympathisch, weil er den Gläubigen nicht so viel abverlangt und sich als flexibel zeigt, wie im Gedicht »Vier Gnaden« aus dem »Buch des Sängers« deutlich wird:

Vier Gnaden

> Daß Araber an ihrem Teil
> Die Weite froh durchziehen,
> Hat Allah zu gemeinem Heil
> Der Gnaden vier verliehen.
>
> Den Turban erst, der besser schmückt
> Als alle Kaiserkronen,
> Ein Zelt, das man vom Orte rückt,
> Um überall zu wohnen.

> Ein Schwert, das tüchtiger beschützt
> Als Fels und hohe Mauern,
> Ein Liedchen, das gefällt und nützt,
> Worauf die Mädchen lauern.
>
> (...)

Und später schalkhaft-deftig für die Unbelehrbaren im »Buch des Unmuts«:

> *Der Prophet*
>
> Ärgert's jemand, daß es Gott gefallen
> Mahomet zu gönnen Schutz und Glück,
> An den stärksten Balken seiner Hallen
> Da befestig' er den derben Strick,
> Knüpfe sich daran! das hält und trägt;
> Er wird fühlen, daß sein Zorn sich legt.

Was seine orientalischen Jahre betrifft, zieht Goethe 1820 in einem Brief an Zelter Bilanz:

> Diese mohammedanische Religion, Mythologie, Sitte geben Raum einer Poesie wie sie meinen Jahren ziemt. Unbedingtes Ergeben in den unergründlichen Willen Gottes, heiterer Überblick des beweglichen, immer kreis- und spiralartig wiederkehrenden Erdetreibens, Liebe, Neigung zwischen zwei Welten schwebend, alles Reale geläutert, sich symbolisch auflösend. Was will der Großpapa weiter?

Auch wenn er sich hier bei den Großvätern einreiht, zu seinem »Divan« jedenfalls passt das in der Forschung gängige Etikett »Alterslyrik« überhaupt nicht. Modern und seiner Zeit weit voraus ist der Gedichtezyklus in vielfacher Hinsicht. Goethe hat den sicheren Boden der traditionellen europäischen Literatur verlassen und einen Prosakommentar »zum besseren Verständnis« verfasst. Die Identität des »Divan-Ich« als Emigrant, Reisender, Kaufmann und als Dichter entspricht mehr einem modernen, global agierenden Nomaden als einem sinnsuchenden Subjekt aus Goethes

Zeit. Das Neue daran spürte der Dichter Heine, als er die Divan-Verse als »so leicht, so glücklich, so hingehaucht, so ätherisch« empfand, »daß man sich wundert wie dergleichen in deutscher Sprache möglich war«.

Besonders für diejenigen, die bis ins hohe Alter nichts an Produktivität eingebüßt haben, für die vielleicht sogar das Gegenteil der Fall ist, ist die Etikettierung »Alterslyrik« wenn nicht diskriminierend, so doch für die Leser irreführend.

»Ich sehe mich gerne bei fremden Nationen um«

Seit den »Divan«-Jahren ist Goethe gedanklich in der weiten Welt unterwegs, während sein tatsächlicher Aktionsradius immer kleiner wird. Er schlurft über den Frauenplan und denkt an die großen Kanal-Projekte, den Panama-, den Suez- und den Donau-Rhein-Kanal, deren Fertigstellung er noch unbedingt erleben möchte. »Diese drei großen Dinge möchte ich erleben, und es wäre wohl der Mühe wert, ihnen zuliebe es noch einige fünfzig Jahre auszuhalten.«

Er weiß, dass »Kultur aus vielen Wurzeln erwächst«, und dafür gründet er 1816 die Zeitschrift »Über Kunst und Altertum«, die ganze 16 Jahre existiert. Hier schafft er ein Forum für den konstanten Fluss seiner Ideen, vor allem aber für sein Konzept der »Weltliteratur«, für Übersetzungen ausländischer Literatur, Auszüge aus den Originalen sowie literaturkritische Essays. Durch die Begegnung mit den Brüdern Boisserée knüpft er bei seiner Begeisterung für Gotik und Mittelalter aus der Straßburger Sturm-und-Drang-Zeit an. Das zeigt, wie beweglich er noch im Alter ist und seine langjährigen ästhetischen Vorlieben für die griechische Kunst durch andere Einflüsse bereichern kann. Die Zeitschrift umfasste eine so große Vielfalt kunsttheoretischer Positionen, dass Leser später völlig verunsichert über Goethes eigene Position waren. 1827 taucht dann das Zauberwort »Weltliteratur« erstmals in »Kunst und Altertum« auf. Die Entwicklung einer Weltliteratur ist, wie Goethe meint,

> bei der sich immer vermehrenden Schnelligkeit des Verkehrs unausbleiblich. Wie durch Schnellposten und Dampfschiffe rücken auch durch Tages-, Wochen- und Monatsschriften die Nationen mehr an einander, und ich werde, so lang es mir vergönnt ist, meine Aufmerksamkeit besonders auch auf diesen wechselseitigen Austausch zu wenden haben.

Obwohl Goethe die allgemein zunehmende Beschleunigung mit Misstrauen verfolgte, war er abgestoßen und fasziniert zugleich von der technischen Entwicklung der Verkehrsmittel. Seine letzte Lektüre soll angeblich ein Bericht über die Zugverbindung zwischen Liverpool und Manchester gewesen sein.

»Weltliteratur« bedeutet in Goethes Verständnis vor allem der Prozess des Reisens und Übersetzens, nicht das Resultat solcher Aktivitäten. Ziel ist nicht die Existenz einer Weltliteratur, sondern die Möglichkeit eines grenzüberschreitenden Kommunikationsraumes, in dem auf einem globalisierten Markt auch die Literatur ausgetauscht und die Schriftsteller und Dichter in einem »geistigen Handelsverkehr« stehen.

Vor allem um einer drohenden geistigen Stagnation entgegenzuwirken, bedarf es eines Austausches der Kulturen, der natürlich entwickelte Nationalkulturen voraussetzt. Wichtig ist Goethe die gegenseitige Bereicherung in einem »Wechseltausch« von Kulturgütern. Er ist begeistert von seiner Vorstellung einer transnationalen Kommunikation »erhabener Geister«, die »ihre Befangenheit im Eigenen hinter sich lassen können«. Gerade für Schriftsteller sei es absolut notwendig, auch tatsächlich die fremden Länder zu bereisen und der Kultur und den dortigen Schriftstellern zu begegnen. Schon in den »Noten und Abhandlungen« hat er geschrieben:

> Wer das Dichten will verstehen,
> Muß ins Land der Dichtung gehen;
> Wer den Dichter will verstehen,
> Muß in Dichters Lande gehen.

In der kosmopolitischen Weltläufigkeit sieht Goethe auch einen Schutzschild gegen den ihm widerwärtigen Nationalismus der Zeit. Regelmäßig liest er französische, englische und italienische Fachzeitschriften, zuerst freilich die Rezensionen seiner Werke in »Le Globe«, »L'Eco« und im »Foreign Quarterly Review«. Gerade über letztere Zeitschrift schreibt er beglückt: »Vor allen Dingen berührt uns, wie in dieser Zeitschrift die sittlich-ästhetischen Bemühungen der Deutschen aufgenommen und angesehen sind.« In dieser Außensicht erfahren wir, so Goethe, »gar manche Aufklärung über uns selbst«. Die Deutschen hält er nämlich für besonders anfällig für Stagnation:

> Wenn wir Deutschen nicht aus dem engen Kreise unserer eigenen Umgebung hinausblicken, so kommen wir gar zu leicht in diesen pedantischen Dünkel. Ich sehe mich daher gerne bei fremden Nationen um und rate jedem es auch seinerseits zu tun. Nationalliteratur will jetzt nicht viel sagen, die Epoche der Weltliteratur ist an der Zeit, und jeder muß jetzt dazu wirken, diese Epoche zu beschleunigen.

Es stimmt wahrscheinlich, dass Goethe unter »Weltliteratur« in erster Linie europäische Kulturbeziehungen im Sinn hatte. Das hat man ihm später heftig angekreidet. Auch seine naiven Hoffnungen, die er mit diesem Kulturaustausch verbunden hat. Dass nämlich

> zwar nicht zu hoffen sei, daß ein allgemeiner Friede dadurch sich einleite, aber doch daß der unvermeidliche Streit nach und nach läßlicher werde, der Krieg weniger grausam, der Sieg weniger übermütig.

Vermutlich weil eben kein echter Kulturaustausch stattgefunden hat, liegt Goethe hier leider völlig falsch.

Ein besonderes Sorgenkind blieb für ihn die deutsche Literatur. Sie war seiner Meinung nach zu innerlich, zu trivial, zu wenig welthaltig; es gab zudem eine ungeheure Kluft zwischen einer kleinen intellektuellen Elite und einem breiten anspruchslosen Lesepublikum. Und die Literatur lief Gefahr, ohne die »Bezüge nach außen« den Anschluss an den internationalen Weltmarkt der Literaturen zu verlieren. Seiner Meinung nach fehlte den Deutschen fast alles, um eine Provinzialisierung zu vermeiden: Welthaltigkeit, eine gesellige Gesprächskultur, kultivierte Umgangsformen; bei den Franzosen und Engländern sollte man in die Schule gehen.

Goethe dagegen lernt nicht nur bei ihnen, er interessiert sich auch für Indien und China, während er es gerade noch zur Kur in die böhmischen Bäder schafft. China hat ihn wieder so richtig fasziniert. Zehn Jahre nach dem Erscheinen des »West-östlichen Divan« wagt er noch einmal einen poetischen Brückenschlag, diesmal in den Fernen Osten. 1827, er geht auf die achtzig zu, setzt er sich intensiv mit der chinesischen Literatur auseinander und liest eine Reihe von Romanen und Gedichten in englischer und französischer Übersetzung. Die Frucht dieser literarischen Reise ist der Gedichtezyklus »Chinesisch-deutsche Jahres- und Tageszeiten«.

VIII.

Dämmrung senkte sich von oben,
Schon ist alle Nähe fern;
Doch zuerst emporgehoben
Holden Lichts der Abendstern!
Alles schwankt ins Ungewisse,
Nebel schleichen in die Höh';
Schwarzvertiefte Finsternisse
Widerspiegelnd ruht der See.

Nun im östlichen Bereiche
Ahn' ich Mondenglanz und -glut,
Schlanker Weiden Haargezweige
Scherzen auf der nächsten Flut.
Durch bewegter Schatten Spiele
Zittert Lunas Zauberschein,
Und durchs Auge schleicht die Kühle
Sänftigend ins Herz hinein.

»Alles aber mein Teuerster, ist jetzt ultra«

Es bleibt nicht aus, Goethe mischt sich auch unter die Auswanderer nach Amerika. Er tut dies oft, während er zu Hause sitzt und sich vorstellt, wie es gewesen wäre, wenn er damals mit seiner Verlobten Lili Schönemann nach Amerika ausgewandert wäre. Davon kommt er nicht los. Er liest das Reisetagebuch von Carl Bernhard, dem zweiten Sohn des Herzogs Carl August, der Nordamerika bereiste, und hört begierig die Berichte der zurückgekehrten Amerika-Reisenden.

Zwiespältig muss sein Verhältnis zu dem Land gewesen sein: Amerika, das war die Neue Welt, die, frei von der Last der Tradition, die Chance eines wirklichen Neuanfangs realisieren konnte. Und es war das evolutionäre Gegenmodell zur ungeliebten Französischen Revolution. Aber zugleich war Amerika auch unreifer als Europa, es hatte vor allem nicht das Fundament der griechischen Antike. So lässt Goethe den Oheim in »Wilhelm Meisters Wanderjahre« desillusioniert nach Europa zurückkehren. Gedichtet hat er auf die Neue Welt so:

Den Vereinigten Staaten

Amerika, du hast es besser
Als unser Kontinent, das alte,
Hast keine verfallene Schlösser
Und keine Basalte.
Dich stört nicht im Innern
Zu lebendiger Zeit
Unnützes Erinnern
Und vergeblicher Streit.

Benutzt die Gegenwart mit Glück!
Und wenn nun eure Kinder dichten,
Bewahre sie ein gut Geschick
Vor Ritter-, Räuber- und Gespenstergeschichten.

Für Goethe ungewöhnlich, dass er der Traditionslast der »alten Welt« eine Absage erteilt. Um die Chance eines Neubeginns scheint er Amerika zu beneiden. Die Warnung vor den Ritter- und Räubergeschichten, Teil der weitverbreiteten Trivialliteratur seit dem Ausgang des 18. Jahrhunderts, bedeutet, dass er nur die beste Literatur für den Neubeginn empfiehlt.

Ansonsten kann man sich, laut Goethe, nur mit einem soliden Kosmopolitismus und der antiken Tradition vor den Zumutungen der neuen Zeit schützen. Vor allem vor den zunehmenden »Übereilungen«, der Hast und dem Hauptübel, der »Ungeduld«. Berlin ist für Goethe der Inbegriff aller modernen Tendenzen, unerträglich hektisch und zu schnelllebig, um dort nur auch einen guten Gedanken fassen zu können. Seinem Freund Zelter, der in Berlin lebt, teilt er 1825 seine neueste Zeitdiagnose mit:

> Alles aber, mein Teuerster, ist jetzt ultra, alles transzendiert unaufhaltsam, im Denken wie im Tun. Niemand kennt sich mehr, niemand begreift das Element worin er schwebt und wirkt, niemand den Stoff, den er bearbeitet. (...) Junge Leute werden viel zu früh aufgeregt und dann im Zeitstrudel fortgerissen; Reichtum und Schnelligkeit ist was

die Welt bewundert und wornach jeder strebt; Eisenbahnen, Schnellposten, Dampfschiffe und alle mögliche Fazilitäten der Kommunikation sind es worauf die gebildete Welt ausgeht, sich zu überbieten, zu überbilden und dadurch in der Mittelmäßigkeit zu verharren.

»Der Duft der Pflaume ist weg«

Mittelmäßigkeit – eine der größten Sorgen Goethes – war vor allem zu vermeiden durch eine Orientierung am Bewährten und »Vortrefflichen«. Nicht dass man den Kopf in den Sand stecken sollte, aber bloß kein erinnerungsloser Fortschritt, kein Rückfall in die Barbarei. Übereiltes Denken, Voreiligkeit waren der Grund allen Irrtums, Gewalt die Folge übereilten Handelns. »Veloziferisch« nannte er die Entwicklung in einer Wortneuschöpfung und seinen Faust einen »rastlosen Projektemacher«. Das Reisen selbst wurde ihm, dem Vielreisenden in der Kutsche, einfach zu schnell:

> Einer eingepackten Ware gleich schießt der Mensch durch die schönsten Landschaften. Länder lernt er keine mehr kennen. Der Duft der Pflaume ist weg.

Die letzten zehn Jahre beschränkt sich Goethe weitgehend auf Bäderreisen. Er muss auch nicht mehr reisen, die Welt kommt zu ihm. Jedenfalls die, auf die es ankommt. Es gab eine Zeit im frühen 19. Jahrhundert, da führte die Reiseroute vieler Engländer von London über Weimar nach Italien. Alle wollten den Skandaldichter sehen, der einen »Werther«, »Faust« und »Götz« geschaffen hatte. Weimar war außerdem ein heißer Reisetipp, seit Madame de Staëls Buch »Über Deutschland« wegen Napoleons Zensur 1813 in London und nicht in Paris erschienen war. 1500 Exemplare waren innerhalb von drei Tagen ausverkauft. Davon kann man heute bei einem Buch über Deutschland nur noch träumen. Goethe genoss internationales Renommee und führte eine lange Liste von ausländischen Gästen, die bei ihm zum Tee gemeldet waren. Während ihm diese Empfänge aber immer lästiger wurden, waren die Weimarer Bürger zunehmend angetan von den durchreisenden Fremden. Besonders die Frauen, die sich reihenweise in die welterfahrenen Engländer mit der Abenteureraura verliebten. Im Vergleich zu den braven Männern der einheimischen Szene müssen sie einfach umwerfend erotisch und sexy gewesen sein. Besonders Goethes Schwiegertochter Ottilie blühte als Gesellschafterin im Kreise der Engländer zum wachsenden Unmut des Schwiegervaters immer mehr auf. Dieser interkulturelle Austausch belebte sowohl den Heiratsmarkt als auch Goethes Ideen zu einer »Weltkultur«. Und nicht zuletzt diente er der fremdsprachlichen Kompetenz der Sachsen. In den Zwanzigerjahren des 19. Jahrhunderts musste man nur nach Weimar gehen, um sein Englisch aufzufrischen. 1829 wurde sogar ein gemeinsames Journal mit dem Namen »Chaos« gegründet, zu dem jeder Durchreisende, der länger als zwei Tage in Weimar weilte, beitragen konnte. Immerhin überdauerte dieses interkulturelle Projekt der Jugendszene ganze zwei Jahre.

Wie war das noch, bevor Goethe mit dem »Divan« anfing? Wie es heißt, war er ganz im »Autobiographischen« festgefahren und als Dichter erschöpft:

> Ich fing an die sizilianische Reise zu redigieren, doch riss das orientalische Interesse mein ganzes Vermögen mit sich fort: glücklich genug! Denn wäre dieser Trieb aufgehalten, abgelenkt worden, ich hätte den Weg zu diesem Paradiese nie mehr zu finden gewusst.

XV.

Letzte »Verjüngung«

Goethe zur Kur – »Marienbader Elegie«

Claudia Kaiser

»Ein alter Onkel, der seine junge Nichte allzuheftig liebt«

Im Sommer 1823 reist der 73-jährige Goethe in den damals ganz modernen Kurort Marienbad, wo es bald zu einer skurrilen Situation kommt. Der Dichter vereinbart einen Termin beim Arzt, als ihn eine wichtige Frage drückt. Und der ins Vertrauen gezogene Dr. Rehbein bestätigt nach eingehender Untersuchung: Ja, der Witwer Goethe ist rüstig genug, um ein zweites Mal zu heiraten.

Was ist da passiert? Zu Hause in Weimar hat Goethe erst vier Monate vorher ganz knapp eine Herzbeutelentzündung überstanden. »Der Tod steht in allen Ecken um mich herum«, hörte man ihn sagen. Doch das will er hinter sich lassen und im idyllischen Marienbad endgültig vergessen, lebenshungrig öffnet er sich hier mit Herz und Verstand: »Es ist wirklich Zeit, daß ich von der Außenwelt wieder angeregt werde.« Er trinkt beflissen Arnikatee und Heilwasser. Das Haar wird weiß und das Hören seit einem Jahr schlechter, doch Goethe überspielt das souverän. Wie der prominente Gast aus Hunderten von Augenpaaren beobachtet wird, »ging er, die Hände am Rücken, auf und ab und plauderte« am liebsten selbst und fesselte ohne viel zuzuhören seine Bewunderer.

Ein Jahr zuvor hat Goethe noch kokettiert: »Es geht mir schlecht, denn ich bin weder verliebt, noch ist jemand in mich verliebt.« Doch das ändert sich jetzt schlagartig, denn in Marienbad stürzt er sich in die heißeste Kurleidenschaft dieser Saison:

(...)
Wie leicht und zierlich, klar und zart gewoben
Schwebt, seraphgleich, aus ernster Wolken Chor,

> Als glich' es ihr, am blauen Äther droben,
> Ein schlank Gebild aus lichtem Duft empor;
> So sahst du sie in frohem Tanze walten,
> Die lieblichste der lieblichen Gestalten.
> (...)

So schwärmt er von ihr. Er tanzt, dichtet in allen Tonlagen, er schickt ihr täglich Blumen und versteckt Wiener Schokolade unter Mineralien, um sie zur Geologie zu locken: die zierlich-mädchenhafte Ulrike von Levetzow, bis vor kurzem Schülerin. Wie die Geliebte aus wohlgehüteter Erinnerung erzählt, schlug er auch neckische Spiele vor, in der er ihr erst eine Falle stellt, um sie dann ritterlich zu retten:

> Ein Mitglied der Gesellschaft muß ein Thema anschlagen und darüber reden (...) Das Spiel ging im Kreise herum, und als ich wieder darankam, warf Goethe das Wort »Strumpfband« ein. Ich wurde rot und wußte nicht, was ich sagen sollte. Da lachte Goethe und half mir aus der Verlegenheit, indem er selbst die Erzählung fortsetzte.

Goethe geschieht wieder einmal, was er unter »temporärer Verjüngung« versteht: Genialische Naturen wie er zehren von einer stets sich erneuernden Jünglingskraft. Und so wird aus dem »Weimarer Kunstgreis«, wie ihn der Spötter Heinrich Heine tituliert, wieder ein Teenager. In Marienbad greift Goethe rasch nach seinem Hut und rennt aus dem Zimmer, sobald er die Stimme seiner Liebsten unten in der Brunnenallee hört. Ulrike streitet es zwar später hartnäckig ab, aber laut ihrem grau melierten Kurschatten haben sie sich zart geküsst:

> (...)
> Wie zum Empfang sie an den Pforten weilte
> Und mich von dannauf stufenweis beglückte;
> Selbst nach dem letzten Kuß mich noch ereilte,
> Den letztesten mir auf die Lippen drückte:
> So klar beweglich bleibt das Bild der Lieben,
> Mit Flammenschrift ins treue Herz geschrieben.

Ins Herz, das fest wie zinnenhohe Mauer
Sich ihr bewahrt und sie in sich bewahret,
Für sie sich freut an seiner eignen Dauer,
Nur weiß von sich, wenn sie sich offenbaret,
Sich freier fühlt in so geliebten Schranken
Und nur noch schlägt, für alles ihr zu danken.
(...)

Goethes Gabe, sich zu verlieben, ist einer der stärksten Motoren für seine Dichtkunst, und es sind keine leeren Worte hier in der berühmten »Marienbader Elegie«, die Goethe auf seine letzte große Liebe dichtet. Er, der so viele Frauen sitzen ließ, bleibt Ulrike treu, treibt die kommenden Jahre einen Kult um die nur wenige Wochen flackernde Leidenschaft und hütet die stiller werdende Flamme als letzte mächtige Lebensregung. Nach seinem Tod findet man ihr zierliches Paar Damenhandschuhe sorgfältig beschriftet in einer Schublade zu Hause in Weimar.

Zum Glück weiß Sohn August nichts von diesem sentimentalen Andenken. Er war im Sommer 1823 alarmiert genug – verständlicherweise, denn wer will schon eine blutjunge Stiefmutter vor die Nase gesetzt bekommen? August droht dem Vater, die Tür in Weimar endgültig hinter sich zuzuschlagen und nach Berlin zu ziehen. Doch Goethe beschwichtigt seinen Sohn, und August schreibt beruhigend seiner Frau:

Ulrike von Levetzow. Pastell von Franz Scherer, 1821

Der bewusste Name, das Wort Familie, ist noch nicht genannt worden, und ich fange an zu hoffen, daß alles gut gehen und sich die ganze Geschichte wie ein Traumbild auflösen werde.

Die »ganze Geschichte« ist längst zum »Universalklatsch« geworden und zieht weite Kreise, selbst Fürst Metternich wird darüber von der örtlichen Polizei informiert. Die Liebesaffäre füllt ganze Teeabende und Briefe wie diesen, in dem ein Augenzeuge lästert:

> Im Vertrauen auf seine Unsterblichkeit beginnt er jetzt seine siebzigjährige durchlaufene Lebensbahn von neuem. Bei dem Mineralien-Suchen in Marienbad ist ihm ein unbekanntes liebes Herzensveilchen aufgestoßen, das er beschlossen hat, an seinem Busen aufzunehmen, und zu einem weltbekannten Veilchen zu machen, ja ihm sogar Unsterblichkeit zuzusichern. Kurz, er ist in ein junges Mädchen verliebt, er ist ganz weg, er will sie – heuraten.

Wieder ein öffentlicher Skandal! Nachdem die feine Gesellschaft schon über seine erste Ehefrau ihr Gift verspritzt hat, macht Goethe sich beim zweiten Heiratsantrag selbst zur Witzfigur. Im August tanzt er mit der 19-jährigen Blondine in seinen 74. Geburtstag hinein. Der Altersunterschied sorgt wieder für ein Riesengefälle. Goethe schreibt an sie wie an ein Kind. Mit »Großpapa« meint er hier tatsächlich Ulrikes Großvater und mit »Stimmen« die Noten, die er ihr für die Gitarre schickt:

> Dieser Sendung wird die allerliebste Ulrike wohl ein heitres Gesichtchen zuwenden das Ihr so wohl steht. Die Klaviernoten sind vom Großpapa, die Stimmen vom wohlbekannten Freunde, da sie vielleicht angenehm sein könnten. Wie befindet sich die liebe Mutter? Mit ihren schönen Kindern? Tausend Grüße, Wünsche und dergleichen.
> treulich wie immer, diesmal ungeduldig   Goethe

Wie ist Ulrike eigentlich hineingerutscht in diese Affäre mit dem freundlichen alten Herrn? Angeblich hat sie dessen eigentliche Absichten lange nicht verstanden. Ulrike kennt Goethe seit der Kindheit, ihr eigener Vater ist lange tot. »Töchterchen« wird sie vom Dichter genannt – ist er für sie ein Vaterersatz? Schmeichelt es ihr, von so einem berühmten Mann auf Händen getragen zu werden?

Gelesen hat Ulrike nichts von ihm, und als Goethe sie einmal fragt, er habe »etwas aufgeschrieben von seinen Beziehungen zu ihr; ob sie es lesen« wolle, verneint sie das drollig – er möge es ihr lieber erzählen. Alles fließt ihr reizend mit Elsässer Akzent von den Lippen, denn Ulrike kommt aus einem Internat in Straßburg und weckt wohl noch Erinnerungen an seine Jugendliebe Friederike Brion (s. Kap. III). Wenn man Ulrikes Mutter hört, sind sie sich auch charakterlich ein bisschen ähnlich, denn Ulrike

> ist gut, sanft, häuslich, dabei heiter ohne lustig zu sein. Ihre immer gleich bleibende Laune, ihr gefälliges anspruchsloses Wesen macht ihr fast aus allen Bekannten Freunde.

Wieder ein erdnahes, im Hier und Jetzt verwurzeltes Mädchen, eine Kindfrau, die den hochkomplizierten Denker unwiderstehlich anzieht: Gegensätze, die Goethes »Marienbader Elegie« anschaulich in einem Dialog wiedergibt:

> (...)
> Es ist, als wenn sie sagte: »Stund' um Stunde
> Wird uns das Leben freundlich dargeboten,
> Das Gestrige ließ uns geringe Kunde,
> Das Morgende, zu wissen ist's verboten;
> Und wenn ich je mich vor dem Abend scheute,
> Die Sonne sank und sah noch, was mich freute.
>
> Drum tu wie ich und schaue, froh-verständig,
> Dem Augenblick ins Auge! Kein Verschieben!
> Begegn' ihm schnell, wohlwollend wie lebendig,
> Im Handeln sei's, zur Freude, sei's dem Lieben;

Nur wo du bist, sei alles, immer kindlich,
So bist du alles, bist unüberwindlich.«

Du hast gut reden, dacht' ich, zum Geleite
Gab dir ein Gott die Gunst des Augenblickes,
Und jeder fühlt an deiner holden Seite
Sich augenblicks den Günstling des Geschickes;
Mich schreckt der Wink, von dir mich zu entfernen,
Was hilft es mir, so hohe Weisheit lernen!

(...)

Die kindliche Geliebte als Erzieherin: Sie bringt dem erkalteten »Herzensleeren« wieder bei, sich und den Augenblick zu fühlen, zu leben und zu lieben. So intensiv, dass der ihr mit Haut und Haar Verfallene sie als Sonne anbetet, seine irdische zur himmlischen Liebe überhöht und als Religion zelebriert: viele biblische Bilder, Sprachelemente der christlichen Mystik und ein starker Bezug auf die »Divina Commedia« des italienischen Dichters Dante Alighieri. So, wie Dante über die Geliebte Beatrice vom irdischen Paradies zur Anschauung Gottes hinführt, bildet bei Goethe die Liebe mit ihren Höhenflügen zum besseren, vollkommeneren Menschen. Immer wieder beschreibt er die Nähe von beseligender Liebe und Gottheit. Wer liebt, ist einig mit sich und der Welt, ist dankbar, »fromm« und fühlt den »Frieden Gottes«.

(...)
War Fähigkeit zu lieben, war Bedürfen
Von Gegenliebe weggelöscht, verschwunden;
Ist Hoffnungslust zu freudigen Entwürfen,
Entschlüssen, rascher Tat sogleich gefunden!
Wenn Liebe je den Liebenden begeistert,
Ward es an mir aufs lieblichste geleistet;

Und zwar durch sie! – Wie lag ein innres Bangen
Auf Geist und Körper, unwillkommner Schwere:
Von Schauerbildern rings der Blick umfangen
Im wüsten Raum beklommner Herzensleere;

Nun dämmert Hoffnung von bekannter Schwelle,
Sie selbst erscheint in milder Sonnenhelle.

Dem Frieden Gottes, welcher euch hienieden
Mehr als Vernunft beseliget – wir lesen's –,
Vergleich' ich wohl der Liebe heitern Frieden
In Gegenwart des allgeliebten Wesens;
Da ruht das Herz, und nichts vermag zu stören
Den tiefsten Sinn, den Sinn, ihr zu gehören.

In unsers Busen Reine wogt ein Streben,
Sich einem Höhern, Reinen, Unbekannten
Aus Dankbarkeit freiwillig hinzugeben,
Enträtselnd sich den ewig Ungenannten;
Wir heißen's: fromm sein! – Solcher seligen Höhe
Fühl' ich mich teilhaft, wenn ich vor ihr stehe.
(...)

»Der Kuss, der letzte, grausam süß«

Goethe hat es also wieder ziemlich erwischt! Im selben Sommer 1823 bittet er Herzog Carl August um einen Gefallen, er erinnert ihn an alte Zeiten. Hatten sie nicht schon extreme Sachen miteinander gemacht? Todesmutige Ritte, Nacktbaden in der Ilm, Seite an Seite im Kugelhagel an der Front, gemeinsam Frauengeschichten erlebt? Jetzt ist wieder etwas fällig, und Carl August spielt nobel mit, legt sich alle Orden an und macht tatsächlich den Brautwerber für den Kumpan Goethe bei der Familie von Levetzow. Ulrike erinnert sich:

> Erst nahmen wir es für Scherz und meinten, dass Goethe sicher nicht daran denke, was er widersprach, und oft wiederholte, ja selbst mir es von der lockendsten Seite schilderte, wie ich die erste Dame am Hof

und in Weimar sein würde, wie sehr er, der Fürst, mich auszeichnen wolle, er würde meinen Eltern gleich ein Haus in Weimar einrichten und übergeben, damit sie nicht von mir getrennt lebten, für meine Zukunft wolle er in jeder Weise sorgen; meiner Mutter redete er sehr zu, und später hörte ich, daß er ihr versprochen, daß, da nach aller Wahrscheinlichkeit ich Goethe überleben würde, er mir nach dessen Tod eine jährliche Pension, 10 000 Taler, aussetzen wolle.

Formvollendet, durchgeplant bis zur stattlichen Pension – doch wird man stutzig: Warum fragt Goethe nicht selbst? Traut er sich nicht?
Zu einem Großherzog sagt man nicht einfach »Nein«. Familie von Levetzow hüllt sich in diplomatisches Schweigen und flieht erst mal von Marien- nach Karlsbad. Goethe eilt hinterher. Offiziell spricht er von seiner Absicht, »in diesen böhmischen Zauberkreisen noch eine Zeitlang mit umzukräuseln« – und charakterisiert damit treffend diesen merkwürdigen Strudel, der ihn so heillos erfasst. Das heikle Heiratsthema wird von beiden Seiten eine Weile totgeschwiegen. Doch schließlich übermittelt eine peinlich berührte Frau von Levetzow die Absage ihrer Tochter. Eigentlich sehr sympathisch, dass sie Ulrike nicht verkuppelt, denn das war damals üblich – gute Freundinnen der Goethefamilie haben ihre Töchter sogar an stadtbekannte, gewalttätige Alkoholiker verheiratet, wenn es nur standesgemäß war. Ulrike erzählt rückblickend, wie sie sich aus der Affäre gezogen hat:

> Ich meinte (...) ich hätte Goethe sehr lieb, so wie einen Vater, und wenn er ganz allein stünde, ich daher glauben dürfte, ihm nützlich zu sein, da wollte ich ihn nehmen; er habe ja aber durch seinen Sohn, welcher verheiratet sei und welcher bei ihm im Haus lebt, eine Familie, welche ich verdrängte, wenn ich mich an ihre Stelle setzte; er brauche mich nicht, und die Trennung von Mutter, Schwester und Großeltern würde mir gar zu schwer; ich hätte noch keine Lust zu heiraten.

Welche 19-Jährige wünscht sich schon einen Bräutigam, der gerade die »Chronik seines Lebens« abschließt?! Aber Goethe gibt nicht auf und probiert es immer wieder über Ulrikes Mutter – mit der er übrigens in früheren Jahren auch mal geflirtet hatte – und schlägt für Ulrike eine Art psychische Notlösung vor:

> Dabei, hoff ich, wird sie nicht ableugnen daß es eine hübsche Sache sei, geliebt zu werden, wenn auch der Freund manchmal unbequem ausfallen möchte.

Dann endlich begreift er die Abfuhr. Als Mann hat Goethe seinen Zenit überschritten. Im September beginnt er auf der Heimreise seine schwermütige und wunderschöne »Marienbader Elegie«: 23 Strophen über die Liebe, über hoffnungsvolle Erinnerungen, vor allem aber über Verlust, Trauer und Tod. Kann ein Dichter sich durch Dichten heilen? Überlebt er durch seine Dichtung den leiblichen Tod?

Wie so oft in seinem Alterswerk übersetzt Goethe Persönlichstes in Universelles: den Schmerz, von der Geliebten abgewiesen zu werden, und die Vorahnung des eigenen Todes. Alles in Stanzen – einer kunstvollen Strophenform von eigentlich acht Zeilen, die Goethe auf sechs kürzt, aber mit dem traditionellen Versmaß des fünfhebigen Jambus füllt. Sein berühmter »symbolischer Altersstil« ist schwer zu verstehen, denn Goethe verknappt und verdichtet. Konkrete Erlebnisse, einzelne Bilder und Eindrücke sind bedeutungsschwanger und symbolisieren viel mehr, als sie auf den ersten Blick scheinen, wie zum Beispiel, wenn Goethe in den Himmel blickt und ihn als Zeichen einer überirdischen Macht feiert: »Und wölbt sich nicht das überweltlich Große,/Gestaltenreiche, bald Gestaltenlose?«

Das Gedicht ist von hohem Pathos, die Lektüre erschüttert. Selbst die manchmal schnippische Schwiegertochter Ottilie bereut, dass sie so schroff auf Goethes vermeintlich harmlosen Urlaubsflirt reagierte, obwohl Goethe sie noch aus Marienbad händeringend um Verständnis gebeten hatte:

> Dein Schreiben, allerliebste Tochter, kam wie aus einer andern Welt in dieses extemporierte Tags-Interesse, wo im Wirbel der verschiedensten Elemente sich ein gewisses Irrsal bewegt, das die Übel vermehrt, von welchen man sich befreien möchte. Denke nun zwischendurch vieles Würdige, das man erst erkennt, wenn es vorüber ist; so begreifst du das Bittersüße des Kelchs, den ich bis auf die Neige getrunken und ausgeschlürft habe.

»Bittersüß« ist in der Tat auch die Stimmung seines Gedichts. »Elegie« nennt Goethe das Totenlied seiner Liebe. Hier ist es eine Elegie nicht nach dem Versmaß, wie in den »Römischen Elegien«, sondern nach dem Inhalt: ein Klagegedicht, also genau das, was man in der römischen Antike unter »Elegie« verstand. Goethe schreibt es innerlich aufgewühlt und zusätzlich von der Kutsche durchgerüttelt auf der Heimreise nieder. Übrigens liegt auch hierin ein zarter Hinweis auf sein Alter. Er ist längst kein flotter Reiter mehr, und in Weimar steigt er bereits in seine eigene Kutsche, damals ein echtes Prestigeobjekt wie heute ein Luxusauto.

Erinnern wir uns kurz an sein Jugendgedicht für Friederike Brion! Dort in Sesenheim hatte er durchgestartet mit: »Es schlug mein Herz, geschwind zu Pferde!« (s. Kap. III) In Marienbad bekommt Goethe, der 50 Jahre zuvor Friederike sitzen ließ, selbst die ganze Tragödie des Verlassenseins zu spüren. Zu Hause reißt er sich zusammen, schüttet nicht jedem sein Herz aus, aber der vertraute Sekretär Eckermann darf sein Marienbader Gedicht lesen:

> Sie sehen das Produkt eines höchst leidenschaftlichen Zustandes; als ich darin befangen war, hätte ich ihn um alles in der Welt nicht entbehren mögen, und jetzt möchte ich um keinen Preis wieder hinein geraten: Ich schrieb das Gedicht unmittelbar, als ich von Marienbad abreiste und ich mich noch im vollen, frischen Gefühl des Erlebten befand. Morgens um acht Uhr auf der ersten Station schrieb

ich die erste Strophe, und so dichtete ich im Wagen fort und schrieb von Station zu Station das im Gedächtnis Gefaßte nieder, sodaß es abends fertig auf dem Papier stand. Es hat daher eine gewisse Unmittelbarkeit und ist wie aus einem Gusse.

Hier schwindelt Goethe. In Wahrheit saß er mehrere Tage am Gedicht und korrigierte es immer wieder. Aber eines stimmt: Wieder ist Dichten Lebensbewältigung und Trauerarbeit. Der Götterliebling nimmt Zuflucht zu seiner bewährtesten Therapie. Zugleich erfährt er wieder am eigenen Leib, dass auch das schönste Gedicht kein Ersatz ist für das wirkliche Erleben.

(...)
Der Kuß, der letzte, grausam süß, zerschneidend
Ein herrliches Geflecht verschlungner Minnen.
Nun eilt, nun stockt der Fuß, die Schwelle meidend,
Als trieb' ein Cherub flammend ihn von hinnen;
Das Auge starrt auf düstrem Pfad verdrossen,
Es blickt zurück, die Pforte steht verschlossen.
(...)

Ausgeschlossen aus dem Paradies! Abschied vom Leben! Die leidenschaftliche Wunschphantasie eines alten Mannes, der noch einmal seine Jugend zurückerobern wollte, die hilflose Schwärmerei eines greisen Genies zerbricht an der Realität. Das »Altern als Problem für Künstler«, wie der Dichter Gottfried Benn einen seiner Essays griffig überschreibt, wird in der Kunst immer wieder thematisiert. Die Fragen bleiben auch über die Jahrhunderte dieselben, zum Beispiel: Warum muss der Weg zum schöpferischen Gipfel, als den man Spätwerke betrachtet, immer von Katastrophen gesäumt sein? Auch der große Goethefreund Thomas Mann blickt mitfühlend auf die »schauerlich-komischen, hochblamablen, zu ehrfürchtigem Gelächter stimmenden Situationen« des Marienbader Fiaskos – um dann selbst eine

vergleichbare »Tragödie eines Meistertums« in seiner Erzählung »Der Tod in Venedig« zu gestalten.
Doch zurück zu Goethe! Mit mühsam erzwungenen Galgenhumor denkt der wenig später an seine Eskapade zurück:

> Es ist eben ein Hang, der mir noch viel zu schaffen machen wird, aber ich werde darüber hinauskommen. Iffland könnte ein charmantes Stück daraus fertigen, ein alter Onkel, der seine junge Nichte allzuheftig liebt.

Iffland mit seinen zugkräftigen Dramen ist der meistgehasste Bühnenkonkurrent für Goethe, und der vergleicht also seine Altersliebe mit einem solchen Rührstück ohne Niveau. – Wie sieht es eigentlich Ulrike?

> Es war keine Liebschaft, sondern Goethe fand Gefallen an mir und suchte mich zu belehren, und ich hatte für ihn eine tiefe Verehrung.

Ist sie nur diskret oder wirklich so naiv? Die ganze Familie Levetzow gibt übrigens nie etwas preis – bei dem schon damals virulenten Medienrummel eine beachtliche Disziplin. Ulrike bleibt den Rest ihres Lebens unverheiratet – wer einmal so ins Gerede gekommen ist, hatte damals auch kaum noch Chancen –, sie verwöhnt Goethe aber zu Feiertagen mit netten Briefen und handgearbeiteten Ofenschirmchen, als wäre nie etwas Besonderes zwischen ihnen gewesen, und stirbt erst 1899 als hochbetagte Stiftsdame.
Goethe seinerseits versucht, möglichst kühl zur Routine überzugehen. Dann legt er sich wieder krank ins Bett, liebeskrank, wie jeder Eingeweihte tuschelt. Die Reinschrift seiner Verse zelebriert er auf besonders schönem Papier, befestigt sie mit einer seidenen Schnur, heftet sie in einen roten Lederumschlag und legt sie in eine mit blauem Papier bezogene Mappe. Er hütet sie wie einen Schatz. Nur

engsten Freunden präsentiert er die »Elegie« in einem weihevollen Ritual, zu welchem der Diener zwei zusätzliche Wachskerzen auf den Schreibtisch stellt.

Die Öffentlichkeit lässt Goethe nicht so tief in sein Herz blicken. Darum gibt er das intime Gedicht erst vier Jahre später heraus, versteckt es unter zwei anderen und nennt den Zyklus »Trilogie der Leidenschaft«. Auch hier verwischt er die konkreten biographischen Spuren, indem er im letzten der drei Gedichte ein glücklicheres Thema unter dem Titel »Aussöhnung« anschlägt und so dem Leser vorspielt, dass es mit ihm gleich wieder bergauf ging. Wie wir wissen, war das aber in der Realität ganz anders!

Schauen wir uns die bedrängendsten Strophen der »Marienbader Elegie« genauer an. Besonders die letzten sprechen von der Leidensgeschichte eines Dichters, eine Passion geradezu, die alles Bisherige infrage stellt. Doch geht der Dichter nicht wie Christus siegreich daraus hervor. Denn auch wenn der Dichter sich noch so heiß zurücksehnt und das Bild der Geliebten in die beschwörerischsten Worte kleidet – es gibt keine praktische Hilfe: »Wie könnte dies geringstem Troste frommen?«

Diesmal kann er sich nicht retten. Wie Goethe sich hier offenbart, scheitert er als Liebender und, vielleicht noch tragischer, als Dichter. So tief am Boden zerstört hat er sich uns noch nirgends gezeigt. Worte und gedichtete Erinnerungen können den Schmerz nur vorübergehend heilen und Schreiben ist bestenfalls Ersatzbefriedigung.

An den Anfang der »Elegie« stellt Goethe Zeilen, die er aus seinem Künstlerdrama »Tasso« zitiert:

> Und wenn der Mensch in seiner Qual verstummt
> Gab mir ein Gott zu sagen, was ich leide.

Aber ganz anders als dieser Vers suggeriert, springt ihm jetzt kein Gott bei »in seiner Qual«, diesmal lassen ihn die Götter untergehen. In der »Marienbader Elegie« wird die Frage, ob sich der Dichter retten kann durch seine Dichtung, eindeutig verneint. »Mir ist das All, ich bin mir selbst verloren«: ein absoluter Ich-Verlust, die höchste Gefährdung des Subjekts, wie sie selten so bestürzend in Worte gefasst wurde. Der Götterliebling Goethe wird von den Göttern verstoßen. Keine Sprach- und Gottesgabe hilft in dieser völligen Verlassenheit. In diesem höchst pessimistischen Schluss trägt Goethe sein Selbstbild und seine ganze bisherige Kunstauffassung zu Grabe.

(...)
Nun bin ich fern! Der jetzigen Minute,
Was ziemt denn der? Ich wüßt' es nicht zu sagen;
Sie bietet mir zum Schönen manches Gute,
Das lastet nur, ich muß mich ihm entschlagen;
Mich treibt umher ein unbezwinglich Sehnen,
Da bleibt kein Rat als grenzenlose Tränen.

So quellt denn fort und fließet unaufhaltsam!
Doch nie geläng's, die innre Glut zu dämpfen!
Schon rast's und reißt in meiner Brust gewaltsam,
Wo Tod und Leben grausend sich bekämpfen.
Wohl Kräuter gäb's, des Körpers Qual zu stillen;
Allein dem Geist fehlt's am Entschluß und Willen,

Fehlt's am Begriff: wie sollt' er sie vermissen?
Er wiederholt ihr Bild zu tausendmalen.
Das zaudert bald, bald wird es weggerissen,
Undeutlich jetzt und jetzt im reinsten Strahlen;
Wie könnte dies geringstem Troste frommen,
Die Ebb' und Flut, das Gehen wie das Kommen?

Verlaßt mich hier, getreue Weggenossen!
Laßt mich allein am Fels, in Moor und Moos;
Nur immer zu! euch ist die Welt erschlossen,
Die Erde weit, der Himmel hehr und groß;
Betrachtet, forscht, die Einzelheiten sammelt,
Naturgeheimnis werde nachgestammelt.

Mir ist das All, ich bin mir selbst verloren,
Der ich noch erst den Göttern Liebling war;
Sie prüften mich, verliehen mir Pandoren,
So reich an Gütern, reicher an Gefahr;
Sie drängten mich zum gabeseligen Munde
Sie trennen mich, und richten mich zu Grunde.

XVI.

»Fluch der Geduld«
Faust lebenslänglich

Cornelia Gyárfás

»Wäre nur ein Zaubermantel mein« oder Warum Goethe manchmal auf und davon will

Über 60 Jahre lang arbeitet Goethe an dem Drama »Faust«. Er nennt es sein »Hauptgeschäft« und hat sich vermutlich öfter einen fliegenden Teppich gewünscht, um das schwierige Thema hinter sich lassen zu können. Den windschnittigen Zaubermantel erkauft sich allerdings nicht Goethe, sondern der Universalgelehrte Heinrich Faust, und zwar durch ein Bündnis mit dem Teufel. Goethe hat seine Geschichte nicht erfunden, lernt sie vielmehr bereits in seiner Kindheit als Puppenspiel kennen. Schon mehr als drei Jahrhunderte lang waren da Erzählungen in Umlauf über den Zauberer und Teufelsgenossen, viele wurden niedergeschrieben. Am bekanntesten wurde das »Volksbuch«, die »Historia von Doktor Johann Fausten«, verlegt von Johann Spieß aus Frankfurt. Der englische Dichter Christopher Marlowe dramatisierte das Volksbuch, und Wanderschauspieler brachten das Stück nach Deutschland zurück. Um 1500 hat der historische Faust gelebt, am Übergang vom Mittelalter zur Neuzeit, in einer Zeit voller Forschungs- und Entdeckungsdrang. Europa macht sich auf nach Übersee. Neue naturwissenschaftliche Erkenntnisse revolutionieren das Weltbild. Eine historische Bruchstelle, ein Riss, den Goethe mitten durch seine Figur gehen lassen wird. Nicht umsonst interessiert ihn Faust, auch Goethe lebt in einer Schwellenzeit und beobachtet die nächste große Modernisierungswelle in der europäischen Wirtschaft, Wissenschaft und Geistesgeschichte, »und es schien wundersam genug, daß in unsern Tagen sich das Ähnliche, was dort hervorgetreten, hier gleichfalls wieder zu manifestieren schien«. Spätestens im Sommer 1773 macht Goethe sich an die Ar-

»Faust. Ein Fragment«,
Titelblatt der ersten Ausgabe, 1790

»Faust. Zweyter Theil«.
Das handschriftliche Exemplar
versiegelt Goethe 1831

beit; als er gut zwei Jahre später in Weimar ankommt, hat er Teile des sogenannten »Urfaust« im Gepäck. Im Winter 1775 trägt er ihn der Hofgesellschaft vor. Eine eifrige Hofdame macht eine Abschrift. Die wird 1887 gefunden und überliefert uns die Urfassung. Das Weimarer Tagesgeschäft bekommt der Arbeit am »Faust« nicht, erst in Italien schreibt Goethe weiter, und als 1790 eine mehrbändige Werkausgabe beim Verleger Göschen erscheint, enthält sie auch »Faust. Ein Fragment«.

Schiller drängt auf Ausarbeitung, ärgert sich, dass Goethe »zu wenig Herr über seine Stimmung« ist und sich »über den vielen Liebhaber-Beschäftigungen, die er sich mit wissenschaftlichen Dingen macht«, verzettelt. 1808 erscheint schließlich »Faust. Eine Tragödie«, wird aber erst 1829 in Braunschweig uraufgeführt. Da arbeitet Goethe längst an der Fortsetzung; 1831, ein Jahr vor seinem Tod, beendet er

»Faust. Der Tragödie zweiter Teil«. Goethe versiegelt das Manuskript und sperrt es weg. Noch im hohen Alter schreibt er also an einem Drama, das er in seiner rebellischen Jugend begonnen hat. Jeder Lebensabschnitt hinterlässt Spuren, und 1827 spottet Goethe in einem Brief über die langwierige Angelegenheit: »Wie ich im stillen langmütig einhergehe werden Sie an der dreitausendjährigen Helena sehen, der ich nun auch schon sechzig Jahre nachschleiche, um ihr einigermaßen etwas abzugewinnen.« Reichlich selbstironisch und vor allem schade, dass die Zeitgenossen Helena in der endgültigen Version gar nicht kennenlernen. Denn Goethe ist der Meinung, dass besonders Teil II seines Dramas zu modern ist und Leser und Zuschauer überfordere. So ging es ihm schließlich schon mit den Romanen »Die Wahlverwandtschaften« und »Wilhelm Meisters Wanderjahre« und mit der Aneignung der persischen Lyrik.

Er hat keine Lust mehr auf Kritik und Unverständnis. »Faust II« landet im Schrank, anders als zu Werthers Zeiten ist Goethe weit weg vom Zeitgeist. Das formuliert er selbst in seinem letzten Brief, am 17. März 1832 an Wilhelm von Humboldt:

> Es sind über sechzig Jahre, daß die Konzeption des Faust bei mir jugendlich von vornherein klar, die ganze Reihenfolge hin weniger ausführlich vorlag. Nun hab ich die Absicht immer sachte neben mir hergehen lassen, und nur die mir gerade interessantesten Stellen einzeln durchgearbeitet. (...) Ganz ohne Frage würd es mir unendliche Freude machen, meinen werten, durchaus dankbar anerkannten, weitverteilten Freunden auch bei Lebzeiten diese sehr ernsten Scherze zu widmen, mitzuteilen und ihre Erwiderung zu vernehmen. Der Tag aber ist wirklich so absurd und konfus, daß ich mich überzeuge meine redlichen, lange verfolgten Bemühungen um dieses seltsame Gebräu würden schlecht belohnt und an den Strand getrieben, wie ein Wrack in Trümmern daliegen und von dem Dünenschutt der Stunden zunächst überschüttet werden.

Goethe arbeitet das ganze Leben an sich. Immer wieder erprobt er neue Formen des Schreibens, und längst nicht immer ist das Publikum bereit, ihm zu folgen. Im »Faust« etwa gibt Goethe die klassischen (aristotelischen) Vorschriften zur dramatischen Einheit auf, die er selbst so vorbildlich in der »Iphigenie« angewandt hat, zugunsten einer losen Szenenfolge, die seinen Prinzipien von »Polarität« und »Steigerung« folgt. Er befreit sich von Vorgaben und »macht es nach seiner Manier«, wie Goethe das gern und oft genannt hat.

60 Jahre, in denen sich alles in und um Goethe verändert, können nicht in ein Drama münden, das formal und thematisch eine Einheit bildet. Im »Faust« wechselt sich freie Natur mit düsteren Zimmern ab, in jeder Szene herrscht eine andere Stimmung: Niedergeschlagenheit oder Euphorie etwa, Traurigkeit oder Häme. So offen ist die Struktur dieses »epischen Gedichts«, dass noch relativ spät bei der Niederschrift Szenen einfach ausgetauscht werden können.

Wetten dass? – Gott, Teufel und Faust

Mephisto ist ein witziger und vorlauter Teufel, der sich ganz selbstverständlich im Himmel herumtreibt. Gott ist amüsiert und schätzt ihn als Gesprächspartner inmitten langweiliger Engelschöre. Auch wenn die beiden den Sinn des Lebens natürlich kontrovers beurteilen. Gott besteht auf »des Menschen Tätigkeit«, denn Müßiggang, »aller Laster Anfang«, ist schließlich seit der Vertreibung aus dem Paradies verpönt. Gott weiß aber auch: »Es irrt der Mensch, solang' er strebt« und er schlägt einen Handel vor. Mephisto darf alle teuflischen Verführungskünste anwenden, um Faust vom »rechten Weg« abzubringen. Gelingt ihm das, gehört ihm die Seele des Gelehrten. Mephisto resümiert seinen Kurzbesuch zufrieden:

> Von Zeit zu Zeit seh' ich den Alten gern,
> Und hüte mich, mit ihm zu brechen.
> Es ist gar hübsch von einem großen Herrn,
> so menschlich mit dem Teufel selbst zu sprechen.

Heinrich Faust, das Versuchsobjekt für die himmlische Wette, ist ein einsamer, alleinstehender alter Mann. Sein erster Monolog zeigt ihn frustriert inmitten eines Haufens alten Plunders. »Daß ich erkenne, was die Welt/Im Innersten zusammenhält«: An dieser Frage ist er als Wissenschaftler gescheitert. Das angehäufte Einzelwissen, der »Wissensqualm«, versperrt ihm den Zugang zum »Ganzen« der Natur. Weder Spezialisierung noch christliche Glaubenssätze, weder Magie noch Geisterbeschwörung bringen den Durchblick. Deswegen ist die Stimmung im »engen gotischen Zimmer« auf dem Nullpunkt. Die Nachtarbeit zerrüttet Faust: Körperlich und seelisch auf den Hund gekommen, fragt er sich trübsinnig, wie er Jugend, Glück und Vitalität (zurück)gewinnen kann: »Dein Sinn ist zu, dein Herz ist tot!« Das Einkommen an der Universität ist niedrig, und mit der gesellschaftlichen Anerkennung hapert es auch: »Auch hab' ich weder Gut noch Geld,/Noch Ehr' und Herrlichkeit der Welt.«

Trotzdem zögert Faust nicht, von sich als »Ebenbild der Gottheit« zu sprechen – und im nächsten Augenblick schon wieder das Gegenteil zu behaupten und mit dem Leben zu hadern:

> Den Göttern gleich' ich nicht! Zu tief ist es gefühlt;
> Dem Wurme gleich' ich, der den Staub durchwühlt,
> Den, wie er sich im Staube nährend lebt,
> Des Wandrers Tritt vernichtet und begräbt.

> Ist es nicht Staub, was diese hohe Wand
> Aus hundert Fächern mir verenget,
> Der Trödel, der mit tausendfachem Tand
> In dieser Mottenwelt mich dränget?
> Hier soll ich finden, was mir fehlt?
> Soll ich vielleicht in tausend Büchern lesen,
> Daß überall die Menschen sich gequält,
> Daß hie und da ein Glücklicher gewesen? –
> Was grinsest du mir, hohler Schädel, her,
> Als daß dein Hirn wie meines einst verwirret
> Den leichten Tag gesucht und in der Dämmrung schwer,
> Mit Lust nach Wahrheit, jämmerlich geirret?

Schwankend zwischen Größenwahn und Unzufriedenheit bleibt als Ausweg Gift, wenn das »Dasein eine Last,/Der Tod erwünscht, das Leben mir verhaßt«. Das Läuten der Glocken am Ostermorgen weckt Jugenderinnerungen und verhindert im letzten Moment den Selbstmord. Faust überredet seinen Assistenten Wagner, den »trocknen Schleicher«, zu einer Runde über die Felder vor der Stadt. Noch lebensferner als der Chef ist der, dazu autoritätsgläubig und kein bisschen kreativ. Der Spaziergänger Faust wünscht schon wieder das Unmögliche, gibt sich nicht wie die feiernden Handwerker mit dem »besten Bier« zufrieden, sondern schwebte am liebsten mit Vogelflügeln über die Erde oder mit einem »Zaubermantel« in »fremde Länder«. Schon Goethes Werther wollte sich mit der Realität nicht abfinden und wünschte sich »Kranichfittiche«, um die »Ufer des ungemessenen Meeres« zu erreichen.

Bei so viel Sehnsucht nach dem Abheben und so wenig Einsicht in die Begrenztheit der menschlichen Möglichkeiten bleibt für Faust der nächste Schub von Trübsinn nicht aus. Der lockt nun Mephisto auf den Plan. Als schwarzer Pudel hat er die Spaziergänger umkreist, bald darauf verschafft er sich Zutritt zum Arbeitszimmer, fährt aus der haarigen Verkleidung und outet sich.

Faust scheint nicht besonders überrascht, mit einem leibhaftigen Teufel zu verhandeln. Mephisto rennt geradezu offene Türen ein. Fausts Frust ist ein Grund dafür und seine schwermütige Veranlagung ein zweiter. Kirchenleute waren über Jahrhunderte der Überzeugung, dass Melancholiker die liebste Beute des Teufels sind, diesen regelrecht anlocken. »Melancholia balneum diaboli«, die Melancholie ist das Bad des Teufels. Den stellt man sich eher wasserscheu vor, aber diesen Ausdruck gebrauchten die theologischen Schriften. Die Schwermut war übrigens unter Einsiedlern und Mönchen sehr verbreitet – auch Fausts Zimmer gleicht einer Kloster- oder Kerkerzelle. Die berühmte Darstellung der Melancholie von Albrecht Dürer gehörte übrigens zu Goethes Kupferstich-Sammlung. Die Figur sitzt wie Faust inmitten wissenschaftlicher Gerätschaften und Bücher, sie ist traurig und sie hat Flügel, das »Abheben« gelingt aber nicht.

Faust geht es ähnlich: Je mehr er nachdenkt, desto mehr wird er sich bewusst, wie begrenzt und unvollkommen sein Wissen ist. Zu viele Fragen, zu wenig gesicherte Antworten können schwermütig machen. Faust fehlt (wie übrigens auch Werther) die Heiterkeit und Ironie, die es ihm erlauben würde, die Grenzen seiner Fähigkeiten selbstbewusst und lächelnd anzuerkennen. Seine Selbstzweifel münden in Jähzorn und Ungeduld. Diese Wut liefert dem Teufel das Stichwort. Plötzlich geht es im Labor nicht mehr um Tiefsinn, sondern um Sinnlichkeit:

> Des Denkens Faden ist zerrissen,
> Mir ekelt lange vor allem Wissen.
> Laß in den Tiefen der Sinnlichkeit
> Uns glühende Leidenschaften stillen!
> In undurchdrungnen Zauberhüllen
> Sei jedes Wunder gleich bereit!
> Stürzen wir uns in das Rauschen der Zeit,
> Ins Rollen der Begebenheit!

> Da mag denn Schmerz und Genuß,
> Gelingen und Verdruß
> Mit einander wechseln, wie es kann;
> Nur rastlos betätigt sich der Mann.

Mephisto lockt mit Jugend, Geld und Sex

Zu jeder Grenzüberschreitung ist Faust bereit. Hauptsache, sie bietet authentische Erfahrungen – auch wenn die sich später als abgestandene und triviale Vergnügungen für Spießer erweisen werden.

Neue Wette, diesmal zwischen Faust und Mephisto. Faust setzt sein Leben ein gegen einen Augenblick, zu dem er sagen kann: »Verweile doch! Du bist so schön!« Der Pakt hat nichts mehr mit seiner Suche nach den letzten Fragen zu tun, es geht um das Leben und weltliche Genüsse. »Hör auf, mit deinem Gram zu spielen«, beendet der schlaue Mephisto narzisstische Rückfälle seines Vertragspartners in die Lust am eigenen Leiden. Die beiden älteren Herren stürzen sich ins Leben, und zwar auf der Überholspur. Ein Highlight jagt das nächste auf der – wir ahnen es – vergeblichen Suche nach dem Glück.

Wollen sie den Kern von Fausts Scheitern bestimmen, setzen moderne Interpreten bei dieser Rastlosigkeit an. »Unbedingte Tätigkeit, von welcher Art sie sei, macht zuletzt bankerott«, folgert schon Goethe. Permanente Bewegung, keine Zeit zum Nachdenken, zwanghafte Suche nach immer neuen Reizen: alle Abgründe will Faust durchleben und notfalls mit der »ganzen Menschheit« scheitern. Oder bereit sein, sie beim eigenen Scheitern mit in den Abgrund zu ziehen?

> Du hörest ja, von Freud' ist nicht die Rede.
> Dem Taumel weih' ich mich, dem schmerzlichsten Genuß,
> Verliebtem Haß, erquickendem Verdruß.
> Mein Busen, der vom Wissensdrang geheilt ist,
> Soll keinen Schmerzen künftig sich verschließen,
> Und was der ganzen Menschheit zugeteilt ist,
> Will ich in meinem innern Selbst genießen,
> Mit meinem Geist das Höchst' und Tiefste greifen,
> Ihr Wohl und Weh auf meinen Busen häufen,
> Und so mein eigen Selbst zu ihrem Selbst erweitern,
> Und, wie sie selbst, am End' auch ich zerscheitern.

Bevor Mephisto reichlich klischeehafte ordinäre Männerunterhaltung aufbietet, wird Faust bei einem Besuch in der Hexenküche verjüngt und mit Potenzmitteln versorgt. Was folgt, ist nichts anderes als ein besserer Kegelausflug mit Suff in Auerbachs Keller, Goethe aus Leipzig vertraut, Gesang (»Uns ist ganz kannibalisch wohl,/Als wie fünfhundert Säuen«) und Anmache.

Faust langweilt das alles, erst die Begegnung mit Margarete macht ihn hellwach. Eine verhängnisvolle Affäre beginnt. Gretchen, 14 Jahre alt, »ein Engel«, wie ihr gelehrter Verführer das ungebildete und sozial weit unter ihm stehende Mädchen nennt, liebt Faust wirklich. Ihm hingegen geht es um den schnellen Sex. »Hör, du mußt mir die Dirne schaffen«, treibt er Mephisto an. Er schenkt ihr Schmuck, wenn auch gestohlenen. Mephisto umgarnt listig-lüstern Margaretes Nachbarin und verschafft den Jungverliebten Gelegenheit zu einem Rendezvous.

Nicht nachzuvollziehen ist zu diesem Zeitpunkt die Erlösung durch die Liebe, die von der älteren Germanistik so ausdauernd beschworen wurde. Faust nimmt seine Freundin als Person kaum wahr. Als sie ihm die »Gretchenfrage« nach seinem Glauben stellt, weicht er aus. Auch als Gretchens Körper mit Herzstechen und Fieber auf den unsympathischen Mephisto reagiert, wiegelt Faust ab. Längst will er sich nicht mehr von dem lustigen Verwandlungskünstler trennen. Viele Interpreten betrachten Mephisto als den kalten und zynischen Bestandteil von Fausts Charakter. Schlechte Voraussetzungen für Treue und Verantwortungsbewusstsein!

Eine ungestörte Nacht mit Gretchen verlangt die Ausschaltung der Mutter, und so verabreicht Gretchen ihr ein von Faust gebrautes Schlafmittel. Später erfahren wir, dass die zu hohe Dosis die Mutter umgebracht hat. Gretchen wird schwanger.

Am Brunnen, dem Hauptumschlagplatz für Nachrichten, klatschen und lästern die Freundinnen über ein »gefallenes Mädchen«:

AM BRUNNEN

Gretchen und Lieschen mit Krügen.

LIESCHEN. Hast nichts von Bärbelchen gehört?
GRETCHEN. Kein Wort. Ich komm' gar wenig unter Leute.
LIESCHEN. Gewiß, Sibylle sagt' mir's heute!
   Die hat sich endlich auch betört.
   Das ist das Vornehmtun!
GRETCHEN.   Wieso?
LIESCHEN.   Es stinkt!
   Sie füttert zwei, wenn sie nun ißt und trinkt.
GRETCHEN. Ach!
LIESCHEN. So ist's ihr endlich recht ergangen.
   Wie lange hat sie an dem Kerl gehangen!
   Das war ein Spazieren,
   Auf Dorf und Tanzplatz Führen,
   Mußt' überall die Erste sein,
   Kurtesiert' ihr immer mit Pastetchen und Wein;
   Bild't' sich was auf ihre Schönheit ein,
   War doch so ehrlos, sich nicht zu schämen,
   Geschenke von ihm anzunehmen.
   War ein Gekos' und ein Geschleck';
   Da ist denn auch das Blümchen weg!

GRETCHEN. Das arme Ding!
LIESCHEN.   Bedauerst sie noch gar!
   Wenn unsereins am Spinnen war,
   Uns nachts die Mutter nicht hinunterließ,
   Stand sie bei ihrem Buhlen süß,
   Auf der Türbank und im dunklen Gang
   Ward ihnen keine Stunde zu lang.
   Da mag sie denn sich ducken nun,
   Im Sünderhemdchen Kirchbuß' tun!
GRETCHEN. Er nimmt sie gewiß zu seiner Frau.
LIESCHEN. Er wär' ein Narr! Ein flinker Jung'
   Hat anderwärts noch Luft genug.
   Er ist auch fort.
GRETCHEN.   Das ist nicht schön!
LIESCHEN. Kriegt sie ihn, soll's ihr übel gehen.
   Das Kränzel reißen die Buben ihr,
   Und Häckerling streuen wir vor die Tür! Ab.
GRETCHEN *nach Hause gehend.*
   Wie konnt' ich sonst so tapfer schmälen,
   Wenn tät ein armes Mägdlein fehlen!
   Wie konnt' ich über andrer Sünden
   Nicht Worte gnug der Zunge finden!
   Wie schien mir's schwarz, und schwärzt's noch gar,
   Mir's immer doch nicht schwarz gnug war,
   Und segnet' mich und tat so groß,
   bin nun selbst der Sünde bloß!
   Doch – alles, was mich dazu trieb,
   Gott! war so gut! ach war so lieb!

Die Mädchen könnten leicht die nächsten Betroffenen sein. Noch sind sie nur neidisch auf die erotischen Erfahrungen von Bärbelchen, tratschen, heucheln und moralisieren deswegen umso mehr. Das fromme Gretchen hört zu, ahnt die drohende Ausgrenzung, fürchtet kirchliche und himmlische Strafen. Völlig erschöpft und überfordert bricht sie zusammen. Ihr Bruder Valentin beschimpft sie als Hure. Er vertritt Bürgermoral und Familienehre.

GRETCHEN. Mein Bruder! Gott! Was soll mir das?
VALENTIN. Laß unsern Herrgott aus dem Spaß.
Geschehn ist leider nun geschehn,
Und wie es gehen kann, so wird's gehn.
Du fingst mit e i n e m heimlich an,
Bald kommen ihrer mehre dran,
Und wenn dich erst ein Dutzend hat,
So hat dich auch die ganze Stadt.
Wenn erst die Schande wird geboren,
Wird sie heimlich zur Welt gebracht,
Und man zieht den Schleier der Nacht
Ihr über Kopf und Ohren;
Ja, man möchte sie gern ermorden.
Wächst sie aber und macht sich groß,
Dann geht sie auch bei Tage bloß,
Und ist doch nicht schöner geworden.
Je häßlicher wird ihr Gesicht,
Je mehr sucht sie des Tages Licht.
Ich seh' wahrhaftig schon die Zeit,
Daß alle braven Bürgersleut',
Wie von einer angesteckten Leichen,
Von dir, du Metze! seitab weichen.
Dir soll das Herz im Leib verzagen,
Wenn sie dir in die Augen sehn!
Sollst keine goldne Kette mehr tragen!
In der Kirche nicht mehr am Altar stehn!
In einem schönen Spitzenkragen
Dich nicht beim Tanze wohlbehagen!
In eine finstre Jammerecken
Unter Bettler und Krüppel dich verstecken
Und, wenn dir dann auch Gott verzeiht,
Auf Erden sein vermaledeit!

Das klingt ziemlich aktuell: Schikanen und Repressalien sind Mädchen und Frauen auch heute noch in vielen Kulturen ausgesetzt, wenn sie gegen den Kodex ihrer Familien oder ihres Umfelds verstoßen. »Gewalt im Namen der Ehre« droht, wenn sie nach eigenen Vorstellungen leben wollen. Gretchen wird vom Bruder »nur« mit Worten ausgegrenzt, gewalttätig wird jedoch Faust: Er tötet Valentin, will sich die Nächte mit Gretchen nicht nehmen lassen.

»Es farzt die Hexe, es stinkt der Bock«

Die Gretchenhandlung wird von Faust vorangetrieben, Mephisto assistiert eher widerstrebend. Er ahnt, dass es mit dieser Frau Probleme geben wird und sie sein Konzept der schnellen Affären ins Wanken bringt. Während Gretchen mit ihren Schuldgefühlen kämpft, allein ihr Kind auf die Welt bringt, es aus Verzweiflung tötet und vor Gericht gestellt wird, sind die Herren längst wieder ihren Triebphantasien auf der Spur und machen sich auf zur Walpurgisnacht am Brocken im Harz. Die Route im Stück folgt genau den geografischen Gegebenheiten, denn da kann Goethe auf eigene Reiseeindrücke zurückgreifen (s. Kap. VI).

Das wird mehr ein Vergnügen nach Mephistos Geschmack. Man begegnet beim Aufstieg einer ganzen Schar von »Vögeln« und mit Wurzeln, Schlangen, Molchen winden sich sehr eindeutige Anspielungen durchs Gesträuch. Die schärfsten Stellen der Hexenorgie hat Goethe nicht veröffentlicht. Vielleicht kommen deswegen die Ausschweifungen auch eher spießig rüber. Die Einladung der alten Hexe an Mephisto ist allerdings eindeutig:

> Ich biete meinen besten Gruß
> Dem Ritter mit dem Pferdefuß!
> Halt Er einen rechten Propf bereit,
> Wenn Er das große Loch nicht scheut.

Mephistos Konzept geht jedoch nicht auf: Die Obszönitäten öden Faust nur an. Er fühlt sich belästigt, auch von einer Trödelhexe, die ihm die Requisiten seiner vergangenen Untaten anbietet: Dolch (Valentin), Schmuck (Gretchen), Kelch (Mutter). Faust erkennt die Werkzeuge seiner Verbrechen jedoch nicht und verschwendet keinen Gedanken an das Mädchen, dessen Bruder er kurz zuvor erstochen hat. Recht spät hat er eine lästige Vision: Gretchen mit einer roten Schnur um den Hals, ein Zeichen für die bevorstehende Hinrichtung. Das mag der Auslöser sein für Fausts verzweifelten Monolog in der nächsten Szene »Trüber Tag. Feld«, der einzigen in Prosa übrigens. Erstmalig quälen ihn Gewissensbisse, denen Mephisto eine brutale Abfuhr erteilt: »Sie ist die erste nicht«, die ein solches Schicksal erleidet. Mephisto erkennt, dass Faust eigentlich an Gretchen längst vorbei ist: »Sie meint, du seist entflohn,/Und halb und halb bist du es schon.« Zwar galoppieren die Herren noch auf schwarzen Pferden zum Kerker, um die junge Frau zu besuchen, aber Mephisto bringt Fausts erlahmendes Interesse auf den Punkt:

> Genug damit! Dein Liebchen sitzt dadrinne,
> Und alles wird ihr eng und trüb.
> Du kommst ihr gar nicht aus dem Sinne,
> Sie hat dich übermächtig lieb.
> Erst kam deine Liebeswut übergeflossen,
> Wie vom geschmolznen Schnee ein Bächlein übersteigt;
> Du hast sie in ihr Herz gegossen,
> Nun ist dein Bächlein wieder seicht.

Das entspricht genau Mephistos Interesse, denn Schuldgefühle kann er nicht zulassen und Verzögerungen der Handlung durch erwachende Liebe auch nicht.

Kindsmord und Goethe

Seelisch zerrüttet wartet Gretchen auf ihre Hinrichtung. Sie phantasiert: »Laß mich nur erst das Kind noch tränken«, wenig später steht sie zu ihren Taten:

> Meine Mutter hab' ich umgebracht,
> Mein Kind hab' ich ertränkt.
> War es nicht dir und mir geschenkt?
> Dir auch. – Du bist' s! ich glaub' es kaum.
> Gib deine Hand! Es ist kein Traum!
> Deine liebe Hand! – Ach aber sie ist feucht!
> Wische sie ab! Wie mich deucht,
> Ist Blut dran.

Bürgerliche Moral und männlicher Egoismus haben Gretchen ins Unglück gestürzt. Goethe schildert ihre Tragödie sehr einfühlsam. Am Ende des Dramas bescheinigt eine Stimme »von oben«: Gretchen »ist gerettet!« Goethe betont damit, dass die junge Frau schuldlos ist. Drückt sich in seiner Gestaltung der Gretchen-Tragödie auch persönliche Betroffenheit aus?

Schon als junger Mann in Frankfurt hat Goethe Prozess und Hinrichtung einer »Kindsmörderin« erlebt. Im juristischen Examen in Straßburg hat er sich zum Thema geäußert, in Weimar holt es ihn wieder ein. Dort tötet im April 1783 die unverheiratete Johanna Catharina Höhn ihr neugeborenes Kind. Das zuständige Gericht verurteilt sie zum Tode, Herzog Carl August denkt über eine Begnadigung nach. Er bittet seine Berater um eine grundsätzliche Stellungnahme zum Umgang mit Kindsmord. Geheimrat Goethe macht sich die Entscheidung nicht leicht, argumentiert mit einem langen, nicht erhaltenen Aufsatz. Plädiert aber wie seine beiden Kollegen dafür, »daß auch nach meiner Meinung räthlicher seyn mögte die Todtesstrafe beyzubehalten«. Alle erreichbaren Akten zu dem Komplex wurden erst kürzlich sorgfältig kommentiert veröffentlicht. Demnach unterzeichnet Goethe keineswegs »das Todesurteil einer Kindsmörderin«, wie es Germanisten formuliert haben. Das durfte er gar nicht. Dennoch gibt es keinen Grund zum Aufatmen: Zu groß ist der Unterschied zwischen Dichter und Minister. Für den Staatsmann hat der Gedanke der Abschreckung Vorrang, die persönlichen Lebensumstände des Opfers wiegen gering im Vergleich zur sogenannten Staatsraison. Dabei müsste er wissen, dass eine ledige verlassene Mutter sich in einer entsetzlichen Zwangslage befindet und kaum eine Möglichkeit hat, Schande und Prostitution zu entgehen.

Will sie ihre Angelegenheiten alleine regeln, braucht sie eine Menge Kraft und Selbstbewusstsein. Eine Haltung, die Goethe offensichtlich bewundert, der er aber in der Realität kaum begegnet sein dürfte. Schon 1776 schreibt er ein Gedicht dazu:

Vor Gericht

Von wem ich's habe, das sag' ich euch nicht,
Das Kind in meinem Leib.
Pfui, speit ihr aus, die Hure da!
Bin doch ein ehrlich Weib.

Mit wem ich mich traute, das sag' ich euch nicht,
Mein Schatz ist lieb und gut,
Trägt er eine goldne Kett' am Hals,
Trägt er einen strohernen Hut.

Soll Spott und Hohn getragen sein,
Trag' ich allein den Hohn.
Ich kenn' ihn wohl, er kennt mich wohl,
Und Gott weiß auch davon.

Herr Pfarrer und Herr Amtmann ihr,
Ich bitt', laßt mich in Ruh!
Es ist mein Kind, und bleibt mein Kind,
Ihr gebt mir ja nichts dazu.

Faust scheint jedenfalls wenig bindungsfähig, und man fragt sich, wie er es so lange und so nah mit dem Teufel aushält. Homoerotische Elemente hat man in dieser Männerfreundschaft aufgespürt. Mephisto trägt das Drama in weiten Teilen mit seinem Witz, seinem psychologischen Scharfsinn, seiner Skrupellosigkeit und seinen sarkastischen Kommentaren. Er macht uns den notorisch mies gelaunten Faust und diesem offensichtlich das Leben erträglich.

Und wie geht es mit Faust weiter? Angetreten als Gelehrter, der den Dingen auf den Grund gehen will, finden wir den flüchtigen Liebhaber am Anfang des zweiten Teils der Tragödie auf einer Blumenwiese liegend, vier Morde hat er auf dem Gewissen und hat keinen Funken Erinnerung daran.

»Stürzen wir uns in das Rauschen der Zeit«

Mit dem zweiten Teil des Dramas wird alles anders. Faust steht weniger im Mittelpunkt als bisher. Die engen mittelalterlichen deutschen Gassen machen einem Welttheater Platz: multiperspektivisch, märchenhaft, dicht, voller Bilder, Geschichten, Symbole. Ein Leben lang ist Goethe gereist, seine letzte und größte Weltfahrt ist eine Zeitreise durch virtuelle Räume.

Die ganze Menschheit mit ihren Kulturen, ihren Mythen und Philosophien, Politik und Gesellschaft, Antike, Juden- und Christentum, Shakespeare und Dante, Goethes Gegenwart, die Tradition und der Fortschritt, Wirtschaft, Wissenschaft, Technik und Naturgesetze werden Anregung und Thema. Eine »höhere, breitere, hellere, leidenschaftslosere Welt« als im ersten Teil nennt es Goethe und glaubt als überzeugter Theoretiker und Praktiker des Konzepts der

»Weltliteratur«: »Nur durch Aneignung fremder Schätze entsteht Großes.« An Wilhelm von Humboldt schreibt er, dass der Faust über »volle 3000 Jahre spielt«. Teil II könnte man auch als Assoziationsraum bezeichnen. Goethe geht es um das kulturelle Gedächtnis der Menschheit, und er nimmt damit ein Schwerpunktthema der heutigen Kulturwissenschaft vorweg. Nicht nur formal ist er mal wieder Avantgarde, auch die inhaltlichen Verknüpfungen über Jahrtausende hinweg fordern den Leser. Manches kann nur mit Hilfsmitteln entschlüsselt werden. Zum Beispiel mit einem »Who is Who in Goethes Faust?«. Es treten immerhin über 200 Personen auf!

Kaum ein Theater bringt diesen Riesenwurf auf die Bühne (letzte große Ausnahme: Peter Stein im Jahr 2000 mit seiner Gesamtaufführung in ca. 20 Stunden). Sollte Goethe das Manuskript zu Recht gleich nach der Fertigstellung versiegelt und weggesperrt haben? Nicht nur die Zeitgenossen – wie befürchtet –, sondern fast alle schrecken zurück vor der Länge und Komplexität des Stücks.

Aber die Schwierigkeiten lassen sich überwinden: es hilft, laut zu lesen. Es hilft, auch den Witz und die absurden Qualitäten dieses Spektakels zu genießen. Die Anstrengung lohnt sich, denn die Analyse der Moderne, die Goethe mit »Faust II« leistet, ist faszinierend und hochaktuell. In einer phantasievollen Montage führt er vor, wie die Moderne eine neue Dynamik ins Leben bringt und den Menschen die Selbstbestimmung ermöglicht und wie sie zugleich Instrumente bereitstellt, die nicht kontrolliert werden können. Goethe zeigt die Kehrseite und führt die gewaltsamen und gefährlichen Bestandteile seiner und unserer Zeit vor: die kompromisslose Durchsetzung des Machbaren, den unbegrenzten Fortschrittsglauben, den Totalitarismus, die Hektik und Vermeidung von Reflexion. Dagegen setzt er kulturelles Gedächtnis und historisches Bewusstsein.

»Wenn's fieberhaft durchaus im Staate wütet« – Staatsbankrott

Zurück zum ersten Akt: Faust erwacht aus seinem Heilschlaf und hat alles vergessen. Er findet sich am Kaiserhof des ausgehenden Mittelalters wieder. Hier geht es um Politik und Staatsgeschäfte, und Goethe kann aus eigener Erfahrung mitreden. Er zeigt uns modellhaft eine dekadente und zerrüttete Adelsgesellschaft in der Krise. Wegen fehlender Steuereinnahmen und luxuriöser Hofhaltung droht der Staatsbankrott, es gibt keine militärische Disziplin, Korruption breitet sich aus. Zur Krisensitzung des Kabinetts erscheint das ungleiche Paar aus Teufel und vergnügungssüchtigem Professor – inkognito natürlich – und führt vor, wie man den gierigen und frivolen Hof manipulieren kann. Mephisto hypnotisiert die versammelten Amtsträger mit dem Versprechen von Gold:

> Ihr alle fühlt geheimes Wirken
> Der ewig waltenden Natur,
> Und aus den untersten Bezirken
> Schmiegt sich herauf lebend'ge Spur.
> Wenn es in allen Gliedern zwackt,
> Wenn es unheimlich wird am Platz,
> Nur gleich entschlossen grabt und hackt,
> Da liegt der Spielmann, liegt der Schatz!
> GEMURMEL. Mir liegt's im Fuße wie Bleigewicht –
> Mir krampft's im Arme – Das ist Gicht –
> Mir krabbelt's an der großen Zeh' –
> Mir tut der ganze Rücken weh –
> Nach solchen Zeichen wäre hier
> Das allerreichste Schatzrevier.

Noch gibt es keine Reichtümer, die Kassen sind leer, trotzdem ordert der amüsiersüchtige Kaiser ein Karnevalsfest.

Mephistos Lösung: Er erfindet das Papiergeld, gedeckt ist es mit angeblich vergrabenen Schätzen. Ein teuflisches Phantom, ganz modern produziert mithilfe der Notenpresse: Das Geld in Windeseile hergestellt, vervielfacht, ausgegeben und entwertet:

> MEPHISTOPHELES. Ein solch Papier, an Gold und Perlen Statt,
> Ist so bequem, man weiß doch, was man hat;
> Man braucht nicht erst zu markten, noch zu tauschen,
> Kann sich nach Lust in Lieb' und Wein berauschen.
> Will man Metall, ein Wechsler ist bereit,
> Und fehlt es da, so gräbt man eine Zeit.
> Pokal und Kette wird verauktioniert,
> Und das Papier, sogleich amortisiert,
> Beschämt den Zweifler, der uns frech verhöhnt.

»Ein schönes Weib ist immer schön« – Schönheitsideale

Der bestellte Maskenzug (Mummenschanz) ist eine große Revue. Goethe hatte so etwas in Weimar oft zu veranstalten, wenn auch in kleinerem Maßstab. Die Märchen aus Tausendundeiner Nacht liefern zusätzliche Eindrücke. Ein Elefant »mit langen Zähnen, Schlangenrüssel« tritt auf, Faust verkleidet sich als »Plutus, des Reichtums Gott«, Mephisto als Geiz. Am Schluss der Show fängt der Bart des Kaisers Feuer, als er sich gierig über Fausts mit Gold gefüllte und Funken sprühende Wunderkiste beugt.

Trotzdem haben Faust und Mephisto überzeugt und sich erfolgreich um das höfische Eventmanagement beworben. Alles soll getan werden, um von der katastrophalen Realität abzulenken. Goethe ist verblüfft über Menschen, die »nach Wundern schnappen um nur in ihrem Unsinn und Albernheit beharren zu dürfen, und um sich gegen die Obermacht des Menschenverstandes und der Vernunft wehren zu können«.

Als Nächstes müssen die erotischen Phantasien des Kaisers bedient werden: Faust soll die schöne Helena und Paris herbeizaubern, »das Musterbild der Männer so der Frauen/ In deutlichen Gestalten will er schauen«. Helena gilt seit der Antike als die prototypische hocherotische Schöne, schließlich war um sie der Trojanische Krieg entbrannt. Anscheinend hat sie von ihrem Ruf noch nichts eingebüßt. Die anwesenden Schönheiten macht die erwartete Konkurrenz nervös. Mephisto verteilt Wunderkuren, hier an die sommersprossige »Blondine«:

> Ein Wort mein Herr! Ihr seht ein klar Gesicht,
> Jedoch so ist's im leidigen Sommer nicht!
> Da sprossen hundert bräunlich rote Flecken,
> Die zum Verdruß die weiße Haut bedecken.
> Ein Mittel!
> MEPHISTOPHELES. Schade! So ein leuchtend Schätzchen
> Im Mai getupft wie eure Pantherkätzchen.
> Nehmt Froschlaich, Krötenzungen, kohobiert,
> Im vollsten Mondlicht sorglich distilliert
> Und, wenn er abnimmt, reinlich aufgestrichen,
> Der Frühling kommt, die Tupfen sind entwichen.

In der Zwischenzeit steigt Faust hinab »zu den Müttern«, um Helena ans Tageslicht zu holen. Goethe hat sich geweigert, das unterweltliche Ambiente näher zu erläutern, verarbeitet hier aber seine persönlichsten Horrorvorstellungen. Alles ist schattenhaft, der Mensch verliert sich im Nichts: »Nichts wirst du sehn in ewig leerer Ferne,/Den Schritt nicht hören, den du tust,/Nichts Festes finden, wo du ruhst.«

Die gruselige Expedition ist erfolgreich, der Kaiserhof beeindruckt, aber gespalten. Die Hofdamen lästern über

Helena und vergucken sich in den Frauenkenner Paris: »Wie eine Pfirsche frisch und voller Saft« finden sie ihn, die »fein gezognen, süß geschwollnen Lippen« entzücken, während Helena sich böse Kommentare anhören muss: »Das Kleinod ist durch manche Hand gegangen,/Auch die Verguldung ziemlich abgebraucht.« Faust selbst verliert beinahe den Verstand, verwechselt das von ihm hervorgezauberte Bild mit der Realität. Als er nach Helena greift, löst er eine Explosion aus, und die Erscheinung verschwindet. Mit diesem Spuk endet der erste Akt, und wie es weitergeht mit dem heruntergekommenen Staat, erfahren wir erst im vierten Akt. Dort tauchen Faust und Mephisto wieder auf, als Undercover-Agenten natürlich, und sichern mithilfe eines Schwindels und mit neuzeitlicher Militärtechnik und Schießpulver die Herrschaft des Kaisers. Der ist feige und hilflos und kann Anarchie und Bürgerkrieg alleine nicht in den Griff bekommen. Wieder ist nicht umsonst der Teufel der Motor des vermeintlichen Fortschritts. Mephisto: »Das heiß ich endlich vorgeschritten.«

Zeugung in vitro: Homunculus

Zunächst jedoch gönnt Goethe dem Leser eine Verschnaufpause in Fausts altem Arbeitszimmer. Assistent Wagner, Junggeselle, Stubenhocker und wenig vitaler Bücherwurm, im Grunde eine Karikatur des alten Faust, nutzt die Abwesenheit des Chefs zu eigenen Experimenten. Er betätigt sich als Molekularbiologe und züchtet in einem gläsernen Gefäß eine Art Retortenbaby, den Homunculus. Viele träumen im ausgehenden 18. Jahrhundert von solchen Phantomen, neueste Erkenntnisse der Chemie verführen dazu. Der »Frankenstein« von Mary Wollstonecraft Shelley entsteht fast gleichzeitig mit dem Faust. Wagner gelingt zwar kein Mensch aus Fleisch und Blut, aber ein Superhirn, weit leistungsfähiger als sein eigenes. Das Zwerglein muss in seinem Glaskolben eingeschlossen bleiben und »leuchtet«. Voller Stolz verkündet Wagner, mit dieser künstlichen Intelligenz die Sexualität überwunden zu haben:

> Behüte Gott! wie sonst das Zeugen Mode war,
> Erklären wir für eitel Possen.
> Der zarte Punkt, aus dem das Leben sprang,
> Die holde Kraft, die aus dem Innern drang
> Und nahm und gab, bestimmt sich selbst zu zeichnen,
> Erst Nächstes, dann sich Fremdes anzueignen,
> Die ist von ihrer Würde nun entsetzt;
> Wenn sich das Tier noch weiter dran ergetzt,
> So muß der Mensch mit seinen großen Gaben
> Doch künftig höhern, höhern Ursprung haben.

Das schwerelose Wesen ist offensichtlich ein Zwitter: »Auch scheint es mir von andrer Seite kritisch:/Er ist, mich dünkt, hermaphroditisch«, und sehnt sich nach echter Verkörperung, nach Erfahrung und Leben, nach einer natürlichen Geburt jenseits von Wissenschaft und Technik. Erstaunt lesen wir, dass ausgerechnet der Zwitter aus dem Reagenzglas die klassische Mythologie am besten kennt. Er deutet die sehnsüchtigen Träume des im Nebenzimmer schlafenden Faust, erkennt in ihnen die Geschichte von der mythologischen Zeugung Helenas und bringt den verliebten Professor auf die griechische Spur. Natürlich darf Homunculus jetzt auch mit auf die Reise.

Drei Luftfahrer
auf dem Weg nach Griechenland

Der wird mit einem Mantel als fliegendem Teppich angetreten, Homunculus in seinem Glaskolben fliegt voraus und leuchtet! Auf die drei Nordlichter wartet die »Klassische Walpurgisnacht« mit antikem Personal und ganz anderer Stimmung als auf dem Brocken. Deswegen fühlt sich Mephisto auch so unwohl. Immerhin ist er ein Handlanger des Bösen, das mit dem biblischen Sündenfall in die Welt kam, und die griechische Antike sagt ihm herzlich wenig. Ganz anders Goethe. Der lässt einen ganzen Kosmos von märchenhaften Fabelwesen entstehen, verknüpft souverän griechische, orientalische und ägyptische Mythologie. Sünde spielt hier keine Rolle. Götter und Helden fehlen, dafür gibt es Vampire, Sirenen und thessalische Hexen, die vergeblich versuchen, Mephisto zu locken. »Ameisen von der kolossalen Art«, groß wie Wölfe, die für die Pygmäen (Fettbauch-Krummbein-Schelme genannt) als Sklaven im Bergwerk schuften. Goethes alte Vorliebe für den Neptunismus spricht aus dem Philosophen Thales:

> Alles ist aus dem Wasser entsprungen!!
> Alles wird durch das Wasser erhalten!
> Ozean, gönn uns dein ewiges Walten!
> Wenn du nicht Wolken sendetest,
> Nicht reiche Bäche spendetest,
> Hin und her nicht Flüsse wendetest,
> Die Ströme nicht vollendetest,
> Was wären Gebirge, was Ebnen und Welt?
> Du bist's, der das frischeste Leben erhält.

»In der Tiefe brummend und polternd« vernimmt man Seismos, den Verursacher der Erdbeben. Sein philosophischer Verteidiger, Anaxagoras, ist kein Sympathieträger.

Delfinreiter. Federzeichnung Goethes, 1788/90

Goethe ist und bleibt der Überzeugung, dass langsam wachsen muss, was überdauern soll. Nicht nur, aber auch in der Natur verabscheut er Gewalt, die immer nur Gegengewalt erzeugt (s. Kap. VII).

Für Homunculus ist Griechenland die Rettung: Proteus, der Gott der Verwandlungen, hilft ihm aus der Künstlichkeit. Er schickt ihn ins Meer. Eine Schar lieblicher Wassernixen reitet auf Delfinen vorüber, und auf den Muschelwagen der schönsten, Galatea, lässt sich der Kunstmensch zutreiben und zerschellt entspannt und wohlig. Homunculus erlebt die Liebe, nach der er sich sehnt wie die Monster Frankensteins oder King Kong. Er löst sich im mittelmeerischen Fruchtwasser auf und durchlebt die Evolution von vorn, geduldig, die Regeln und die Formen wahrend, im Goethe-Takt:

Gib nach dem löblichen Verlangen,
Von vorn die Schöpfung anzufangen!
Zu raschem Wirken sei bereit!
Da regst du dich nach ewigen Normen,
Durch tausend, abertausend Formen,
Und bis zum Menschen hast du Zeit.

Faust hingegen hat seine Helena auf dieser phantastischen Wanderung nicht gefunden, überhaupt haben wir ihn etwas aus den Augen verloren. Der nächste Akt bringt auch ihm endlich das ersehnte Glück.

Die Schöne aus der Unterwelt: Helena

Viele Informanten werden gebraucht, bis klar ist: Helena lebt in der Unterwelt. Besonders nützlich ist auch hier Proteus, der »Wandelbare«. Er weist den Weg zum Eingang. Wenn es eine Figur im ganzen Drama gibt, in deren Rolle Goethe gern geschlüpft wäre, dann sicher diese. Proteus lebt »außer aller Zeit« und ist gleichzeitig überall zu Hause: die ideale Beschreibung eines Dichters, der permanente Häutungen erlebt und der sein Alterswerk auf das Zusammentreffen von kulturellen Ungleichzeitigkeiten aufbaut. Nicht umsonst beschäftigt Goethe sich in der Zeit der Niederschrift von »Faust II« am intensivsten mit der Ausformulierung seiner Idee von der Weltkultur. Hier setzt er sie überzeugend in Poesie um.

In Sparta treffen Faust und Helena endlich zusammen. Die Schöne ist ein irdisches Wesen und gleichzeitig eine Erfindung von Dichtern und Mythen. Kein Wunder, dass sie sich selbst fremd wird und unter den vielen Geschichten, die mit ihr verknüpft sind, leidet:

> Ist viel geschehen, was die Menschen weit und breit
> So gern erzählen, aber der nicht gerne hört,
> Von dem die Sage wachsend sich zum Märchen spann.

Wie zu erwarten, ist es der verkleidete Mephisto, der sie verunsichert. Er konfrontiert sie mit ihrer eigenen Legende und dem ewigen Helena-Tratsch, er kann eben die klassischen Wesen nicht ausstehen. Verständlich, denn im antiken Griechenland ist der christliche Teufel arbeitslos. Um endlich wieder mitmischen zu können, muss er moralisieren und Helenas »Vorleben« in ein Sündenregister packen. Helena ist erschüttert:

> Dies nicht allein. Ihr habt in sittelosem Zorn
> Unsel'ger Bilder Schreckgestalten hergebannt,
> Die mich umdrängen, daß ich selbst zum Orkus mich
> Gerissen fühle, vaterländ'scher Flur zum Trutz.
> Ist's wohl Gedächtnis? war es Wahn, der mich ergreift?
> War ich das alles? Bin ich's? Werd' ich's künftig sein,
> Das Traum- und Schreckbild jener Städteverwüstenden?

Mephisto hält sich nicht lange auf mit Helenas Gewissensbissen, sondern betätigt flott die Nebelmaschine und verwandelt die griechische Burg in reines Mittelalter mit »Säulen, Säulchen, Bogen, Bögelchen«. Helena und ihr Gefolge wundern sich nicht und werden Zeugen und Mitspieler eines erstaunlichen Sprachspiels. Sie hören den Burgwächter Lynkeus (der einen griechischen Namen hat und einem mittelalterlichen Ritter aus dem »Norden«, nämlich Faust, dient) in vierhebigen Paarreimen singen. Helena ist begeistert. Ihr eigenes Versmaß ist der griechischen Tragödie nachgebildet (reimloser sechshebiger Jambus). Faust benutzt bei der Begegnung mit der Griechin erstmals den Blankvers, opfert also den Reim (des ersten und zweiten Akts) und kommt ihr damit quasi entgegen. Wie hätte Goethe seine Idee von der Spiegelung des Fremden im Eigenen besser umsetzen können als in einer Liebesbeziehung? In diesem verwirrenden Gemisch aus Antike, Völkerwanderungszeit, Kreuzzügen und Klassik findet das Paar sich in gemeinsamen Reimübungen: spannend, erotisch, »umarmender Reim«. Das wird in modernen Aufführungen auch schon mal gerappt.

> HELENA. Vielfache Wunder seh' ich, hör' ich an,
> Erstaunen trifft mich, fragen möcht' ich viel.
> Doch wünscht' ich Unterricht, warum die Rede
> Des Manns mir seltsam klang, seltsam und freundlich.
> Ein Ton scheint sich dem andern zu bequemen,
> Und hat ein Wort zum Ohre sich gesellt,
> Ein andres kommt, dem ersten liebzukosen.
> FAUST. Gefällt dir schon die Sprechart unsrer Völker,
> O so gewiß entzückt auch der Gesang,
> Befriedigt Ohr und Sinn im tiefsten Grunde.
> Doch ist am sichersten, wir üben's gleich;
> Die Wechselrede lockt es, ruft's hervor.
> HELENA. So sage denn, wie sprech' ich auch so schön?
> FAUST. Das ist gar leicht, es muß von Herzen gehn.
> Und wenn die Brust von Sehnsucht überfließt,
> Man sieht sich um und fragt –
> HELENA.   wer mitgenießt.
> FAUST. Nun schaut der Geist nicht vorwärts, nicht zurück,
> Die Gegenwart allein –
> HELENA.   ist unser Glück.
> FAUST. Schatz ist sie, Hochgewinn, Besitz und Pfand;
> Bestätigung, wer gibt sie?
> HELENA.   Meine Hand.

Kaum zusammengekommen hat das frischgebackene Paar in seinem neuen Wohnsitz Arkadien einen halbwüchsigen Sohn, Euphorion. Ein Kleinfamilienidyll, das wir dem griesgrämigen Faust nicht zugetraut hätten. Immerhin macht er jetzt Fortschritte auf dem Weg zur Genussfähigkeit. »Sie sind zufrieden und gesund«, aber wie zu erwarten, geht es nicht lange gut. Die Eltern sind überfordert mit der verjüngten und noch sprunghafteren Ausgabe von Vater Faust: »Bändige! Bändige/Eltern zuliebe/Überlebendige/ Heftige Triebe!« Der junge Mann hat schon ausgeprägt selbstzerstörerische Züge. Er träumt vom Krieg und will eine Nymphe aus dem Chor vergewaltigen. Auch versucht er mithilfe eines Flügelpaars die jahrtausendealte Sehnsucht nach dem Fliegen wahr zu machen, doch stürzt er ab wie Ikarus und zieht seine Mutter mit in die Unterwelt zurück. Das heißt für Faust: Aus der Traum von der interkulturellen Familie. Landung im »Hochgebirg«, wie die Szenerie zu Beginn des vierten Akts eher vage genannt wird. Es handelt sich jedenfalls um das Deutschland der frühen Neuzeit, und Faust schwebt sanft und langsam auf einer Wolke heran.

Mit Siebenmeilenstiefeln zurück nach Deutschland – Faust baut

Mephisto folgt in Siebenmeilenstiefeln. Die marschieren munter alleine weiter, nachdem der Teufel sich neben Faust aus ihnen herausgepellt hat – surrealistische Bildphantasien des alten Goethe. Nachdem Faust und Mephisto mit diversen Tricks und einer Geisterarmee den drohenden Untergang der kaiserlichen Herrschaft abgewendet haben, wird Faust mit einem Land am Meer belohnt. Mithilfe eines gigantischen Bauprojekts aus Kanälen, Deichen, Palästen und Häfen möchte Faust sein Herrschaftsgebiet vergrößern und Land aus dem Meer gewinnen. Ein fast hundertjähriger Greis glaubt, die Elemente beherrschen zu können. Er erinnert an die verrückten Wissenschaftler mit Allmachtsphantasien, die in etlichen James-Bond-Filmen nach der

Weltherrschaft greifen. Der Ausgleich mit den Naturkräften, der für Goethe lebenswichtig war, wenn Fortschritt gelingen sollte, kümmert seinen Helden nicht:

> Kluger Herren kühne Knechte
> Gruben Gräben, dämmten ein,
> Schmälerten des Meeres Rechte,
> Herrn an seiner Statt zu sein.

Mit den Möglichkeiten der Naturbeherrschung wächst offensichtlich auch die Barbarei. Fausts ganze Herrschaft beruht auf Mafiamethoden und Piraterie. Mephisto, ganz in seinem Element, liefert die Theorie dazu:

> Wer weiß da, was Besinnen heißt!
> Da fördert nur ein rascher Griff,
> Man fängt den Fisch, man fängt ein Schiff,
> Und ist man erst der Herr zu drei,
> Dann hakelt man das vierte bei;
> Da geht es denn dem fünften schlecht,
> Man hat Gewalt, so hat man Recht.
> Man fragt ums Was, und nicht ums Wie.

Ein einziges altes Paar lebt noch unabhängig in Fausts Herrschaftsgebiet: Philemon und seiner Frau Baucis gehört ein kleiner Hof unter schattigen Bäumen, daneben steht eine Kapelle mit Glockenturm. Die beiden zufriedenen, naturverbundenen, hilfsbereiten und selbstgenügsamen Alten sind Faust ein Dorn im Auge. Berauscht von seiner künstlichen Landschaft, in der Wasser und Berge versetzt werden, gibt er den Befehl, sie »zur Seite zu schaffen«, um seinen Besitz »rein« zu halten:

> Die Alten droben sollten weichen,
> Die Linden wünsch' ich mir zum Sitz,
> Die wenig Bäume, nicht mein eigen,
> Verderben mir den Weltbesitz.
> (...)

So sind am härtsten wir gequält,
Im Reichtum fühlend, was uns fehlt.
Des Glöckchens Klang, der Linden Duft
Umfängt mich wie in Kirch' und Gruft.
Des allgewaltigen Willens Kür
Bricht sich an diesem Sande hier.
Wie schaff' ich es mir vom Gemüte!
Das Glöcklein läutet, und ich wüte.

Eckermann überliefert Goethes Einschätzung seiner Hauptfigur: »Wir redeten sodann über den Faust, den das Erbteil seines Charakters, die Unzufriedenheit, auch im Alter nicht verlassen hat und den, bei allen Schätzen der Welt und in einem selbstgeschaffenen neuen Reiche, ein paar Linden, eine Hütte und ein Glöckchen genieren, die nicht sein sind.«

Da kommen wir mit vollem Trab;
Verzeiht! es ging nicht gütlich ab.
Wir klopften an, wir pochten an,
Und immer ward nicht aufgetan;
Wir rüttelten, wir pochten fort,
Da lag die morsche Türe dort;
Wir riefen laut und drohten schwer,
Allein wir fanden kein Gehör.
Und wie's in solchem Fall geschicht,
Sie hörten nicht, sie wollten nicht;
Wir aber haben nicht gesäumt,
Behende dir sie weggeräumt.
Das Paar hat sich nicht viel gequält,
Vor Schrecken fielen sie entseelt.
Ein Fremder, der sich dort versteckt
Und fechten wollte, ward gestreckt.
In wilden Kampfes kurzer Zeit
Von Kohlen, ringsumher gestreut
Entflammte Stroh. Nun lodert's frei,
Als Scheiterhaufen dieser drei.

So meldet Mephisto die Ausführung des Befehls. Mit den Überresten des Altertums wird die Tradition liquidiert. Jetzt dämmert es Faust: »Geboten schnell, zu schnell getan«. Ungeduldig wird erst gehandelt, dann – wenn überhaupt – nachgedacht. Keinen Augenblick der Ruhe gibt es in seiner Kolonie, die eher einem Ameisenstaat oder einem Arbeitslager gleicht: »Arbeiter schaffe Meng' auf Menge,/Ermuntre durch Genuß und Strenge,/Bezahle, locke, presse bei!« Und trotzdem: »Er macht ein/Widerlich Gesicht«. Der einsame Faust ist nach wie vor miserabel drauf und dafür straft er seine Umwelt. Auf Reflexion, Scham, Schuldgefühle, Selbsterkenntnis warten wir vergeblich. Fausts utopischer Staat ist totalitär organisiert und auf Gewalt und »Menschenopfer« gegründet. Faust handelt, als wäre er allein auf der Welt. Als sich ihm die »Sorge« in Gestalt eines »grauen Weibes« nähert, will er sie verscheuchen. Sie haucht ihn an und Faust erblindet. »Verblendet« hat er gehandelt und »verblendet« bleibt er in seinen Allmachtsphantasien bis an sein Ende.

Kompensiert der einsame Faust mit seinem Aktivismus die Angst vor dem Tod?

> Des Herren Wort, es gibt allein Gewicht.
> Vom Lager auf, ihr Knechte! Mann für Mann!
> Laßt glücklich schauen, was ich kühn ersann.
> Ergreift das Werkzeug, Schaufel rührt und Spaten!
> Das Abgesteckte muß sogleich geraten.

Noch als sein Grab schon ausgehoben wird, glaubt der größenwahnsinnige Herrscher das eifrige Spatengeklapper der versklavten Baukolonnen zu hören. Dabei hat Mephisto längst die Überflutung und damit das Ende des Dammprojekts angekündigt. Die Natur bestraft die naturwidrige Lebensweise.

»Geboten schnell, zu schnell getan« – Eine negative Utopie

Der bedeutende Goethe-Forscher Albrecht Schöne schreibt: »Unter Wilhelm II., unter Hitler, unter Ulbricht: Immer ist Fausts exzentrische und tief fragwürdige Erscheinung als eine vorbildhaft-exemplarische dargestellt worden, hat man diesen unentwegt tätigen ... strebend irrenden Faust als einen strebend sich Vervollkommnenden ausgegeben. In einem sehr merkwürdigen Verdrängungs- und Verfälschungsprozeß wurde der geduldlose, ruhelose, maßlose und glücklose Egozentriker ... zum nationalen Mythos verklärt.« Faust wird missverstanden. Macht eine literarische Weltkarriere als spezifisch deutscher »Streber«. Faust soll für das Ideal des gelungenen Lebens stehen. Durchsetzungsfähig und aktiv, der »nordische« Tatmensch, in Wahrheit aber ein gewalttätiger Technokrat. Einer, der glaubt, alles, was technisch machbar ist, auch durchsetzen zu müssen. Heute kennen wir die katastrophalen Fehlentwicklungen, die sich aus unreflektiertem Fortschrittsoptimismus ergeben. Goethe lebte vor Hiroshima, vor Tschernobyl, vor dem gefährlichen Klimawandel, aber er war sich der Ambivalenz des Fortschritts sehr bewusst. Technische Entwicklungen vergrößern nicht nur die Freiheit, sondern auch die Abhängigkeit. Vorstellungen, die vielen von uns heute geläufig sind, im 19. und weiten Teilen des 20. Jahrhunderts aber dem ungebremsten Glauben an die Segnungen des Fortschritts zum Opfer fielen.

Fausts Gewaltbereitschaft ist für Goethe ein Charakteristikum der Moderne, neben der Beschleunigung, der Übereilung und der Ungeduld, die den Menschen die Möglichkeit zur Konzentration nehmen. Der Philosoph Friedrich Nietzsche, der Goethe mit seinen zukunftsweisenden Einsichten für einen »Zwischenfall ohne Folgen« hält, wird es zuspitzen: »Aus Mangel an Ruhe läuft unsere Kultur in eine neue Barbarei aus.« Zeitnot beginnt mit Faust, in Nietzsches nervösem Zeitalter setzt sie sich fort, und heute gilt: Man ist wichtig, wenn man in Eile ist und nie Zeit hat und ist damit ein Kandidat für die »Eilkrankheit«, die in Faust bereits aufscheint. Heute beschreibt man sie auch mit der Unfähigkeit zu angenehmen Erinnerungen. Bei Faust kommt die Unfähigkeit zu angenehmen Erlebnissen dazu. Im Juni 1825 klagt Goethe in einem Brief an Freund Zelter:

> Niemand kennt sich mehr, niemand begreift das Element worin er schwebt und wirkt, niemand den Stoff, den er bearbeitet. (...) Reichtum und Schnelligkeit ist was die Welt bewundert und wornach jeder strebt.

Noch entschiedener formuliert er seine Angst vor Schnelllebigkeit, Oberflächlichkeit, Stress und öffentlichem Druck in einem Briefkonzept vom Ende desselben Jahres:

> Für das größte Unheil unsrer Zeit, die nichts reif werden läßt, muß ich halten daß man im nächsten Augenblick den vorhergehenden verspeist, den Tag im Tage vertut, und so immer aus der Hand in den Mund lebt, ohne irgend etwas vor sich zu bringen. Haben wir doch schon Blätter für sämtliche Tageszeiten, ein guter Kopf könnte wohl noch eins und das andere interpolieren. Dadurch wird alles, was ein jeder tut, treibt, dichtet, ja was er vorhat, ins Öffentliche geschleppt. Niemand darf sich freuen oder leiden, als zum Zeitvertreib der übrigen; und so springt's von Haus zu Haus, von Stadt zu Stadt, von Reich zu Reich und zuletzt von Weltteil zu Weltteil, alles veloziferisch.

»Alles veloziferisch oder Goethes Entdeckung der Langsamkeit« betitelt daher auch Manfred Osten sein packendes Buch, in dem er die Kritik der Moderne im »Faust« analysiert. Goethe, der lebenslang Reisende, denkt nach über das Verhältnis des Menschen zu Wissenschaft und Technik.

Er erträgt zu viel Tempo nicht. Er braucht und will Ordnung, Dauer, Kontemplation, bedächtiges Fortschreiten, menschliches Maß, Respekt vor gewachsenen Strukturen.

> So wenig nun die Dampfwagen zu dämpfen sind, so wenig ist dies auch im Sittlichen möglich: die Lebhaftigkeit des Handelns, das Durchrauschen des Papiergelds, das Anschwellen der Schulden, um Schulden zu bezahlen, das alles sind die ungeheuern Elemente, auf die gegenwärtig ein junger Mann gesetzt ist. Wohl ihm, wenn er von der Natur mit mäßigem ruhigem Sinn begabt ist; wenn es ihn weder drängt, unverhältnismäßige Forderungen an die Welt zu machen, noch sie von ihr erdulden mag.

Trotz seiner kritischen Haltung ist Goethe nicht der griesgrämige Alte am Frauenplan, der sich vor der Welt verschließt. Auch er ist ein Nutznießer der Veränderungen in Handel, Verkehr und Kommunikation. Wie sonst hätte er sein Konzept der Weltliteratur umsetzen können, das Bücherlieferungen, Zeitschriften, Austausch und Besucher aus aller Welt brauchte. Was er aber nicht braucht, ist hektische, nach Prestige strebende Betriebsamkeit. Was er nicht erträgt, ist die gedankenlose Zerstörung vormoderner Lebensformen. Was er will, ist die Internationalisierung der Kultur:

> Es gibt keine patriotische Kunst und patriotische Wissenschaft. Beide gehören, wie alles hohe Gute, der ganzen Welt an und können nur durch allgemeine freie Wechselwirkung aller zugleich Lebenden, in steter Rücksicht auf das, was uns vom Vergangenen übrig und bekannt ist, gefördert werden.

Goethes Ziel ist es also, das kulturelle Gedächtnis und die Tradition zu aktivieren und beides als weltweites Erbe der Menschheit zu betrachten.

Faust stirbt und Goethe auch

Zurück zur Ausgangsfrage: Wer gewinnt die Wette um Fausts Seelenheil? In der letzten Szene (»Bergschluchten«) wird sein »Unsterbliches« in eine jenseitige geistige Welt aufgenommen, die von einer Menge christlichen Personals bevölkert wird. Wie Goethe Eckermann gesteht, will er damit hauptsächlich den Zuschauern oder Lesern entgegenkommen, etwas »Vagem« eine »beschränkende Form« geben, also vertraute Vorstellungen für Erlösung und Jenseits benutzen. Da es sich aber um »sehr ernste Scherze« handelt, dürfen Komik und Provokationen nicht fehlen. Engel und Teufel kämpfen mit Rosen gegen Fürze um die Seele des Verstorbenen:

> Nun pustet, Püstriche! – Genug, genug!
> Von eurem Brodem bleicht der ganze Flug. –
> Nicht so gewaltsam! schließet Maul und Nasen!
> Fürwahr, ihr habt zu stark geblasen.

Und Mephisto wird im entscheidenden Augenblick von homoerotischen Interessen abgelenkt: »Ihr seid so hübsch, fürwahr ich möcht' euch küssen«, flirtet er mit den Engeln und bringt damit noch 1989 einen Germanisten dazu, von schweren »künstlerischen Mißgriffen« zu schreiben.

> Dich, langer Bursche, dich mag ich am liebsten leiden,
> Die Pfaffenmiene will dich gar nicht kleiden,
> So sieh mich doch ein wenig lüstern an!
> Auch könntet ihr anständig-nackter gehen,
> Das lange Faltenhemd ist übersittlich –
> Sie wenden sich – von hinten anzusehen! –
> Die Racker sind doch gar zu appetitlich!

Dann wird es ernst: »Wer immer strebend sich bemüht,/Den können wir erlösen«, verkünden die Engel. Der verblendete destruktive Faust erfährt unabhängig von seinen düsteren Taten Gnade, als Versöhnung durch die Liebe am Ende der Zeiten. Er muss sich nicht vor einem endzeitlichen Strafgericht verantworten, und Gott tritt nicht mehr auf. Dafür die »Himmelskönigin« und Margarete, vielleicht ein Zeichen für das überlegene weibliche Wissen von der Liebe. Für das »Unsterbliche« hat Goethe oft den griechischen Begriff »Entelechie« gebraucht, »ein Wesen das immer in Funktion ist«. Damit verbindet sich für ihn Hoffnung:

> Die Überzeugung unserer Fortdauer entspringt mir aus dem Begriff der Tätigkeit; denn wenn ich bis an mein Ende rastlos wirke, so ist die Natur verpflichtet, mir eine andere Form des Daseins anzuweisen, wenn die jetzige meinen Geist nicht ferner auszuhalten vermag.

Es ging Goethe darum, das eigene Potenzial zu nutzen und zu steigern. Gleichzeitig wollte er Traditionen bewahren und gegen aggressive Impulse angehen. Tätigkeit ja, aber kein zwanghafter Aktionismus, kein rücksichtsloses Tatmenschentum, »rastlos« im Sinn von leidenschaftlicher, aber nicht ungeduldiger Anteilnahme am Leben. Vielleicht konnte Goethe mit diesen Überzeugungen der Angst vor dem Tod begegnen, als er merkte, dass die Zeit immer neuer Verjüngungen endgültig vorbei ist. Am 22. März 1832 können es sein Geist und Körper »nicht ferner aushalten«.

Goethe

Zeittafel

1749 Am 28. August wird Johann Wolfgang Goethe in Frankfurt am Main geboren. Er ist der älteste Sohn von Catharina Elisabeth Goethe, der Tochter des Bürgermeisters Textor, und von Johann Caspar Goethe, Jurist und »Privatier«.
1750 Am 7. Dezember Geburt der Schwester Cornelia, vier weitere Geschwister sterben im Kindesalter.
1753 Goethe bekommt von seiner Großmutter zu Weihnachten ein Puppentheater geschenkt.
1755 Das elterliche Wohnhaus am Großen Hirschgraben wird ein Jahr lang umgebaut.
Erdbeben von Lissabon am 1. November.
1756 In Europa beginnt der Siebenjährige Krieg. Goethe wird ab jetzt vom Vater und von Privatlehrern unterrichtet. Im Laufe der Jahre lernt er mehrere Sprachen, Fechten, Reiten, Klavierspielen, Zeichnen, Philosophie und Jura in Grundzügen.
1759 Der Stadtkommandant der französischen Truppen wird bei Goethes einquartiert. Johann Wolfgang besucht das französische Theater und hat viel Kontakt zu Malern.
1764 Joseph II. wird in Frankfurt zum römisch-deutschen König gekrönt.
1765 Im September immatrikuliert sich Goethe an der Universität Leipzig, um dort auf Wunsch des Vaters Jura zu studieren. Er hört Poetik-Vorlesungen, trifft Mediziner und Naturwissenschaftler, hat Unterricht im Zeichnen und Radieren. Er verliebt sich in die Gastwirtstochter Käthchen Schönkopf und schreibt Gedichte und ein Schäferspiel.
1768 Goethe wird schwer krank und kehrt ohne Abschluss in das Elternhaus zurück, wo er über ein Jahr braucht, um sich zu erholen. Kontakte zu pietistischen Kreisen um Katharina von Klettenberg.
1770 Im März reist Goethe nach Straßburg, um das Jura-Studium zu beenden. Er besteigt das Münster (führt 1773 zum

Aufsatz »Von deutscher Baukunst«), befreundet sich mit Johann Gottfried Herder, verliebt sich in die Pfarrerstochter Friederike Brion aus Sesenheim. Gedicht: »Es schlug mein Herz, geschwind zu Pferde«.

1771 Goethe übersetzt Ossian, schreibt Gedichte, wird zum »Lizenziaten« der Rechte promoviert. Im August trennt er sich von Friederike und kehrt nach Frankfurt zurück. Dort hält er die Rede »Zum Schäkespears Tag« und schreibt die erste Fassung des Dramas »Götz von Berlichingen«. Mithilfe seines Vaters arbeitet er als Anwalt.

1772 Freundschaft mit Johann Heinrich Merck in Darmstadt, Rezensionen für dessen Zeitschrift, die »Frankfurter Gelehrten Anzeigen«. Goethe schreibt die Hymne »Der Wanderer«. Von Mai bis September ist er Referendar am Reichskammergericht in Wetzlar, lernt J. Chr. Kestner kennen und verliebt sich in dessen Verlobte Charlotte Buff. Goethe liest Homer und beschäftigt sich mit dem Koran.

1773 Goethe ist zurück in Frankfurt, lässt die zweite Fassung des »Götz« drucken, beschäftigt sich mit Spinoza, erwähnt erstmals die Arbeit an einem Faust-Stück, schreibt die Hymne »Prometheus«. Im November heiratet seine Schwester Cornelia den Juristen J. G. Schlosser.

1774 Im Frühjahr verfasst Goethe »Die Leiden des jungen Werther«, der Roman erscheint im Herbst. Im Mai entsteht innerhalb einer Woche das Drama »Clavigo«. Verstärkter Kontakt zu Johann Kaspar Lavater, mit ihm unternimmt Goethe im Sommer eine Lahn-Rhein-Reise und beteiligt sich an seinen »Physiognomischen Fragmenten«. Im Dezember trifft Goethe erstmals den Erbprinzen Carl August von Sachsen-Weimar in Frankfurt.

1775 Goethe lernt die Bankierstochter Lili Schönemann kennen und verlobt sich mit ihr. Er beginnt einen Briefwechsel mit Auguste Gräfin zu Stolberg. Das Schauspiel »Stella« entsteht.

Mai bis Juli: Goethe reist mit den Brüdern Stolberg das erste Mal in die Schweiz, besucht die Schwester in Emmendingen, besucht Lavater in Zürich, befährt den Zürcher See und besteigt den St. Gotthard, ohne nach Italien

weiterzureisen. Gedicht: »Ich saug an meiner Nabelschnur«.
Er beschäftigt sich mit dem Drama »Egmont«, löst die Verlobung mit Lili und geht Anfang November auf Einladung des Prinzen Carl August nach Weimar.
1776 Beginn der Beziehung zu Charlotte von Stein, Berufung Herders nach Weimar. Goethe wird Beamter im weimarischen Staatsdienst. Inspiziert die stillgelegten Bergwerke in Ilmenau, interessiert sich für Geologie. Er kauft (mit Geld vom Herzog) Haus und Garten an der Ilm. Kleine Stücke Goethes werden auf dem Liebhabertheater des Weimarer Hofes aufgeführt. Zwischen 1776 und 1778: Erste Fassung des Gedichts: »An den Mond«.
1777 Goethe beginnt an »Wilhelm Meisters theatralischer Sendung« zu arbeiten. Im Juni stirbt seine Schwester. November/Dezember besteigt Goethe den »Brocken«, trifft Plessing und schreibt das Gedicht »Harzreise im Winter«.
1778 besucht Goethe in Begleitung des Herzogs Berlin. Goethe bekommt immer mehr Verwaltungsaufgaben (Straßenbau, Bergbau, Finanzen, Kriegskommission) übertragen.
1779 In Weimar findet die erste Aufführung der »Iphigenie« (Prosafassung) statt. September bis Januar: Zweite Reise in die Schweiz, in Begleitung des Herzogs. Goethe besucht unterwegs die Eltern in Frankfurt, seine Jugendlieben Friederike und Lili, lernt Georg Forster kennen, besucht Lavater. In Mannheim wird »Clavigo« aufgeführt.
1780 Arbeit an »Egmont«. Goethe konzipiert den »Tasso«.
1781 Freie Zeichenschule in Weimar gegründet, Goethe hört anatomische Vorlesungen in Jena.
1782 Goethe wird in den Adelsstand erhoben, der Vater stirbt, Goethe zieht in das Haus am Frauenplan. Goethe schreibt den »Erlkönig«.
1783 Zweite Harzreise mit Fritz, dem elfjährigen Sohn der Frau von Stein.
1784 Goethe schreibt »Über den Granit« und entdeckt den Zwischenkieferknochen am menschlichen Schädel. Das Bergwerk in Ilmenau wird wieder eröffnet. Im Herbst reist Goethe ein drittes Mal in den Harz.

1786 Reise nach Karlsbad, mineralogische Studien in Böhmen, Goethe beginnt, sich mit Botanik zu beschäftigen.
1786 Am 3. September bricht Goethe heimlich aus Karlsbad nach Italien auf. Ende Oktober kommt er in Rom an, bezieht ein Zimmer in der Wohnung des Malers Tischbein. Er arbeitet an der Versfassung der »Iphigenie« und beschäftigt sich mit Kunsttheorie (Winckelmann), zeichnet viel.
1787 Goethe reist im Februar nach Neapel (Vesuvbesteigung) und Sizilien. Im Juni zurück in Rom, beendet er »Egmont«, arbeitet am »Tasso«, weiter am »Faust«, betreibt botanische Studien zur »Urpflanze«. Freundschaft mit Karl Philipp Moritz, Philipp Hackert, Heinrich Kniep, Angelika Kauffmann; Band 1–4 der »Schriften« erscheinen (erste Gesamtausgabe).
1788 Am 24. April Abschied von Rom, am 18. Juni Ankunft in Weimar, Entfremdung von Frau von Stein, Goethe lernt seine Lebensgefährtin, die Putzmacherin Christiane Vulpius, kennen. Er beginnt mit der Arbeit an den »Römischen Elegien« und trifft erstmals Schiller.
1789 Ausbruch der Französischen Revolution. Goethe vermittelt Schillers Berufung als Professor für Geschichte nach Jena und engagiert sich stark für diese Universität. Er lernt Wilhelm von Humboldt kennen. Am 25. Dezember Geburt des einzigen überlebenden Sohnes Julius August Walther.
1790 »Faust. Ein Fragment« abgeschlossen. Zweite Italienreise, nach Venedig.
Goethes erste naturwissenschaftliche Schrift erscheint, der »Versuch die Metamorphose der Pflanzen zu erklären«. Er verfasst die »Venezianischen Epigramme«.
1791 Goethe übernimmt die Leitung des Weimarer Hoftheaters, dort Uraufführung des »Egmont«, beschäftigt sich mit Optik.
1792 nimmt Goethe von August bis Dezember am Feldzug Österreich-Preußens gegen Frankreich teil. Der Herzog schenkt ihm das Haus am Frauenplan.
1793 Von Mai bis August wird das republikanische Mainz belagert, Goethe ist dabei. Er verfasst das Versepos »Reineke

Fuchs«, die Stücke »Der Bürgergeneral« und »Die Aufgeregten«, er arbeitet an der »Farbenlehre«.

1794 schreibt Goethe an »Wilhelm Meisters Lehrjahren«, Beginn der Freundschaft und Zusammenarbeit mit Schiller. (Gespräch der beiden über Urpflanze, Idee und Erfahrung). Goethe schreibt für Schillers neue Zeitschrift »Horen« die »Unterhaltungen deutscher Ausgewanderten«, trifft Hölderlin, hört Anatomie in Jena.

1795 Weiterarbeit am »Wilhelm Meister«, »Xenien« mit Schiller. Erstveröffentlichung der »Römischen Elegien« in Schillers »Horen«.

1796 Goethe übersetzt die Autobiographie des italienischen Bildhauers Benvenuto Cellini, schließt »Wilhelm Meisters Lehrjahre« ab, beginnt das Versepos »Hermann und Dorothea«. Goethe kümmert sich um den Stollenbruch im Bergwerk Ilmenau.

1797 »Balladenjahr« mit Schiller, »Der Zauberlehrling«. Dritte Schweizer Reise, auf dem Weg Station in Frankfurt, Goethe sieht seine Mutter zum letzten Mal. Goethe beschäftigt sich wieder mit »Faust«.

1798 Herausgabe der Kunstzeitschrift »Propyläen«. Er arbeitet am epischen Fragment »Achilleis«. Die Elegie »Metamorphose der Pflanzen« entsteht.

1799 Schiller zieht nach Weimar, die beiden arbeiten zusammen am Theater. Goethe schreibt am »Faust«, beginnt die Korrespondenz mit dem Berliner Komponisten Friedrich Zelter, häufige Kontakte mit dem Philosophen Schelling und den Brüdern Schlegel. Goethe übersetzt das Mahomet-Drama Voltaires (Aufführung in Weimar 1800).

1800 arbeitet Goethe am »Faust« und der »Farbenlehre«.

1802 Erste Aufführung der »Iphigenie« (Versfassung) am Weimarer Theater.

1803 Goethes Schauspiel »Die natürliche Tochter« wird uraufgeführt. Madame de Staël besucht Weimar, Herder stirbt. Goethe wird verantwortlich für die naturwissenschaftlichen Institute in Jena.

1805 9. Mai: Schiller stirbt. Goethe veröffentlicht »Winckelmann und sein Jahrhundert«.

1806 »Faust. Erster Teil« wird abgeschlossen. Die Truppen Napoleons besetzen Weimar, Goethes Haus bleibt von Plünderungen verschont, er heiratet Christiane, trifft häufig den Philosophen Hegel.

1807 Herzoginmutter Anna Amalia stirbt. Goethe beschäftigt sich in den böhmischen Bädern mit Mineralogie, schreibt an der »Farbenlehre« und einem Zyklus von Sonetten, lernt Bettina Brentano kennen. Er beginnt, an »Wilhelm Meisters Wanderjahren« zu arbeiten.

1808 Tod der Mutter. Goethe trifft Napoleon auf dem Fürstenkongress in Erfurt.

1809 Goethe schreibt die »Geschichte der Farbenlehre«, beginnt mit der Arbeit an der Autobiographie »Dichtung und Wahrheit«, schreibt den Roman »Wahlverwandtschaften«.

1810 Die »Farbenlehre« wird nach jahrzehntelangen Studien abgeschlossen.

1811 Der erste Teil von »Dichtung und Wahrheit« erscheint. Bettina Brentano hat die Schilderungen seiner Mutter über Goethes Kindheit nach Weimar weitergeleitet. Goethe trifft Sulpiz Boisserée und beschäftigt sich mit der Dichtung des Mittelalters.

1813 Wieland stirbt. Die Arbeit an der »Italienischen Reise« beginnt. Goethes »Berghöhenkarte« wird veröffentlicht.

1814/1815 Der Verleger Cotta schenkt Goethe eine Ausgabe des »Divan« des persischen Dichters Hafis. Goethe unternimmt Reisen in die Rhein-Main-Gegenden, liest Hafis, erste »Divan«-Gedichte entstehen. Er lernt Marianne von Willemer kennen.

1816 Christiane stirbt am 6. Juni. Goethe arbeitet an der »Italienischen Reise«. Heft 1 der Zeitschrift »Über Kunst und Altertum« erscheint.

1817 Goethe begründet die Schriftenreihen »Zur Naturwissenschaft« und »Zur Morphologie«.

1819 Der »West-östliche Divan« erscheint.

1820 Goethe arbeitet an der »Campagne in Frankreich« und an der »Belagerung von Mainz«.

1821–1823 verbringt Goethe die Sommer in Marienbad, lernt Ulrike von Levetzow kennen und macht der 19-Jährigen

einen Heiratsantrag, der abgelehnt wird; Goethe schreibt daraufhin die »Marienbader Elegie«. Sein Sekretär Eckermann übersiedelt nach Weimar.
1825 beginnt Goethe wieder an »Faust II« zu arbeiten.
1827 Frau von Stein stirbt am 6. Januar. Goethe arbeitet am Gedichtzyklus »Chinesisch-deutsche Jahres- und Tageszeiten«.
Der Begriff »Weltliteratur« wird erstmals genannt und definiert.
1828 Am 14. Juni stirbt Erzherzog Carl August.
1829 »Faust I« wird in Braunschweig uraufgeführt.
1830 Am 26. Oktober stirbt Goethes einziger Sohn August in Rom, der mit Ottilie von Pogwisch verheiratet war und zwei Söhne und eine Tochter hinterlässt. Die »Ausgabe letzter Hand« in 40 Bänden erscheint 1827–1830.
1831 »Faust II« wird beendet und versiegelt. Der vierte Band von »Dichtung und Wahrheit«, an dem Goethe mit Unterbrechungen seit 1821 arbeitet, wird abgeschlossen.
1832 Goethe stirbt am 22. März in Weimar.

Verwendete Literatur

Andree, Martin: Wenn Texte töten. München 2006
Aufenanger, Jörg: Hier war Goethe nicht. Biographische Einzelheiten zu Goethes Abwesenheit. Berlin 1999
Aurnhammer, Achim: Goethes »Italienische Reise« im Kontext der deutschen Italienreisen, GJB 2003
Bausinger, Hermann: Reisekultur. Frankfurt 2005
Bhatti, Anil und Horst Turk (Hrsg.): Reisen, Entdecken, Utopien. Untersuchungen zum Alteritätsdiskurs im Kontext von Kolonialismus und Kulturkritik. Bern 1998
Beller, Walter: Goethes Wilhelm Meister Romane. Bildung für eine Moderne. Hannover 1995
Bergmann, Günther: Goethe – Der Zeichner und Maler. Ein Porträt. Mitarbeit Jessica Berndt. München 1999
Beutler, Bernhard (Hrsg.): Spuren, Signaturen, Spiegelungen. Zur Goethe-Rezeption in Europa. Köln 2000
Birus, Hendrik: Goethe, der erste deutsche Großstadtlyriker, in: Zwischen Zentrum und Peripherie. Die Metropole als kultureller und ästhetischer Erfahrungsraum. Bielefeld 2005
Ders.: Goethes Reisen in die Rhein- und Main-Gegenden, GJB 2003
Blamberger, Günter: Das Geheimnis des Schöpferischen oder: Ingenium est ineffabile? Studien zur Literaturgeschichte der Kreativität zwischen Goethezeit und Moderne. Stuttgart 1991
Blessin, Stefan: Goethes Romane. Aufbruch in die Moderne. Paderborn 1996
Blumenberg, Hans: Goethe zum Beispiel, Frankfurt 1999
Bode, Wilhelm: Goethes Sohn. Berlin 2002 (Erstmals veröffentl. 1918)
Böhme, Hartmut: Natur und Subjekt. Frankfurt 1988
Ders.: Fetischismus und Kultur. Eine andere Theorie der Moderne. Reinbek b. Hamburg 2006
Böhmer, Otto A.: Johann Wolfgang Goethe. Zürich 2005
Bohnenkamp, Anne: Goethes poetische Orientreise, GJB 2003

Boerner, Peter: Goethe. Hamburg 1964
Borchmeyer, Dieter: Goethe, der Zeitbürger. München 1999
Ders.: Goethe im Gegenlicht, Heidelberg 2000
Bosse, Anke: Chinesisch-deutsche Jahres- und Tageszeiten, in: Gedichte von Johann Wolfgang Goethe, hrsg. von Bernd Witte. Stuttgart 1998
Böttiger, Karl August: Literarische Zustände und Zeitgenossen. Begegnungen und Gespräche im klassischen Weimar. Berlin 2. Aufl. 1998
Boyle, Nicholas: Goethe. Der Dichter in seiner Zeit, Bd. 1: 1749–1790. München 1995; Bd. 2: 1790–1803. München 2004
Brandmeyer, Rudolf: Die Gedichte des jungen Goethe. Göttingen 1998
Brandt, Helmut (Hrsg.): Goethe und die Wissenschaften. Jena 1984
Breidbach, Olaf: Goethes Metamorphosenlehre. München 2006
Chiarini, Paolo (Hrsg.): Bausteine zu einem neuen Goethe. Frankfurt 1987
Damm, Sigrid: Christiane und Goethe. Eine Recherche. Frankfurt a. M. 1998
Dill, Christa: Wörterbuch zu Goethes West-östlichem Divan. Tübingen 1987
Donat, Sebastian in Verbindung mit Hendrik Birus: Goethe – Ein letztes Universalgenie? Göttingen 1999
Eibl, Karl: Das monumentale Ich. Wege zu Goethes Faust. Frankfurt 2000
Ders. (Hrsg.): Goethes Kritiker. Paderborn 2001
Eckermann, Johann Peter: Gespräche mit Goethe. Frankfurt 2006
Eikenloff, Peter: Der verlassene Sohn: Generationenkonflikt und Bindungsverluste in den »Leiden des jungen Werthers«, in: Wirkendes Wort 53 (2003) 2, S. 181–199
Engelhardt, Wolf von: Goethe im Gespräch mit der Erde. Stuttgart 2003
Enzensberger, Hans Magnus: Dialoge zwischen Unsterblichen, Lebendigen und Toten. Frankfurt 2004
Fauser, Jörg: Trotzki, Goethe und das Glück. München 1996
Gaier, Ulrich: Johann Wolfgang Goethe: »Faust. Der Tragödie Zweiter Teil«. Stuttgart 2004

Gersdorff, Dagmar von: Goethes Mutter. Frankfurt a. M. und Leipzig 2001

Dies.: Goethes erste große Liebe Lili Schönemann. Frankfurt a. M. 2002

Goethe, August von: Auf einer Reise nach Süden. Tagebuch 1830, hrsg. v. Beyer, Andreas u. Radecke, Gabriele. München 1999

Goethe, August von und Ottilie von Pogwisch. Breife aus der Verlobungszeit. Hrsg. von H. Bluhm und D. Lohmeyer-Hölscher. Weimar 1962

Goethe, Johann Wolfgang von: Sämtliche Werke nach Epochen seines Schaffens. Münchner Ausgabe. Hrsg. v. Karl Richter in Zusammenarbeit mit Herbert G. Göpfert, Norbert Miller, Gerhard Sauder und Edith Zehm. 21 Bde. München 1985–1998 (MA)

Goethe, Johann Wolfgang von: Werke. Hamburger Ausgabe. Hrsg. v. Erich Trunz. 14 Bde. München 2000 (HA)

Goethes Briefe und Briefe an Goethe. Hamburger Ausgabe. Hrsg. v. Karl Robert Mandelkow unter Mitarbeit v. Bodo Morawe. München 1988

Goethes Gespräche. Eine Sammlung zeitgenössischer Berichte aus seinem Umgang. Auf Grund der Ausgabe und des Nachlasses v. Flodoard Freiherrn von Biedermann ergänzt u. hrsg. v. Wolfgang Herwig. München 1998

Golz, Jochen (Hrsg.): Goethes Morgenlandfahrten. West-östliche Begegnungen. Frankfurt a. M. 1999

Guthke, Karl S.: Goethes Weimar und »Die große Öffnung in die weite Welt«. Wiesbaden 2001

Gutjahr, Ortrud (Hrsg.): Westöstlicher und nordsüdlicher Divan. Goethe in interkultureller Perspektive. Paderborn 2000

Hahn, Hans-Werner, Hein, Dieter (Hrsg.): Bürgerliche Werte um 1800. Köln 2005

Hein, Karsten: Ottilie von Goethe. Frankfurt 2001

Hennig, John: Goethe and the English Speaking World. Bern 1988

Hilfrich-Kunjappu, Carola (Hrsg.): Zwischen den Kulturen. Tübingen 1997

Höfer, Anja: Johann Wolfgang von Goethe. München 3. Aufl. 2001

Hörisch, Jochen: Die andere Goethezeit. München 1992
Iwasaki, Eijiro (Hrsg.): Begegnung mit dem »Fremden«. Grenzen – Traditionen – Vergleiche. München 1991
Jaeger, Michael: Fausts Kolonie. Goethes Kritische Phänomenologie der Moderne. Würzburg 2004
Jannidis, Fotis: Das Individuum und sein Jahrhundert. Tübingen 1996
Jeßling, Benedikt: Römische Elegien (I, II, V), in: Gedichte von Johann Wolfgang Goethe. Hrsg. von Bernd Witte. Stuttgart 1998
Jung, Thomas und Mühlhaus, Brigitte (Hrsg.): Über die Grenzen Weimars hinaus – Goethes Werk in europäischem Licht. Frankfurt 2000
Kemper, Dirk: »Ineffabile«. Goethe und die Individualitätsproblematik der Moderne. München 2004
Keppler, Stefan: Grenzen des Ich. Die Verfassung des Subjekts in Goethes Romanen und Erzählungen. Berlin 2006
Kiefer, Klaus H.: Wiedergeburt und neues Leben. Bonn 1978
Klauß, Jochen: Goethe unterwegs. Eine kulturgeschichtliche Betrachtung. Weimar 1990
Koch, Manfred: Weimaraner Weltbewohner. Zur Genese von Goethes Begriff »Weltliteratur«. Tübingen 2002
Koopmann, Helmut: Goethe und Frau von Stein. München 2004
Koranyi, Stephan: Autobiographik und Wissenschaft im Denken Goethes. Bonn 1984
Krätz, Otto: Goethe und die Naturwissenschaften. München 1998
Krippendorf, Ekkehart: Goethe. Politik gegen den Zeitgeist. Frankfurt 1999
Ladendorf, Ingrid: Zwischen Tradition und Revolution. Die Frauengestalten in »Wilhelm Meisters Lehrjahren« und ihr Verhältnis zu deutschen Originalromanen des 18. Jahrhunderts. Frankfurt a. M. 1990
Lecke, Bodo: Dauer im Wechsel? Goethe und der Deutschunterricht. Frankfurt 2000
Linder, Jutta: »Falsche Tendenzen«. Der Staatsdiener Goethe und der Dichter. Catanzaro 2001

Lohner, Marlene: Goethes Caravanen. Verkörperungen der Phantasie im Spätwerk. Frankfurt 2001
Lüderssen, Klaus (Hrsg.): »Die wahre Liberalität ist Anerkennung«. Goethe und die Jurisprudenz. Baden-Baden 1999
Luserke, Matthias: Der junge Goethe. Ich weis nicht warum ich Narr so viel schreibe. Göttingen 1999
Ders. (Hrsg.): Goethe nach 1999. Positionen und Perspektiven. Göttingen 2001
Ders.: Goethe und Lenz. Frankfurt 2001
Maisak, Petra: »ein paar Blicke in die freye Welt!« Zu Goethes Reisezeichnungen. In: Goethe-Jahrbuch 2003, Bd 120. S. 123–143
Manger, Klaus (Hrsg.): Italienbeziehungen des klassischen Weimar. Tübingen 1997
Manger, Klaus: Goethe und die Weltkultur. Heidelberg 2003
Marx, Friedhelm: Erlesene Helden. Heidelberg 1995
Matt, Peter von: Die Intrige. Theorie und Praxis der Hinterlist. München 2006
Matussek, Peter (Hrsg.): Goethe und die Verzeitlichung der Natur. München 1998
Mayer, Hans: Goethe. Frankfurt 1999
Mecklenburg, Norbert: Interkulturelle Literaturwissenschaft. In: Alois Wierlacher (Hrsg.): Handbuch Interkulturelle Germanistik. Paderborn 1999
Melancholie. Genie und Wahnsinn in der Kunst. Ausstellungskatalog Berlin 2006
Mielsch, Hans-Ulrich: Die Schweizer Jahre deutscher Dichter. Zürich 1994
Miller, Norbert u. a.: Lehrreiche Nähe. Goethe und Hackert. Stiftung Weimarer Klassik. 1997
Ders.: Der Wanderer. München 2002
Muschg, Adolf: Goethe als Emigrant. Frankfurt 1986
Ders.: Von einem, der auszog, leben zu lernen. Frankfurt 2004
Ders.: Der Schein trügt nicht. Über Goethe. Frankfurt 2004
Neuhaus, Stefan: Warum Werther sterben musste, in: Literatur in Wissenschaft und Unterricht 35 (2002) 4, S. 287–308
Nisbet, Hugh B.: Goethe and the scientific tradition. London 1972

Nicklas, Pascal: Die Beständigkeit des Wandels. Metamorphosen in Literatur und Wissenschaft. Hildesheim 2002
Osterhammel, Jürgen: Die Entzauberung Asiens. Europa und die asiatischen Reiche im 18. Jahrhundert. München 1998
Osten, Manfred: »Alles veloziferisch« oder Goethes Entdeckung der Langsamkeit. Frankfurt 2003
Ders.: Das geraubte Gedächtnis. Frankfurt am Main und Leipzig 2004
Pries, Christine (Hrsg.): Das Erhabene. Zwischen Grenzerfahrung und Größenwahn. Weinheim 1989
Pabisch, Peter: Mit Goethe Schule machen? Bern 2002
Raymond, Petra: Von der Landschaft im Kopf zur Landschaft aus Sprache. Tübingen 1993
Richter, Karl (Hrsg.): Goethe. Ungewohnte Ansichten. St. Ingbert 2001
Riedel, Wolfgang: Bergbesteigung/Hadesfahrt. Topik und Sympolik der »Harzreise im Winter«, GJb 2003
Rohde, Carsten: Spiegeln und Schweben. Goethes autobiographisches Schreiben. Göttingen 2006
Ronell, Avital: Der Goethe-Effekt. München 1994
Rothe, Wolfgang: Goethe, der Pazifist. Göttingen 1998
Rutschky, Katharina: Wertherzeit: der Poproman – Merkmale eines unbekannten Genres, in: Merkur 57 (2003), 2, S. 106–117
Sagmo, Ivar: Bildungsroman und Geschichtsphilosophie. Eine Studie zu Goethes Roman »Wilhelm Meisters Lehrjahre«. Bonn 1982
Schings, Hans-Jürgen (Hrsg.): Der ganze Mensch. Anthropologie und Literatur im 18. Jahrhundert. Stuttgart 1994
Scheurmann, Konrad und Bongaerts-Schomer, Ursula (Hrsg.): Goethe in Rom. Bd. 1 und 2 (Katalog zur Eröffnung der Casa di Goethe). Mainz 1997
Schlaffer, Hannelore: Weisheit als Spiel. Zu Goethes Gedicht »Selige Sehnsucht«, in: Segebrecht, Wulf (Hrsg.): Gedichte und Interpretationen Bd. 3. Klassik und Romantik. Stuttgart 1984
Schmidt, Arno: Das steinerne Herz, Tina, Goethe, Gelehrtenrepublik (Bargfelder Ausgabe, Werkgruppe I, Bd. 2). Frankfurt 1986

Schmidt, Aurel: Von Raum zu Raum. Versuch über das Reisen. Berlin 1998
Schmidt, Jochen: Goethes Faust. Erster und Zweiter Teil. Grundlagen, Werk, Wirkung. München 2001
Schmiedt, Helmut (Hrsg.): »Wie froh bin ich, daß ich weg bin!« Goethes Roman »Die Leiden des jungen Werther« in literaturpsychologischer Sicht. Würzburg 1989
Schnyder-Seidel, Barbara: Goethe in der Schweiz: anders zu lesen. Von der Wahrheit in der Dichtung letztem Teil. Bern/Stuttgart 1989
Schütze, Jochen K.: Goethes Reisen. Wien 1998
Schulz, Gerhard: Exotik der Gefühle. Goethe und seine Deutschen. München 1998
Schwarz, Hans-Günther: Der Orient und die Ästhetik der Moderne. München 2003
Seehafer, Klaus: Johann Wolfgang von Goethe – Mein Leben ein einzig Abenteuer, Berlin 2000
Seitz, Erwin: Talent und Geschichte. Goethe in seiner Autobiographie. Stuttgart 1996
Sengle, Friedrich: Neues zu Goethe. Stuttgart 1989
Ders.: Das Genie und sein Fürst. Stuttgart 1993
Sent, Eleonore: Bergbau und Dichtung. Weimar 2003
Sow, Alioune: Entwicklungsoptionen der Goethe-Zeit. München 2003
Stammen, Theo: Goethe und die politische Welt. Würzburg 1999
Stüssel, Kerstin: Die »häuslichen Geschäfte« und die »studia«. Die »gelehrten Frauenzimmer« im 18. Jahrhundert, in: Fohrmann, Jürgen (Hrsg.): Lebensläufe um 1800. Tübingen 1998
Tümmler, Hans: Goethe als Staatsmann. Göttingen 1976
Unterberger, Rose: Die Goethe-Chronik. Frankfurt a. M. und Leipzig 2002
Valk, Thorsten: Melancholie im Werk Goethes. Tübingen 2002
Voss, Jürgen (Hrsg.): Goethe im sozialen und kulturellen Gefüge seiner Zeit. Bonn 1999
Weber, Mirjam: Der »wahre Poesie-Orient«. Wiesbaden 2001
Wierlacher, Alois: Ent-Fremdete Fremde – Goethes »Iphigenie auf Tauris« als Drama des Völkerrechts. In: Zeitschrift für deutsche Philologie 1983, Bd. 102, S. 161–180

Wierlacher, Alois und Georg Stötzel: Blickwinkel. Kulturelle Optik und interkulturelle Gegenstandskonstitution. München 1996
Wiethölter, Waltraud (Hrsg.): Der junge Goethe. Genese und Konstruktion einer Autorschaft. Tübingen und Basel 2001
Wilson, W. Daniel: Goethes Weimar und die Französische Revolution. Köln 2004
Witte, Bernd u. a. (Hrsg.): Goethe Handbuch in vier Bänden. Stuttgart 2004
Wittkowski, Wolfgang (Hrsg): Goethe im Kontext. Tübingen 1984
Wyder, Margrit: Vom Brocken zum Himalaja. Goethes »Höhen der alten und der neuen Welt« und ihre Wirkungen, GJb 2004
Zahlmann, Stefan, Scholz, Sylka (Hrsg.): Scheitern und Biographie. Die andere Seite moderner Lebensgeschichten. Gießen 2005
Zapperi, Roberto: Das Inkognito. Goethes ganz andere Existenz in Rom. München 1999

Außerdem alle Jahrgänge des Goethe-Jahrbuchs Weimar, besonders ab dem Jahr 2000.

Wir verweisen zusätzlich auf das Goethezeitportal der LMU München: www.goethezeitportal.de

Abbildungsverzeichnis

Freies Deutsches Hochstift, Frankfurter Goethe-Museum 43, 111, 167, 203, 212, 213, 465
Friedrich-Schiller-Universität Jena. Thüringer Universitäts- und Landesbibliothek 390
Goethe-Museum, Düsseldorf 21, 77, 235, 323, 383, 421
Stiftung Weimarer Klassik/Goethe-Nationalmuseum 13, 35, 48, 62, 69, 83, 91, 117, 127, 147, 166, 191, 217, 218, 220, 224, 225, 226, 227, 228, 229, 230, 269, 301, 353, 360, 369, 373, 425, 439, 442

Trotz aller Bemühungen ist es dem Verlag nicht gelungen, sämtliche Rechteinhaber ausfindig zu mahen. Wir bitten darum, sich mit dem Verlag in Verbindung zu setzen, damit wir eventuelle Korrekturen vornehmen können.

Danksagung

Für Anregungen, Probelesen und Unterstützung sei herzlich gedankt:

Giancarlo Bascone, Marina Bascone-Fricke, Christiane Bohr, Ulrike Draesner, Silvia Ebner-Link, Jan Engelmann, Ramtun Faun, Alexandra Firak, Gábor und Tobias Gyárfás, Maria von Hartmann, Christian Heuschneider, Kristin Holighaus, Florian und Clara Kaiser, Lisa Keil, Frank Legl, Gabriele Luster, Cristina Mattedi, Eva Nydegger, Eva Ohlen, Britta Riedel, Frederike von Sassen, Pola Schneemelcher, Elise Sewing, Dinah Splitthoff, Astrid Thomé, Arne Willée, Jutta Weisz, Jessica Wolf, Max Wühr und den Mitarbeiterinnen der Bayerischen Staatsbibliothek.

Christiana Engelmann · Claudia Kaiser
Möglichst Schiller
Ein Lesebuch
Mit Illustrationen von Peter Schössow

ISBN 978-3-423-62196-0

Schiller für Jugendliche? Auf alle Fälle! Denn der Dichter und sein Werk haben ihnen viel zu bieten. Schiller war sein ganzes Leben lang von jugendlicher Kraft, seine Bühnenstücke und Balladen strotzen vor Leidenschaft und Dramatik, seine Erzählungen leuchten bis in unsere Zeit. Jedes Kapitel beleuchtet sein Werk aus einem anderen Blickwinkel: Es geht um Themen wie Freundschaft, das Verhältnis zu Autoritäten oder die Suche nach dem richtigen Beruf.